dtv

Hans-Dietrich Genscher

Karel Vodička

Zündfunke aus Prag

Wie 1989 der Mut zur Freiheit
die Geschichte veränderte

Deutscher Taschenbuch Verlag

Mit 62 Abbildungen

Die Bildnachweise sind im Anhang aufgeführt.

Autoren und Verlag danken jedoch insbesondere Antonín
Nový für die Erlaubnis zum Abdruck zahlreicher Fotos.

Auch als E-Book erhältlich.

**Ausführliche Informationen
über unsere Autoren und Bücher
finden Sie auf unserer Website
www.dtv.de**

Originalausgabe 2014
Deutscher Taschenbuch Verlag
© 2014 Deutscher Taschenbuch Verlag GmbH & Co. KG, München
Das Werk ist urheberrechtlich geschützt. Sämtliche, auch auszugsweise
Verwertungen bleiben vorbehalten.
Umschlagkonzept: Balk & Brumshagen
Umschlagfoto: Antonín Nový
Satz: Bernd Schumacher, Augsburg
Druck und Bindung: Friedrich Pustet, Regensburg
Gedruckt auf säurefreiem, chlorfrei gebleichtem Papier
Printed in Germany · ISBN 978-3-423-28047-1

Vorliegendes Buch ist eine gekürzte, populär ausgearbeitete Fassung der wissenschaftlichen Dokumentedition »Karel Vodička, Die Prager Botschaftsflüchtlinge 1989. Geschichte und Dokumente. Mit einem Prolog von Hans-Dietrich Genscher sowie unter Mitarbeit von Jan Gülzau und Petr Pithart, V&R unipress, Göttingen 2014«, die vom Hannah-Arendt-Institut für Totalitarismusforschung e.V. an der TU Dresden erstellt und mit Mitteln der Bundesstiftung zur Aufarbeitung der SED-Diktatur sowie des Deutsch-Tschechischen Zukunftsfonds gefördert wurde.

»Der Flüchtlingsstrom verwandelte sich in einen Urstrom der Geschichte. (…) Nun aber hatte sich der politische Urstrom in Bewegung gesetzt und schob sich ungehindert durch die DDR. Dieses Urstromtal nahm seinen Ausgang in Prag, der europäischsten aller europäischen Städte. Aber ihre Kräfte empfing die Entwicklung vom Willen der Menschen nach Freiheit und Selbstentfaltung. Wie lange hatten sie darauf gewartet, wie viel Zeit ihres Lebens dafür eingesetzt!«

Hans-Dietrich Genscher

INHALT

1989 – WAS FÜR EIN SCHICKSALHAFTES JAHR!

Im Herbst 1989 berührten sich die deutsche und die tschechische Geschichte auf eine besondere Art und Weise. Zehntausende DDR-Bürger flüchteten damals über die »Goldene Stadt« Prag in die Freiheit! Dabei erlebten sowohl die Zufluchtsuchenden selbst als auch alle anderen involvierten Akteure extrem dramatische Stunden, Tage und Wochen. Es war wohl eine große Ausnahme in der Geschichte, dass dieses Drama ein glückliches Ende nahm: Die Botschaftsflüchtlinge gelangten unversehrt in das »gelobte Land«.

Das Aufbegehren der Bürger, die unaufhörlichen Demonstrationen, der Massenexodus und die Ereignisse um die Prager Botschaft, die schließlich zum Zusammenbruch des kommunistischen Regimes in der DDR geführt hatten, waren eine große Ermunterung für die Tschechen und Slowaken. Praktisch zeitgleich mit dem Regime in der DDR brach auch die kommunistische Diktatur in der Tschechoslowakei in sich zusammen.

Wie sich herausstellte, gab es im Herbst 1989 Wechselwirkungen zwischen der ČSSR und der DDR in Bezug auf die politischen Entwicklungen, so dass es zu Synergieeffekten für beide Länder kam. Die tschechoslowakischen Forderungen im Zusammenhang mit der Problematik in der Prager Botschaft der Bundesrepublik Deutschland wirkten sich maßgeblich auf die Entwicklung in der DDR aus. Der Flüchtlingsstrom, die Proteste nach der Grenzschließung am 3. Oktober 1989 und schließlich der Fall der Berliner Mauer waren wiederum ausschlaggebende Impulse und Katalysatoren der »Samtenen Revolution« von Prag.

Aber nicht nur der nahezu gleichzeitige Zusammenbruch der beiden Regime ist eine Gemeinsamkeit der beiden Staaten; ihre Schicksale waren bereits zuvor eng miteinander verbunden. Tschechische und deutsche Historie haben sich im 20. Jahrhundert mchrfach gegenseitig beeinflusst, in der jüngeren

Vergangenheit überwiegend auf tragische Weise für beide Nationen. Demgegenüber gehört die parallel verlaufende Implosion der kommunistischen Regime im Herbst 1989 zweifellos zu den glücklichen Momenten in der Geschichte beider Völker. Dieser erfreuliche Ausgang der gemeinsamen historischen Ereignisse hat das Potential, das Geschichtsbewusstsein hier wie dort dauerhaft positiv zu prägen.

DER KREIS SCHLIESST SICH
PROLOG VON HANS-DIETRICH GENSCHER

Die Stunden in der deutschen Botschaft in Prag am 30. September 1989 gehören zu den bewegendsten meines Lebens. Schon im Herbst 1988 hatte ich gegenüber dem sowjetischen Außenminister Schewardnadse in New York die Erwartung geäußert, dass es im nächsten Sommer in der DDR zu Protestkundgebungen kommen werde, wenn es bis dahin keine Reformen gäbe. Der fortschreitende Zerfall der sozialistischen Staats- und Gesellschaftsstrukturen war unübersehbar, diese Entwicklung würde vor der DDR nicht haltmachen. Im Gegenteil: Seit Anfang 1989 beschleunigte sie sich auf dramatische Weise. Am 2. Mai 1989 hatte Ungarn begonnen,

die Grenzsicherungen nach Österreich abzubauen; damit war der Eiserne Vorhang an entscheidender Stelle geöffnet. Am 27. Juni 1989 durchschnitten die Außenminister Ungarns und Österreichs, Horn und Mock, den Stacheldraht, der West- und Osteuropa trennte – ein historischer Tag, dessen Bedeutung wohl nur von wenigen erkannt wurde. Schließlich war Ungarn neben der Tschechoslowakei das bevorzugte Reiseland der DDR-Bewohner. Nun konnten sie von dort aus in den Westen gelangen.

Einige Monate zuvor, am 18. Januar 1989, hatte ich in meiner Rede vor der KSZE-Folgekonferenz in Wien gesagt: »Die Schlussakte von Helsinki ermutigt die Kräfte, die jetzt in verschiedenen Staaten auf grundlegende Reformen drängen … Was in den letzten Tagen in Leipzig und Prag gegen friedliche Demonstranten geschah, darf sich nicht wiederholen. [Das gemeinsame Haus Europa] muss ein Haus sein mit offenen Türen und Fenstern, in dem Menschenrechte und Menschenwürde geachtet werden, in dem jeder ohne Angst leben kann. Es ist eine historische Tatsache: Auch Jahrzehnte der Trennung, auch Jahre des Kalten Krieges haben aus einem Europa nicht zwei gemacht, und auch aus einer deutschen Nation nicht zwei. Alles, was künstlich trennen soll, wird immer anachronistischer – die Mauer in Berlin ist ein solches Relikt. Nutzen wir die Möglichkeiten, die Lage in Europa grundlegend zu verändern, gehen wir den Weg, den europäischen Friedensweg, entschlossen weiter … Wenn Europa zu sich selbst zurückfindet, finden alle Europäer zueinander. Die Bundesrepublik Deutschland wird weiter, wie es im Brief zur deutschen Einheit heißt, auf einen Zustand des Friedens in Europa hinwirken, in dem das deutsche Volk in freier Selbstbestimmung seine Einheit wiedererlangt.«

Im August 1989 bereitete ich mich wie üblich auf meine Reise nach New York zur UN-Vollversammlung vor. Es war die Zeit, als die Lage in der deutschen Botschaft in Prag dramatische Formen annahm. Die Ostberliner Anwälte Wolfgang Vogel und Gregor Gysi waren nach Prag gereist, um die DDR-Flüchtlinge zur Rückkehr zu bewegen; was sie den Menschen zusicherten, war Ausreise innerhalb von sechs Monaten danach. Sie mussten unverrichteter Dinge zurückkehren.

Unterdessen ließ sich der Flüchtlingsstrom nicht mehr bewältigen. Alle Botschaftsangehörigen waren auf den Beinen, Tag und Nacht, rund um die Uhr. Unser Botschafter Hermann Huber, seine Frau und das gesamte Personal leisteten Übermenschliches. Aber die normalen Bordmittel reichten nicht mehr aus. Wir entsandten immer mehr Mitarbeiter aus der Zentrale und von anderen Botschaften in die tschechoslowakische Hauptstadt, die dort in Hotels untergebracht wurden. Die Behörden duldeten das, obwohl das alte ZK der Kommunistischen Partei noch im Amt war. Offensichtlich war man innerhalb der Führung unsicher geworden. Gleichzeitig verschärfte sich die Lage für die DDR-Flüchtlinge von Tag zu Tag. Immer mehr DDR-Bewohner suchten Zuflucht, und dieser Strom schwoll noch dramatischer an, nachdem die ungarische Regierung am 11. September die Grenze nach Österreich für alle ausreisewilligen DDR-Bürger im Lande geöffnet hatte.

Am Samstag, dem 23. September, reiste ich zur UN-Vollversammlung nach New York. Im Flugzeug begleiteten mich Professor Kessler und sein Oberarzt. Sie hatten eine komplette kardiologische Ausrüstung dabei, falls es über dem Atlantik zu einem Herzinfarkt kommen sollte. Diese Gefahr war nicht auszuschließen, nachdem ich am 20. Juli 1989 einen Herzinfarkt erlitten hatte, und so hätte man im Flugzeug notfalls eine sogenannte Lyse machen können. Auch im Hotel waren die Ärzte unmittelbar neben der Suite untergebracht, in der meine Frau und ich wohnten.

Meine Rede vor der Vollversammlung hielt ich am Vormittag des 27. September 1989. Sie schloss eine Passage zur deutschen Ostgrenze ein, die ich auf dem Flug nach New York wieder und wieder überarbeitet hatte. Angesichts der Entwicklung in der DDR und in den anderen sozialistischen Staaten war eine solche Stellungnahme notwendig geworden, denn wenn sich die Möglichkeit der Überwindung des Eisernen Vorhangs und damit auch der deutschen Teilung abzeichnete, dann durfte unsere Haltung zur Ostgrenze nicht unklar sein. Die Frage nach der Oder-Neiße-Linie würde von allen Seiten in Ost und West gestellt werden. Schwiegen wir uns hier aus, dann räumten wir der DDR die Rolle eines Garanten der polnischen Westgrenze ein. Wozu aber hätte das führen können? Zu einer Verfestigung der deutschen Spaltung? Deshalb war ein deutliches, ein in der Sache verpflichtendes Wort unumgänglich.

So erklärte ich fünfzig Jahre nach dem Beginn des Zweiten Weltkriegs in feierlicher Form vor dem Forum der Welt, der Generalversammlung der Vereinten Nationen: »Das polnische Volk ist vor fünfzig Jahren das Opfer des von Hitler-Deutschland vom Zaun gebrochenen Krieges geworden. Es soll wissen, dass sein Recht, in sicheren Grenzen zu leben, von uns Deutschen weder jetzt noch in Zukunft durch Gebietsansprüche in Frage gestellt wird. Das Rad der Geschichte wird nicht zurückgedreht. Wir wollen mit Polen für ein besseres Europa der Zukunft arbeiten. Die Unverletzlichkeit der Grenzen ist Grundlage des friedlichen Zusammenlebens in Europa.« Mit dieser Passage wandte ich mich direkt an den polnischen Außenminister Skubiszewski, der, wie ich wusste, im Plenarsaal anwesend war. Die internationale Wirkung der Rede war groß. Das bestätigte ihre Notwendigkeit und Dringlichkeit.

Nach der Sitzung der Generalversammlung hatte uns Außenminister Schewardnadse zum Mittagessen in die Residenz des sowjetischen UN-Botschafters geladen. Zu Beginn bedankte ich mich für einen sehr persönlich gehaltenen Brief Schewardnadses. Dieser wiederum würdigte meine Rede vom Vormittag. Offensichtlich hatte er die Botschaft verstanden, denn ich hatte mich nicht nur zur Frage der deutschen Ostgrenze geäußert, sondern auch zu den Rahmenbedingungen für die sich abzeichnende deutsch-deutsche Annäherung und Vereinigung: »Kein Staat wird sich dieser Entwicklung«, gemeint war die Reformentwicklung, »auf Dauer entziehen können. Wer auf das Scheitern der Reformen hofft, wird von der Entwicklung überrannt werden. Auch im Westen sollte niemand die neuen Möglichkeiten unterschätzen, sondern sie entschlossen im Interesse des ganzen Europa nutzen. Die Geschichte pflegt ihre Angebote nicht zu wiederholen. Ich appelliere an die Staaten Europas, diese geschichtliche Stunde nicht zu versäumen ... Die Bundesrepublik Deutschland sieht in der europäischen Friedensordnung auch den Rahmen für das Ziel, das der Brief zur deutschen Einheit formuliert hat, nämlich: auf einen Zustand des Friedens in Europa hinzuwirken, in dem das deutsche Volk in freier Selbstbestimmung seine Einheit wiedererlangt. Dieses Ziel wollen wir unter voller Achtung der von uns geschlossenen Verträge erreichen. Das kann nur mit allen Staaten in Europa und nicht gegen sie geschehen. Niemand in Europa hat Anlass, unsere Politik zu fürchten. Sie ist eingebettet in das Schicksal des ganzen Kontinents. Sie ist europäische Friedenspolitik. Das schließt natürlich Alleingänge aus.« Das war der Rahmen, in dem wir das Ziel, das wir im Brief zur deutschen Einheit formuliert hatten, erreichen wollten.

Im Lauf des Gesprächs kam ich auch auf Schewardnadses UN-Rede vom Vortag zu sprechen. Er hatte darin die alte Koalition des Zweiten Weltkriegs beschworen und vor einem in Deutschland neu aufkommenden Revanchismus gewarnt, der versuche, die Nachkriegsordnung in Europa in Frage zu stellen. Niemand, so sagte er, dürfe willentlich oder unwillentlich die Kräfte des Revanchismus ermutigen. Zutiefst bestürzt und alarmiert hatte ich den Text dieser Rede gelesen, denn wir konnten solche Polemik mit allen ihren Folgen gerade jetzt nicht gebrauchen. Nach Beratung mit meinen Mitarbeitern packte ich den Stier bei den Hörnern.

Mit großer Offenheit, so begann ich unser Gespräch, wolle ich seine Ausführungen vom gestrigen Tag ansprechen. Sie hätten in der deutschen Öffentlichkeit große Aufmerksamkeit gefunden, weil man nach dem Stand unserer Beziehungen derartige Äußerungen nicht mehr für möglich gehalten habe. Der sowjetische Außenminister erwiderte, Anlass dazu seien einige Elemente in der Rede des Bundeskanzlers auf dem CDU-Parteitag in Bremen gewesen, vor allem die Passage über die Wiedervereinigung Deutschlands in den alten Grenzen. Er habe bewusst keine Namen genannt, um die Sache nicht zu verschlimmern, aber er halte die Lage für ernster als nach dem Interview des Bundeskanzlers von 1986.

Diese Beurteilung der Bremer Rede wies ich zurück. Es gebe, so betonte ich, keinen Anlass zu einer solchen Bewertung. Im Übrigen wisse ich sehr genau, wie der Bundeskanzler zur Grenzfrage stehe; er sehe die Dinge nicht anders als ich, und meine Rede am Morgen sei wohl hinreichend klar gewesen. Mit großer Entschiedenheit legte ich Schewardnadse unsere Politik dar: Sie nehme ernst, was in der deutsch-sowjetischen Erklärung vom Frühsommer 1989 vereinbart sei – keinesfalls dürften wir uns um die Früchte des gemeinsam Erreichten bringen. Schließlich war Schewardnadse mit einer gemeinsamen Sprachregelung für die Öffentlichkeit einverstanden: Man sei sich einig, die Beziehungen in vollem gegenseitigen Vertrauen zwischen der sowjetischen Führung und der Bundesregierung weiterzuentwickeln.

Als diese heikle Frage geklärt war, kam ich auf mein eigentliches Thema zu sprechen, die Lage in der DDR. Schon bei früheren Begegnungen, sagte ich zu Beginn, hätte ich ihn auf die Notwendigkeit von Reformen in der DDR hingewiesen, denn die Ursachen der allgemeinen Unzufriedenheit und der Fluchtbewegung lägen nicht vornehmlich im materiellen Bereich. Dann schilderte ich dem sowjetischen Außenminister die immer unerträglichere Lage in unserer Prager Botschaft, beschrieb die ähnliche Situation in Warschau und bat nachdrücklich um Hilfe für unser Bemühen, diese Probleme zu lösen und von der DDR-Führung die Zustimmung zur Ausreise zu erlangen.

Schewardnadse, der zu erkennen gab, dass auch er Reformen in der DDR für notwendig hielt, versprach, Generalsekretär Gorbatschow unverzüglich über unser Gespräch zu unterrichten. Diesmal war er offensichtlich von meiner Analyse überzeugt. Ein Jahr zuvor, als ich ihn – ebenfalls in New York – schon einmal auf die bei ausbleibenden Reformen unvermeidlichen Entwicklungen in der DDR hingewiesen hatte, äußerte er noch erhebliche Zweifel an meiner Einschätzung. Aber auch damals sicherte er die Unterrichtung Gorbatschows zu.

Am Abend des 27. September 1989 traf ich in unserer UN-Vertretung zu einem Abendessen mit DDR-Außenminister Oskar Fischer zusammen. Unsere Begegnungen waren zu einer nützlichen Tradition geworden, durch die wir in den Ost-West-Fragen im Allgemeinen, im KSZE-Prozess und in aktuellen Problemen zu einem Meinungsaustausch mit der DDR kamen. Bilaterale Fragen standen, entsprechend unserer Zuständigkeitsverteilung in der Bundesregierung, nicht auf der Tagesordnung. Nichts wäre der DDR-Seite schließlich lieber gewesen, als wenn von den Außenministern Themen der Beziehungen zwischen der Bundesrepublik Deutschland und der DDR besprochen worden wären. Das hätte die These der DDR, dass beide deutsche Staaten füreinander Ausland seien, unterstrichen. Humanitäre Fragen hingegen warf ich immer wieder auf, und erfahrungsgemäß konnten Fälle, die bei solchen Gelegenheiten Erwähnung fanden, auch gelöst werden.

Bei dieser Begegnung bat ich Außenminister Fischer zunächst um ein Gespräch unter vier Augen. Mit Bundesminister Seiters, der für die Beziehungen zur DDR zuständig war, hatte ich vereinbart, dass ich mit Fischer die gegenwärtige Situation behandeln würde. So erläuterte ich ihm die Lage in unseren Botschaften in Prag und in Warschau, wobei die Lage in der tschechischen Hauptstadt zweifellos dramatischer war. Wiederholt nickte Fischer bei meinen Darlegungen; offensichtlich war er über die Situation vor Ort umfassend informiert. Sodann machte ich ihm zwei Vorschläge, wie man die Ausreisefrage für die Zufluchtsuchenden in den Botschaften lösen könne: Entweder könnten die Ausreiseformalitäten in Prag erledigt werden oder die Ausreise fände über die DDR statt. Die Pass-Eintragung würde jeweils durch Vertreter der DDR erfolgen, deren Souveränitätsanspruch so gewahrt bliebe. Vorausgegangen war ein offener, ernsthafter Meinungsaustausch. Ich erklärte Außenminister Fischer, dass die Deutschen aus der DDR auf keinen Fall bereit sein würden, an ihre alten Wohnorte zurückzukehren. »Warum genügen nicht sechs Stunden anstelle der bisher üblichen sechs Monate?«, fragte ich. Damit spielte ich auf die zweite Alternative an, die ich danach präsentierte.

Mein Eindruck war: Fischer sah die Notwendigkeit einer Lösung. Überhaupt lernte ich ihn an diesem Tage von einer Seite kennen, die mit seinem Verhalten bei unseren ersten Begegnungen vor fast anderthalb Jahrzehnten kaum zu vergleichen war. Plötzlich hörte ich nicht mehr die Sprache eines Mannes, der Erklärungen des Politbüros oder Zentralkomitees wiedergab. Auch Fischer suchte einen Weg und versprach, sofort nach seiner Rückkehr mit Honecker zu sprechen.

Am nächsten Morgen gegen 9.00 Uhr rief ich Fischer an. Erneut informierte ich ihn über die immer unerträglicher werdende Lage in der Botschaft. Auf meine dringende Bitte hin versprach er schließlich, meine Vorschläge nach Berlin weiterzuleiten. Nach meinem Eindruck gab sich Oskar Fischer Mühe, eine Lösung nach einem meiner Vorschläge herbeizuführen.

Noch am selben Tag appellierte ich in einem persönlichen Gespräch an ČSSR-Außenminister Johanes, zu einer Lösung beizutragen. Es müsse etwas geschehen. Johanes sagte nur zu, er werde Prag von meinen Ausführungen informieren; persönlich allerdings schien er nicht sehr berührt und meinte, diese Sache müsse zwischen Bonn und Berlin geregelt werden. Seine Regierung trage keine Verantwortung für die entstandene Lage. «Das ist nicht das Problem», erwiderte ich. Es gehe darum, den Menschen zu helfen. Im Ton war ich um Zurückhaltung bemüht, denn immerhin tolerierte die Regierung der ČSSR alle unsere Aktivitäten – die Verpflegungszufuhr, die medizinische Betreuung, die Abordnung von zahlreichen Angehörigen des Auswärtigen Amts nach Prag. Das waren zwar Selbstverständlichkeiten, doch noch ein paar Monate früher wäre alles anders gewesen. Das ungarische Beispiel wirkte wenigstens insoweit bis nach Prag.

Am späten Abend gab es ein Abendessen der Sieben, das

heißt der USA, Kanadas, Großbritanniens, Frankreichs, Italiens, Japans und Deutschlands. Als ich auch dort über die Lage berichtete, sagten James Baker und Roland Dumas sofort Hilfe zu. Die entscheidende Wende war aber offensichtlich von meinem Gespräch mit Schewardnadse am Nachmittag dieses Tages in der sowjetischen Vertretung ausgegangen.

Am Freitag war ich gegen 17.00 Uhr gerade im Begriff, das Hotel zum Rückflug nach Bonn zu verlassen, als das Telefon klingelte: Ein Mitarbeiter von Außenminister Fischer – Botschafter Niklas – informierte uns, der Ständige Vertreter der DDR werde am Morgen des nächsten Tages mit neuen Instruktionen ins Bonner Auswärtige Amt kommen. Daraufhin ließ ich Fischer ausrichten, der Ständige Vertreter möge nicht im Auswärtigen Amt, sondern wie üblich im Kanzleramt vorstellig werden. Gerade in dieser dramatischen Phase der deutsch-deutschen Beziehungen wollte ich auf keinen Fall die Zuständigkeiten innerhalb der Regierung verwischen, weshalb ich auf korrekter Verfahrensweise bestand. Hier ging es nicht um formale Kompetenz-, sondern um Statusfragen. Da die DDR für uns nicht Ausland war, blieb sie der einzige Staat, mit dem die bilateralen Beziehungen in der Zuständigkeit des Bundeskanzleramts lagen. Noch vor Verlassen des Hotels informierte ich telefonisch den Bundeskanzler und Bundesminister Seiters.

Am Morgen des 30. September 1989 landeten wir in Bonn. Zu Hause machte ich mich frisch, dann fuhr ich ins Kanzleramt. Als der Ständige Vertreter Ostberlins, Neubauer, Bundesminister Seiters und mir erklärte, man habe sich beim Abwägen der beiden von mir vorgeschlagenen Varianten für die zweite entschieden, also für die Fahrt durch die DDR, antwortete ich: »Die Lage hat sich inzwischen weiter verschärft. Es ist deshalb notwendig, dass die Züge von hochrangigen Beamten der Bundesregierung begleitet werden. Außerdem werde ich selber nach Prag reisen, weil die Stimmung, wie sie alle Beobachter schildern, inzwischen so gespannt ist, dass die Flüchtlinge die Botschaft nicht verlassen wollen. – Ich muss Ihnen die Lage so schildern, wie sie ist. Die Flüchtlinge vertrauen Ihnen nicht. Aber ich bin sicher, dass ich die Menschen durch eine Art persönlicher Bürgschaft bewegen kann, durch die DDR zu reisen. Wichtig wird sein, dass Herr

Seiters und ich sowie hohe Beamte die Züge begleiten, als eine Art vertrauensbildende Maßnahme.« Neubauer fuhr daraufhin in sein Büro nach Bad Godesberg, telefonierte mit Ostberlin, kam zurück ins Kanzleramt und erklärte das Einverständnis.

Noch am selben Nachmittag flog ich zusammen mit Kanzleramtsminister Seiters nach Prag. Ich legte Wert auf seine Mitreise, weil ich in dieser Lage auch nach außen den Schulterschluss von Regierung und Koalition zeigen wollte. Begleitet wurden wir von Staatssekretär Priesnitz aus dem Bundesministerium für innerdeutsche Beziehungen, von Ministerialdirektor Kastrup aus dem Auswärtigen Amt, Ministerialdirigent Duisberg aus dem Kanzleramt sowie von Ministerialdirektor Jansen aus dem Auswärtigen Amt und dem Leiter des Ministerbüros, Frank Elbe. Kurz bevor die Türen der Bundeswehrmaschine geschlossen wurden, rief mich ein Unteroffizier ans Telefon. Ich erfuhr, dass die Situation sich noch einmal geändert hatte: Der Ständige Vertreter der DDR sagte nun, abweichend von unserer Verständigung vor wenigen Stunden, dass die Führung der DDR mit der Mitreise der beiden Bundesminister Seiters und Genscher in den Sonderzügen nicht einverstanden sei. Ich nahm diese Nachricht zur Kenntnis und machte mir nun die größten Sorgen, wie wir unter diesen Umständen das Vertrauen der Menschen für eine Fahrt durch die DDR noch gewinnen könnten. Unsere Mitreise hätte die Sache fraglos erleichtert. Ich kündigte ein weiteres Gespräch mit dem Ständigen Vertreter Neubauer aus Prag an. Kurz danach startete eine zweite Maschine mit Staatssekretär Dr. Sudhoff nach Warschau.

Auf dem Flug dachte ich darüber nach, was ich in Prag zu den in der Botschaft versammelten Menschen sagen sollte. In dieser Stunde war mir bewusst: Jetzt würden nicht nur einige Tausend Deutsche aus der DDR unsere Botschaft in Richtung Bundesrepublik verlassen können, es kündigte sich Historisches an: Die DDR ist am Ende. Was sich hier vollzieht, ist im Grunde der Zusammenbruch der DDR von innen und von unten; das Ende der Mauer rückt in Sichtweite. War die Ausreise aus Ungarn noch gegen den wütenden Protest der Führung in Ostberlin geschehen, so reisten die Menschen aus der Prager Botschaft – nur zwanzig Tage später – mit ihrer Zustimmung aus.

Der Flüchtlingsstrom verwandelte sich in einen Urstrom der Geschichte. Es wurde wahr, was ich immer wieder in meinen Reden gesagt hatte: »Selbst Jahrzehnte der Trennung können aus einem Volk nicht zwei machen.« Auch erinnerte ich mich, dass in der Bundesrepublik die Aufnahme von Deutschen aus der DDR in unseren Botschaften in Mittel- und Osteuropa mitunter als eine unnötige Störung der Entspannungspolitik empfunden worden war. Die Forderung Ostberlins, wir sollten Deutschen aus der DDR in unseren Botschaften keine Aufnahme gewähren, fand durchaus offene Ohren – ein Ansinnen, das ich immer zurückgewiesen hatte. Wir durften uns nicht zu Hilfskräften der Abgrenzungspolitik machen, durften die Mauer nicht administrativ an den Toren unserer Botschaften noch einmal errichten.

Am Flughafen in Prag begrüßte mich am Nachmittag ganz offiziell der Staatssekretär im tschechoslowakischen Außenministerium. Die Regierung brachte damit zum Ausdruck, dass sie diesen Besuch offiziell zur Kenntnis nahm. Unverzüglich fuhren wir zu unserer Botschaft, vor der wir auf eine unser Kommen gespannt erwartende große Menschenansammlung stießen. Wir gingen durch die Tür des Gebäudes und sahen schon im Torbogen die Betten dreifach übereinander stehen: Ein Teil der Flüchtlinge musste liegen, weil nicht genug Bewegungsfläche für alle da war.

Botschafter Huber geleitete mich den Gang hinunter. Zunächst, so bemerkte ich, realisierten die Menschen gar nicht, dass der Außenminister angekommen war. Über Schlafende hinweg stiegen wir die Treppe hinauf ins obere Stockwerk zur Wohnung des Botschafters, von wo ich noch einmal mit dem Ständigen Vertreter Neubauer telefonierte, um ihn auf die möglichen Folgen aufmerksam zu machen, wenn Seiters und ich nicht mitreisen. Neubauer teilte mir mit, er habe keine neuen Weisungen aus Ostberlin. So mussten wir versuchen, das Vertrauen der Flüchtlinge auf andere Weise zu gewinnen. Nachdem wir die weiteren Einzelheiten besprochen hatten, sagte ich: »Herr Huber, es ist wohl Zeit, auf den Balkon zu gehen, um von dort die Menschen zu informieren.« Wir traten hinaus. »Liebe Landsleute« – ein Jubelsturm brach los. Dann begann ich: »Wir sind gekommen, um Ihnen zu sagen …« Ehe ich den Satz zu Ende bringen konnte, noch einmal unbeschreiblicher Jubel. Auch heute, im Rückblick der Jahre, ergreift mich bei dieser Erinnerung noch immer tiefe Bewegung. Es war ein unvergesslicher Moment, für mich ebenso wie für die in der Botschaft versammelten Menschen, und noch heute höre ich bei zufälligen Begegnungen immer wieder: »Wir waren damals in der Botschaft in Prag mit dabei!«

Der erste Zug verließ schon am Abend des 30. September 1989 Prag in Richtung DDR. Die mitreisenden Beamten riefen mich am nächsten Morgen an: »Sie können sich nicht vorstellen, was wir erlebt haben!« Die Sympathiekundgebungen unterwegs waren überwältigend. Überall an der Bahnstrecke hatten DDR-Bürger gewinkt. Manch einer hatte sogar Betttücher aus dem Fenster gehängt.

Wenn man mich nach dem Gespräch mit Außenminister Fischer in New York gefragt hätte, welche der beiden Varianten die DDR wohl wählen würde, hätte ich auf die erste, die des direkten Weges in die Bundesrepublik Deutschland, getippt. Wie konnte die Führung in Ostberlin unterschätzen, welchen psychologischen Effekt der Transport Tausender Flüchtlinge durch die DDR haben würde? Die Wirkung war unübersehbar. Bei einer direkten Ausreise wie der von Ungarn über Österreich wären die Konsequenzen kaum so schwerwiegend gewesen; nun aber hatte der politische Urstrom sich in Bewegung gesetzt und schob sich ungehindert durch die DDR. Dieses Urstromtal nahm seinen Ausgang in Prag, der europäischsten aller europäischen Städte. Aber ihre Kräfte empfing die Entwicklung vom Willen der Menschen nach Freiheit und Selbstentfaltung. Wie lange hatte ich darauf gewartet, wie viel Zeit meines Lebens dafür eingesetzt! Lange schien das Ziel schwer und nur in ferner Zeit erreichbar, dann wurde es als Möglichkeit sichtbar und zuletzt so schnell greifbar, dass ich zu träumen glaubte. Als ich von Prag nach Bonn zurückflog, als Außenminister des freien Deutschland, gingen meine Gedanken zurück zu meiner Kindheit und Jugend in Halle: Was hätten wir damals, nach der Befreiung vom Nationalsozialismus und nach dem Ende des Zweiten Weltkriegs, dafür gegeben, gemeinsam neu anfangen zu können in einem geeinten, demokratischen Deutschland? Nun hatte ich die Hoffnung, es werde mehr als vierzig Jahre später möglich sein.

DIE MEILENSTEINE AUF DEM WEG ZUR FREIHEIT

VORGESCHICHTE

SILVESTERNACHT 1988/1989

Prag, Botschaft der Bundesrepublik

Es ist die Silvesternacht des Jahres 1988. Über der Prager Burg
erleuchtet ein prächtiges Feuerwerk den mitternächtlichen Himmel. Am Moldau-Ufer, gleich gegenüber dem Hradschin, stehen
Tausende Prager und Touristen, um das imposante Schauspiel zu
bewundern. Von den umstehenden Feiernden unbemerkt, ent-
fernen sich zwei junge Deutsche aus der DDR aus der Menge.
Sie haben Wichtigeres – und Gefährlicheres – vor, als das neue
Jahr zu begrüßen. In einer abgelegenen Ecke der Prager Klein-

seite, von der Straßenbeleuchtung nur in fahles Licht getaucht, überklettern sie in dieser Nacht den hohen Zaun zur bundesdeutschen Botschaft, der das großzügige Gelände der diplomatischen Vertretung der Bundesrepublik Deutschland umgibt. Sie gehen dabei ein hohes Risiko ein: Sollten tschechoslowakische Sicherheitskräfte auf sie aufmerksam werden, würden sie mit an Sicherheit grenzender Wahrscheinlichkeit wegen versuchter »Republikflucht« festgenommen und für zwei Jahre – oder sogar noch länger – ins Gefängnis kommen. Und ihre berufliche Karriere wäre definitiv vorbei – lebenslang! Aber wenn ihr Vorhaben gelingen sollte ... Dann hätten sie die einmalige Chance, so ihre ganze Hoffnung und zugleich treibende Kraft, in die Freiheit, in den Westen, in die Bundesrepublik Deutschland zu gelangen. Und in dieser Nacht ist ihnen das Glück hold.

Für das Botschaftspersonal beginnt der erste Arbeitstag des Jahres 1989 mit einem »Ansturm von rat- und zufluchtsuchenden Deutschen aus der DDR«.[1] Die zwei DDR-Bürger, die in der Silvesternacht über den Botschaftszaun geklettert sind, haben sich in die Botschaft geflüchtet und hier festgesetzt, drei weitere versuchen es. Am 9. Januar folgen zwei weitere Festsetzungen, zwei andere Personen verlassen die Botschaft am 10. Januar wieder.[2]

Botschaft der Bundesrepublik Deutschland in Prag[3]

Botschafter Hermann Huber rechnet damit, dass mit Blick auf die Unsicherheiten über die neuen Ausreisebestimmungen in der DDR[4] die Zahl derer, die in der Prager Botschaft Schutz und Zuflucht suchen, künftig weiter steigen wird.[5]

Als Reaktion auf die Ereignisse vom Jahreswechsel schicken die zuständigen DDR-Stellen den mit entsprechenden Vollmachten versehenen Rechtsanwalt ihres Vertrauens, Wolfgang Vogel, ins Palais Lobkowicz, mit dem Auftrag, die dort befindlichen Personen zu einer Rückkehr in die DDR zu bewegen. In der Botschaft angekommen, sichert Vogel seinen Landsleuten im Falle ihrer Rückkehr in die DDR Straffreiheit und wirksame Hilfe bei der legalen Ausreise in die Bundesrepublik Deutschland zu.[6]

Ostberlin, Ministerium für Staatssicherheit: »Erpresser verließen die Botschaft«

Sowohl die tschechoslowakische als auch die DDR-Staatssicherheit verfügen über ein umfassendes, komplexes und dicht verwobenes Netzwerk an Spähern und Spionen sowie an ausgeklügelten Abhöranlagen. Beide Sicherheitsdienste sind über das Geschehen in der Prager Botschaft der Bundesrepublik Deutschland jederzeit bestens informiert. So wissen zum Beispiel die Mitarbeiter der tschechoslowakischen Staatssicherheit, worüber am jeweiligen Tag Botschafter Huber mit Außenminister Genscher telefoniert.[7]

Auch heute erhält der Staatsratsvorsitzende der DDR, Erich Honecker, aus erster Hand seine Informationen über die Situation in der bundesdeutschen Prager Botschaft. Erich Mielke, der DDR-Minister für Staatssicherheit, erläutert in einem Brief an Honecker den aktuellen Stand der Dinge. Für ihn sind die Botschaftsflüchtlinge nichts anderes als »Erpresser«: »Lieber Erich! Gegenwärtig halten sich vier Bürger der DDR widerrechtlich in der Ständigen Vertretung der BRD in der DDR auf, um mit erpresserischem Druck ihre ständige Ausreise zu erzwingen. Mit der gleichen Zielstellung halten sich drei Bürger der DDR in der Botschaft der BRD in der ČSSR auf. In Begleitung eines Bürgers befinden sich zwei minderjährige Kinder. [...] Seitens der BRD werden diese erpresserischen Aktivitäten unterstützt. […] Ich halte es deshalb für dringend geboten, auf die erpresserischen Forderungen der Bürger der DDR nicht einzugehen […] Aus diesen Gründen schlage ich vor, die betreffenden Bürger der DDR nochmals zum unverzüglichen Verlassen der Vertretungen der BRD aufzufordern und ihnen auf der Grundlage der bestehenden Rechtsvorschriften der DDR zu erklären, bei den zuständigen staatlichen Organen der DDR einen Antrag auf ständige Ausreise zu stellen.«[8]

Für dieses Mal geht der Plan der SED-Oberen noch auf. Rechtsanwalt Vogel gelingt es schließlich, die Ausreisewilligen zur Rückkehr in die DDR zu bewegen. Wie die Staatssicherheit selbstzufrieden feststellt, wurde »erreicht, dass alle Erpresser […] die Botschaft der BRD in der ČSSR verließen und an ihre Wohnorte zurückkehrten. […] Zwischenzeitlich sind erste Erpresserfälle zur Ausreise gelangt.«[9] Doch besteht aus Sicht der Staatssicherheit auch Grund zur Sorge: Über einige der Ausreisen, die man den »Botschaftserpressern« bewilligte, wurde in westlichen Medien berichtet. Deshalb müsse künftig mit einem erhöhten Zulauf in die Botschaften der Bundesrepublik gerechnet werden. Es sei daher dringend notwendig, so die Staatssicherheit, »unverzüglich alle erforderlichen, politisch-operativen Maßnahmen einzuleiten bzw. zu intensivieren, um die Entwicklung neuer Erpresserfälle zu verhindern, einen Zulauf zur Ständigen Vertretung und eine neue Konzentration von Antragstellern auf ständige Ausreise in den Auslandsvertretungen der BRD nicht zuzulassen«.[10]

15. JANUAR

Prag, »Palach-Woche«

Auf den Tag genau vor zwanzig Jahren, am 15. Januar 1969, hat sich der Student der Philosophischen Fakultät in Prag, Jan Palach, aus Protest gegen die Okkupation der Tschechoslowakei durch die sowjetische Armee verbrannt. Für die Tschechen und Slowaken ist er zu einem Symbol des antikommunistischen Widerstands geworden. Heute kehrt aus Anlass des 20. Jahrestages seines Protestes und Todes das Andenken an Jan Palach in den öffentlichen Raum zurück. Mehrere oppositionelle Gruppen,[11] die von der kommunistischen Diktatur als illegal betrachtet und auch entsprechend behandelt werden, haben für Sonntag, den 15. Januar 1989, zu einer Gedenkversammlung an der St.-Wenzel-Statue im Zentrum Prags aufgerufen.

Prag, Wenzelsplatz,
Gedenken an Jan Palach

Was ursprünglich lediglich als kleine Erinnerungsfeier mit Kranzniederlegungen geplant war, spitzt sich in den Tagen vor der eigentlichen Gedenkveranstaltung jedoch dramatisch zu: Am 9. Januar erhält der Sprecher der Opposition, Václav Havel, einen anonymen Brief. Darin teilt der ihm unbekannte Verfasser mit, dass er sich am 15. Januar auf dem Wenzelsplatz, nach dem Vorbild Jan Palachs, aus Protest gegen die politischen Verhältnisse verbrennen wolle. Havel bittet daraufhin das tschechoslowakische Fernsehen, ihm einen Auftritt zu ermöglichen, um dem potentiellen Palach-Nachfolger von seiner Tat abzuraten. Doch die Sendeanstalten lehnen sein Gesuch ab, woraufhin sich Havel umgehend an ausländische Rundfunkstationen wendet. Radio Freies Europa, das seit Dezember 1988 in der Tschechoslowakei ungestört empfangen werden kann, sendet schließlich seinen Appell.

Nicht zuletzt vor diesem Hintergrund wandelt sich der von oppositionellen Gruppen organisierte Gedenktag zum 20. Jahrestag des Todes von Jan Palach, unerwartet und ganz anders als geplant, zu einer politischen Großdemonstration. Die tschechoslowakische Polizei, verstärkt um sogenannte »Volksmilizen« (paramilitärische Trupps der Kommunistischen Partei), setzt auf Gewalt und geht gegen die Demonstranten mit äußerster Brutalität vor. Die repressiven Kräfte benutzen Schlagstöcke und Tränengas, setzen Schäferhunde und Wasserwerfer ein. Die Polizisten sind überall, in der Mitte des Wenzelsplatzes ebenso wie an

dessen höher gelegenem Ende, und treiben die Demonstrationsteilnehmer vor sich her. In dem Gedränge fallen mehrere Leute
zu Boden, werden zur Seite gezogen, zusammengeschlagen und
mit Füßen getreten. In den Nebenstraßen stehen Polizeifahrzeu-
ge bereit, mit welchen die Verhafteten abtransportiert werden.[12]

Die Polizeirazzia löst eine weitere, unerwartet hohe Flut von
Protesten aus. Von Montag, dem 16. Januar, bis Freitag, dem 20.
Januar, demonstrieren jeden Nachmittag auf dem Wenzelsplatz
mehrere Tausend meist junge Menschen friedlich gegen das kom-
munistische Regime. Viele Demonstrationsteilnehmer erleiden
Verletzungen infolge polizeilicher Übergriffe, 1400 Frauen und
Männer werden festgenommen. Unter den Verhafteten befinden
sich auch mehrere bekannte Vertreter der Opposition, darunter
Václav Havel und der Sprecher der Charta 77, Alexandr Vondra.
Havel wird zu acht Monaten Haft verurteilt.[13]

27. JUNI

Ungarisch-österreichische Grenze:
Der Grenzzaun wird zerschnitten

Die Ungarn reagieren auf ihre Weise auf die in der Sowjetunion durch Gorbatschow angekündigte Öffnung – Glasnost (russ.
Offenheit, Transparenz) und Perestroika genannt. Seit Mai 1989
bauen sie die gefährlichen und aufwendigen Grenzanlagen entlang des Eisernen Vorhangs nach und nach ab. Am 27. Juni 1989
zerschneiden dann die Außenminister Österreichs und Ungarns,
Alois Mock und Gyula Horn, bei den Städten Sopron und Klingenbach in einem feierlichen Akt symbolisch die Drähte des
Zauns. Dieser Tag und seine Bilder werden in die Geschichte
eingehen. Aufnahmen des symbolischen Arbeitseinsatzes der
beiden Außenminister, die Mock und Horn dabei zeigen, wie
sie ziemlich ungeschickt mit den schweren Zangen hantieren,
sind noch am Abend desselben Tages an den Fernsehschirmen
in aller Welt zu sehen.[14] In der DDR, wo das »Westfernsehen«
besonders aufmerksam verfolgt wird, lösen sie Hoffnungen in

der Bevölkerung aus – und verständlicherweise erhebliche Empörung in der SED-Parteiführung: Ungarn verrate den Sozialismus und füge dem ganzen sozialistischen Lager unermesslichen Schaden zu.[15]

Die nächste symbolische Öffnung eines Grenztors zwischen

Am 27.6.1989 zerschneiden die Außenminister Österreichs und Ungarns, Alois Mock (l.) und Gyula Horn (r.), bei Sopron und Klingenbach die Drähte des Grenzzauns.

Österreich und Ungarn findet mit Zustimmung beider Regierungen im Zuge des sogenannten Paneuropäischen Picknicks am 19. August 1989 statt. Zwischen 600 und 700 DDR-Bürger nutzen die kurze Öffnung des Eisernen Vorhangs zur Flucht in den Westen, nachdem sie zuvor durch Flugblätter der Organisatoren auf die Veranstaltung aufmerksam geworden waren. Die zumeist jungen Leute stürmen auf die österreichische Seite, wo sich Journalisten und ein Kamerateam anlässlich des »Picknicks« eingefunden haben. So verbreitet sich die Nachricht ihrer geglückten Flucht binnen kürzester Zeit.[16]

SEPTEMBER 1989: DAMMBRUCH

10. SEPTEMBER

Reisewelle DDR – Ungarn

Aus westdeutschen Medien erfährt die Bevölkerung der DDR, dass ein Schlupfloch in den Eisernen Vorhang geschnitten wurde. Abertausende drängen daraufhin nach Ungarn in der Hoffnung, über Österreich in die Bundesrepublik weiterreisen zu können. Doch trotz des symbolischen Abbaus des Zaunes sind die Ungarn zunächst bestrebt, durch verstärkte Bewachung der Grenze die Herausbildung einer durchlässigen, »grünen« Grenze zu verhindern.[1]

Flucht über die »grüne Grenze« zwischen Ungarn und Österreich

Schließlich führen der Druck durch die DDR-Bürger sowie die konsequente und geschickte Diplomatie der Bundesrepublik zur Grenzöffnung für die Ausreisewilligen. Am Sonntag, dem 10. September 1989 um 19.00 Uhr verkündet das ungarische Fernsehen in der regelmäßig übertragenen Sendung ›A Hét‹ (Die Woche), dass sich die Regierung Ungarns dazu entschlossen habe, die streng bewachte Westgrenze Ungarns für die Flüchtlinge aus der DDR zu öffnen. Die explosive Nachricht überbringt der ungarische Außenminister, Gyula Horn, persönlich.[2] Parallel zum Fernsehauftritt Horns verbreitet die ungarische Nachrichtenagentur MTI eine entsprechende Regierungserklärung dazu. Die Lage an der Grenze, wo sich Zwischenfälle häufen, ist unhaltbar geworden. Die Zahl der übersiedlungswilligen DDR-Bürger nimmt beständig zu. Ungarn lässt sich in seiner Entscheidung vor allem von menschenrechtlichen und humanitären Grundsätzen leiten. Der Weg für die Deutschen aus der DDR ist von Mitternacht an frei. Zwar fügt Horn in seinem Fernsehauftritt noch hinzu, dass die Regierung jene fraglichen Punkte des deutsch-ungarischen Staatsvertrags, unter denen sich Ungarn in der Vergangenheit verpflichtet hatte, DDR-Bürger nicht in Drittländer ausreisen zu lassen, nur zeitweilig aufhebe. Zugleich lässt er aber erkennen, dass die neue Grenzregelung über einen längeren Zeitraum hinweg Bestand haben werde – solange die Gründe, die zur Entscheidung der ungarischen Regierung geführt hätten, nicht beseitigt seien.[3]

Mainz, Fernsehsendung ›ZDF-Studio‹:
Akt zugunsten der Menschenrechte

Die Fernsehkanäle der Bundesrepublik übernehmen am Sonntagabend direkt das TV-Programm aus Budapest. Bundesaußenminister Genscher kommentiert im ZDF-Studio selbst die Nachricht aus Ungarn. Er bedankt sich bei der ungarischen Regierung und bezeichnet ihre Entscheidung als einen Akt zugunsten der Menschenrechte.[4] Genscher weist dabei erneut Gerüchte zurück, die ungarische Regierung habe für den Schritt wirtschaftliche Gegenleistungen verlangt.[5]

Bremen, Stadthalle, CDU-Parteitag: Kohl im Amt des Parteivorsitzenden bestätigt

Wenige Stunden vor seiner Abreise zum CDU-Bundesparteitag – es ist in der Mittagszeit des 10. September, eines Sonntags – erhält Bundeskanzler Kohl nach Tagen angespannten Wartens, in denen allerlei Falschmeldungen und Gerüchte für Verunsicherung gesorgt haben, von Ungarns Botschafter Horváth endlich die ersehnte Nachricht aus Budapest, dass es um 24.00 Uhr desselben Tages so weit sein werde – dass Ungarn die Deutschen aus der DDR nach Österreich ausreisen lasse.[6] Der Bundeskanzler, der zugleich CDU-Vorsitzender ist, nutzt die Gelegenheit und hält noch rasch eine kurzfristig anberaumte Pressekonferenz ab, in der er unter anderem seine Dankbarkeit gegenüber Ungarn betont.[7] Derartig bestärkt, mit einer fulminanten Pressekonferenz und einem großen außenpolitischen Erfolg im Rücken, geht der innenpolitisch angeschlagene Kohl aus dem nachfolgenden CDU-Parteitag als Sieger hervor. Die Nachrichten aus Budapest helfen ihm nicht zuletzt dabei, einen Angriff auf seine Position aus der Gruppe um Heiner Geißler und Rita Süssmuth abzuwehren, zumal die 738 Delegierten des Bundesparteitags da noch ganz unter dem Eindruck der Ereignisse stehen, die die Welt verändern sollen. Kohl wird eindrucksvoll im Amt des Parteivorsitzenden bestätigt, Volker Rühe setzt sich als Nachfolger Geißlers im Amt des Generalsekretärs durch.[8]

11. SEPTEMBER

Ungarisch-österreichische Grenze, 0.00 Uhr: Massenflucht der DDR-Deutschen

Für die Deutschen aus der DDR in Ungarn ist die Nachricht

vom Sonntag eine Erlösung. In den Lagern herrscht großer Freudentaumel. Hunderte von Familien fahren unmittelbar nach der Nachricht noch am Sonntagabend mit ihren Pkw in Richtung ungarisch-österreichische Grenze.[9] Am 11. September, um 0.00 Uhr, ist es so weit: Ungarn öffnet für die DDR-Bürger seine Grenze zu Österreich. Dadurch wird eine Massenflucht von Deutschen aus der DDR, die bis dato nahe der Grenze in Lagern ausharrten, in die Alpenrepublik ermöglicht.[10] Und mit jedem Tag schwillt die Ausreisewelle weiter an. Schon am 11. September überschreiten ca. 8000 Personen die Grenze nach Österreich, drei Tage später sind es bereits 18000. Die Bilder der Autokolonnen, welche die Grenze passieren, gehen um die Welt.[11] Zehntausende von DDR-Bürgern reisen in den nächsten Tagen und Wochen über Österreich in die Bundesrepublik aus.[12] Die freigegebene ungarische Westgrenze wird auch in den nachfolgenden Monaten nicht mehr geschlossen. Bis zum 9. November verlassen insgesamt rund 50000 DDR-Bürger über Ungarn und Österreich den SED-Staat.[13] Erst mit dem Fall der Berliner Mauer wird der ungarisch-österreichische Grenzübergang schlagartig obsolet.

Ostberlin, Zentralkomitee der SED: »Kreuzzug des Imperialismus gegen den Sozialismus«

Die SED-Führung bezeichnet die neuen Reisebestimmungen der ungarischen Regierung als Teil eines »Kreuzzuges des Imperialismus gegen den Sozialismus«[14] und reagiert auf den Massenexodus, welcher die DDR in ihren Grundfesten erschüttert, mit einer drastischen Verschärfung des Grenzregimes.[15] In der Folge erhalten DDR-Bürger für Reisen nach Ungarn kein Visum mehr. Die Fluchtwilligen, die keine gültige Einreiseerlaubnis für Ungarn vorweisen können, werden demzufolge an der tschechoslowakisch-ungarischen Grenze von tschechoslowakischen Grenzsoldaten an der Weiterreise ins Nachbarland gehindert. Die Abgewiesenen lehnen allerdings eine Rückkehr in die DDR entschieden ab. Viele von ihnen suchen fortan Zuflucht in der Prager Botschaft der Bundesrepublik Deutschland.

12. SEPTEMBER

**Prag, Botschaft der Bundesrepublik:
Anzahl der Zufluchtsuchenden nimmt zu**

Mehr und mehr Bürger aus der DDR melden sich in der Prager Botschaft der Bundesrepublik Deutschland. Es gibt Befürchtungen, Erich Honecker könnte im Rahmen des 40. Jahrestags der DDR am 7. Oktober die Grenze zur Tschechoslowakei schließen. Auch aus diesem Grund wächst die Zahl derer, die täglich über den drei bis vier Meter hohen Zaun der westdeutschen Botschaft in Prag klettern. Immer seltener werden sie von den tschechoslowakischen Sicherheitskräften daran gehindert, denn auch in der Tschechoslowakei hat Gorbatschows Perestroika politisches Tauwetter ausgelöst. Der Prager Botschafter der Bundesrepublik Deutschland, Hermann Huber, sieht sich gezwungen, wegen der stetig steigenden Zahl an Zufluchtsuchenden vorzeitig seinen Urlaub abzubrechen.[16]

In der Botschaft der Bundesrepublik, im Palais Lobkowicz, trifft Rechtsanwalt Wolfgang Vogel ein, um die dort wartenden Menschen zur Rückkehr in die DDR zu bewegen und die Gesamtsituation in der Prager Botschaft zu entschärfen.[17] Die SED-Führung setzt auch im Sommer 1989 auf Vogels Überredungskünste und diplomatisches Geschick; Fähigkeiten, die sich in der Vergangenheit wiederholt bewährt hatten. Schon in den Jahren 1984/85 hatten mehrere Hundert DDR-Bürger in der westdeutschen Botschaft Zuflucht gesucht, wo ihnen Verpflegung und Unterkunft zur Verfügung gestellt wurden. Der Großteil der an einer Ausreise Interessierten kehrte gleichwohl in die DDR zurück, nachdem Vogel erfolgreich als Unterhändler gewirkt und seinen Mitbürgern Straffreiheit sowie die Ausstellung gültiger Ausreisepapiere versprochen hatte.[18] Von Seiten der KPTsch, welche das Flüchtlingsproblem möglichst zeitnah und ohne Eigenaufwand zu bereinigen wünscht, erfährt denn auch Vogels jüngster Einsatz vollste Zustimmung.[19]

13. SEPTEMBER

In der Zeitung ›Neues Deutschland‹ wird verzweifelt versucht, die DDR-Bürger von der Ausreise abzuschrecken. Im Artikel »Der Medienrummel und die Realitäten« schildert ADN-Korrespondent Horst Schäfer die angeblich schlimmen Folgen für die Ausgereisten: »Nach dem Medien- und Politikerrummel in der BRD um den ›Tag X‹ sehen sich die in einer illegalen Nacht- und-Nebel-Aktion abgeworbenen DDR-Bürger ihrem Schicksal überlassen. [...] Nach der abenteuerlichen Reise wird manchem erst bewusst, auf was er sich da eingelassen hat. [...] Schon bei ihrer Ankunft in den bayerischen Aufnahmelagern mussten die Abgeworbenen feststellen, dass ihnen weder in Bezug auf Wohnungen noch auf Arbeitsplätze feste Zusagen gemacht werden konnten. Auch die zuvor versprochene freie Ortswahl in der BRD war erheblich eingeschränkt. Für die meisten gebe es auch keine Chance, so wurde ihnen bedeutet, in ihren erlernten Berufen zu arbeiten. In den Lagern gab es zwar Schalter des Arbeitsamtes, doch die seien, so erfuhren die ehemaligen DDR-Bürger, in erster Linie dazu da, sie als Arbeitslose zu registrieren. [...] Allein in Niederbayern gebe es fast 24 000 Arbeitslose. Die Erwartungen der abgeworbenen DDR-Bürger auf eigene Wohnung wurden [...] erheblich gedämpft. [...] Auch deren Fragen nach Betreuung ihrer Kinder in Kindergärten konnten die Regierungsvertreter angesichts von über 500 000 fehlenden Kindergartenplätzen in der BRD nicht mit Zusagen beantworten. Mit der Nacht-und-Nebel-Aktion zur Abwerbung von in Ungarn befindlichen DDR-Bürgern und dem damit verbundenen Medienrummel [...] haben so manche in der Bonner politischen Szene zweifellos auch das Ziel verfolgt, die massenhaften Proteste in der Bundesrepublik gegen die fortgesetzte Hochrüstung und die permanente Massenarbeitslosigkeit aus der öffentlichen Diskussion zu verdrängen.«[20]

15. SEPTEMBER

Prag, Botschaft der Bundesrepublik: weitere Ausreisewillige

Innerhalb eines einzigen Tages melden sich weitere 484 Ausreisewillige in der Prager Botschaft der Bundesrepublik. Wohl
gelingt es dem von Ostberlin entsandten Unterhändler Rechtsanwalt Vogel, 300 von ihnen durch das Versprechen der späte-
ren Ausreisebewilligung zur Rückkehr in die DDR zu bewegen.
Dennoch steigt die Zahl der Zufluchtsuchenden in der Botschaft
stetig an. Begünstigt durch die Ereignisse in Ungarn, wandelt
sich nämlich deren Stimmung – die Bereitschaft zur Rückkehr in
die DDR nimmt ab. Zitat eines Ausreisewilligen: »Vor ein paar
Wochen gab's nur Straffreiheit, jetzt gibt's schon umfassende an-
waltliche Betreuung durch Rechtsanwalt Vogel, mal sehen, was
es in ein paar Wochen gibt.«[21] Als Muster gilt ihnen Ungarn.
Auch dort sei bis vor Kurzem eine unmittelbare Ausreise in den
Westen so nicht möglich gewesen. Warum also sollte, so fragen
sie sich, das Gleiche nicht auch hier möglich werden? Einwände des Botschaftspersonals, dass die Situation in der ČSSR eine
andere sei, werden nicht akzeptiert. Man sei vielmehr bereit, so
wird unterstrichen, auch noch »sehr lange in der Botschaft zu
bleiben«.[22]

Prag, Ministerium des Auswärtigen der ČSSR: entschiedene Maßnahmen ergreifen

Die tschechoslowakischen Stellen sind von dem Geschehen
in der Botschaft zunehmend beunruhigt. Das Föderale Ministerium des Auswärtigen in Prag informiert die Botschaften der
Tschechoslowakei über die Problematik der DDR-Bürger, die
eine Ausreise in die Bundesrepublik anstreben, sowie über die
sachlichen und rechtlichen Zusammenhänge. Das Ministerium
empfiehlt, entschiedene Maßnahmen zu ergreifen, damit die Situation nicht noch weiter eskaliert. Unter den Wartenden nimmt
nämlich der Anteil derer zu, die sich mit den Zusagen der DDR-
Unterhändler nicht mehr zufriedengeben.

Ferner kritisiert das Ministerium in seinem Schreiben, dass die Bundesrepublik ihre Botschaft zu Zwecken missbrauche, die im Widerspruch zur Wiener Konvention aus dem Jahre 1961 über diplomatische Vertretungen stünden. Gemäß dieser Konvention sind Auslandsvertretungen nicht berechtigt, Asyl zu gewähren. Die westdeutschen Behörden argumentieren ihrerseits mit der Verfassung der Bundesrepublik Deutschland und der darin zum Ausdruck kommenden unterschiedlichen Rechtsauffassung in Bezug auf die DDR-Bürger. Im Sinne des Grundgesetzes seien die DDR-Staatsangehörigen ebenfalls als Bürger der Bundesrepublik anzusehen. Eine Rechtsauffassung, welche die tschechoslowakische Seite wiederum als völkerrechtswidrig beurteilt. »Dies bewerten wir als eine rechtswidrige Politik, die auf die pangermanischen Bestrebungen nach der Wiedervereinigung ausgerichtet ist.«[23]

In den empfindlichen zwischenstaatlichen Beziehungen zur DDR und zu Ungarn vertritt Prag nach Möglichkeit eine Politik der Nichteinmischung, gerade auch was das Verhältnis seiner beiden Nachbarn zur Bundesrepublik Deutschland betrifft. Gleichzeitig verhalten sich die tschechoslowakischen Stellen Ostberlin gegenüber solidarisch und gewähren der DDR Zugang zu allen relevanten Informationen hinsichtlich der Flüchtlingsproblematik, über die sie verfügen.[24] Insbesondere die Parteiführungen und die Staatssicherheitsdienste arbeiten eng und intensiv zusammen.

In Ostberlin weiß man die Prager Solidarität sehr wohl zu schätzen. Wiederholt äußern die zuständigen Behörden ihre Dankbarkeit den tschechoslowakischen Stellen gegenüber für deren Unterstützung. Sowohl das SED-Politbüro als auch die Regierung, das Ministerium für Auswärtiges sowie die DDR-Botschaft in der Tschechoslowakei bringen mehrfach und auf unterschiedlichen Ebenen ihre Anerkennung für den festen Standpunkt zum Ausdruck, den die tschechoslowakischen Partei- und Staatsorgane zur Unterstützung der DDR einnehmen. Lob erfahren auch die Kommentare der tschechoslowakischen Presseagentur ČTK und jener Zeitungen, die Ungarn wegen dessen Nichteinhaltung von zwischenstaatlichen Verträgen der Verbündeten untereinander kritisieren. Es handelt sich um Abkommen, in denen sich Ungarn eigentlich verpflichtet hatte, DDR-Bürger an der Ausreise nach Österreich zu hindern, und die jetzt von Ungarn nicht eingehalten werden.[25]

Tschechoslowakisch-ungarische Grenze: Grenzübertritte von DDR-Bürgern

In Zusammenhang mit der schnell ansteigenden Zahl von Zufluchtsuchenden aus der DDR auf dem Gebiet der ČSSR sieht sich auch die tschechoslowakische Grenzpolizei immer häufiger mit Versuchen von DDR-Bürgern konfrontiert, die Staatsgrenze zu Ungarn illegal zu überqueren. Der unerlaubte Grenzübertritt stellt, gemäß dem tschechoslowakischen Strafrecht, eine Straftat dar. Diejenigen DDR-Bürger, die im Zusammenhang mit einer versuchten illegalen Grenzüberquerung aufgegriffen wurden, werden gemäß den tschechoslowakischen Strafrechtsvorschriften juristisch zur Verantwortung gezogen. Zugleich werden auch die zuständigen DDR-Behörden über den Vorgang in Kenntnis gesetzt. Diesen obliegt es sodann, eine Überstellung der strafrechtlich verfolgten DDR-Bürger zu beantragen. Entsprechenden Anträgen wird dann in der Regel auch stattgegeben.[26] Nach Informationen des DDR-Ministeriums für Staatssicherheit (MfS) werden laut Weisung des Innenministers der ČSSR DDR-Bürger, die den Grenzübertritt nach Ungarn ohne Genehmigung versuchen, zurückgewiesen, mit einem Stempeleintrag im Personalausweis versehen und anschließend bis an die Grenze der DDR zurückgebracht.[27] Umgekehrt werden die zuständigen DDR-Stellen auch dann informiert, wenn die tschechoslowakischen Behörden feststellen müssen, dass DDR-Bürgern der Grenzübertritt nach Ungarn gelungen ist. Das Föderale Ministerium des Auswärtigen informiert darüber hinaus durchgehend die DDR-Botschaft in Prag über von DDR-Bürgern zurückgelassene Fahrzeuge und übergibt ihr regelmäßig entsprechende Kfz-Verzeichnisse. Wenn die DDR-Stellen die Herausgabe der Fahrzeuge fordern, werden ihnen diese übergeben.[28]

16. SEPTEMBER

Prag, Botschaft der Bundesrepublik

Im Laufe des Tages klettern weitere 81 DDR-Bürger über den

Zaun auf das Grundstück des Palais Lobkowicz. Botschafter Huber berichtet vom allgemeinen Erschöpfungszustand des Botschaftspersonals und bittet das Auswärtige Amt um Lebensmittel, Kleidung, Baumaterialien sowie eine erhebliche Aufstockung des Personals. Der Diplomat schlägt Alarm: »Weiterer großer Andrang in den kommenden Tagen zu erwarten. Vorsorgliche Bereitstellung von Versorgungsgütern notwendig.«[29] Unterstützung kommt vom bundesdeutschen Militärattaché Adolf Brüggemann, der einen weiteren Anstieg der Flüchtlingszahlen prognostiziert – um tausend Personen innerhalb einer Woche! Er erweitert Hubers Gesuch an das Auswärtige Amt um eine Feldküche, Zelte, Feldbetten und Schlafsäcke.[30]

DDR-Flüchtlinge gelangen über den Zaun des Palais Lobkowicz in die bundesdeutsche Botschaft in Prag.

Prag, KPTsch-Parteizeitung ›Rudé právo‹: »Wir unterstützen unseren Freund«

Der Regierung der ČSSR missfällt die Situation im Palais Lobkowicz zunehmend. Die kontinuierliche Zulieferung von Gütern und Hilfspersonal aus der Bundesrepublik behindert sie jedoch nicht – sie will nicht die in letzter Zeit besser gewordenen Beziehungen zur Bundesrepublik wieder substanziell beeinträchtigen. Doch die Waffen der Parteipropaganda werden voll eingesetzt, mit schwerer Munition.

In der KPTsch-Parteizeitung ›Rudé právo‹ erscheint am 16. September ein Hetzartikel, der das Vorgehen der Behörden und der Botschaft der Bundesrepublik heftig angreift und bereits in der Überschrift – »Wir unterstützen unseren Freund« – die uneingeschränkte Solidarität der KPTsch mit den DDR-Genossen bekräftigt. Eine rechtlich durchaus nachvollziehbare Argumentation wird geschickt mit völlig frei erfundenen, massiven Beschuldigungen vermischt. Der Kommentator, Jan Kovařik, bezeichnet die Gesamtentwicklung um das Palais Lobkowicz als eine von höchsten Stellen der Bundesrepublik lange im Voraus geplante, koordinierte Aktion, die es zum Ziel habe, die staatliche Souveränität der DDR fundamental zu erschüttern: »Der Verlauf der illegalen Ausreise der Bürger der DDR in die BRD, als die ungarische Regierung [...] den Bürgern der DDR die Ausreise über Österreich in die BRD mit von westdeutschen Behörden ausgestellten Pässen ermöglicht hat, beweist, dass es um eine von höchsten Stellen der BRD lange im Voraus geplante und koordinierte Aktion geht. [...] Alles spricht dafür, dass es das Hauptziel der Aktion ist, den ersten Arbeiter- und Bauernstaat auf deutschem Boden zu diskreditieren, die Prinzipien in Zweifel zu ziehen, auf die sich nach der Niederlage des Faschismus die Kommunisten mit den Sozialdemokraten und weiteren fortschrittlichen Anti-Kriegskräften geeinigt haben. Die DDR ist den westdeutschen Reaktionären die gesamten vierzig Jahre ihrer Existenz ein Dorn im Auge gewesen. Die Angriffe, verborgen oder öffentlich, sind nicht zu zählen. Und das Ergebnis? Die DDR wurde ein anerkannter Faktor auf der internationalen Bühne, deren Politik dem Gedanken dient, einen gerechten Staat der Werktätigen aufzubauen, der sich für das friedliche Zusammenleben und die Zusammenarbeit auf internationaler Ebene einsetzt.

Niemals, ja niemals haben die Bemühungen der BRD aufgehört, der DDR vorzuschreiben, wie sie ihre Angelegenheiten regeln soll, nie aufgehört hat das Bestreben, die sozialistische Entwicklung umzukehren. Und jetzt stellt die von westdeutschen Stellen organisierte Flucht von DDR-Bürgern einen weiteren solchen Versuch dar, und dies ohne Rücksicht auf internationales Recht, auf den Geist der zwischen beiden deutschen Staaten abgeschlossenen Verträge, ohne Rücksicht auf den Schaden, den dies nicht nur den Beziehungen zwischen der DDR und der

BRD, sondern auch dem sich aussichtsreich entwickelnden Entspannungsprozess zufügt.

Es ist eine gefährliche Kurzsichtigkeit, die Position der BRD auf der Nichtanerkennung des Rechts eines anderen Staates, der DDR, aufzubauen. Man muss keine große juristische Bildung haben, um zu verstehen, dass dem Bürger eines anderen Staates ein Personaldokument auszustellen, in diesem Fall einen Reisepass, eine Rechtsverletzung darstellt, ein Eingreifen in die inneren Angelegenheiten eines anderen souveränen Staates. Das kann nicht einmal mit dem ›Wunsch nach Wiedervereinigung‹, geschweige denn durch Berufung auf die westdeutsche Verfassung gerechtfertigt werden. Die internationale Gemeinschaft richtet sich nach gewissen Regeln, die es nicht zulassen, dass irgendein Staat einem anderen seine Gesetze oder deren Auslegung aufzwingen kann. Auf dieser Gewissheit beruht der gesamte gegenwärtige Prozess der Entspannung, des Aufbaus gegenseitigen Vertrauens.

Die DDR hat eine Reihe von konstruktiven Vorschlägen zu einer beiderseitig annehmbaren Lösung der Probleme der DDR-Bürger gemacht, die sich in Ungarn aufhalten, mit dem Ziel, in ein anderes Land auszureisen. […] Die Behörden der DDR garantieren ihnen Straffreiheit und die Möglichkeit, auf normalem Wege, legal und gesetzlich, einen Antrag auf eventuelle Ausreise zu stellen. Dies entspricht unserer Zeit – es respektiert die Souveränität des Staates und zugleich das Recht des Bürgers, sich zu entscheiden. Deshalb kommt man gar nicht umhin, als das Vorgehen der westdeutschen Stellen abzulehnen, die wissen, dass es einen Weg des rechtmäßigen Vorgehens gegeben hat und gibt. In Wirklichkeit gelingt es ihnen jedoch nicht, ihren Hass gegen den Sozialismus zu verbergen. Und Hass ist, wie bekannt, ein schlechter Ratgeber für jegliches Handeln, umso mehr im internationalen Zusammenleben. Man kann nicht für Recht und Gesetz eintreten und selbiges zugleich mit Füßen treten, nur weil es einem in einem bestimmten Augenblick nicht passt.

Wir schätzen die DDR als einen bewährten, zuverlässigen Partner, Nachbarn und Verbündeten. Entschieden verurteilen wir die Kampagne gegen die DDR und unterstützen den Standpunkt unserer Freunde. Unsere Genossen in der DDR sollen wissen, dass wir weiterhin die beiderseitige Zusammenarbeit unter strenger Einhaltung aller vertraglichen Verpflichtungen hochhalten werden.«[31]

17. SEPTEMBER

Prag, Botschaft der Bundesrepublik: wachsende Flüchtlingszahlen

Adolf Brüggemanns Prognose schnell wachsender Flüchtlingszahlen wird bereits am darauffolgenden Tag bestätigt, als weitere 115 Flüchtlinge auf dem Botschaftsgelände in Prag eintreffen. Im Gegensatz zu früheren DDR-Bürgern, die nahezu ausschließlich in Folge abgelehnter Ausreiseanträge in das Palais Lobkowicz geflüchtet sind, hat jetzt kaum einer der Neuankömmlinge einen Antrag gestellt. Diese Menschen sind schlicht aus Enttäuschung und Verzweiflung geflohen und wünschen sich nichts sehnlicher, als der DDR für immer den Rücken zu kehren. Bis dato vorgenommene Betreuungsaufgaben wie beispielsweise der Schulunterricht für Kinder entfallen jetzt, da alle Kapazitäten der Botschaft erschöpft sind.[32]

Ostberlin, Politbüro der SED

Aus persönlichen Notizen Egon Krenz' zum heutigen Tage geht hervor, dass sich die SED-Führung über die Hintergründe der Fluchtbewegung sehr wohl im Klaren ist. Zum einen sind die DDR-Bürger von der Hoffnung erfüllt, in der Bundesrepublik eine umfassendere materielle Versorgung sowie bessere berufliche Verdienstmöglichkeiten wahrnehmen zu können. Zum anderen tragen das starre, hoch bürokratisierte Regierungssystem und dessen Repressionen gegenüber individueller Selbstverwirklichung zur Politikverdrossenheit der Menschen in starkem Maße bei.[33] Die Schuld daran sucht Krenz jedoch nicht im politischen Kurs der SED, sondern schreibt sie der medialen

Propaganda Westdeutschlands zu.[34] Krenz' Lösungsansätze für das Ausreisedilemma stehen ganz im Lichte der orthodox-kommunistischen Staatsdoktrin der DDR: So beabsichtigt er, an den Prinzipien von Planwirtschaft, Realsozialismus und Einparteienstaat festzuhalten, während gleichzeitig insbesondere die Jugend für vorgenannte Prinzipien wieder gewonnen werden soll.[35]

18. SEPTEMBER

Prag, Botschaft der Bundesrepublik

Unter der Leitung des Bundesgeschäftsführers der SPD, Peter Glotz, trifft in Prag eine Gruppe Bonner Parlamentarier ein. Sie besucht das Palais Lobkowicz und macht sich ein eigenes Bild von der Situation. Trotz wachsender Flüchtlingszahlen ist die allgemeine Stimmung in der Botschaft friedlich und die Lage noch unter Kontrolle. Lediglich am Rande kommt es zu vereinzelten Ausfällen. So gibt beispielsweise eine kleine Personengruppe ein Interview in aggressiver Form, dabei skandiert sie »Stasi raus!«.[36] Ansonsten bleibt die Stimmung auch dank des sommerlichen Wetters verhältnismäßig gut, es gibt kaum Krankheitsfälle. Inzwischen sind unter den Flüchtlingen auch wieder zwei Ärzte, was eine willkommene Hilfe darstellt. Lediglich das Schulzelt, in dem bisher ein – freilich recht provisorischer – Unterricht für die Kinder organisiert worden war, muss aus Platzgründen geräumt werden. Der Ort wird für die Unterbringung der Neuankömmlinge benötigt. Dennoch sind auch weiterhin etliche Menschen ohne Schlafplatz. Botschafter Huber fordert sechs zusätzliche Zyelte, Betten und eine mobile Küche an.[37]

Prag, Ministerium des Auswärtigen der ČSSR

Peter Glotz wird zusammen mit Botschafter Hermann Huber durch den tschechoslowakischen Außenminister Jaromír Johanes empfangen. Dieser lässt verlauten, dass die ČSSR bei der Bewältigung des Flüchtlingsproblems auch weiterhin keine Schwierigkeiten machen werde. Er teile ansonsten in der Sache den Standpunkt der DDR, gegenüber der man Vertragsverpflichtungen habe, die einzuhalten seien. Nach seiner Meinung sollten »die DDR-Flüchtlinge in der DDR bleiben und sich dort an der Demokratisierung beteiligen«.[38] Wie Huber anschließend völlig zutreffend konstatiert, hätten alle Gespräche gezeigt, dass sich die ČSSR zwar gegenüber der DDR in der Pflicht sehe, »es sich dabei aber auch nicht mit dem anderen deutschen Nachbarn verderben will«.[39] Eine Einschätzung, die durch die Entwicklung in den folgenden Tagen und Wochen vollauf bestätigt wird. Die tschechoslowakischen Stellen sind während des gesamten Flüchtlingsdramas darum bemüht, die Verträge mit der DDR strengstens einzuhalten und gleichzeitig die zu dieser Zeit bereits im Wesentlichen normalisierten – vor allem wirtschaftlichen – Beziehungen zur Bundesrepublik Deutschland aufrechtzuerhalten.

Ostberlin, Ministerium für Staatssicherheit

So wie das Politbüro ist sich auch das Ministerium für Staatssicherheit über die Ausreisegründe der Flüchtlinge im Wesentlichen im Klaren. Wie das MfS feststellt, führe fast jeder die Hauptursachen für das Verlassen der Republik auf innere Probleme und Schwierigkeiten zurück. So behaupten zum Beispiel die Leitungskader im VEB Erntemaschinen Neustadt, »der Westen könne gar keine Massenausreise organisieren, die Menschen gingen aus freien Stücken, da sie mit der Gesamtsituation in der DDR unzufrieden seien«.[40]

Leipzig, Montagsdemonstrationen

Parallel zur stetig an Dynamik gewinnenden Fluchtbewegung über das Ausland wird der SED auch zunehmend im eigenen Land vor Augen geführt, wie unzufrieden die Bevölkerung mit der Gesamtsituation ist. In Leipzig gehen im Anschluss an das Friedensgebet in der Nikolaikirche mehrere Hundert Menschen zur Montagsdemonstration auf die Straße. »Wir bleiben hier!«, lauten die Sprechchöre, anstelle von: »Wir wollen raus!« Zahlreiche Demonstranten werden festgenommen. Rockmusiker, Liedermacher und Unterhaltungskünstler fordern in einer öffentlichen Resolution – als Reaktion auf die wachsenden Flüchtlingszahlen – Demokratisierung und Reformen nach ungarischem Vorbild.[41]

Tschechoslowakisch-ungarische Grenze: Grenzübertritt zunehmend schwieriger

Der Drang zahlloser DDR-Bürger, über Ungarn und Österreich in den Westen zu gelangen, dauert an. Jedoch längst nicht alle erreichen auch ihr Ziel. Jene DDR-Bürger, die versuchen, über Ungarn in die Bundesrepublik zu fliehen, ereilt oft ein bedauerliches Schicksal. Von Sicherheitskräften der ČSSR an der ungarischen Grenze aufgegriffene Menschen werden mit einem entsprechenden Vermerk im Personalausweis binnen 24 Stunden zurück in die DDR geschickt. Die Kreisdienststelle für Staatssicherheit (KD) führt entsprechende Personenlisten und hat über den Entzug des Personalausweises sowie eventuelle Fahndungsmaßnahmen zu entscheiden. Der ungesetzliche Grenzübertritt ist nach § 213 des StGB der DDR eine strafbare Handlung, im Sprachgebrauch als »Republikflucht« bezeichnet, die mit Freiheitsstrafe bis zu zwei Jahren oder mit Verurteilung auf Bewährung bestraft wird. In schweren Fällen wird der Täter nach § 213 Abs. 2 des StGB mit Freiheitsstrafe von einem Jahr bis zu fünf Jahren bestraft. Die Strafbarkeit steht im Widerspruch zum Völkerrecht, insbesondere zu Art. 13 der Allgemeinen Erklärung der Menschenrechte der UN, die die Reisefreiheit garantiert. Einmal erfassten Personen werden außerdem Reisen ins Ausland hernach natürlich nicht mehr genehmigt.[42]

19. SEPTEMBER

Warschau, Botschaft der Bundesrepublik

Die bundesdeutsche Botschaft in Warschau muss wegen Überfüllung vorübergehend geschlossen werden.[43]

Ostberlin, Zeitung ›Neues Deutschland‹: Bundesregierung betreibt »Menschenhandel«

Die jüngste Ausgabe der Zeitung ›Neues Deutschland‹ widmet der Situation in Ungarn gleich eine ganze Seite und erhebt dabei massive Vorwürfe gegen die Bundesregierung. Diese betreibe in einer konzertierten Aktion gemeinsam mit den Medien gezielt »Menschenhandel, um dem bundesdeutschen Arbeitsmarkt neue Arbeitskräfte zuzuführen«. Gleichzeitig sei selbige nicht in der Lage, bezahlbare Wohnungen zur Verfügung zu stellen. Dies alles diene »allein der revanchistischen, großdeutschen Politik einer Wiederherstellung des ›Großdeutschen Reiches in den Grenzen von 1937‹«.[44]

Tschechoslowakisch-ungarische Grenze: mit jedem Tag gefährlicher

Für jene DDR-Bürger, die auch weiterhin versuchen, die Bundesrepublik über Ungarn und Österreich zu erreichen, wird das Unterfangen mit jedem Tag gefährlicher. Inzwischen sind die Kontrollen sowohl innerhalb der ČSSR als auch entlang der tschechoslowakisch-ungarischen Grenze erheblich verschärft worden. Die tschechoslowakischen Sicherheitskräfte sind dabei angehalten, insbesondere nach Westgeld und privaten Dokumenten wie Zeugnissen etc. zu suchen. Etliche Personen wissen von vorübergehenden Festnahmen inklusive drastischer Verhörmethoden zu berichten. So heißt es u. a.: »Die [gemeint sind die tschechoslowakischen Sicherheitskräfte] schlagen gleich zu.« Oder: »[Die] haben uns an die Heizung angekettet.« »Sehr übel« würden DDR-Bürger behandelt, die beim Versuch eines illegalen Grenzübertritts nach Ungarn gefasst wurden. DDR- und ČSSR-Staatssicherheit arbeiten bei der Verfolgung der Fluchtwilligen intensiv und eng zusammen. Da viele Flüchtlinge versuchen, über die Donau zu schwimmen, stellt die tschechoslowakische Seite Grenzposten entlang des Ufers im Abstand von ca. 100 Metern auf. Anders als die repressiven Sicherheitsorgane der ČSSR zeigt sich die ungarischstämmige Bevölkerung auf tschechoslowakischer Seite ausgesprochen hilfsbereit.[45]

Bonn, Auswärtiges Amt/Prag, Botschaft der Bundesrepublik und Außenministerium der ČSSR

Botschafter Huber wird vom Leiter der Politischen Abteilung des Auswärtigen Amtes in Bonn, Dieter Kastrup, gebeten, unverzüglich beim tschechoslowakischen Ministerpräsidenten Ladislav Adamec und KPTsch-Parteichef Miloš Jakeš vorzusprechen und ihnen eine persönliche Botschaft des Bundesaußenministers zu überbringen, unter Verweis auf die jahrzehntelangen Bemühungen Genschers, sich auch in schwierigen Zeiten für gute Beziehungen mit der ČSSR einzusetzen, sowie um nochmalige Würdigung der schwierigen Situation in der Botschaft zu bitten. Huber soll der tschechoslowakischen Seite deutlich machen, dass es nach bundesdeutschem Verständnis nicht möglich sei, mit Gewalt gegen Deutsche vorzugehen, die sich »ohne unser Zutun auf das Botschaftsgrundstück begeben«. Nachdrücklich lässt Genscher darum bitten, noch einmal die Möglichkeit einer pragmatischen und humanitären Lösung, z. B. mit Hilfe des Internationalen Roten Kreuzes, zu prüfen.[46]

Als Reaktion auf Hubers Gesuch, mit der Staats- und Parteiführung der ČSSR ins Gespräch zu kommen, um die persönliche Botschaft Genschers zu übermitteln, wird der tschechoslowakische Außenminister Johanes beauftragt, den westdeutschen Botschafter sofort zu empfangen.[47] Im Vorfeld dieser Begegnung lässt der erfahrene Diplomat sondieren, ob bzw. inwiefern es etwaige Meinungsverschiedenheiten auf Seiten der tschechoslowakischen Staats- und Parteiführung hinsichtlich der Behandlung des Flüchtlingsproblems auf dem Gelände der westdeutschen Botschaft in Prag gibt. Huber verbindet dann die Verhandlungen mit Johanes mit dem Hinweis darauf, dass die Bundesrepublik Deutschland gegenüber der Volksrepublik Ungarn ihren Dank schon ausgedrückt habe und diesen auch materiell zeigen werde. Dasselbe Angebot gelte im Übrigen auch für die Tschechoslowakei.[48] Die im Zuge des Gesprächs übermittelte Botschaft Genschers enthält eine sehr emotionale Beschreibung der Situation in der westdeutschen Vertretung in Prag sowie den Vorschlag, das Flüchtlingsproblem nach dem »ungarischen Modell« zu lösen oder wahlweise wie in Sofia, wo die rumänischen Bürger ungarischer Nationalität mit Dokumenten des Internationalen Roten Kreuzes ausreisen durften. Die Bundesrepublik wolle niemanden irritieren und werde deshalb auch keine Pässe für die betroffenen DDR-Bürger ausstellen. Außenminister Johanes betont in seiner Stellungnahme die uneingeschränkte Unterstützung der DDR seitens der tschechoslowakischen Organe und kritisiert, dass die Haltung der BRD direkt gegen die Schlussakte der KSZE-Konferenz von Helsinki verstoße. Huber beharrt seinerseits darauf, dass nichtsdestotrotz eine »pragmatische humanitäre Lösung« gefunden werden müsse.[49]

Ostberlin/Leipzig/Erfurt, »Neues Forum«, Gründungsaufruf

In der DDR wie auch in der Tschechoslowakei schießen neue Bürgerinitiativen wie Pilze aus dem Boden. Das »Neue Forum«, das neun Tage zuvor, am 10. September, mit einem Gründungsaufruf an die Öffentlichkeit getreten ist, beantragt als erste oppositionelle Gruppierung die Zulassung als Bürgervereinigung. »In unserem Land ist die Kommunikation zwischen Staat und Gesellschaft offensichtlich gestört«,[50] heißt es in der Gründungserklärung. Im Gründungsaufruf werden massenhafte Auswanderung und Fluchtbewegung als Belege für die zerstörte Beziehung zwischen Staat und Gesellschaft angegeben. Zwei Tage später lehnt das Innenministerium den Antrag mit der Begründung ab, das »Neue Forum« stelle eine »staatsfeindliche Plattform« dar.

Bis zu diesem Zeitpunkt haben bereits etwa 3 000 Menschen den Aufruf unterschrieben, angesichts des repressiven Charakters des SED-Regimes eine ungeheuer hohe Zahl. 3 000 Unzufriedene, unter denen die Entscheidung des Innenministeriums jetzt für weitere Empörung sorgt.[51]

Eisenach

Die Synode des Evangelischen Kirchenbundes verabschiedet in Eisenach einen Beschluss, in dem sie eine pluralistische Medienpolitik, demokratische Parteienvielfalt, Reisefreiheit für alle Bürger, wirtschaftliche Reformen sowie Demonstrationsfreiheit als »längst überfällige Reformen« einklagt.[52]

20. SEPTEMBER

Prag, Botschaft der Bundesrepublik

Auf dem Botschaftsgelände in Prag wird unterdessen Kinderkleidung verteilt. Gegen Abend treffen neue Betten, Kleidungsstücke und Lebensmittel aus der Bundesrepublik ein. Das Zusammenleben der auf engstem Raum zusammengedrängten Menschen verläuft weiterhin überwiegend reibungslos. Die Botschaftsflüchtlinge verwalten eine eigene, stark frequentierte Bibliothek.[53] Trotzdem werden auch kritische Stimmen laut. Die Deutsche Presse-Agentur (DPA) berichtet, dass eine Gruppe der Flüchtlinge mit Sprechchören Aufsehen erregt und eine »zunehmend aggressive Haltung« an den Tag gelegt habe. Die Unzufriedenen kritisieren, dass »sich zu wenig tue«. Der Erklärung des Botschaftspersonals, eine direkte Ausreise komme ohne Zustimmung der ČSSR-Regierung nicht in Frage, schenken sie kaum Glauben.[54]

Moskau, Erklärung zur Nationalitätenpolitik

Das Zentralkomitee der Kommunistischen Partei der Sowjetunion verabschiedet eine wichtige Erklärung zur Nationalitätenpolitik – auch der Wirtschaftsbereich wird nach und nach liberalisiert. In Zukunft sollen die einzelnen Republiken der Sowjetunion über weitgehende Selbstständigkeit in ihrer Wirtschaftspolitik verfügen.[55]

Bonn, Bundesregierung und Auswärtiges Amt

Das Kabinett in Bonn befasst sich mit der Lage in der DDR und den ständig steigenden Flüchtlingszahlen.[56] Im Auswärtigen Amt wird eine Vorlage für das bevorstehende Gespräch Genschers mit dem Außenminister der Sowjetunion, Eduard Schewardnadse, in New York ausgearbeitet. Die Gesprächsvorlage zeigt deutlich die Sicht des Auswärtigen Amtes und fasst die wichtigsten Eckpunkte der westdeutschen Argumentationslogik noch einmal zusammen. Man betrachte die Entwicklung in der DDR mit großer Sorge. Hunderttausende DDR-Bürger hätten Ausreiseanträge gestellt, weil sie in der DDR keine Perspektive mehr sähen. Die DDR könne nicht – als einziger Staat in Europa – am Eisernen Vorhang festhalten. Sie müsse wieder Anschluss an die europäische Entwicklung gewinnen. Der Vorwurf sei absurd, man betreibe Abwerbung und Menschenhandel. Die Flüchtlinge würden lediglich von ihrem Recht Gebrauch machen, aus ihrem Land auszureisen, so wie es im Übrigen auch in den Menschenrechtserklärungen der Vereinten Nationen stehe. Die Bundesrepublik gewähre konsularischen Schutz, da man dazu verfassungsrechtlich verpflichtet sei. Der Grundlagenvertrag über die Grundlagen der Beziehungen zwischen der Bundesrepublik und der DDR habe die Frage der Staatsbürgerschaft ausdrücklich nicht geregelt.[57]

21. SEPTEMBER

Ostberlin, Zeitung ›Neues Deutschland‹:
»skrupellose Menschenhändler«

Die Aussetzung der Reisemöglichkeiten nach Ungarn löst bei DDR-Bürgern Zorn und große Verbitterung aus. Die SED-Diktatur versucht auf ihre Weise gegenzusteuern: mit einem völlig die Tatsachen verdrehenden Artikel in dem Parteiorgan ›Neues Deutschland‹. Darin wird der Bundesregierung u. a. die Organisation von Menschenhandel vorgeworfen. Die über Ungarn in den Westen geflohenen DDR-Bürger seien als billige Arbeitskräfte ohne Obdach »verschachert« worden.[58]

Zur Illustration dient nachfolgende Geschichte: Ein ahnungsloser Mitropa-Koch, glücklich verheiratet, Vater von drei Kindern, gerät in Budapest durch eine Unachtsamkeit in die Fänge skrupelloser Menschenhändler. Sie betäuben ihn mit einer präparierten Menthol-Zigarette und verschleppen ihn nach Wien. Dort erhalten sie im Austausch gegen ihr Opfer »einen Packen D-Mark-Scheine«. Was sich wie das Drehbuch eines billigen Agenten-Thrillers liest, tischt das ›Neue Deutschland‹ seinen Lesern als wahre Geschichte auf. Allerdings: Kaum jemand, weder oppositionelle noch linientreue DDR-Bürger, hält die Geschichte für wahr. Der Gegensatz zu den Bildern im westdeutschen Fernsehen, von flüchtenden DDR-Bürgern in Ungarn und überfüllten Botschaften in Prag und Warschau, ist einfach zu evident. »Die Menschen konnten über so viel Unsinn nur noch lachen. Wozu könne eine Regierung fähig sein, fragten sich viele, die ein ganzes Volk für so dumm halte, so etwas glauben zu sollen?«[59] Das Interview mit Mitropa-Koch Hartmut Ferworn über dessen angebliche Entführung aus Budapest durch eine westliche Schlepperbande wird bald in die Mediengeschichte eingehen – als ein besonders dreister Fall gezielter Falschinformation zu propagandistischen Zwecken.[60]

Prag, Botschaft des Königreichs Belgien:
27 DDR-Bürger klettern über den Zaun

Der tschechoslowakische Staatssicherheitsdienst hört den Telefonverkehr in der ČSSR ab. Wichtiges Ziel seiner Agenten sind
dabei die Vertretungen der westlichen Staaten, wo auch häufig
Abhöranlagen installiert sind. Auf diese Weise erhält der tschechoslowakische Staatssicherheitsdienst auch Kenntnis über ein
abgehörtes Gespräch zwischen dem belgischen und dem westdeutschen Botschafter. So ist im zugehörigen Bericht der Staatssicherheit vermerkt: »Die Quelle teilte mit, dass am 21. September 1989, um 7.30 Uhr, sich der belgische Botschafter in Prag,
Beyens, telefonisch an den BRD-Botschafter Huber wandte.«[61]
Wie aus dem Bericht der Staatssicherheit hervorgeht, informierte
Beyens Huber darüber, dass sich in der belgischen Vertretung in
Prag derzeit 27 Bürger aus der DDR aufhielten, die politisches
Asyl beantragt hätten. Sie seien schlicht aus Versehen über den
Zaun der belgischen Botschaft geklettert, in der irrigen Annahme, dass es sich um die westdeutsche Vertretung handele. Beyens ist über den Vorfall sichtlich verärgert und überlegt, die Botschaft schließen zu lassen. Er bittet Huber nachdrücklich, die
Situation schnellstens zu bereinigen. Huber versichert Beyens,
dass er sofort ein Fahrzeug entsenden werde, welches die Flüchtlinge abholt. Die Überstellung der DDR-Bürger per Botschafts-
fahrzeug in die westdeutsche Vertretung in Prag erfolgt noch am
selben Tag.[62]

Prag, Botschaft der Bundesrepublik

In der Prager Botschaft treffen weitere Versorgungsgüter und
Materialien ein, darunter sechs Zelte und eine mobile Küche
samt Personal. Der Flüchtlingszustrom nimmt jedoch weiter zu.
Unter den neu hinzugekommenen Flüchtlingen befinden sich
auch jene 27 DDR-Bürger, die zuvor irrtümlich auf dem Gelände
der belgischen Botschaft Zuflucht gesucht hatten.[63]

Prag, Botschaft der USA

Die neue US-Botschafterin in Prag, Shirley Temple-Black, nimmt die Entwicklung der Flüchtlingsproblematik mit Sorge zur Kenntnis und verspricht Botschafter Huber, US-Außenminister James Baker über die Situation zu unterrichten und anzuregen, dass dieser die Flüchtlingsfrage in New York gegenüber dem tschechoslowakischen Außenminister Johanes zur Sprache bringt.[64]

Prag, Zentralkomitee der KPTsch

Das Politbüromitglied des ZK der SED, Günter Schabowski, weilt zu einem »kurzen Arbeitsbesuch« (so die Presseagentur ČTK) in Prag, wo er vom Generalsekretär der Kommunistischen Partei, Miloš Jakeš, und vom KPTsch-Sekretär der Stadt Prag, Miroslav Štěpán, empfangen wird. Laut ›Rudé právo‹[65] geht es sowohl um die Zusammenarbeit von SED und KPTsch als auch um die der DDR und der ČSSR. Beide Seiten bekräftigen ihre gegenseitige Solidarität. Schabowski informiert über die aktuelle Lage in seinem Land und über die »gegenwärtige feindliche Kampagne« gegen die DDR, die aus dem Westen in der Absicht geführt werde, »die erreichten Ergebnisse des Aufbaus des Landes am Vorabend des 40. Jahrestages der Gründung der DDR zu diskreditieren«. Schabowski dankt der tschechoslowakischen Führung für die »Unterstützung des Standpunktes der DDR im Kampf gegen diese massive Hetzkampagne« und die aktive Unterstützung durch die »Organe des Innenministeriums«, womit Polizei und Geheimdienste gemeint sind. Es sei wohltuend, »bewährte und verlässliche Partner, Nachbarn und Verbündete fest an unserer Seite zu wissen«. Hohe Anerkennung findet insbesondere die strikte Beachtung des Reiseabkommens.[66]

Bonn, Auswärtiges Amt

Im Auswärtigen Amt wird eine Gesprächsvorlage für die Verhandlungen zwischen Genscher und dem tschechoslowakischen Außenminister Johanes in New York vorbereitet. Genscher soll im Hinblick auf die unerträgliche Lage in der Prager Botschaft den tschechoslowakischen Kollegen Johanes darum bitten, ob die dortigen Flüchtlinge – unter Beibehaltung ihres Status – nicht an einem anderen Ort untergebracht werden können, wahlweise unter der Obhut einer humanitären Organisation oder des bisherigen Botschaftspersonals. Außerdem sollen die tschechoslowakischen Sicherheitsbehörden davon ablassen, DDR-Bürger in der ČSSR gezielt aufzugreifen und gegen ihren Willen in die DDR zurückzuschicken.[67] Ausgehend von den Bestimmungen der KSZE-Schlussakte von Helsinki[68] und der Genfer Flüchtlingskonvention sieht die Bundesrepublik die ČSSR in der Pflicht, eine humanitäre Intervention auf ihrem Staatsterritorium zu erlauben und die flüchtigen DDR-Bürger in ein Drittland weiterziehen zu lassen.[69]

Ostberlin, Ministerium für Auswärtige Angelegenheiten, Sonderbeauftragter aus der ČSSR

Mit steigender Zahl der Ausreisewilligen auf dem Prager Botschaftsgelände wird das Flüchtlingsdrama auch für die tschechoslowakischen Partei- und Staatsorgane zu einem diffizilen Problem. Als Sonderbeauftragter im Auftrag des KPTsch-Parteichefs Jakeš und der tschechoslowakischen Regierung reist deshalb der Hauptabteilungsleiter im Außenministerium der ČSSR, Milan Kadnár, nach Ostberlin. Im Ministerium für Auswärtige Angelegenheiten verhandelt er mit DDR-Außenminister Oskar Fischer. Kadnár erklärt zunächst umfassend und mit großen Worten, dass die ČSSR die Innen- und Außenpolitik der DDR in voller Breite und nachhaltig unterstütze und auch künftig mit ihr bei der Abwehr des Angriffs des Imperialismus auf das sozialistische System in Europa gemeinsam handeln werde. Er erinnert in diesem Zusammenhang ferner an die dazu von tschechoslowakischer Seite abgegebenen Erklärungen, die stets bedingungslos solidarisch mit der DDR gewesen seien. Nach der feierlichen Zusicherung des festen Zusammenhalts geht Kadnár allerdings zum eigentlichen Anlass seines Besuches über: zum Problem mit den »Botschaftsbesetzern«. Man müsse doch in Betracht ziehen, so Kadnár, dass sich der 40. Jahrestag der DDR nähere, die UNO-Vollversammlung beginne und der Gegner die entstandene Lage zu einer breiten Kampagne missbrauchen könnte. Es könne schließlich nicht ganz ausgeschlossen werden, dass auch eine Epidemie ausbräche oder dass es zu Selbstmordversuchen komme, woraufhin sich die Berichterstattung der westlichen Medien auf »menschliche Tragödien«, von denen nicht zuletzt auch Frauen mit Kleinstkindern betroffen seien, konzentrieren würde.[70] Er habe deshalb den Auftrag, die höfliche Bitte und Frage zu äußern, ob zur Lösung des Flüchtlingsproblems nicht zu jener Praxis zurückgekehrt werden könne, wie sie 1984 angewandt wurde, als sich gleichfalls ca. 500 DDR-Bürger in der bundesdeutschen Botschaft in Prag aufhielten.[71] Die DDR werde gebeten zu überlegen, ob eine Lösung des Problems in Prag durch eine einmalige – ausdrücklich als große Ausnahme deklarierte – Verfahrensweise nicht möglich wäre (womit er die Ausreise der Botschaftsflüchtlinge meint). Die tschechoslowakische Seite würde dafür sorgen, dass demnächst eine lückenlose Bewachung der BRD-Botschaft sowie eine Erhöhung des Stahlzaunes um das Botschaftsgelände, das Eigentum der ČSSR ist, vorgenommen würden.[72] Damit bliebe weiteren DDR-Bürgern künftig der Zugang in die Botschaft versperrt.

22. SEPTEMBER

Prag, Ministerium des Auswärtigen der ČSSR

Die tschechoslowakische Seite hatte, wie erwähnt, die Initiative übernommen und tags zuvor mit Milan Kadnár einen Sonderbeauftragten zu DDR-Außenminister Fischer geschickt. Jetzt überbringt der Botschafter der DDR in Prag, Helmut Ziebart, dem stellvertretenden tschechoslowakischen Außenminister Pavel Sadovský die Antwort seiner Regierung. Minister Fischer verspricht, dass die DDR versuchen werde, das Problem ihrer Bürger in der BRD-Botschaft in Prag zu lösen. Um 18.00 Uhr

Um jeden Preis über die Wand

übergibt Rechtsanwalt Vogel dem Bundesminister für besondere Aufgaben, Rudolf Seiters, eine Erklärung, dass die DDR bereit sei, die Ausreiseanträge ihrer Bürger auf dem Botschaftsgelände der Bundesrepublik schneller zu erledigen als bisher. Versprochen wird, die Anträge binnen sechs Monaten zu bearbeiten. Zugleich fordert die DDR eine Gegenleistung – sie möchte von der BRD die Zusage, dass deren Prager Botschaft keine weiteren »Asylanten« mehr aufnehmen werde. Vizeaußenminister Sadovský dankt den DDR-Stellen für die Handhabung der Angelegenheit. Noch am selben Tag setzt er die beiden Mitglieder des ZK der KPTsch, Jozef Lenárt und Michal Štefaňák, über die Zusagen der SED in Kenntnis.[73]

Derweil beenden Vertreter einer Bundestagsdelegation unter Peter Glotz (SPD) einen viertägigen Besuch in Prag. Glotz erklärt gegenüber der Deutschen Presse-Agentur, dass die Flüchtlinge den Zusagen der DDR nicht trauen würden: »In keinem Fall« seien wirtschaftliche Aspekte für deren Flucht ausschlaggebend gewesen, vielmehr »die ständige Gängelung, der Kasernenton und das Gefühl, ewig Untertan zu bleiben. Das Vertrauen zwischen DDR-Bürgern und -Behörden ist völlig zerrüttet.«[74] Zwar verlassen insgesamt zwölf Personen die Botschaft aufgrund der Zugeständnisse und Garantien von Rechtsanwalt Vogel, doch treffen gleichzeitig 54 neue Flüchtlinge ein.[75]

Ein Augenzeugenbericht von Hilda Röder – einer Mitarbeiterin des Bonner Frauen- und Familiendienstes – verdeutlicht die prekäre Situation der Zufluchtsuchenden: »Die Zustände waren katastrophal. Inmitten von Müll und Unrat standen und lagen Leute auf Decken, Koffern und Kisten. Im Garten der Botschaft waren Zelte und sanitäre Anlagen aufgestellt. Lange Menschenschlangen belagerten die Tische des Roten Kreuzes. Man konnte sich dort anmelden oder Auskunft bekommen. Auch vor den Toiletten hieß es Schlange stehen. Es roch nicht gut. An mehreren Tischen wurde Essen ausgegeben, Kinder schrien, Väter brüllten. Überall herrschte nervöse, aggressive Stimmung. War es vielleicht der Argwohn vor Spitzeln oder die Angst, die Botschaft wieder verlassen zu müssen? Der Rasen und die Blumenbeete waren zertreten, knöcheltief der Schlamm. Es war nass und kalt, grau und traurig. Ich ging durch eine der Seitentüren in das Botschaftsgebäude hinein. Auf den breiten Treppenstufen in der Halle lagen überall Menschen, manche in Schlafsäcke oder Decken eingerollt. In den Nebenräumen, soweit man hineinsehen konnte, standen Betten in Viererreihen, jeweils drei Pritschen übereinander. Später hörte ich, dass in Schichten geschlafen wurde. Es waren Zustände wie im Krieg. Ich fühlte mich hilflos. Wo sollte ich anfangen? […] Am hinteren Zaun des Gartens kletterten Leute von außen an den langen Eisenstäben hoch. Sie versuchten es zumindest, wurden jedoch von Milizen wieder heruntergezogen. An anderer Stelle klappte es. Von der Innenseite des Zaunes wurde ihnen geholfen, eine Schulter gereicht oder eine Hand.«[76]

Prag, Zentralkomitee der KPTsch

Am Tag nach dem Besuch Schabowskis tritt das Präsidium der KPTsch zu seiner üblichen Sitzung zusammen. Auf der Tagesordnung steht auch das Thema »Zufluchtsuchende Deutsche aus der DDR in der westdeutschen Botschaft in Prag«. Bemerkenswerterweise fehlt hierzu allerdings jeglicher Hinweis in den tschechoslowakischen Medien, die seit über einem Jahr stets ausführlich über jede Präsidiumssitzung der KPTsch berichten. Dabei liegt es nahe, in Schabowskis Besuch und der Präsidiumssitzung der KPTsch einen Zusammenhang zu sehen. Die tschechoslowakische Seite macht sich nämlich ernsthafte Gedanken darüber, ob und wie der dramatischen Überfüllung der westdeutschen Botschaft durch ausreisewillige DDR-Bürger Einhalt geboten werden könne. Von konkreten Maßnahmen will sie allerdings so lange wie möglich Abstand nehmen, »um nicht in internationale Abläufe« eingreifen zu müssen.[77]

Budapest, Regierungspräsidium

Die Beziehungen zwischen der DDR und Ungarn leiden schwer unter dem Flüchtlingsdrama. In Budapest bringt DDR-Botschafter Gerhard Schürer seine Enttäuschung gegenüber Ministerpräsident Miklós Németh ganz direkt und undiplomatisch zum Ausdruck. Es beunruhige die DDR, dass das Territorium Ungarns »in das Kalkül der Gesamtstrategie derjenigen politischen Kräfte der BRD einbezogen wurde, die den Prozess der Entspannung und Zusammenarbeit in Europa gefährden«.[78] Man bedaure, dass sich Ungarn habe dazu verleiten lassen, »gültige Verträge zu suspendieren, dem Menschenhandel Vorschub zu leisten und sich damit in die inneren Angelegenheiten der DDR einzumischen«.[79] Schürer schlägt vor, zu den bisherigen Formen der Zusammenarbeit zurückzukehren. Németh seinerseits weist den Begriff »Menschenhandel« entschieden zurück und bittet um Verständnis für die ungarische Haltung. Nach 30 000 Menschen aus Rumänien seien nun auch noch mehr als 10 000 aus der DDR gekommen, die nicht bereit dazu seien, in ihre Heimat zurückzukehren. Damit nicht genug, zeichne sich zwischen beiden deutschen Staaten noch immer keine Lösung ab. Man könne aber nicht auch noch 10 000 DDR-Flüchtlinge über den Winter versorgen. Seit dem Vertragsabschluss von 1962 habe sich die Lage verändert, weswegen man auch zwei Artikel des Vertrages vorübergehend aufgehoben habe. Klar sei jedenfalls, »dass die Grenze nicht ewig offen bleiben könne«. [80] Es sei tragisch, dass vor allem junge Leute das Land verließen. Dafür müsse es gleichwohl andere Gründe als ausschließlich westliche Hetze geben.[81]

Bonn, Bundeskanzleramt

Offiziell ist Rechtsanwalt Wolfgang Vogel nur Beauftragter des DDR-Staatsratsvorsitzenden Erich Honecker für humanitäre Fragen. Doch spielt der Advokat auch noch eine gewichtige Rolle beim Austausch von Agenten, arbeitet eng mit dem Ministerium für Staatssicherheit zusammen und übt Einfluss auf führende Machthaber aus.[82] Am 22. September ist er als Chef-Unterhändler der DDR in Bonn zu Besuch. Bisher hatte Vogel den Menschen in der Prager Botschaft lediglich Straffreiheit zugesichert und eine »Bearbeitung des Übersiedlungsantrages bei Inaussichtstellung einer positiven Lösung ohne Fristnennung« versprochen.[83] Bundesminister Rudolf Seiters konnte den Rechtsanwalt jetzt zu der Zusage bewegen, den Flüchtlingen umfassendere Zusicherungen als bisher zu gewähren, nämlich die garantierte Ausreise innerhalb von sechs Monaten nach ihrer Rückkehr in die DDR. Seiters fordert Vogel dazu auf, mit diesem jüngsten Angebot unverzüglich nach Prag zu reisen und die dortigen Botschaftsflüchtlinge so rasch wie möglich darüber in Kenntnis zu setzen.[84]

Ostberlin: Politbüro der SED mobilisiert

Die SED-Parteispitze mobilisiert verstärkt gegen den zunehmend aktiven Widerstand in der Bevölkerung. Fest entschlossen, allen Demonstrationen und »Provokationen« ein schnelles Ende zu bereiten, weist Honecker die Ersten Sekretäre der SED-Bezirksleitungen in einem Fernschreiben an, »dass diese feindlichen Aktionen im Keime erstickt werden müssen«. Zugleich sei Sorge dafür zu tragen, »dass die Organisatoren der konterrevolutionären Tätigkeit isoliert werden«.[85]

23. SEPTEMBER

Prag, Botschaft der Bundesrepublik und Ministerium des Auswärtigen der ČSSR

Der Staatssekretär des Auswärtigen Amtes der Bundesrepublik, Jürgen Sudhoff, schildert seine Eindrücke von seinem vormittäglichen Besuch in Prag: »In den Straßen hinauf zum Hradschin Trabis und Wartburgs, vor der Botschaft eine Menschentraube«, er selbst habe »ein Gefühl der Ohnmacht« verspürt. Nicht zuletzt aufgrund der Gespräche im Außenministerium der ČSSR, die ohne Ergebnis endeten: »Das waren ganz schlimme Betonköpfe. Die haben mich praktisch rausgeschmissen.«[86]
Nachmittags trifft Sudhoff in der Botschaft auf den Vorsitzenden des Kollegiums der Rechtsanwälte der DDR, Gregor Gysi, und DDR-Chefunterhändler Vogel. Sie offerieren den Flüchtlingen Straffreiheit und Ausreise binnen sechs Monaten bei Rückkehr in die DDR. Rund 200 Flüchtlinge gehen auf das Angebot der beiden Anwälte ein, doch gereicht dies Gysi und Vogel kaum mehr als zu einem Achtungserfolg, übersteigt doch schon binnen kürzester Zeit die Zahl der Neuankömmlinge wieder die derjenigen, die sich zu einer Rückkehr in die DDR bereiterklärt haben.[87] Botschafter Huber rechnet zudem mit einer weiteren Flüchtlingswelle, da am Abend der Fußball-Oberligist Hansa Rostock bei Sparta Prag zu Gast ist; ein Spiel, für das in

der DDR über 4100 Karten verkauft worden sind.[88] Das Botschaftspersonal und deren Helfer tun derweil auch weiterhin alles Menschenmögliche, um Versorgungsengpässen und Missstimmungen entgegenzuwirken.[89] Am Abend teilt Sudhoff mit, dass das Bundesministerium des Innern zur personellen Unterstützung umgehend acht Bundesgrenzschutz-Beamte nach Prag entsenden werde.[90]

Deutsch-polnische Grenze

Seit in westlichen Medien darüber berichtet wird, dass sich eine Lösung für die Warschauer Botschaftsflüchtlinge abzeichnet, steigt die Zahl der illegalen Grenzübertritte nach Polen – beginnend mit dem 23. September – sprunghaft an.[91]

24. SEPTEMBER

Prag, Ministerium des Auswärtigen der ČSSR / New York, UNO-Vollversammlung

Der tschechoslowakische Minister des Auswärtigen, Jaromír Johanes, der an der Vollversammlung der Vereinten Nationen in New York teilnimmt, empfängt ein Telegramm aus Prag, das über die jüngsten Entwicklungen im Flüchtlingsdrama informiert. Wie es scheint, tragen die diplomatischen Bemühungen endlich Früchte. Nicht zuletzt aufgrund der Interventionen der tschechoslowakischen Diplomatie ist erreicht worden, dass sich beide deutsche Staaten dazu bereit erklärt haben, hochrangige Vertreter nach Prag zu entsenden, um nach einer gemeinsamen Lösung zu suchen. Bonn schickt seinen höchsten Vertreter, der für die deutsch-deutschen Beziehungen zuständig ist, den Bundesminister für besondere Aufgaben, Seiters. Die DDR wird ihren Vertreter erst noch benennen. »Es sieht vielversprechend aus«, meint der Berichterstatter, der Direktor der 4. Territorialabteilung im Außenministerium der ČSSR, Milan Kadnár.[92]

Mittlerweile befinden sich beinahe 900 flüchtige DDR-Bürger im Palais Lobkowicz.[93] Hilflosigkeit und Verzweiflung nehmen unter den Ausreisewilligen immer mehr zu. Ständig mangelt es an Versorgungsgütern. Die Flüchtlinge bringen verstärkt ihren Unmut über die fehlende Hilfsbereitschaft von SED und KPTsch zum Ausdruck. Auch die Bundesregierung handelt nach Ansicht vieler zu langsam und zu unentschlossen. Derweil ist der deutsche Botschafter emsig damit beschäftigt, die Menschen in persönliche Gespräche zu verwickeln und zu besänftigen. Große Dankbarkeit gebührt den Vertretern des Deutschen Roten Kreuzes, die freiwillig auf dem Botschaftsgelände aushelfen.[94]

Die Hauptleidtragenden der prekären Lage auf dem Botschaftsgelände sind Kinder. Es sind vor allem junge Familien, die alles riskieren, um ihren Töchtern und Söhnen zu ermöglichen, jenseits der Diktatur in Freiheit und Wahrheit aufzuwachsen.

Botschafter Huber beschreibt die zunehmend schwierige Lage in der Prager Botschaft. Er erwähnt dabei auch den permanenten Verdacht der Zufluchtsuchenden, dass sich verdeckte Stasi-Agenten in ihren Reihen befinden: »Am 24. September waren schon wieder 865 Personen in der Botschaft. Wir räumten weitere Büros, entfernten Sträucher im Park, Schulunterricht konnte nur noch in reduziertem Maß für die 1. und 2. Klasse erteilt werden. Die Stimmungslage sank von Tag zu Tag. Immer wieder musste ich auch eingreifen, wenn Flüchtlinge glaubten, ein Mitglied der Stasi im Lager enttarnt zu haben. […] Man [die tschechoslowakische Seite] bot uns nur an, die Zugänge verschärft zu bewachen, was wir natürlich sofort zurückwiesen. Im Übrigen zeigte sich eine gewisse Hilflosigkeit. Man wisse schon, dass man am Ende im Regen stehe, und sei nicht bereit, die deutsch-deutsche Suppe auszulöffeln. […] Natürlich hatte das DRK Ärzte mitgebracht […]. Dennoch wurde die Lage kritisch, als eine Frau in die Wehen kam und sich herausstellte, dass niemand Geburtshilfe leisten konnte. Wir brachten die Frau endlich dazu, ihrem Transport in eine Klinik zuzustimmen.«[95]

Bundesaußenminister Hans-Dietrich Genscher erinnert sich: »Unterdessen ließ sich der Flüchtlingsstrom nicht mehr bewältigen. Alle Botschaftsangehörigen waren auf den Beinen, Tag und Nacht, rund um die Uhr. Unser Botschafter Huber, seine Frau und die gesamte Besatzung leisteten Übermenschliches. Aber die normalen Bordmittel reichten nicht mehr aus. Wir entsandten immer mehr Mitarbeiter aus der Zentrale und von anderen Botschaften in die tschechoslowakische Hauptstadt, die dort in Hotels untergebracht wurden. Die Behörden duldeten das, obwohl das alte Zentralkomitee der Kommunistischen Partei noch im Amt war. Offensichtlich war man innerhalb der Führung unsicher geworden.«[96]

Wien, Zeitung ›Kurier‹:
»Menschenjagd auf Flüchtlinge«

In der österreichischen Zeitung ›Kurier‹ erscheint ein Artikel über die Fluchtversuche an der tschechoslowakisch-ungarischen Grenze und über das Vorgehen der tschechoslowakischen Sicherheitskräfte. Er zeigt Bilder, auf denen gefasste Flüchtlinge, darunter auch junge Mädchen, in Handschellen zur Rückkehr in die DDR gezwungen werden. Entlang der Grenze betrieben die Sicherheitskräfte »eine regelrechte Menschenjagd auf Flüchtlinge«.[97] Der Artikel liefert die Vorlage für einen polemischen Bericht der ›Bild‹-Zeitung am darauffolgenden Tag.

Tschechoslowakisch-ungarische Grenze:
Ein Fluchtversuch endet in einer Tragödie

Viele DDR-Bürger, die von den tschechoslowakischen Grenzsoldaten nicht ohne gültiges Visum nach Ungarn gelassen werden, versuchen, die Staatsgrenze illegal – und oft auf abenteuerliche Weise – zu überqueren. Heute wollen Brigitte und Jens Wenda die Donau in der Nähe der Stadt Komárno durchschwimmen, wo der Fluss die tschechoslowakisch-ungarische Grenze markiert. Der Fluchtversuch des Ehepaares endet jedoch in einer Tragödie. Die Wendas werden von der Flussströmung mitgerissen, beide ertrinken in den Fluten der Donau. Die dritte Binnenwasserstraßeneinheit der Grenzwache Komárno kann nur noch ihre Leichen bergen.[98] Mit den Wendas finden zwei der letzten DDR-Bürger bei ihrem verzweifelten Versuch, der kommunistischen Diktatur zu entfliehen, den Tod. An der Grenze hat es zuvor viele Tragödien geben. Diese ist jedoch umso tragischer, als sie nur wenige Tage vor der ersten Freilassung der Botschaftsflüchtlinge aus Prag und nur wenige Wochen vor dem endgültigen Mauerfall passierte.

25. SEPTEMBER

Prag, Ministerium des Auswärtigen der ČSSR: BRD-Botschafter bittet um Appell an die KPTsch-Führung

Im Außenministerium der ČSSR findet ein Treffen zwischen dem stellvertretenden Außenminister der Tschechoslowakei, Pavel Sadovský, und Botschafter Huber statt. Letzterer bittet seinen tschechoslowakischen Gesprächspartner eindringlich, unter Verweis auf das Abschließende Dokument der Wiener Folgekonferenz über die Sicherheit und Zusammenarbeit in Europa (KSZE), allen 874 DDR-Bürgern, die sich gegenwärtig auf dem Botschaftsgelände aufhalten, die freie Ausreise in die Bundesrepublik zu ermöglichen. Der deutsche Botschafter betont, dass schon in nächster Zeit eine mehrköpfige, hochrangige Delegation beider deutschen Staaten nach Prag reisen wird, der es gelingen sollte, das Flüchtlingsdrama vor Ort zu lösen.[99] Nur für die Übergangszeit drängt Huber die Tschechoslowaken zur Vermietung eines größeren Gebäudes in Prag auf exterritorialer Basis, in welchem die ausreisewilligen DDR-Bürger so lange unterkommen könnten. Sollte die Tschechoslowakei indes weiter bei ihrer ablehnenden Haltung in der Sache bleiben, so könnte dies die Beziehungen zur Bundesrepublik durchaus negativ beeinflussen. Der Botschafter betont die extreme Dringlichkeit dieser Angelegenheit und bittet um einen Appell an die KPTsch-Führung, den Flüchtlingen schon aus humanitären Gründen zu helfen. Sollte sich die ČSSR dem verweigern, so berühre dies die Substanz der bilateralen Beziehungen überhaupt. Nicht nur die Bundesrepublik, auch alle übrigen Staaten würden das Verhalten der Tschechoslowakei an dem messen, was in vergleichbaren Situationen in anderen Staaten – z. B. Ungarn – möglich ist. Für unkontrollierbare Situationen, die sich jetzt in der Botschaft ergeben könnten, trage allein die Tschechoslowakei vor der Weltöffentlichkeit die Verantwortung.[100]

Vizeaußenminister Sadovský lehnt diese Art der Argumentation entschieden ab. Wie er erklärt, schaffe sich die Bundesrepublik ihre Probleme selbst, indem sie die Staatsbürgerschaft der souveränen, international anerkannten DDR missachte, dabei noch Bedingungen stelle und darüber hinaus beharrlichen Druck auf die souveräne ČSSR ausübe. Außer der Schlussakte der Konferenz über Sicherheit und Zusammenarbeit in Europa bestünden doch auch noch rechtsverbindliche Gesetze und Verordnungen der konkreten Staaten, die es ebenso zu respektieren gelte. Sadovský gibt zu bedenken, dass es die westdeutsche Botschaft sei, welche die Regeln der Wiener Folgekonferenz[101] verletze. Vor diesem Hintergrund verhalte sich die Tschechoslowakei sogar noch außerordentlich zurückhaltend, indem sie die anomale Situation in der Botschaft toleriere. Eine ausländische Vertretung dürfe doch nicht die Funktion eines Immigrationsamtes oder Reisebüros für DDR-Bürger ausüben. Ferner weist er darauf hin, dass die Tschechoslowakei unter humanitären Aspekten das maximal Mögliche tue. Sie erlaube die Zufahrt von Lkw, den Nachschub von Lebensmitteln, Zelten, Betten, Ärzten und Arzneien. Dabei entstünden auf dem Staatsgebiet der Tschechoslowakei allerlei Schwierigkeiten, die durch das rechtswidrige Verhalten der Bundesrepublik überhaupt erst hervorgerufen würden. »Wir fordern«, beendet Sadovský seine Tirade dem deutschen Botschafter gegenüber, »dass dieser anomale Zustand sofort beendet wird.«[102]

Eine Unterkunft für ausreisewillige DDR-Bürger außerhalb

des Botschaftsgeländes schließt Sadovský ebenfalls entschieden aus. Stattdessen schlägt er vor, den Botschaftszaun zu erhöhen, diesen mit Stacheldraht zu versehen und zusätzliche Hundestreifen der tschechoslowakischen Streitkräfte einzusetzen. Dies wird wiederum von Botschafter Huber – wenig überraschend – als komplett inakzeptabel zurückgewiesen.[103]

Die Information über den Stand der Verhandlungen zwischen Huber und Sadovský wird von beiden Seiten sofort an die jeweiligen Außenminister telegrafisch nach New York übermittelt, wo sowohl der tschechoslowakische Außenminister Johanes als auch dessen deutscher Amtskollege Genscher auf der alljährlichen Vollversammlung der Vereinten Nationen zu Gast sind – und zwar noch bevor beide Außenminister mit ihrer Verhandlung beginnen.[104]

New York, UNO-Vollversammlung: Genscher trifft Johanes

In New York trifft Bundesaußenminister Genscher am Rande der 44. UNO-Vollversammlung zu Verhandlungen mit seinem tschechoslowakischen Amtskollegen Jaromír Johanes zusammen. Der deutsche Außenminister lenkt das Gespräch sofort auf die brennendste Problematik – auf die rasch wachsende Zahl von DDR-Bürgern in der Prager Botschaft. Genschers Ziel ist es, Johanes dazu zu bewegen, einer humanitären Intervention zuzustimmen. Es sei dringend erforderlich, argumentiert der Bundesaußenminister, dass die tschechoslowakische Seite in dieser heiklen Frage Menschlichkeit walten lasse. Johanes versichert, es gebe seit mehreren Tagen intensive Bemühungen, gemeinsam mit der DDR die Situation um die Botschaft zu lösen. Dennoch wiederholt Genscher noch einmal das Interesse der Bundesregierung an einer humanitären und pragmatischen Lösung. Die rechtliche Legitimation für eine solche Maßnahme sieht er in den Bestimmungen der KSZE-Schlussakte von Helsinki, der Genfer Flüchtlingskonvention und der allgemeinen Erklärung der Menschenrechte.

Johanes schildert daraufhin eingehender den tschechoslowakischen Standpunkt in der Flüchtlingsfrage. Er betont erneut, dass es sich primär um ein Problem zwischen der DDR und der BRD handele. Ferner weist er darauf hin, dass es die Vorgehensweise der Bundesrepublik sei – Nicht-Anerkennung der DDR-Staatsbürgerschaft, Ausgabe von Reisedokumenten an DDR-Bürger, Missachtung von Gesetzen und Vorschriften der DDR zur Reiseregelung etc. –, welche die Probleme hervorrufe. Johanes weist den Vorwurf des Prager BRD-Botschafters Huber zurück, dass die Tschechoslowakei Art. 20 des Abschließenden Dokuments der Wiener KSZE-Folgekonferenz verletze, und betont, es sei im Gegenteil doch gerade die Bundesrepublik, deren Vorgehen sich außerhalb der Bestimmungen der Schlussakte bewege.[105]

Johanes verweist darüber hinaus auf die Schwierigkeiten bei der Aufrechterhaltung der Sicherheit rund um die Prager Botschaft, für welche in der gegenwärtigen Konstellation die tschechoslowakische Seite auf keinen Fall die Verantwortung übernehmen könne. Die Lösung, welche er alsdann Genscher anbietet, entspricht überdies genau jenem Vorschlag, den schon sein Vertreter Sadovský Botschafter Huber in Prag unterbreitet hat: Das Botschaftsgelände könne doch von außen in einer Weise abgeriegelt werden, die es DDR-Bürgern künftig nahezu unmöglich mache, Zugang zur Botschaft zu erhalten. Genscher weist diesen Vorschlag jedoch ebenso entschieden zurück, wie es vor ihm bereits der deutsche Botschafter in Prag tat: Die Bundesrepublik beabsichtige auf keinen Fall, die tschechoslowakischen Behörden damit zu beauftragen, DDR-Bürgern den Zugang zum Botschaftsgelände zu verwehren.

Während beide Außenminister hinsichtlich des weiteren Schicksals der Botschaftsflüchtlinge völlig gegensätzliche Positionen vertreten, stimmen sie bei der allgemeinen Beurteilung der internationalen Lage weitgehend überein. Beide loben die wesentlichen Fortschritte bei den Wiener Abrüstungsverhandlungen: Dieser Prozess sei von außerordentlicher Bedeutung für die Sicherheit Europas.[106]

Tschechoslowakische Grenze zu Ungarn und zur Bundesrepublik

Immer strenger lässt die Tschechoslowakei die Grenze zu Ungarn von Grenzsoldaten und zusätzlichen Sicherheitskräften überwachen. Das DDR-Ministerium für Staatssicherheit (MfS) setzt täglich bis zu fünf Sondermaschinen zur Rückführung von DDR-Flüchtlingen aus Prag und Bratislava ein; insgesamt weist die Statistik allein für den Monat September 1169 derartige Übernahmen aus. [107]

Während der Druck auf die tschechoslowakisch-ungarische Grenze anhält, kommt es immer häufiger auch zu gewaltsamen Durchbruchsversuchen von DDR-Bürgern an der Grenze zur Bundesrepublik, wobei auch Schusswaffen zum Einsatz kommen. So beschwert sich der Leiter der Grenzabteilung Cheb (Eger), Oberst Vitou, in einem Schreiben vom 25. September 1989: »Die größten Probleme gegenwärtig ruft der Teil der DDR-Bürger hervor, der im Grenzgebiet nicht auf den Anruf zum Stehenbleiben und selbst nicht auf abgegebene Warnschüsse reagiert. Es ist aber die Pflicht der Posten, die Waffe zum Schutz der Ordnung im Grenzgebiet anzuwenden. Gleichzeitig kommt es dabei zum aktiven Widerstand der DDR-Bürger gegenüber einschreitenden Grenzposten. Es ist verständlich, dass es trotz maximaler Bemühungen, Gesundheit und Leben zu schonen, zu Verletzungen beim dienstlichen Einschreiten kommt.« [108]

Hamburg, ›Bild‹-Zeitung: »Flüchtlinge in Ketten«

In der ›Bild‹-Zeitung erscheint ein Bericht unter der Überschrift »Menschenjagd in der ČSSR. Flüchtlinge in Ketten nach Ostberlin zurück«. Dem Artikel zufolge würden DDR-Flüchtlinge in der Tschechoslowakei mit Bluthunden gejagt und, an Händen und Füßen gefesselt, zurück nach Ostdeutschland deportiert. An dem Gesamtgeschehen seien auch Mitarbeiter des DDR-Ministeriums für Staatssicherheit (MfS) beteiligt. Der Bericht schlägt hohe Wellen. Das Auswärtige Amt erklärt, man nehme die Vorwürfe ernst. Bundesaußenminister Genscher habe den »Gesamtkomplex« im Gespräch mit seinem tschechoslowakischen Amtskollegen Johanes zur Sprache gebracht.[109]

Prag, Botschaft der Bundesrepublik

Bedingt durch die verstärkten Kontrollen an der tschechoslowakisch-ungarischen Grenze, nimmt die Zahl der Botschaftsflüchtlinge nur noch schneller zu. Im Palais Lobkowicz zählt die Botschaftsadministration mittlerweile 933 Zufluchtsuchende, darunter mehr als 200 Minderjährige. Gleichzeitig gehen die tschechoslowakischen Sicherheitskräfte immer gewalttätiger gegen neu eintreffende DDR-Bürger vor. Bei dem Versuch, den Botschaftszaun zu überklettern, wird eine Familie mit Schlagstöcken angegriffen. Huber beschwert sich umgehend bei Milan Kadnár, dem Hauptabteilungsleiter im Außenministerium der ČSSR, über den Vorfall.[110] Dank eines Versorgungstransports des Deutschen Roten Kreuzes treffen neue Lebensmittel und Materialien in der Botschaft ein. Zur Sicherstellung einer stabilen Versorgung organisiert Huber die Bildung eines Arbeitsstabes unter Leitung des Militärattachés der Bundeswehr in Prag, Adolf Brüggemann. Dieser soll eine kontinuierliche Materialzufuhr aus den Beständen der Bundeswehr über den Land- und Luftweg organisieren.[111]

Leipzig, Montagsdemonstration

Für die SED wird es immer schwieriger, die Demonstrationen unter Kontrolle zu halten. Auf der Montagsdemonstration in Leipzig fordern nahezu 8 000 Demonstranten demokratische Reformen und die staatliche Anerkennung des »Neuen Forums«.[112]

Prag, Botschaft der Bundesrepublik:
Es geht darum durchzuhalten

Die Flucht bedeutet für alle einen tiefen Einschnitt in ihrem Leben. Die Zufluchtsuchenden, die alles – Eltern, Verwandte, Freunde, Wohnung, Heimat, Eigentum, Kontakte –, einfach alles zurücklassen, klettern nur mit dem, was sie am Leib tragen, über den Botschaftszaun in eine ungewisse Zukunft ...

Das Botschaftspersonal wird über die erfolglosen Verhandlungen zwischen Genscher und Johanes vom Vortag in New York informiert. Die wohl einzige Möglichkeit, das Flüchtlingsproblem jetzt noch zu lösen, besteht darin, die Flüchtlinge wie bisher davon zu überzeugen, zunächst in die DDR zurückzukehren; ein Schritt, für den ihnen im Gegenzug seitens des SED-Regimes Straffreiheit und später die Bewilligung der Ausreise zugesichert worden ist. Doch scheint dies auch unter den neuen, verbesserten Konditionen nicht im gewünschten Ausmaß zu funktionieren. Die Ausreisewilligen sind immer misstrauischer und immer weniger bereit, noch einmal in die DDR zurückzukehren. Einen Plan B gibt es jedoch nicht.[113] Botschafter Huber wird sich in diesen Tagen der möglicherweise historischen Dimension des

Geschehens in der Vertretung allmählich bewusst: »Langsam wurde uns in der Botschaft klar, dass es nicht mehr darum gehe, wie wir verhindern konnten, dass die Botschaft überquelle, sondern dass gerade der durch den Zustrom der Flüchtlinge erzeugte Überdruck ein sehr viel größeres geschichtliches Rad in Bewegung setzen könnte. Mit anderen Worten: es ging nur darum durchzuhalten.«[114]

Unterdessen nimmt die Lage in der Botschaft immer dramatischere Formen an. Das Botschaftspersonal will sogar eine mögliche Geiselnahme nicht mehr länger ausschließen. Botschafter Huber erinnert sich: »Als Vogel am 26. September wieder in die Botschaft kommt, um die Flüchtlinge mit erneut aufgebesserten Angeboten zur Rückkehr in die DDR zu bewegen, schlägt ihm eine Woge eisiger Feindseligkeit entgegen. Er wird teilweise regelrecht ausgepfiffen und merkt, dass sich die Situation in den vergangenen zwei Wochen grundlegend geändert hatte. Die Zahl derer, die sich zur Rückkehr überreden lassen, ist bei weitem geringer, als die Zahl der weiter zuströmenden Flüchtlinge, die jetzt bereits 1600 überschreitet. Bei uns steigt die Ratlosigkeit. Auch unter den Flüchtlingen zeigt sich wachsender Unmut, der sich in Protestaktionen verschiedener Art manifestiert. So rasierten sich alle Männer von Zelt 16 die Haare ab und bewiesen auf diese nicht gerade wirksame Art ihre Unzufriedenheit mit der Politik der tschechoslowakischen Behörden. Jedenfalls wirkten die Glatzköpfe recht martialisch, und als dann auch noch etwa 20 lange Brotmesser verschwunden waren, hielten einige meiner Mitarbeiter dies nicht mehr gerade für eine vertrauensbildende Maßnahme. Sie rieten mir ab, künftig allein und so oft wie bisher ins Zeltlager zu gehen, weil sie eine mögliche Geiselnahme befürchteten. Diesen Rat konnte ich natürlich nicht befolgen, denn gerade meine Besuche im Lager dienten ja der Aufrechterhaltung der Stimmung und auch als Blitzableiter für viele, die bei mir über die Verhältnisse in der DDR schimpfen, oder sich ganz einfach über ihre Zukunft in der Bundesrepublik unterhalten wollten. Dabei wurde immer wieder deutlich, wie erstaunt sie darüber waren, dass ein Botschafter mit ihnen wie ein normaler Mensch redete. So etwas, meinten sie, hätte es in ihrem Arbeiter- und Bauernstaat niemals gegeben. Die Brotmesser sammelten wir übrigens nach kurzer Zeit wieder ein. Einige hatten diese Messer einfach in der Überzeugung behalten, dass man so etwas immer mal brauchen könne, eben, um Brot zu schneiden. Mit steigender Zahl der Flüchtlinge war naturgemäß eine gewisse Anonymität eingetreten. Das persönliche Verhältnis, das wir zu den ersten Flüchtlingen noch hatten, ließ sich so nicht auf alle ausdehnen. Vorbei waren die Zeiten, wo man noch seinen Speisezettel in jedem Zelt bestimmte, Essen gab es nur noch aus der Feldküche, die Nächte wurden kälter, die Wartezeiten vor den 22 Toiletten wurden länger und die Schlafgelegenheiten wurden enger. Vor allem aber: Es zeichnete sich noch immer keine Lösung ab.«[115]

Auch Militärattaché Brüggemann kommt zu dem Schluss, dass sich die Erfolge von DDR-Chefunterhändler Vogel in engen Grenzen halten, da die Stimmung unter den Flüchtlingen umgeschlagen ist. Letztere sind nicht länger gesprächsbereit. Stattdessen fordern sie fast aggressiv von ihm, die DDR-Regierung zur Aufgabe ihrer starren Haltung zu bewegen. Deren Position in der Flüchtlingsfrage scheint jedoch verhärteter denn je, und auch die Regierung der ČSSR zeigt keinerlei Bereitschaft, bei einer politischen Lösung behilflich zu sein.[116] Selbst die Vertreter der Bundesregierung geben sich Vogels Vermittlungsversuchen gegenüber zunehmend skeptisch. Der Leiter des Arbeitsstabes Deutschlandpolitik im Bundeskanzleramt, Claus-Jürgen Duisberg, vertritt die Meinung, man solle zwar auf die Vorteile der Vogel-Regelung hinweisen, ansonsten aber nicht dazu raten, dessen Angebot anzunehmen. Dies ist offenbar mit dem Bundesminister für besondere Aufgaben, Seiters, abgestimmt.[117]

New York, UNO-Vollversammlung: Rede Schewardnadses

Auf der UNO-Vollversammlung hält der sowjetische Außenminister Eduard Schewardnadse eine Rede, die eine Warnung an die Bundesrepublik Deutschland impliziert: »Es ist bedauerlich, dass manche Politiker ein halbes Jahrhundert nach dem Zweiten Weltkrieg dessen Lehren zu vergessen beginnen. [...] Heute, da die Kräfte des Revanchismus, die nach Revision und Veränderung der Nachkriegsrealitäten in Europa dürsten, vor unseren Augen wieder aktiv werden, sind wir verpflichtet, jene zu warnen, die sie bewusst oder unbewusst ermuntern. Die Bewegung des Revanchismus ist gefährlich und bedroht jenen Friedensmarsch, von dem gestern Präsident Bush an dieser Stelle gesprochen hat.«[118]

Schewardnadse macht keinen Hehl aus der Empörung der sowjetischen Führung über die Geschehnisse auf dem CDU-Parteitag in Bremen vom 11. September 1989. Dort hatte die Gruppe »Ost- und Mitteldeutsche Vereinigung« Faltblätter an die Delegierten verteilt, auf denen für ein Deutschland in den Grenzen von 1937 geworben wurde. Provozierend war darin von den »Ostprovinzen des Deutschen Reiches, die polnisch und sowjetisch verwaltet« würden, die Rede.[119]

Ostberlin, Ministerium für Staatssicherheit: Mobilisierung gegen Opposition

Die repressiven Organe mobilisieren gegen die unaufhaltsam aufstrebende, friedliche Opposition der Bürgergruppen alle ihre Instrumente. Der stellvertretende Minister für Staatssicherheit, Rudolf Mittig, ruft die stellvertretenden Chefs der MfS-Bezirksverwaltungen zusammen und gibt als Parole aus, die »feindlich-oppositionellen Zusammenschlüsse« mit dem Ziel der Zerschlagung »operativ zu bearbeiten«. Das MfS solle in diesen Gruppen – nicht zuletzt mit seinen darin eingeschleusten inoffiziellen Mitarbeitern – Grabenkämpfe forcieren, Misstrauen säen, die Mitglieder aufsplittern und generell versuchen, die Politisierung der Gruppen durch das Aufwerfen von Organisations- und Strukturfragen zu stoppen.[120]

Zeitgleich befiehlt Honecker zur »Gewährleistung der Sicherheit und Ordnung« sowie »zur Verhinderung von Provokationen unterschiedlicher Art« für den 40. Jahrestag der DDR die Herstellung der Führungsbereitschaft sowohl der Bezirkseinsatzleitung Berlin als auch der Kreiseinsatzleitungen der Berliner Stadtbezirke. Auf Grundlage dieses Befehls wird Verteidigungsminister Keßler tags darauf vorsorglich die Nationale Volksarmee für die Zeit vom 6. bis zum 9. Oktober befehlsmäßig für einen Einsatz in der ostdeutschen Hauptstadt in Stellung bringen.[121]

27. SEPTEMBER

Prag, Botschaft der Bundesrepublik: Rückkehrwillige von tschechoslowakischen Sicherheitskräften festgenommen

Unterdessen kehrt eine Person in die Botschaft zurück, die dem Angebot Vogels gefolgt war. Mehrere Rückkehrwillige waren am Bahnhof von tschechoslowakischen Sicherheitskräften festgenommen worden, ihre Begleitschreiben mussten sie abgeben. Der Beteiligte, der fliehen konnte, berichtet über den Vorgang, was unter den Zufluchtsuchenden in der Botschaft Bestürzung auslöst und die Zahl derer erheblich reduziert, die Vogels Angebot nutzen.[122] Für Rechtsanwalt Vogel bedeutet der Vorfall den Verlust seiner letzten Glaubwürdigkeit.[123] Obwohl er sich nach Kräften bemüht, die Gespräche mit den Betroffenen fortzusetzen, stoßen seine Worte allseits auf taube Ohren. Entgegen einer Weisung des Auswärtigen Amtes, die Ausreisewilligen in keiner Weise zu beeinflussen,[124] raten mehrere in Prag befindliche, ranghohe Ministerialbeamte inzwischen ausdrücklich davon ab, auf Vogels Zusagen noch einzugehen.[125] Unter den Botschaftsflüchtlingen kursieren mittlerweile Gerüchte, die ČSSR wolle die Versorgung der Menschen behindern.[126] In der Nacht wird ein DDR-Bürger, der anderen über den Zaun helfen will, von tschechoslowakischen Sicherheitskräften bewusstlos geschlagen. Huber beschwert sich beim tschechoslowakischen Außenministerium über den Vorfall, dort sagt man wie immer eine Überprüfung des Geschehens zu.[127]

Prag, Polizeipräsidium: juristische Analyse zur Flüchtlingsproblematik

Fachleute der zuständigen Abteilung des tschechoslowakischen Polizeipräsidiums erstellen eine juristische Analyse zur Flüchtlingsproblematik in der Prager Vertretung der Bundesrepublik für den tschechoslowakischen Außenminister.[128]

Wie die Rechtsexperten darin betonen, sollen die Bundesrepublik und die DDR das Problem der Menschen, die sich illegaler Weise auf dem Botschaftsgelände aufhalten, so bald wie möglich und gemeinsam lösen. Die gegenwärtige Situation führe nämlich gleich zu einer ganzen Reihe von Komplikationen. Da wäre zunächst ganz praktisch die wesentliche funktionelle Ein-

Der Weg in die überfüllte Botschaft ist mühevoll, verzwickt, riskant und gefährlich. Nicht allen gelingt es durchzukommen.

schränkung der diplomatischen Vertretung der BRD, wie z.B. die Behinderung von Visa-Erteilungen. Längst musste die Botschaft aufgrund des Flüchtlingszustroms aus der DDR wegen Überfüllung geschlossen werden – eine Maßnahme, die wiederum den Zugang tschechoslowakischer Bürger und Organisationen zur BRD-Botschaft erheblich eingeschränkt habe.

In der Nähe der Botschaft gebe es regelmäßige Störungen der öffentlichen Ordnung. Die Nachtruhe werde nicht eingehalten. Dies wirke sich negativ auf die Behandlung von Kranken im nahegelegenen Krankenhaus aus. Die abgestellten Fahrzeuge der DDR-Bürger blockierten den Verkehr auf angrenzenden Straßen. Der Zugang zum Krankenhausgelände werde zunehmend erschwert, in einigen Fällen sogar ganz verhindert. In den Räumlichkeiten der Botschaft dränge sich eine große Menschenmasse, was wiederum zum Ausbruch von Seuchen führen könne. Es drohe außerdem die Beschädigung der Bausubstanz eines überaus wertvollen Kulturdenkmals, des Palais Lobkowicz, welches zwar die westdeutsche Vertretung beheimate, jedoch zum Staatseigentum der ČSSR gehört. Da es sich bei der ganzen Flüchtlingsproblematik allerdings um eine Frage der Beziehungen von DDR und BRD handele, seien der tschechoslowakischen Seite die Hände gebunden.

Die tschechoslowakischen Rechtsexperten berufen sich ferner auf die Resolution 41/70 der UNO-Vollversammlung, welche alle Mitgliedsstaaten dazu verpflichtet, Maßnahmen zu ergreifen, um künftigen Flüchtlingswellen vorzubeugen. Die tschechoslowakische Seite äußert entsprechend ihre Hoffnung, dass sich die BRD im Geiste dieser Resolution verhalten werde.

Was die Behandlung der DDR-Bürger an der Grenze zu Ungarn betrifft, so gingen die tschechoslowakischen Einwanderungs- und Zollbehörden gemäß den gültigen Vorschriften und internationalen Verpflichtungen vor. Zu Konflikten komme es dort, wo DDR-Bürger versuchten, ohne gültige Reisedokumente über die Grenze nach Ungarn zu gelangen.[129]

Prag, Ministerium des Auswärtigen der ČSSR: in der Botschaft Stasi-Agenten

In Prag verhandelt der Staatssekretär des Auswärtigen Amtes der Bundesrepublik, Jürgen Sudhoff, mit dem tschechoslowakischen Kollegen, dem Vizeaußenminister Sadovský. Sudhoff schildert ihm zunächst die immer dramatischer werdende Situation in der Botschaft. Im Augenblick befänden sich bereits 1 400 DDR-Bürger auf dem Botschaftsgelände. Zwar sei die Kanzlei von RA Wolfgang Vogel darum bemüht, die Situation zu entspannen, so werde den Ausreisewilligen versichert, dass die DDR-Regierung ihnen ihre Ausreise binnen sechs Monaten garantieren würde. Indes habe sich die Einstellung der DDR-Bürger während der letzten Tage radikal gewandelt: Inzwischen sei eine überwältigende Mehrheit von ihnen dazu entschlossen, so lange in der Botschaft auszuharren, bis sie direkt in die Bundesrepublik ausreisen dürften. Dieser Stimmungswandel habe die Situation massiv verschärft. Die Zahl der Flüchtlinge sei nicht mehr rückläufig, im Gegenteil nehme sie jetzt immer rascher zu.

Von Sudhoff erhält Sadovský ferner eine alarmierende Information, die dieser von den Nachrichtendiensten erfahren haben will: Unter den DDR-Bürgern in der Botschaft befänden sich auch Stasi-Agenten, deren Aufgabe es sei, nicht nur über die Situation in der Botschaft zu berichten, sondern auch eventuelle Zwischenfälle zu provozieren. Sudhoff beschreibt die Situation als kritisch, weshalb die Bundesregierung die tschechoslowakische Regierung auch dringend dazu auffordert, den DDR-Bürgern eine vorübergehende Unterkunft bereitzustellen. Weiter betont er, dass sich die tschechoslowakische Seite ihrer Verantwortung nicht entziehen könne, sollte die Situation auf dem Botschaftsgelände außer Kontrolle geraten. »Es gibt keine andere Wahl, wenn wir eine Katastrophe verhindern wollen«, so die eindringliche Mahnung des Staatssekretärs.[130]

Der stellvertretende tschechoslowakische Außenminister reagiert sehr ausfallend auf die Vorhaltungen Sudhoffs. Er fragt sogleich, wie sich denn das Auswärtige Amt der Bundesrepublik Deutschland den weiteren Fortgang vorstelle. Die Belehrungen über die Verantwortung der ČSSR lehnt er rundheraus ab. Die Tschechoslowakei habe doch bereits dem deutschen Botschafter Huber »wegen der Exterritorialität und Unantastbarkeit des Botschaftsgeländes Garantien durch entsprechende Maßnahmen angeboten«, die aber seien abgelehnt worden.[131] Sadovský offeriert sodann erneut einen verbesserten Schutz der Botschaft, damit deren »Exterritorialität nicht von Bürgern anderer Staaten verletzt« werde, womit er nichts anderes meint, als den Zugang der DDR-Bürger zur Botschaft definitiv zu verhindern.[132] »Es genügt ein Wort«, verspricht Sadovský. Solange aber die Tschechoslowakei nicht darum gebeten werde, die Botschaft abzuschirmen, weise sie jede Mitverantwortung ab. »Warum sagt ihr nicht, dass wir die Botschaft abschotten sollen, ihr lasst Räuber und Halunken rein. Ihr schafft die Probleme und uns sagt ihr, wir seien inhuman. [...] Wir haben diesen Stand der Dinge nicht verursacht. Das ist ein Problem zwischen der Bundesrepublik Deutschland und der DDR. Wir erwarten, dass zwei souveräne Staaten Lösungen finden.«[133]

Sudhoff argumentiert, dass die beiden deutschen Staaten tatsächlich in Verhandlungen getreten seien, die Situation vor Ort jedoch sofortiges Handeln erfordere mache. Sadovský wiederum bewertet das Flüchtlingsproblem als eine von der Bundesrepublik gezielt initiierte Schwächung der Souveränität der DDR und betont: »Der Bundesrepublik Deutschland ist es ganz klar, dass das eine politische Frage ist, die der Staatsbürgerschaft der DDR. Und als Unbeteiligte werden wir damit erpresst. Die ČSSR ist nicht bereit, das ungarische Modell nachzuvollziehen.[134] [...] Wir können auf keinen Fall zulassen, dass die BRD-Botschaft zum Reisebüro für die Reisen in die Bundesrepublik wird! Uns dafür verantwortlich zu machen, ist unfair. Das muss ich kategorisch ablehnen!«[135]

Erst zum Ende der Verhandlungen kommt Sadovský seinem Gegenüber doch ein Stück weit entgegen. Er verspricht, dass es dem Tschechoslowakischen Roten Kreuz, welches bisher nicht an der Flüchtlingsproblematik beteiligt war, künftig erlaubt sein wird, mit dem Deutschen Roten Kreuz zusammenzuarbeiten und in der Sache ebenfalls behilflich zu sein.[136] Ferner versichert er, dass die Tschechoslowakei medizinische und andere Hilfe offeriere und den freien Zugang zur Botschaft so lange garantiere, wie die Bundesrepublik darauf bestehe. Für eine etwaige Notfallsituation, die in der Vertretung entstehen könne, übernehme die Tschechoslowakei jedoch keinerlei Verantwortung. Eine Lösung in der Sache müssten BRD und DDR gemeinsam finden.[137]

Der Niederschrift der Verhandlungen ist eine Anmerkung angefügt: »Der DDR-Botschafter Ziebart informiert: In der Botschaft in Prag befinden sich zurzeit 1 300 DDR-Bürger; unter ihnen ist ein ›harter Kern‹ mit einer aggressiven Einstellung. Sie verlangen eine direkte Ausreise in die BRD. Sie schüchtern die anderen ein.«[138] Über den Verlauf und die Ergebnisse der Verhandlungen zwischen Sadovský und Sudhoff werden sowohl der Außenminister der ČSSR, Johanes, als auch Bundesaußenminister Genscher umgehend informiert.[139] Im Telegramm an Johanes heißt es: »Situation kritisch, sofortige Lösung erforderlich.«

New York, UNO-Vollversammlung:
historische Rede Genschers

In New York spricht der Außenminister der Bundesrepublik
Deutschland, Hans-Dietrich Genscher, vor den Delegierten der

UNO-Vollversammlung. Dabei reagiert er auch unmittelbar auf
die Rede des sowjetischen Außenministers Schewardnadse vom
Vortag. Der entsprechende Passus richtet sich direkt an den
anwesenden polnischen Außenminister Krzysztof Skubiszewski: »Das polnische Volk ist vor fünfzig Jahren das erste Opfer
des von Hitler-Deutschland vom Zaune gebrochenen Krieges
geworden. Es soll wissen, dass sein Recht, in sicheren Grenzen zu leben, von uns Deutschen weder jetzt noch in Zukunft
durch Gebietsansprüche in Frage gestellt wird. Das Rad der
Geschichte wird nicht zurückgedreht. Wir wollen mit Polen für
ein besseres Europa der Zukunft arbeiten. Die Unverletzlichkeit
der Grenzen ist Grundlage des friedlichen Zusammenlebens in
Europa.«[140] Die internationale Resonanz auf die Rede ist überwältigend.

Während Genschers Zusicherung, die primär an Skubiszewski und Schewardnadse gerichtet war, in Bonn keineswegs kritiklos aufgenommen wird, reagiert der sowjetische Außenminister ausgesprochen positiv. Bei einem gemeinsamen Mittagessen mit Schewardnadse in der New Yorker Residenz des sowjetischen UN-Botschafters gelingt es Genscher, alle auf sowjetischer Seite verbliebenen Zweifel auszuräumen, die durch den CDU-Parteitag in Bremen entstanden waren. Anschließend kommt der Bundesaußenminister auf das Flüchtlingsdilemma in der Prager Botschaft zu sprechen. Er schildert die alltägliche Situation der Flüchtlinge im Palais Lobkowicz und äußert seine Überzeugung, dass die DDR den Menschen ihre Ausreise nicht verweigern dürfe und zugleich den innenpolitischen Reformprozess engagierter fortsetzen müsse als bisher. Schewardnadse bewertet den bisherigen Reformprozess der DDR ebenfalls als mangelhaft und verspricht, Gorbatschow über Genschers Schilderungen in Kenntnis zu setzen.[141]

New York, UNO-Vertretung der BRD:
Unterredung des Bundesaußenministers mit Fischer

Am Abend trifft sich Genscher in der UNO-Vertretung der Bundesrepublik zu einem persönlichen Gespräch mit DDR-Außenminister Oskar Fischer. Letzterer ist offensichtlich über die Situation rund um die BRD-Botschaft in Prag umfassend informiert. Der Druck seitens der ČSSR, die auch weiterhin auf eine baldige Lösung der Flüchtlingsproblematik drängt, lastet zunehmend auf Fischers Schultern. Entsprechend zeigt sich der DDR-Außenminister kompromissbereiter und handlungswilliger als bisher. Genscher schlägt im Laufe des Abends zwei Handlungsalternativen vor, wie die Ausreise der Botschaftsflüchtlinge organisiert werden könne. Die erste Variante lautet: »Wir gestatten Konsularbeamten der DDR, in unserer Botschaft die Pässe der Deutschen aus der DDR mit der erforderlichen Ausreisegenehmigung zu versehen; dann reisen diese mit Sonderzügen der Bundesbahn von Prag direkt in die Bundesrepublik Deutschland. Der Souveränitätsanspruch der DDR wird durch die Passeintragungen gewahrt.« Alternative Variante:»Die Sonderzüge fahren von Prag aus über DDR-Gebiet in die Bundesrepublik Deutschland. Dann können Formalitäten unterwegs erledigt werden.«[142]

Genscher gewinnt den Eindruck, dass Fischer die Notwendigkeit einer baldigen Lösung einsieht. Zumal dieser auch versichert, sofort nach seiner Rückkehr mit Honecker zu sprechen; telefonisch oder schriftlich sei ihm dies leider nicht möglich. Nach Genschers Einschätzung ist der Grund für diese Haltung nicht böser Wille oder Uneinsichtigkeit, sondern die Sorge, dass irgendjemand – doch wer? – gegensteuern könne. Auf Genschers Frage, wann er wieder in Ostberlin sei, antwortet Fischer:»Am Wochenende.« Also erst in drei Tagen.»Das ist zu spät«, moniert Genscher und verlangt, dass Fischer sofort tätig werde.[143]

28. SEPTEMBER

Prag, Botschaft der Bundesrepublik: 900 Neuankömmlinge

Im Palais Lobkowicz treffen im Laufe des Tages über 900 weitere DDR-Bürger ein, woraufhin die Gesamtzahl der Zufluchtsuchenden auf rund 2500 Personen ansteigt. Tausende Zeltbewohner hausen mittlerweile im Garten der Vertretung, den der Regen der vergangenen Tage in eine Schlammwüste verwandelt hat. Manche vegetieren schon seit Wochen auf Gummimatten, Luftmatratzen und nassen Lattenrosten. Es stinkt nach Müll und Urin, obschon Campingduschen und Chemietoiletten aufgestellt worden sind. Und stündlich kommen Dutzende Neuankömmlinge über den Botschaftszaun auf das exterritoriale Gelände hinzu. Kleinkinder werden über das Eisengitter gehoben. Die Kapazität des Botschaftsgeländes ist längst hoffnungslos erschöpft. Auch beim Botschaftspersonal ist die Grenze der Belastbarkeit erreicht. Dem Präsidenten des Deutschen Roten Kreuzes, Prinz Botho von Sayn-Wittgenstein, gelingt es in Gesprächen mit Vertretern des Tschechoslowakischen Roten Kreuzes, zusätzliches ärztliches Personal für die Botschaft zu arrangieren. Ferner organisiert er in Zusammenarbeit mit dem Militärattaché der Bundeswehr in Prag, Adolf Brüggemann, weitere Materialien, Lebensmittel und Hygieneartikel von der Bundeswehr.[144] Botschafter Huber sucht derweil beherzt auf eigene Faust – nachdem ihm

900 Neuankömmlinge am Tag

der tschechoslowakische Vizeaußenminister Sadovský dafür am Vortag die Zustimmung verweigert hatte – nach Unterbringungsmöglichkeiten außerhalb der Botschaft. In einem geheimen Gespräch mit dem Erzbischof von Prag, František Tomášek, bittet Huber darum, kirchliche Räume und Einrichtungen für die Flüchtlinge zur Verfügung zu stellen. Doch Tomášek sieht sich außerstande, Hubers Bitte nachzukommen. Die KPTsch hat seit ihrer Machtübernahme im Jahre 1948 alle kirchlichen Einrichtungen verstaatlicht und lässt jeden Schritt des Erzbischofs von der Staatssicherheit überwachen.[145]

New York, Hotelsuite des Bundesaußenministers

Bereits am Morgen, gegen 9.00 Uhr, ruft Genscher DDR-Außenminister Fischer an. Erneut schildert er ihm die zunehmend menschenunwürdige Lage im Palais Lobkowicz. Auf Genschers dringende Bitte hin verspricht Fischer schließlich, dessen Vorschläge nach Berlin weiterzuleiten. Im Anschluss an das Gespräch ist der Bundesaußenminister optimistisch gestimmt: Seinem Eindruck nach gibt sich der DDR-Außenminister durchaus Mühe, zu einer Lösung des Flüchtlingsdramas beizutragen.[146]

Am selben Tag appelliert Genscher auch in einem kurzen persönlichen Gespräch noch einmal nachdrücklich an den tschechoslowakischen Außenminister, seinerseits an einer Lösung des Flüchtlingsproblems mitzuwirken; es müsse etwas geschehen. Doch Johanes gibt sich unbewegt. Alles, was er bereit ist, dem Bundesaußenminister zu versprechen, ist, Prag über dessen Vorschläge zu informieren. Die ganze Angelegenheit müsse ohnehin zwischen Bonn und Berlin geregelt werden. Überhaupt trage die tschechoslowakische Regierung keinerlei Verantwortung für die entstandene Situation. Johanes' Abfuhr zum Trotz gibt sich Genscher betont zurückhaltend, fürchtet er doch, dass die ČSSR im Falle einer weiteren Eskalation des Konflikts die hermetische Abriegelung der Grenze für Hilfspersonal und -güter veranlassen könnte.[147]

New York, Botschaft der UdSSR:
Unterredung Genschers mit Schewardnadse, Durchbruch

Die entscheidende Wende geht dann von einem Nachmittagstreffen Genschers mit dem sowjetischen Außenminister Eduard Schewardnadse aus. Nachdem Genscher den neuesten Drahtbericht aus Prag erhalten hat, demzufolge die Zustände im Palais Lobkowicz nun gänzlich unerträglich geworden sind, wird die Zusammenkunft sehr kurzfristig anberaumt.[148] Zu den epochemachenden Verhandlungen der beiden Außenminister reist Genscher über die zur Rushhour völlig verstopfte Third Avenue mit Blaulicht und Sirene:[149] »Über den Leiter des Ministerbüros, Frank Elbe, ließ ich ihn dringlich um ein persönliches Gespräch bitten. Mein sowjetischer Kollege reagierte auf der Stelle: Ich möge bitte sofort kommen. Da jedoch für den Nachmittag bereits Begegnungen mit anderen Außenministern in meiner Hotelsuite vorgesehen waren, standen mir unsere Fahrzeuge nicht zur Verfügung, und so sprach Elbe die Besatzung eines Streifenwagens der New Yorker Polizei an. Kurz erläuterte er die Lage, dann stiegen wir ein. Mit Blaulicht und Sirene ging es zur sowjetischen Botschaft, wo diese ungewöhnliche Art der Vorfahrt

Eduard Schewardnadse und Hans-Dietrich Genscher –
Kollegen und Freunde?

verständlicherweise einiges Aufsehen erregte, vielleicht aber auch den Ernst der Lage unterstrich. Schewardnadse erwartete mich. Er hatte den jugoslawischen Außenminister Lončar, der ebenfalls eingetroffen war, für die Verzögerung ihres Treffens um Verständnis gebeten.

Mit großem Nachdruck erläuterte ich Schewardnadse die Lage. Ich bäte um Hilfe; es gehe um die Zustimmung zum unverzüglichen Beginn der Ausreise und um eine sofortige gesicherte Unterbringung auch außerhalb der Botschaft, weil wir mit stündlich ansteigenden Zahlen rechneten. Der sowjetische Außenminister fragte: ›Sind Kinder dabei und wie viele?‹ ›Viele.‹ ›Ich helfe Ihnen.‹ Er wollte sich an Gorbatschow, auch an Ostberlin und an Prag wenden und zeigte sich zutiefst betroffen über meine Schilderung. Der sensible Mann empfand als Mensch, er versteckte sich nicht hinter einer ideologischen oder einer vermeintlichen

Staatsräson. [...] Als ich die Botschaft verließ, dankte ich ihm. Seine rechte Hand ergriff ich mit beiden Händen.«[150]

Noch am selben Abend, am Rande eines Abendessens im Rahmen der UNO-Vollversammlung, bittet Genscher seinen französischen Amtskollegen Roland Dumas, beim ČSSR-Außenminister Johanes im Namen der Zwölf (Mitglieder der Europäischen Gemeinschaft) zu intervenieren. Der sagt ohne Umschweife zu. US-Außenminister James Baker, der das Gespräch mitverfolgt, verspricht ebenfalls seine nachhaltige Unterstützung.[151]

Bonn, Botschaft der ČSSR: Risiken im Zusammenhang mit den Botschaftsflüchtlingen

Der tschechoslowakische Botschafter in Bonn, Dušan Spáčil, sendet einen Lagebericht an das Föderale Ministerium des Auswärtigen, in welchem er auf die potentiellen Risiken hinweist, die im Zusammenhang mit den Prager Botschaftsflüchtlingen entstehen könnten. Es sei davon auszugehen, dass sich die Situation mit der zu erwartenden Wetterverschlechterung noch verschlimmern werde: »Wir müssen in diesem Zusammenhang scharfe Angriffe gegen die Tschechoslowakei erwarten, sowohl in der Presse als auch in Regierungskreisen, mit der Intention, die Tschechoslowakei der inhumanen Verhaltensweise zu beschuldigen.«[152] Der Botschafter schlägt vor, eine offizielle Erklärung der höchsten tschechoslowakischen Stellen zu publizieren, in welcher auf die bestehenden Risiken für die Flüchtlinge ausdrücklich hingewiesen werde, versehen mit dem Zusatz, dass die Bundesregierung auf eben jene Gefahren rechtzeitig aufmerksam gemacht worden sei und dementsprechend jetzt auch die die Verantwortung hierfür trage. Außerdem sei es gemäß Spáčil erforderlich, unverzüglich »bereits jetzt dagegen zu protestieren, dass die diplomatische Vertretung der BRD als Immigrationsbehörde missbraucht wird, damit sich die gegenwärtigen Probleme in Zukunft nicht mehr wiederholen«.[153]

29. SEPTEMBER

Ostberlin, vormittags:
»ewige Freundschaft und Brüderlichkeit«

Der Septembertag, der in die Weltgeschichte eingehen soll, beginnt in Ostberlin wie jeder andere, hinter der Fassade der kommunistischen Propaganda. In deren Mittelpunkt steht heute die »ewige Freundschaft und Brüderlichkeit« zwischen tschechoslowakischen und ostdeutschen Kommunisten, in einem Festakt feierlich zur Schau getragen. Jene Kampfgruppe der Arbeiterklasse,[154] die zur besten Kampfgruppe der DDR auserkoren wurde, bekommt feierlich die Ehrenfahne des Zentralkomitees der Kommunistischen Partei der Tschechoslowakei überreicht. An der Festveranstaltung nehmen hohe Parteifunktionäre sowohl der ČSSR (u.a. der tschechoslowakische DDR-Botschafter František Langer) als auch der DDR teil. Am Rande der Feierlichkeiten

»Kampfgruppen der Arbeiterklasse«

kritisieren Teilnehmer die Berichterstattung des westdeutschen Fernsehens, in der DDR-Bürger »leider […] sehen konnten, dass die Überwindung des Zauns um die Prager BRD-Botschaft leicht möglich« ist.[155] Mitglieder der tschechoslowakischen Delegation sprechen sich eindeutig für eine Absperrung der Prager Botschaft aus, fordern jedoch nachdrücklich, dass die DDR entsprechende Maßnahmen bei den zuständigen tschechoslowakischen Stellen offiziell beantragen möge.[156]

Bonn, Auswärtiges Amt, vormittags

Am Morgen gibt Irmgard Adam-Schwaetzer, Staatsministerin im Auswärtigen Amt, im Deutschlandfunk ein Interview, in dem sie betont, dass die ČSSR die Versorgung der Zufluchtsuchenden bisher nicht behindert habe. Kranke seien problemlos außerhalb der Botschaft versorgt worden: »Also wir sollten uns sehr große Mühe geben, auch in unserer eigenen Behandlung des Themas, keine gegenteiligen Reaktionen hervorzurufen.« Gerüchte über eine Behinderung von DDR-Rückkehrern hätten sich nicht bestätigt, selbiges hätte im Übrigen auch der Haltung der ČSSR widersprochen.[157] Was die Staatsministerin zu diesem Zeitpunkt wahrscheinlich nicht weiß: Zwei Tage zuvor hat es tatsächlich einige Zwischenfälle mit der tschechoslowakischen Polizei gegeben. Es kam zu Festnahmen und zum vorübergehenden Einzug persönlicher Dokumente; Vorfälle, die größtenteils wohl auf sprachliche Barrieren und daraus resultierende Missverständnisse zurückzuführen sind.[158]

Bonn, Botschaft der ČSSR, vormittags

Während Adam-Schwaetzer im Deutschlandfunk die Haltung der ČSSR im Großen und Ganzen eher positiv beurteilt, ist beim Bundesaußenminister nichts dergleichen zu spüren. Wie dem nach Bonn zurückgekehrten Staatssekretär Sudhoff mitgeteilt wird, sei Genscher von der gleichgültigen und abweisenden Haltung seines tschechoslowakischen Amtskollegen Johanes zutiefst enttäuscht. Sudhoff trifft sich daraufhin mit dem tschechoslowakischen Botschafter in Bonn, Dušan Spáčil, um nach möglichen Lösungsansätzen zu suchen. Doch auch Spáčil streitet jegliche Mitverantwortung der ČSSR ab und bezeichnet die gesamte Situation sogar als »vorsätzlich geplanten Menschenschmuggel« seitens der Bundesrepublik. Äußerst verärgert entgegnet Sudhoff mit aller Schärfe, dass »die zementierte Haltung der Tschechoslowakei« die »Beziehungen zwischen BRD und ČSSR nachhaltig schädigen und beeinträchtigen« würde.[159] Spáčil sieht das naturgemäß anders und weist seinerseits die »politische Erpressung« Sudhoffs entschieden zurück.[160] Genscher wird über das erfolglose Treffen der beiden umgehend unterrichtet.[161]

Bonn, Bundeskanzleramt, vormittags:
Kohl appelliert an KPTsch-Parteichef

Bundeskanzler Helmut Kohl wendet sich mit einem Brief an die kommunistische Führung der Tschechoslowakei, in dem er inständig an den Generalsekretär der KPTsch, »Herrn Dr. Miloš Jakeš«, in Prag appelliert: »Sehr geehrter Herr Generalsekretär, die Lage in der Botschaft der Bundesrepublik Deutschland in Prag, in der mehr als 3000 Bürger der DDR Zuflucht gesucht haben, wird immer besorgniserregender. […] Ich wende mich an Sie mit der dringenden Bitte, einer Regelung zuzustimmen, die es ermöglicht, die betroffenen Menschen vorübergehend außerhalb des Botschaftsgeländes unterzubringen. […] Die Menschen, die sich in unserer Botschaft aufhalten, haben sich entschieden, in die Bundesrepublik Deutschland auszureisen. Sie möchten deshalb sicher sein, bei vorübergehender Unterkunft außerhalb der Botschaft nicht gegen ihren Willen in die Heimat zurückgeführt zu werden. Für eine entsprechende Zusicherung wäre ich Ihnen ebenfalls dankbar. Ich appelliere an Sie, im humanitären Geiste und im Einklang mit den Prinzipien der KSZE-Schlussakte von Helsinki zu handeln. Mit dem Ausdruck meiner vorzüglichen Hochachtung, gez. Helmut Kohl.«[162]

New York, UNO-Vollversammlung: DDR-Außenminister Fischer
kritisiert scharf die Aufnahme der Flüchtlinge

DDR-Außenminister Oskar Fischer spricht heute vor der gesamten UNO-Vollversammlung. In seiner offensiv geführten Rede kritisiert er scharf die Aufnahme der Flüchtlinge in den westdeutschen Botschaften, sieht darin eine Verletzung der Hoheitsrechte anderer Staaten und eine den Frieden gefährdende Provokation von Konflikten. »Nicht die Unterschiedlichkeit der sozialen Systeme macht den Bau des europäischen Hauses problematisch. Das Wettrüsten, die aufrechterhaltene militärische Bedrohung und neuerdings verstärkte Versuche, den Sozialismus als Gesellschaftsordnung zu beseitigen, behindern dies. Das Deutsche Reich ist als Folge seiner Aggressionspolitik 1945 untergegangen. Zu den europäischen Realitäten gehört seither die Existenz zweier souveräner deutscher Staaten. Grenzen in Zweifel zu ziehen oder sich unter dem Deckmantel der Humanität unter Verletzung der Hoheitsrechte anderer Staaten eine sogenannte Obhutspflicht für deren Bürger anzumaßen, muss Konflikte provozieren, die die Zusammenarbeit im Herzen Europas untergraben, sogar den Frieden gefährden.«[163]

Prag, Botschaft der Bundesrepublik: gewaltiger Zustrom an Zufluchtsuchenden

Das tschechoslowakische Außenministerium informiert die Botschaftsadministration darüber, dass alkoholisierte Flüchtlinge in den letzten Tagen die öffentliche Ordnung vermehrt gestört und die Stadt verschmutzt hätten. Künftig wollen die tschechoslowakischen Sicherheitskräfte rigoros gegen derartige Unruhestifter vorgehen und diese umgehend in die DDR zurückbefördern bzw. den dafür zuständigen Behörden übergeben. Unter den Botschaftsangehörigen wird diese Nachricht mit erheblicher Nervosität aufgenommen.[164] Die Zahl der Ausreisewilligen steigt nämlich von Minute zu Minute an. Bis zum Abend sind es rund 3500 Personen. Eine Zahl, mit der nun endgültig die Aufnahmekapazität der Botschaft überschritten ist.[165] Der Präsident des DRK, Prinz zu Sayn-Wittgenstein, hatte kurz zuvor die Maximalkapazität der Botschaft auf rund 3000 Personen eingestuft; eine noch höhere Personenzahl gefährde selbst die Statik des Gebäudes.[166] Die Betten müssen in Schichten genutzt werden; viele schlafen auf den Treppen. In dieser beängstigenden Enge stehen kaum genug Stehplätze für alle zur Verfügung.[167] Auch die sanitäre Situation ist nicht mehr länger haltbar: Die maximale Belastungskapazität der Kanalisation ist erreicht, zusätzliche Toilettencontainer dürfen nicht mehr angeschlossen werden. Als Toilettenersatz müssen die Zwischenräume zwischen den Zelten herhalten. Es herrscht Wassermangel. Die Gesundheitslage wird zunehmend prekär, die Gefahr von Seuchen und Durchfallerkrankungen nimmt zu. Eine Epidemie erscheint angesichts der drangvollen Enge fast unausweichlich. Einige Kinder haben bereits fiebrige Durchfallerkrankungen.[168] Auch die Gefährdung durch Feuer wächst. Sogar eine in der Folge ausgelöste Massenpanik kann nicht mehr ausgeschlossen werden.[169]

Eine erneute Bitte Hubers, die DDR-Flüchtlinge außerhalb des Palais Lobkowicz unterbringen zu dürfen, will sich der stellvertretende tschechoslowakische Außenminister Sadovský nicht einmal mehr anhören.[170] Berücksichtigt man freilich die tschechoslowakische Interessenlage, so haben die dortigen Machthaber gleichwohl triftige Gründe, die Unterbringung der DDR-Flüchtlinge außerhalb des Botschaftsgeländes zu verwehren. Dies würde einem Flüchtlingslager für DDR-Deutsche auf dem Gebiet der Tschechoslowakei gleichkommen, was sowohl der eigenen Bevölkerung als auch dem Verbündeten gegenüber kaum zu erklären sein dürfte. Entsprechend äußert sich auch der Präsident des Tschechoslowakischen Roten Kreuzes, Novotný, im Gespräch mit seinem deutschen Amtskollegen Prinz zu Sayn-Wittgenstein, wenn er zu bedenken gibt, dass seine Regierung einen »Dammbruch« befürchte, sobald in der Tschechoslowakei Flüchtlingslager für DDR-Deutsche errichtet würden. Einmal etabliert, sähe sich die

Der gewaltige Zustrom an Zufluchtsuchenden stellt das Botschaftspersonal vor enorme Herausforderungen.

ČSSR einem mutmaßlich weitgehend unkontrollierbaren Zulauf von DDR-Bürgern gegenüber, in dessen Folge es leicht zu einer humanitären oder politischen Eskalation kommen könnte.[171]

Botschafter Huber weiß zu diesem Zeitpunkt nicht mehr, wie er die Neuankömmlinge noch unterbringen soll. Zu Recht befürchtet er, dass es nur eines winzigen Zwischenfalls bedarf, ausgelöst durch schlechtes Wetter, Alkohol, Ehekonflikte oder dergleichen mehr, um eine Katastrophe auszulösen. Vor allem kann es zu einem Epidemie-Ausbruch oder zu einem Großbrand kommen. Es ist völlig unklar, wie die noch zu erwartenden Neuankömmlinge untergebracht werden sollen. Nur so viel ist augenfällig: Die erst jüngst Eingetroffenen werden die nächste Nacht unter freiem Himmel verbringen müssen.[172] Honecker selbst schilderte im Nachhinein, dass die Regierung der ČSSR dringend gebeten hatte, das akute, alarmierende Problem der Botschaftsbesetzung umgehend zu lösen, weil es ansonsten zu Störungen von Ruhe und Ordnung in Prag kommen könnte. Das SED-Politbüro ist dann in einer kurz anberaumten Sitzung im Apollosaal der Staatsoper zu dem Beschluss gekommen, der Bitte der tschechoslowakischen Genossen sofort zu entsprechen.[173]

Prag, Regierungspräsidium, vormittags:
Ausreisegenehmigung empfohlen

Auch die tschechoslowakischen Genossen werden durch die konfliktgeladene, unberechenbare Lage in der Prager Botschaft zunehmend verunsichert. Sie suchen nach einer möglichst raschen Lösung des Flüchtlingsdramas. Am Morgen kommen im Regierungspräsidium der ČSSR,[174] beim Abteilungsleiter Soukup, unter der Leitung des Direktors der vierten Territorialabteilung im Außenministerium der ČSSR, Milan Kadnár, führende Sekretäre des ZK-KPTsch und Abteilungsleiter des Außenministeriums zu einer dringenden Krisensitzung zusammen.[175]

Als allererste Notmaßnahme schlagen die Parteisekretäre und Ministerialbeamten eine hermetische Abriegelung des Botschaftsgeländes vor. Mit Hilfe der Polizei solle ein undurchdringlicher Kordon geschaffen und der Botschaftszaun müsse erhöht werden. Zu dieser Maßregel möchten die Tschechoslowaken allerdings ein Alibi bekommen, um sich nicht international zu diskreditieren: Das Außenministerium der DDR soll mittels einer diplomatischen Note das Föderale Ministerium des Auswärtigen um entsprechende Maßnahmen ersuchen. Sollte die Bundesrepublik ihrerseits mit Gegenmaßnahmen reagieren, so könne man die Sicherheitsvorkehrungen mit Hilfe der Wiener Konvention von 1961 begründen, die besagt, dass eine ausländische Vertretung nicht zur Asylgewährung missbraucht werden darf.[176]

Doch die brisanteste Empfehlung steht am Schluss: Darin schlagen die Sitzungsteilnehmer vor, den auf dem Botschaftsgelände befindlichen DDR-Deutschen ausnahmsweise eine Aus-reisegenehmigung zu erteilen. Immerhin sei es möglich, diese Notmaßnahme ideologisch fundiert – als großzügige Geste zum 40. Jubiläum der Gründung der DDR – zu »verkaufen«. Die Empfehlungen werden umgehend an das Politbüro der KPTsch und den stellvertretenden Außenminister Sadovský weitergelei-tet, damit sie unverzüglich bei der heutigen Politbürositzung er-örtert werden können.[177]

Prag, Krisensitzung im ZK der KPTsch, vormittags: Ja zur Ausreise

Auch im eigentlichen Machtzentrum in Prag, im Zentralkomi-tee der Kommunistischen Partei der Tschechoslowakei, laufen fieberhafte Beratungen, die sich mit der Flüchtlingsproblematik beschäftigen. Es werden die im Regierungspräsidium zuvor un-ter der Leitung von Kadnár vorbereiteten Vorschläge heiß disku-tiert. Die Krisensitzung findet unter Teilnahme von ranghöchs-ten KP-Funktionären, wie Politbüromitglied und ZK-Sekretär Jozef Lenárt, dem Abteilungsleiter für internationale Politik im ZK-KPTsch, Michal Stefaňák, dem stellvertretenden tschecho-

Die Machtzentrale – ZK-KPTsch

slowakischen Außenminister Pavel Sadovský und dem Direktor im Außenministerium, Milan Kadnár, statt. Das Politbüro akzeptiert im Wesentlichen die zuvor von den zuständigen Parteisekretären und Ministerialbeamten vorbereiteten Empfehlungen. Es werden Lösungsvorschläge kategorisch formuliert, die durch den tschechoslowakischen Botschafter in der DDR, František Langer, den führenden Funktionären des SED-Regimes, Politbüromitglied Hermann Axen bzw. ZK-Mitglied Günter Sieber, höchstpersönlich und sofort übermittelt werden sollen.

»Die DDR muss deutlich aktiver im Interesse der Entspannung der ganzen Problematik handeln«, fordern die tschechoslowakischen Genossen ultimativ. »Die tschechoslowakische Seite erwartet, dass ein DDR-Bevollmächtigter die tschechoslowakischen Behörden offiziell um die Verstärkung der Sicherheitsvorkehrungen um die BRD-Botschaft ersucht, damit das weitere Eindringen der DDR-Bürger in die BRD-Botschaft verhindert wird.«[178]

Sodann sprechen sich die hochrangigen tschechoslowakischen Funktionsträger erstmals klar und deutlich auch für die Ausreise der DDR-Flüchtlinge in die Bundesrepublik aus:

• Die DDR könne doch anlässlich des 40. Jahrestages der DDR-Gründung eine Amnestie verkünden.
• Im Rahmen dieser großzügigen Amnestie könnten dann die DDR-Behörden den DDR-Bürgern Pässe und Ausreisegenehmigungen für die BRD ausstellen. Diese Vorgehensweise würde der DDR-Seite eine Selektion der Ausreisebewilligungen ermöglichen.
• Die DDR könne der BRD-Botschaft Busse zur Verfügung stellen und ihre Bürger über das DDR-Staatsgebiet in die BRD transportieren, wo sie dann entlassen werden könnten.[179]

Über diese Forderungen, die an die DDR-Führung prompt und direkt übergeben werden sollen, wird der KPTsch-Generalsekretär Jakeš informiert. Die vorhin geäußerten Bitten seitens der Bundesregierung, die »ungarische Lösung« anzuwenden oder für die Botschaft ein weiteres Gebäude mit dem Exterritorialitätsrecht zur Verfügung zu stellen, lehnen die tschechoslowakischen Entscheidungsträger bei der Krisenberatung weiterhin explizit und entschieden ab.

Die KPTsch-Machthaber schalten auch die tschechoslowakischen Medien intensiv ein. Die Parteizeitung ›Rudé právo‹, die Presseagentur ČTK und das Außenministerium werden ange-

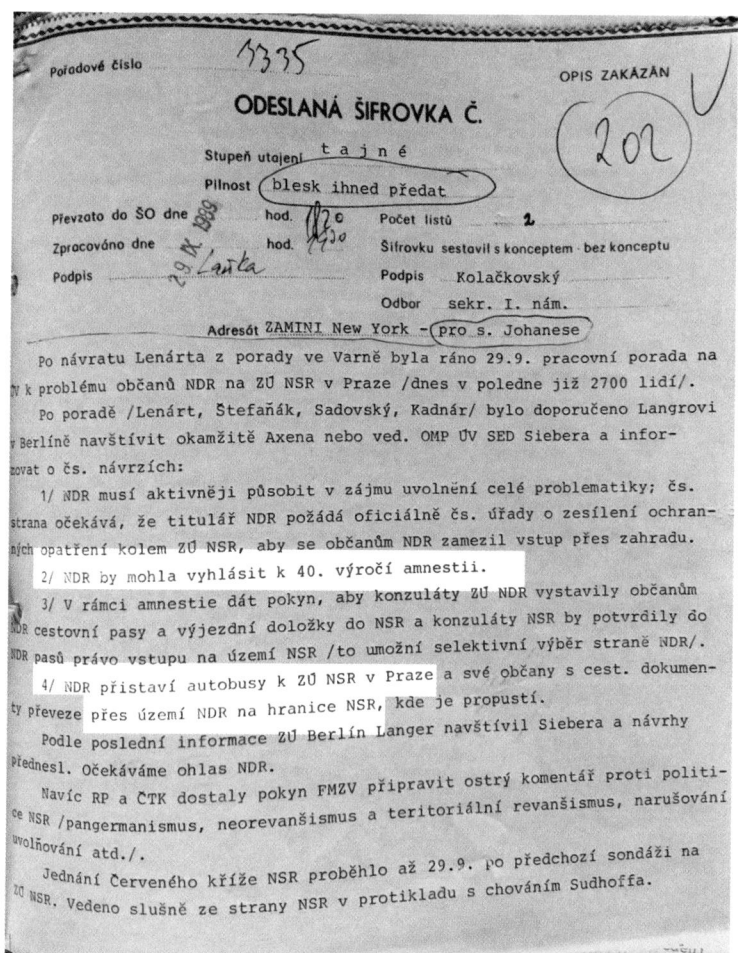

Pořadové číslo   <u>1335</u>   OPIS ZAKÁZÁN

ODESLANÁ ŠIFROVKA Č.   202

Stupeň utajení   t a j n é

Pilnost (blesk ihned předat)

Převzato do SO dne 1989   hod. 11.00   Počet listů   2.

Zpracováno dne   29.IX.   hod. 11.30   Šifrovku sestavil s konceptem · bez konceptu

Podpis   Laňka   Podpis   Kolačkovský

Odbor   sekr. I. nám.

Adresát ZAMINI New York - (pro s. Johanese)

Po návratu Lenárta z porady ve Varně byla ráno 29.9. pracovní porada na ZÚ k problému občanů NDR na ZÚ NSR v Praze /dnes v poledne již 2700 lidí/.

Po poradě /Lenárt, Štefaňák, Sadovský, Kadnár/ bylo doporučeno Langrovi v Berlíně navštívit okamžitě Axena nebo ved. OMP ÚV SED Siebera a informovat o čs. návrzích:

1/ NDR musí aktivněji působit v zájmu uvolnění celé problematiky; čs. strana očekává, že titulář NDR požádá oficiálně čs. úřady o zesílení ochranných opatření kolem ZÚ NSR, aby se občanům NDR zamezil vstup přes zahradu.

2/ NDR by mohla vyhlásit k 40. výročí amnestii.

3/ V rámci amnestie dát pokyn, aby konzuláty ZÚ NDR vystavily občanům NDR cestovní pasy a výjezdní doložky do NSR a konzuláty NSR by potvrdily do NDR pasů právo vstupu na území NSR /to umožní selektivní výběr straně NDR/.

4/ NDR přistaví autobusy k ZÚ NSR v Praze a své občany s cest. dokumenty převeze přes území NDR na hranice NSR, kde je propustí.

Podle poslední informace ZÚ Berlín Langer navštívil Siebera a návrhy přednesl. Očekáváme ohlas NDR.

Navíc RP a ČTK dostaly pokyn FMZV připravit ostrý komentář proti politice NSR /pangermanismus, neorevanšismus a teritoriální revanšismus, narušování uvolňování atd./.

Jednání Červeného kříže NSR proběhlo až 29.9. po předchozí sondáži na ZÚ NSR. Vedeno slušně ze strany NSR v protikladu s chováním Sudhoffa.

*Vorschläge vom ZK-KPTsch an das SED-Politbüro:
DDR muss aktiver werden. Amnestie zum 40. Jahrestag verkünden. Die DDR-Bürger aus der BRD-Botschaft über das DDR-Staatsgebiet in die BRD transportieren. Dort entlassen.*

wiesen, einen scharfen Kommentar gegen die Politik der Bundesrepublik Deutschland zu verfassen. Es sollen dabei, so die Direktiven der Parteifunktionäre, insbesondere die bewährten Propaganda-Hasswörter wie »Pangermanismus, Neorevanchismus und territorialer Revanchismus, Störung des Entspannungsprozesses usw.« angewandt werden.[180]

Über den weiteren Ablauf in der Sache vermerkt ein Telegramm an den in New York weilenden Außenminister Johanes: »Botschafter Langer hat Sieber[181] besucht und ihm die Vorschläge vorgetragen. Wir erwarten die Antwort der DDR.«[182]

Ostberlin, Zentralkomitee der SED, vormittags: Parteiführung tief besorgt

Die SED-Parteiführung ist tief besorgt: Das bald anstehende Jubiläum zum 40. DDR-Gründungstag könnte durch das in den Medien von Tag zu Tag immer stärker präsente Drama der Botschaftsflüchtlinge komplett verdorben werden. Die prekäre Lage in der bundesdeutschen Botschaft könnte schnell eskalieren: ein Selbstmord oder eine Epidemie mit mehreren Toten hätten im Nu eine intensive Medienkampagne zur Folge – und das weltweit! Auch so schon werden die internationalen Forderungen, welche von allen Seiten an die SED-Funktionäre herangetragen werden, immer eindringlicher. Überdies schließen sich neuerdings sogar die mächtigen Sowjets den Appellen an, endlich etwas in der Angelegenheit zu tun. So berichtet DDR-Außenminister Fischer im heutigen Telegramm an Honecker aus New York von den gestrigen Verhandlungen mit dem UdSSR-Außenminister, dem Genossen Schewardnadse, bei welchen zwar der sowjetische Außenminister eingeräumt habe, dass die BRD für die entstandene Lage »natürlich [...] verantwortlich« sei. Zugleich habe er aber die DDR-Führung dazu aufgefordert, Überlegungen anzustellen, »um einen Skandal zu verhindern«.[183] Und zu dem ohnehin schon immensen Druck der internationalen Diplomatie kommen jetzt auch noch die nachdrücklichen Aufforderungen der letzten echten Verbündeten – der tschechoslowakischen Genossen – hinzu. Die Tschechoslowaken fürchten wohl zu Recht um die Stabilität des kommunistischen Regimes in ihrem Land; eine Furcht, für welche die DDR-Machthaber durchaus Verständnis haben.

Vor diesem Hintergrund entschließt sich SED-Generalsekretär Honecker an jenem letzten Freitag im September unter dem gewaltigen Druck der Krisenlage zum Handeln. Er telefoniert mit seinem tschechoslowakischen Amtskollegen, KPTsch-Parteichef Miloš Jakeš. Honecker dankt den tschechoslowakischen Genossen zunächst unumwunden für deren solidarische Haltung zur DDR. Durch sein Telefonat will sich Honecker freilich vor allem versichern, dass die Tschechoslowaken sich auf keinen Fall vom Budapester Beispiel anstecken lassen und die Botschaftsflüchtlinge direkt in die Bundesrepublik entlassen. Während des Telefonats gibt Jakeš seinem DDR-Amtskollegen allerdings deutlich zu verstehen, dass die Dissidenten in der Tschechoslowakei, welche mit den Botschaftsbesetzern sympathisieren, durch »die Vorgänge um die BRD-Botschaft Oberwasser bekämen«.[184] Honecker bringt die Möglichkeit ins Gespräch, die »Botschaftsbesetzer« mit Zügen der Deutschen Reichsbahn über das Territorium der DDR in die BRD zu überführen. Es sei ganz sicher die beste Lösung, entgegnet Jakeš, wenn die DDR das Problem, das beide Seiten belaste, selbst aus der Welt schaffe.[185]

Prag, Zentralkomitee der KPTsch, mittags:
sowjetischer Botschafter interveniert

Ein hochrangiger Vertreter der UdSSR, der sowjetische Botschafter Andrei Wjatscheslawowitsch Lomakin, stattet einen Besuch beim KPTsch-Generalsekretär Jakeš und dem ZK-KPTsch-Sekretär Lenárt ab. Der Vertreter der UdSSR kommt nicht mit leeren Händen – mit dabei hat er eine Aufzeichnung des Gesprächs zwischen Schewardnadse und Genscher vom Vortag in New York, in welchem der sowjetische Außenminister seinem westdeutschen Amtskollegen versprochen hat, sich für die

Prager Botschaftsflüchtlinge einzusetzen. Die tschechoslowakischen Genossen, die sich ansonsten gegenüber dem »großen russischen Bruder« stets bedingungslos unterwürfig geben, bleiben dieses Mal jedoch bei ihrer unnachgiebigen Haltung. Trotzig antwortet Lenárt dem sowjetischen Botschafter:

> »1. Wir haben der DDR weitere Möglichkeiten vorgeschlagen, um die zunehmend schwierigere Lage zu entspannen. Wir erwarten von der DDR eine Antwort.
> 2. Wir werden weder ein Gebäude noch andere Räumlichkeiten auf der Basis der Exterritorialität für die DDR-Emigranten zur Verfügung stellen. Wir haben nicht vor, auf tschechoslowakischem Gebiet Flüchtlingslager einzurichten.
> 3. Wir sind bei dieser Angelegenheit an eine Reihe internationaler Verträge mit der DDR gebunden und wir werden diese Verträge einhalten.[186] Eine Verletzung der gültigen Verträge erachten wir im Hinblick auf die tschechoslowakischen historischen Erfahrungen für eine ›Appeasement-Politik nach Münchner Art‹ [›mnichovanství‹].«[187]

Fazit der tschechoslowakischen Parteispitze in Bezug auf ihr Gespräch mit dem sowjetischen Botschafter: »Der tschechoslowakische Standpunkt bleibt unverändert.«[188]

Prag, Botschaft der Volksrepublik China, 16.35 Uhr:
Ultimatum an das SED-Politbüro

Beim Empfang in der chinesischen Botschaft in Prag zum 40. Jahrestag der Volksrepublik kommt es zu spannungsgeladenen Diskussionen zwischen dem DDR-Botschafter, Ziebart, und führenden tschechoslowakischen Funktionären. Der KPTsch-Sekretär Lenárt teilt Ziebart mit, dass das KPTsch-Politbüro den Lagebericht von Sadovský über die Situation in der hiesigen BRD-Botschaft entgegennahm und empfahl, die darin enthaltenen Vorschläge für eine Lösung der gegenwärtigen Situation dem ZK der SED zu übermitteln. Botschafter František Langer erhielt Auftrag, diese den Genossen Sieber oder Axen vorzutragen.

Im direkten persönlichen Gespräch wird Lenárt freilich noch deutlicher: »Die große Anzahl der sich in der BRD-Botschaft befindlichen DDR-Bürger und die damit verbundenen Auswirkungen auf die ČSSR (täglicher Neuzugang von DDR-Bürgern, Verstopfung von Prager Straßen, abgestellte PKW, unmögliche hygienische Zustände auf dem Gelände der Botschaft, die [die] Gefahr einer Epidemie befürchten lassen) zwingen zu Überlegungen, welche weiteren Schritte unternommen werden könnten.«[189] Damit teilt Lenárt zwar noch diplomatisch, aber doch unmissverständlich mit, dass die Tschechoslowakei auf eigene Faust Maßnahmen ergreifen werde, falls die DDR in kürzester Zeit keine Lösungsvorschläge unterbreitet.

Die tschechoslowakische Führung fordert ultimativ: »Eine drastische Verringerung der gegenwärtigen Anzahl von DDR-Bürgern durch Ausreise per Bus über Territorium der DDR in die BRD. Auf dem Territorium der DDR könnten die erforderlichen Formalitäten zur Ausreise vorgenommen werden. Dabei könnte die DDR unter Umständen selektiv vorgehen.«[190] Die Ausreise könne durch eine allgemeine Amnestie zum 40. Jahrestag der DDR überzeugend begründet werden.

Der stellvertretende Außenminister Sadovský, der bei dem Gespräch zugegen ist, teilt Ziebart, nachdem sich Lenárt verabschiedet hatte, noch folgende Gedanken aus seinem Bericht an das KPTsch-Präsidium mit: Die ČSSR ist in eine schwierige Lage geraten. Die DDR hat nach dem Scheitern der Bemühungen des Rechtsanwalts Vogel keine neuen Vorschläge zur Lösung des Problems unterbreitet. Mit dem vorgeschlagenen Bau einer Mauer sind die Prager Genossen keinesfalls einverstanden: Die in Berlin geäußerte Idee, eine Mauer um die Botschaft zu bauen, sei für Prag nicht akzeptabel.[191] Für die Tschechoslowakei sei von besonderer Bedeutung: »Die internationalen Belastungen und das Drängen aus bestimmten ČSSR-Kreisen (Kirche, Oppositionsgruppen) nach einer Lösung nehmen zu.«[192]

Im weiteren Verlauf nimmt der Prager Parteichef der KPTsch, Štěpán, den DDR-Botschafter Ziebart beiseite und teilt ihm unter vier Augen – mit der Bitte um absolute Vertraulichkeit – mit, dass nach seiner Meinung die Gespräche Genschers mit Johanes und Schewardnadse in New York im Hintergrund der neuen

Überlegungen stehen. Soviel er gehört habe, soll Genscher Schewardnadse gebeten haben, auf die ČSSR Einfluss zu nehmen, dass sie beweglicher auf die Bonner Forderungen reagiere.[193] Damit meint er offensichtlich, dass der Druck der sowjetischen Seite möglicherweise zur größeren Entschlossenheit der tsche

präg   blitz-n

gvs -t- b 7/4-27/89   -l ausf-l 3 blatt

gen-l guenter mittag
gen-l hermann axen
gen-l sieber, zk-iv
gen-l h-l krolikowski

gen-l lenart teilte mir waehrend unterredung auf chine-
sischem empfang mit-l dasz das praesidium am 29-l9-l
bericht gen-l sadowsky ueber situation in hiesiger-
brd-botschaft entgegennahm und empfahl-l die darin
enthaltenen vorschlaege fuer eine loesung der gegenwaertigen situation dem zk der sed als anregung zu
uebermitteln-l

-1-
eine drastische verringerung der gegenwaertigen
anzahl von ddr-buergern durch 'ausreise per bus
ueber territorium der ddr in die brd'-l auf
dem territorium der ddr koennten die erforderlichen
formalitaeten zur ausreise vorgenommen werden-l

2-l
regelung der ausreise fuer die in den bonner botschaften sich befindlichen ddr-buerger im rahmen
einer allgemeinen amnestie zum 40-l jahrestag der
ddr-l

gvs -t- b7/4-27-89   - 3 -

gen-l stepan teilte mir mit der bitte um absolute
vertraulichkeit mit-l dasz nach seiner meinung
die gespraeche genschers mit johanes und schewardnadse
in new york 'im hintergrund der neuen ueberlegungen
stehen-l-l soviel er gehoert habe-l soll genscher schewardnadse gebeten haben-l 'auf die cssr einflusz zu
nehmen-l dasz sie beweglicher auf die bonner forderungen reagiere'-l-l zum anderen betonte er-l dasz der
aufenthalt der ddr-buerger in der brd-botschaft und
eine reihe von damit zusammenhaengenden auswirkungen
mehr und mehr zu einem problem der oeffentlichen
ordnung in präg werden-l

ziebart
29-l09-l-l1635

Dringende Lösungsvorschläge der KPTsch-Parteiführung: Ausreise in die BRD, ansonsten »Überlegungen, welche weiteren Schritte unternommen werden könnten« (Auszug aus dem Blitztelegramm des DDR-Botschafters Ziebart an das SED-Politbüro vom 29.9.1989, 16.35 Uhr)

choslowakischen Parteiführung geführt habe. Und zum Schluss
das Wichtigste: Štěpán betont, dass die Lage um die Botschaft
zunehmend zum »Problem der öffentlichen Ordnung in Prag«
werde.[194]

Ziebart begreift sofort und informiert umgehend, per Blitztelegramm um 16.35 Uhr, ranghöchste SED-Politbürofunktionäre
über die Krisensituation, die tschechoslowakischen Vorschläge
und den sofortigen Handlungsbedarf.[195]

Ostberlin, Staatsoper, 17.20 Uhr: Zustimmung zur Ausreise

Am Nachmittag findet in der Berliner Staatsoper eine vornehme
Festveranstaltung statt, an welcher die höchste Prominenz des
Landes teilnimmt. Die Volksrepublik China feiert das 40. Jubiläum ihres Bestehens – genauso wie es auch die DDR bald tun
will. Die mächtigsten Repräsentanten der DDR und der Volksrepublik China nehmen teil. Der chinesische Botschafter Zhang
Dake und das Politbüromitglied des ZK der SED, Hermann
Axen, halten die Festreden. SED-Generalsekretär Honecker ist
ebenso anwesend wie das gesamte ZK-SED-Politbüro, um dem
kommunistischen Bruderland zu dessen runder Jubiläumsfeier
die gebotene Reverenz zu erweisen.[196]

Einigen SED-Politbüromitgliedern wird am späten Nachmittag das Blitz-Telegramm vom DDR-Botschafter in der Tschechoslowakei, Ziebart, zugestellt, das heute in Prag um 16.35 Uhr[197]
abgeschickt worden ist. Die zentrale Forderung der tschechoslowakischen Parteiführung lautet: Lasst die DDR-Bürger aus
der Prager BRD-Botschaft in die Bundesrepublik ausreisen! Aus
dem Telegramm wird evident, dass rasch gehandelt werden muss.
Wenn die DDR nichts in der Sache unternimmt, wird die ČSSR
eigenständig in ihrem Interesse handeln, geben die tschechoslowakischen Entscheidungsträger zu bedenken.[198] Der Selbst-
erhaltungstrieb ist stärker als die Pflicht der kommunistischen
Solidarität.

Das in Berlin angekommene Blitz-Telegramm zeigt sofortige Wirkung. Zum Schluss der Veranstaltung in der Berliner
Staatsoper wird den anwesenden SED-Politbüromitgliedern zu-

geflüstert, sich noch einmal im Apollosaal, einer Art Foyer, einzufinden, und zwar ohne Frauen. Dort wird das Politbüro von Honecker von dem akuten Handlungsbedarf informiert. Die tschechoslowakische Parteiführung sehe sich nicht mehr imstande, die Entwicklungen rund um die Prager Botschaft unter

Kontrolle zu halten. Sie äußere wiederholt die Befürchtung, dass das Problem der Botschaftsbesetzung die politische Gesamtlage in der Tschechoslowakei destabilisieren könnte. Es mobilisiere die Opposition. In Prag könnte es zu »Störungen von Ruhe und Ordnung«[199] kommen (womit Massendemonstrationen gemeint sind). Schlimmstenfalls könnte sich die ČSSR so unter Zugzwang sehen, dass sie die DDR-Bürger einfach eigenmächtig ausreisen lassen würde, was sowohl in der DDR einen innenpolitischen Schaden verursachen würde als auch eine schwere Belastung der Beziehungen beider Staaten zueinander zur Folge hätte.

»Ich habe die Entscheidung treffen müssen. Ihr sollt aber über die Sache schnell Bescheid wissen. Es bleibt uns nichts anderes übrig, wenn wir es bis zum 7. vom Tisch haben wollen«, begründet der SED-Chef seinen Entschluss.[200] Honecker äußert seine Überzeugung, dass nach Lage der Dinge und im Hinblick auf den bevorstehenden 40. Jahrestag der DDR nicht noch weitere Komplikationen heraufbeschworen werden sollten. Deshalb beabsichtige er, durch einen einmaligen Akt der Entlassung dieser Menschen Ruhe zu schaffen und zwar über einen Weg, der durch die DDR führt. Damit solle ein Zustand verhindert werden, in dem die Leute sagen, die ČSSR sei die richtige Adresse, wenn sie herauswollen.[201]

»Dem Vorschlag, die in den Botschaften der BRD in Prag und Warschau befindlichen DDR-Bürger mit Zügen der Deutschen Reichsbahn von Prag bzw. Warschau über das Territorium der Deutschen Demokratischen Republik in die BRD zu transportieren, wird zugestimmt«, beschließt daraufhin das Politbüro.[202] Die epochemachende Krisensitzung des Politbüros, um 17.00 Uhr angefangen, dauert lediglich zwanzig Minuten. Bereits gegen 17.20 Uhr stimmen dessen Mitglieder einstimmig zu, die Forderungen der tschechoslowakischen Genossen zu erfüllen.[203] Der Bundesregierung wird »anheimgestellt, sich dafür einzusetzen, dass die weitere Aufnahme von DDR-Bürgern in BRD-Botschaften im Ausland nicht gestattet wird«.[204] Umgehend sollen DDR-Außenminister Fischer, KPTsch-Generalsekretär Jakeš, Polens Staatspräsident Wojciech Jaruzelski und die Bundesregierung über den jüngsten Beschluss informiert werden. Der ständige Vertreter der DDR in Bonn, Horst Neubauer, wird beauftragt, »der Regierung der BRD anheimzustellen, diese Maßnahme zu unterstützen«.[205]

Honecker selbst schildert im Nachhinein, dass die Regierung der ČSSR dringend gebeten habe, das akute, alarmierende Problem der Botschaftsbesetzung umgehend zu lösen, weil es ansonsten zu Störungen von Ruhe und Ordnung in Prag kommen könnte. Das SED-Politbüro sei dann in einer kurz anberaumten Sitzung im Apollosaal der Staatsoper zu dem Beschluss gekommen, der Bitte der tschechoslowakischen Genossen zu entsprechen.[206]

29. September 1989
Protokoll der Sitzung des Politbüros des ZK der SED[207]

Anwesende Mitglieder:
Honecker, Axen, Dohlus, Herrmann, Jarowinsky, Keßler, Kleiber, Krolikowski, Mielke, Mittag, Neumann, Schabowski, Stoph

Anwesende Kandidaten: Schürer

Entschuldigt:
Böhme, Eberlein, Hager, Krenz, Lorenz, Mückenberger, Neumann, Lange, G. Müller, M. Müller, Walde, Naumann

Beginn: 17.00 Uhr
Ende: 17.20 Uhr
Sitzungsleitung: Genosse E. Honecker
Protokollführung: Genosse E. Schwertner

Beschluss:

Zu aktuellen Fragen

Berichterstatter: E. Honecker

1. Dem Vorschlag, die in den Botschaften der BRD in Prag und Warschau befindlichen DDR-Bürger mit Zügen der Deutschen Reichsbahn von Prag bzw. Warschau über das Territorium der DDR in die BRD zu transportieren, wird zugestimmt.
    Der Minister für Auswärtige Angelegenheiten der DDR wird beauftragt, zur entsprechenden Zeit eine Mitteilung zu veröffentlichen.

2. Der BRD-Regierung wird anheim gestellt, sich dafür einzusetzen, dass die weitere Aufnahme von DDR-

Bürgern in BRD-Botschaften im Ausland nicht gestattet wird.

3. Genosse Oskar Fischer ist über diese Entscheidung sofort zu informieren.
   Verantwortlich: Genosse H. Axen

4. Es ist zu sichern, dass über die Botschaften der DDR in Prag und Warschau sofort die Genossen Jakeš und Jaruzelski informiert werden.
   Genosse H. Neubauer, Leiter der Ständigen Vertretung der DDR in der BRD, wird beauftragt, die Regierung der BRD über die Entscheidung zu informieren und der Regierung der BRD anheim zu stellen, diese Maßnahme zu unterstützen.
   Verantwortlich: Genosse H. Axen, Genosse H. Krolikowski

5. Über diesen humanitären Akt der Regierung der DDR ist ein Kommentar in der Presse, im Rundfunk und im Fernsehen zu veröffentlichen.
   Verantwortlich: Genosse J. Herrmann

Nächtliches Prag, 23.30 Uhr, Wohnung des KPTsch-Parteichefs: Bewilligung der Ausreise

In der nächtlichen Stille, kurz vor Mitternacht, klingelt das Telefon von KPTsch-Parteichef Jakeš. Am anderen Ende der Leitung: der DDR-Botschafter Ziebart. Er informiert auf direkte Anweisung von Honecker, dass die DDR auf die tschechoslowakischen Vorschläge, die DDR-Bürger in der Botschaft ausreisen zu lassen, positiv reagiert:

»1. Die DDR ist bereit, Spezialzüge für die DDR-Bürger, die sich in der BRD-Botschaft aufhalten, zur Verfügung zu stellen. Die DDR wird die Züge über Dresden zur BRD-Grenze überführen. Während der Fahrt werden allen Zuginsassen Reisedokumente der DDR ausgestellt, die für die Ausreise in die BRD erforderlich sind. Die DDR wird in den Zügen keine Kontrollen durchführen.

2. Die DDR wird die BRD direkt informieren, wann und über welche Grenzübergänge die Personen den zuständigen BRD-Organen übergeben werden.
3. Die DDR wird von der Bundesrepublik verlangen, dass sie in Bezug auf Prag die gleichen Maßnahmen beschließen möge, die vor Kurzem in Berlin beschlossen wurden, d. h. nachdem die Menschen das Botschaftsgelände verlassen haben, die Voraussetzungen dafür zu schaffen, dass keine unbefugten Personen mehr auf das Gelände der BRD-Botschaft gelangen können.
4. Die DDR wird die Bundesrepublik auffordern, dass die gesamte Aktion unter den Bedingungen einer vollen Diskretion durchgeführt wird, d. h. ohne westliche Medien und ohne Propaganda.
5. Die DDR schlägt vor, die Aktion am Sonntag, dem 1.10.1989, durchzuführen.
6. Die DDR bittet den Genossen Jakeš, der Durchführung der Aktion zuzustimmen.«[208]

Generalsekretär Jakeš spricht umgehend seine Zustimmung aus. Sein Einverständnis wird sofort nach Berlin übermittelt, an Honecker persönlich.[209]

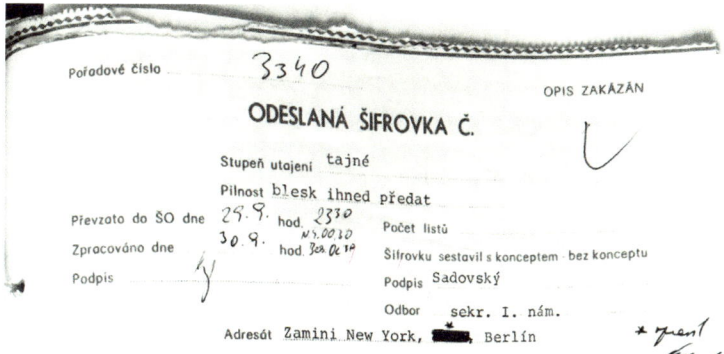

Die DDR ist bereit, die Sonderzüge für die DDR-Bürger bereitzustellen, und bittet Gen. Jakeš um Zustimmung zur Aktion (Telegramm vom Föderalen Ministerium des Auswärtigen der ČSSR an die tschechoslowakische UN-Vertretung in New York).

In New York ist die 44. UNO-Vollversammlung gerade zu Ende
gegangen und noch immer gibt es keine Neuigkeiten, keinen
greifbaren Erfolg in der Sache der Prager Botschaftsflüchtlinge.
Schon trägt sich Bundesaußenminister Genscher mit dem Gedanken, nochmals bei DDR-Außenminister Fischer bzw. bei
dessen sowjetischem Amtskollegen Schewardnadse zu intervenieren. Gerade als Genscher im Begriff ist, gegen 17.00 Uhr
New Yorker Zeit sein Hotel in Richtung Flughafen zu verlassen,
klingelt das Telefon: Ein Mitarbeiter von DDR-Außenminister
Fischer, Botschafter Manfred Niklas, ist am Apparat und informiert den Bundesaußenminister, dass der Ständige Vertreter der DDR in Bonn, Horst Neubauer, am nächsten Morgen
mit neuen Instruktionen ins Auswärtige Amt kommen werde.
Mit den Worten »Herr Fischer lässt Herrn Genscher sagen, es
lohne sich immer, mit ihm zu sprechen«,[210] empfiehlt sich der
DDR-Außenminister. Noch bevor Genscher sein Hotel verlässt,
setzt er telefonisch Bundeskanzler Kohl und Kanzleramtschef
Seiters über Niklas' Anruf in Kenntnis. Alsdann lässt der Bundesaußenminister der DDR-Vertretung in Bonn seinen Dank
für die Bemühungen Fischers ausrichten und Neubauer darum
bitten, am nächsten Morgen nicht ins Auswärtige Amt, sondern
ins Bundeskanzleramt zu kommen. Auch in dieser wirklich dramatischen Lage will er die »Kleiderordnung«, das heißt die völ-
ker- und staatsrechtlichen Zuständigkeiten, wahren. Die DDR
ist für die Bundesrepublik Deutschland nicht Ausland, deshalb
ist für den Ständigen Vertreter der DDR das Bundeskanzleramt
zuständig. Genscher bittet Rudolf Seiters, an dem Gespräch teilzunehmen.[211]

Während einer Unterhaltung in New York erfährt der Bundesaußenminister, dass sein ungarischer Amtskollege Gyula Horn Pro-

bleme mit dem Rückflug nach Europa hat. Kurzerhand lädt er ihn ein, gemeinsam in der am Flughafen bereitstehenden Bundeswehrmaschine zurückzufliegen. Und Horn ergreift die sich ihm bietende Gelegenheit. Politisches Tauwetter liegt in der Luft, als die beiden Außenminister – Vertreter eines NATO-Mitglieds der eine, des Warschauer Pakts der andere – gemeinsam den nächtlichen Heimflug antreten. Genscher erinnert sich: »Diese Woche war in vieler Hinsicht symbolträchtig für die Veränderungen in Europa und in der Welt. Während ich noch darum rang, von der DDR-Führung die Zustimmung zur Ausreise der Deutschen aus Prag zu erhalten, übergab mir der Außenminister Ungarns, Gyula Horn, ein Stück des Stacheldrahts, der einmal an der ungarisch-österreichischen Grenze Europa geteilt hatte. Dieses Symbol der Einheit hat einen Ehrenplatz in meiner Bibliothek gefunden, um mich stets an das zu erinnern, was war, und auch daran, dass nichts unmöglich ist, nicht die Teilung Europas, aber auch nicht ihre friedliche Überwindung […] und so saß, während ich auf dem Weg von New York nach Bonn war, neben mir der Außenminister eines Landes, das noch immer Mitglied des Warschauer Pakts war. Offen erörterten wir in seiner Gegenwart unsere Absichten und Sorgen für den nächsten Tag. Wir vertrauten ihm; er gehörte zu uns. Er hatte Menschlichkeit bewiesen, hatte gezeigt, dass Ungarn längst einen neuen Weg beschritten hatte.«[212]

30. SEPTEMBER

Bonn, Büro des Kanzleramtsministers, Botschaftsflüchtlinge dürfen ausreisen

Am Morgen des 30. September 1989, um 8.00 Uhr[213] in der Früh, landet Außenminister Genscher in der Bundeshauptstadt. Für eine längere Ruhepause bleibt ihm keine Zeit, denn schon um 10.00 Uhr findet das gemeinsame Gespräch mit dem Bundesminister für besondere Aufgaben und Chef des Bundeskanzleramtes, Rudolf Seiters, und dem ständigen Vertreter der DDR in

Bonn, Horst Neubauer, statt. Der DDR-Vertreter eröffnet das Gespräch zunächst mit massiven Vorwürfen: Die Bundesregierung dulde entgegen internationalem Recht den Zustrom von DDR-Bürgern in ihre Botschaften. Seiters und Genscher widersprechen: Die KSZE-Schlussakte von Helsinki, mit dem Recht auf Freizügigkeit, sei doch von der DDR selbst unterzeichnet worden.

Doch die Vorwürfe sind nur der Auftakt, rasch kommt Neubauer zum Kern seines Anliegens. Und in der Sache hat er durchaus Wichtiges zu berichten: Die Prager Botschaftsflüchtlinge dürften ausreisen, erklärt der Bonner Vertreter Ostberlins – allerdings nur über das Territorium der DDR, und auch nur in eigens dafür bereitgestellten Sonderzügen. Dies sei der Wille von SED-Chef Honecker, womit die Souveränität der DDR bei der Ausreise der Flüchtlinge dokumentiert werden solle. Nach diesem diplomatischen Paukenschlag wird die Beratung erst einmal unterbrochen. Die beiden Bundesminister nehmen Kontakt mit Bundeskanzler Kohl auf, Neubauer setzt sich unterdessen mit Ostberlin in Verbindung.[214] Als man danach wieder zusammenkommt, erklärt Genscher die grundsätzliche Bereitschaft der Bundesrepublik, auf den Vorschlag der DDR einzugehen – unter folgenden Bedingungen: Bonn sei an einer Lösung in der Nacht vom 30. September zum 1. Oktober interessiert. Er gehe davon aus, dass die DDR Busse für den Transport zum Bahnhof bereitstelle. Während Staatssekretär Sudhoff nach Warschau fliege,[215] würden er und Seiters gemeinsam nach Prag reisen, um mit den Botschaftsflüchtlingen zu sprechen. Alsdann sieht der Plan vor, dass die beiden Bundesminister und ihre Entourage die Ausreisewilligen auf deren Zugfahrt begleiten würden,[216] »um den Menschen, die den Versprechungen der DDR-Repräsentanten zutiefst misstrauten, persönlich die Sicherheit zu geben, dass für sie jetzt die ungehinderte Ausreise garantiert sei«, wie sich Kanzleramtschef Seiters rückblickend an die damalige Bonner Interessenlage erinnert.[217] Neubauer willigt zunächst ein.

Noch am selben Nachmittag, um 16.00 Uhr[218], fliegen Seiters und Genscher nach Prag; mit dabei sind u.a. Staatssekretär Priesnitz aus dem Bundesministerium für innerdeutsche Beziehungen, die Ministerialdirektoren Kastrup und Jansen aus dem Auswärtigen Amt, Ministerialdirigent Duisberg aus dem Kanzleramt sowie der Leiter des Außenministerbüros, Frank Elbe. Kurz bevor die Bundeswehrmaschine in Richtung Prag abhebt, wird Genscher noch einmal ans Telefon gerufen. Der Bundesaußenminister muss Unangenehmes erfahren: Die Situation hat sich abermals geändert. Der Ständige Vertreter der DDR sagt nun, abweichend von der nur wenige Stunden zuvor getroffenen Vereinbarung, dass die SED-Führung mit der Mitreise der beiden Bundesminister, Seiters und Genscher, in den Sonderzügen nicht einverstanden sei. Genscher bleibt nichts anderes übrig, als die jüngste Ostberliner Kehrtwende entrüstet zur Kenntnis zu nehmen. Innerlich aber ist der Bundesaußenminister tief besorgt, wie er unter diesen Umständen überhaupt noch das Vertrauen der Menschen in eine Fahrt quer durch das Territorium der DDR gewinnen soll. Seine eigene Anwesenheit und die von Seiters hätten die ganze Angelegenheit für die Zufluchtsuchenden gewiss wesentlich glaubwürdiger gemacht und die Durchführung der sensiblen Aktion insgesamt deutlich erleichtert.[219]

Prag, Botschaft der Bundesrepublik

Am Abend erreichen die beiden Bundesminister und ihre Entourage den Prager Flughafen. Botschafter Huber heißt sie auf dem Airport willkommen und unterrichtet sie über die jüngsten Entwicklungen.[220] Auch der Direktor im Außenministerium der ČSSR, Kadnár, begrüßt die Delegation aus Bonn. Zur schnellen Fahrt zur Botschaft wird eine Polizei-Eskorte zur Verfügung gestellt.[221] Um 18.30 Uhr[222] trifft die hochrangige Delegation im Palais Lobkowicz ein, steigt – über Schlafende hinweg – die Treppe hinauf ins obere Stockwerk zur Wohnung des Botschafters. Von hier aus telefoniert Genscher noch einmal mit dem Bonner DDR-Vertreter Neubauer, um ihn auf die möglicherweise fatalen Folgen aufmerksam zu machen, sollten er und Seiters mit den Botschaftsflüchtlingen nicht mitreisen dürfen. Neubauer gibt indes einsilbig zu verstehen, dass er keine neuen Weisungen aus Ostberlin erhalten habe.

Nachdem noch einige letzte Einzelheiten besprochen worden sind, bedeutet Genscher Botschafter Huber, dass es jetzt wohl an der Zeit sei, auf den Balkon zu gehen, um von dort die Menschen zu informieren. Was folgt, sind die wohl bewegendsten Minuten im Leben von Hans-Dietrich Genscher. Und ein spek-

Historische Stunde. Seiters, Genscher in der Botschaft

takulärer, Epoche machender Moment, der nicht nur die deutsche, sondern auch die Weltgeschichte verändern wird.

Um 18.58 Uhr[223] betritt Genscher den Balkon des mit Stockbetten vollgestellten Kuppelsaals des Palais Lobkowicz. Mit der Schilderung der folgenden dramatischen Minuten und Sekunden wird er später seine Memoiren beginnen: »Wir traten hinaus. ›Liebe Landsleute‹ – ein Jubelsturm brach los. Dann begann ich: ›Wir sind gekommen, um Ihnen zu sagen ...‹ [...] noch einmal unbeschreiblicher Jubel. [...] ›Der erste Zug fährt schon heute. Ich bitte Sie, dass vor allem die Kranken und Mütter mit kleinen Kindern Platz finden.‹ Und weiter sagte ich: ›Ich will Sie noch über den Weg, der vor Ihnen liegt, informieren. Die Züge werden die Grenze zwischen der Tschechoslowakischen Republik und der DDR überqueren.‹ Plötzlich wurde große Unruhe spürbar. ›Ich bitte Sie, mich anzuhören!‹, fuhr ich fort. ›Die Züge werden ohne Halt durchfahren. Sie müssen die Züge nicht verlassen. Ich weiß, was Sie empfinden. Sie sind alle in einem Alter, in dem ich war, als ich die DDR verlassen habe.[224] Deshalb kann ich nachfühlen, was Sie in diesem Augenblick empfinden, auch Ihre Sorge.‹ Nur persönliche Glaubwürdigkeit, spürte ich, konnte die Menschen überzeugen: ›Wenn jemand,

… unbeschreiblicher Jubel!

der einen Lebensweg, der ein Schicksal hinter sich hat wie ich, Ihnen sagt, ich verbürge mich dafür, dass die Versprechungen eingehalten werden, dann dürfen Sie das glauben.‹ Wieder gab es Beifall. ›In jedem Zug werden zwei Beamte von uns sein, aus dem Kanzleramt und aus dem Auswärtigen Amt. Hier stehen sie.‹ Ich stellte die Beamten namentlich vor. [...] ›Sie können uns vertrauen.‹ Dann wandte ich mich noch an Flüchtlinge aus meiner Heimatstadt. ›Sind denn Hallenser da?‹ Sofort riefen einige Stummen: ›Ja, hier.‹«[225]

Und danach – nach all den aufreibenden vorherigen diplomatischen Bemühungen, den vielen diffizilen Verhandlungen und den dramatischen Ereignissen – läuft nun auf einmal alles wie am Schnürchen. Bereits gegen 19.30 Uhr,[226] also unmittelbar nach Genschers Ansprache auf dem Balkon, verlassen die ersten Flüchtlinge die Botschaft. Die DDR hat, wie vereinbart, zu diesem Zweck Busse vor dem Botschaftsgelände bereitgestellt.

Danach geht es in den voll besetzten Fahrzeugen direkt weiter zum Prager Vorortbahnhof Praha-Libeň, horní nádraží. Der erste Zug in die Freiheit setzt sich unmittelbar nach der Ankunft der Zufluchtsuchenden, bereits gegen 21.00 Uhr, in Bewegung. Die Ausreisewilligen sind überglücklich. Zwar müssen Gen-

Unglaublich ... Der Traum wird Wirklichkeit! Euphorie in Prag.

scher und Seiters außen vor bleiben, doch ein Teil des Prager Botschaftspersonals fährt ebenso mit wie der Rest der Bonner Delegation. Gemeinsam sichern sie die Fahrt der Flüchtlinge in den Westen.[227]

Bahnstrecke Prag – Bad Schandau – Hof: Zug der Freiheit

Der erste Zug nach Hof wird u. a. vom Leiter des Außenminister- büros, Frank Elbe,[228] begleitet. Nach Einfahrt in den tschecho- slowakischen Grenzbahnhof Děčín kommt der Zug zum Stehen. Auf dem Bahnhof warten einige DDR-Bürger, irgendwie haben sie von der Ausreisemöglichkeit per Zug erfahren. Tschecho- slowakische Polizisten, die ebenfalls vor Ort sind, bilden einen Absperrriegel. Doch die martialische Geste ist nur von kurzer Wirkung, schließlich fasst sich eine Familie ein Herz und geht

mit ihren Koffern auf den Zug zu, andere folgen ihr. Hilfsbe-
reite Hände strecken sich ihnen entgegen, um sie in den Zug
zu ziehen. Die tschechoslowakische Polizei greift nicht ein, sie
lässt die Menschen gewähren.[229] Der Zug fährt danach weiter,
über den nahen Grenzübergang Schöna erreicht er DDR-Gebiet,
ohne dass etwas geschieht. Die Spannung unter den Zugreisen-
den nimmt ab. Über ihre Transistorradios können sie nun wieder
deutschsprachige Rundfunksender empfangen. Dabei erfahren
sie auch aus den Nachrichten der DDR-Sender, dass sich die
SED-Regierung »aus humanitären Gründen« dazu entschlossen
habe, die Botschaftsflüchtlinge auszuweisen. Der zynische Inhalt der Berichterstattung löst sowohl Empörung als auch Hei-
terkeit unter den Ausreisewilligen aus.[230]

Doch es kommt auch noch zu einer letzten verzweifelten
Machtdemonstration des kommunistischen Regimes der DDR –
zum massiven Einsatz von Bahnpolizei und Staatssicherheit. Im
Bahnhof Reichenbach bleibt der Zug stehen. Frank Elbe, Leiter
des Büros von Genscher, erinnert sich: »Das Bahnhofsgelände
ist von der Bahnpolizei hermetisch abgesperrt. Etwa hundert Beamte der Staatssicherheit betreten den Zug. Sie gehen jeweils in
Dreiergruppen in ein Abteil und nehmen den Menschen nach
einem absurden System die Ausweise ab: Der erste nimmt den
Ausweis ab, der zweite guckt hinein und der dritte steckt ihn in
einen schwarzen Koffer. Es entsteht Unruhe. Die Stimmung gegen die Stasi-Beamten schlägt in Aggression um, als sich herausstellt, dass keine Ersatzpapiere bzw. Ausreisepapiere ausgestellt
werden. Viele empfinden den Verlust ihrer Identitätspapiere als
den letzten gemeinen Tritt, den ihnen das Regime verpasst. […]
Nachdem die Beamten den Zug verlassen haben, kommt es zu
einer Demonstration ungewöhnlicher Art. Ein […] Schlosser
lehnt sich aus dem Abteilfenster und wirft sein Bargeld auf den
Bahnsteig. Fast alle folgen seinem Beispiel. Der Bahnsteig ist innerhalb kurzer Zeit mit Banknoten und Münzen übersät, aber
auch mit Schlüsseln, Mitgliedsausweisen oder anderen Dingen,
die die Flüchtlinge im Westen nicht mehr brauchen werden.«[231]

Während Vertreter des SED-Regimes und dessen staatliche re-
pressive Organe den Ausreisewilligen gegenüber geradezu feind-
selig auftreten, zeigen sich die normalen DDR-Bürger mit den

Flüchtlingen solidarisch und bringen Verständnis und Sympathie zum Ausdruck. Ein Beamter der Reichsbahn nimmt seine rote Mütze ab und winkt. Gleisarbeiter in ihren schwarzen Arbeitsanzügen folgen seinem Beispiel und grüßen mit ihren Schutzhelmen. Bei der anschließenden Weiterfahrt durch Plauen stehen

Überglückliche Familie

Hunderte von Menschen an den Fenstern ihrer Wohnkasernen und winken mit weißen Tüchern. Sogar ein mutiges Transparent mit der Aufschrift »Das Vogtland grüßt den Zug der Freiheit« wird entrollt.[232] »Im Zug verbreitet sich eine Stimmung der Ergriffenheit. Ein junger Mann steht fassungslos weinend vor mir und sagt: ›Nun weiß ich, dass es richtig war zu gehen, wenn die da draußen genauso denken wie wir.‹«[233]

Auf den letzten Kilometern vor dem Überqueren der streng bewachten Staatsgrenze zur Bundesrepublik Deutschland wird indessen die Stimmung noch einmal zittrig und angespannt. Die Spannung ist mit Händen zu greifen: »Kurz vor der Grenze zur Bundesrepublik wird es noch einmal still. Der Zug fährt an kilometerlangen, perfekt installierten Sicherheitsanlagen vorbei. Als bei Gutenfürst der Zug den schwarz-rot-gold gestrichenen Grenzpfahl passiert, bricht ein unvorstellbarer Jubel los. Die Angst löst sich, die Menschen fallen sich weinend und lachend in die Arme. Für die einen ist eine Reise in eine neue Zukunft zu Ende gegangen. Für uns«, resümiert Frank Elbe, »war es eine ungewöhnliche, bewegende Reise von New York über Prag nach Hof, die man nie vergessen wird.«[234]

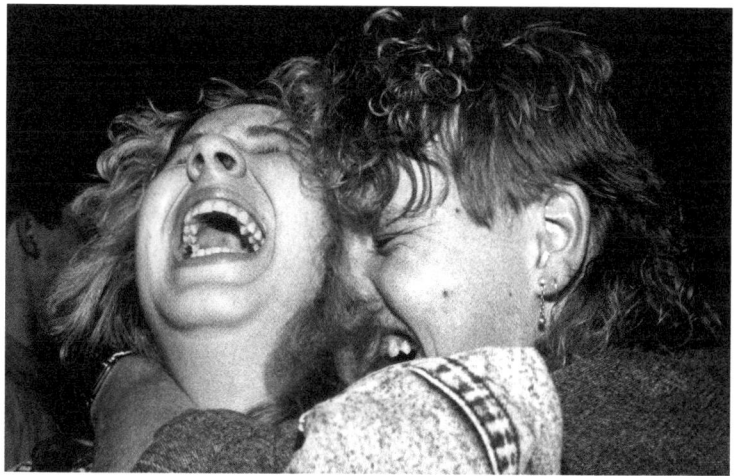

Glückseligkeit, Hochgefühl, Jubel, Lust und Freude

Ostberlin/Prag:
Absperrung des Botschaftsgeländes der Bundesrepublik

Der tschechoslowakische Außenminister Johanes befindet sich der UNO-Vollversammlung wegen noch immer in New York, als er ein geheimes Blitztelegramm seines Ministeriums, abgeschickt um 21.10 Uhr mitteleuropäischer Zeit, erhält. Darin wird er informiert, dass Bundesaußenminister Genscher zusammen mit sechs hohen Beamten in der Prager Botschaft der Bundesrepublik eingetroffen ist, um die dort ausharrenden DDR-Bürger über deren plötzliche Ausreisemöglichkeit zu informieren. In diesen Minuten verlassen die ersten DDR-Bürger bereits die Botschaft.[235]

Zur gleichen Zeit mobilisiert die SED-Parteiführung gegen die potentiellen künftigen »Botschaftsbesetzer«. Wie aus dem Telegramm deutlich wird, setzt die Staats- und Parteiführung der DDR – zeitgleich mit ihrer Einwilligung in die Ausreise ihrer Staatsbürger – alle Hebel in Bewegung, um die Operation unter größtmöglicher Diskretion, d. h. ohne dass die westlichen Medien davon Kenntnis erhalten, durchzuführen. Außerdem werden von jetzt an intensive vorbeugende Maßnahmen ergriffen, damit sich die prekäre, für die DDR rufschädigende Situation in der Prager Botschaft nicht mehr wiederholt. So beantragt SED-Chef Honecker persönlich, unter Einschaltung des Ministers für Staatssicherheit Mielke und des DDR-Botschafters Ziebart, offiziell beim stellvertretenden tschechoslowakischen Außenminister Sadovský, eine weiträumige Absperrung des Botschaftsgeländes zu errichten, um das Gelände vor »unbefugten Personen« zu schützen. Gemeint ist damit »insbesondere […] die Verhinderung des Zugangs zum Botschaftszaun, über welchen die DDR-Bürger in die Botschaft gelangen könnten«. Die tschechoslowakischen Genossen erfüllen den Wunsch der DDR-Funktionäre prompt. Ab 21.00 Uhr, mithin parallel zur einsetzenden Ausreisebewegung der in der Botschaft befindlichen DDR-Bürger, werden 150 tschechoslowakische Polizisten beauftragt, den Zugang zur Botschaft weiträumig abzuriegeln.[236]

OKTOBER 1989: GRENZSCHLIESSUNG – STARTSCHUSS ZUR REVOLUTION

Praha-Libeň, horní nádraží: Der Zug der Freiheit fährt ab.

1. OKTOBER

Prag, Bahnhof Praha-Libeň, horní nádraží,
Nacht vom 30. September zum 1. Oktober

Die Autobusse, mittels derer die Botschaftsflüchtlinge zum Prager Bahnhof gebracht werden, haben sowohl das tschechoslowakische Innenministerium (welches u.a. auch für die Staatssicherheit zuständig ist) als auch das Ministerium für Staatssicherheit der DDR zur Verfügung gestellt. Die Weiterfahrt vom Bahnhof Praha-Libeň, horní nádraží, regelt dann die Staatsbahn der DDR, die Deutsche Reichsbahn. Deren Züge verlassen die tschechoslowakische Hauptstadt noch in der gleichen Nacht in rascher Folge, und zwar um 21.00 Uhr, 0.20 Uhr, 1.40 Uhr, 2.15 Uhr und 4.15 Uhr.[1] Um 8.00 Uhr morgens fährt der letzte Autobus vom Botschaftsgelände in Richtung Bahnhof ab,[2] der letzte Sonderzug setzt sich nur 30 Minuten später in Bewegung.[3] Insgesamt reisen an diesem Tag rund 5 500 DDR-Bürger von Prag in die Bundesrepublik Deutschland aus; aus Warschau kommen auf die gleiche Weise noch einmal 809 Personen in den Westen.[4] Lediglich 50 Prager Ausreisewillige erklären sich noch dazu bereit, das Angebot von Rechtsanwalt Vogel anzunehmen, also vorerst in die DDR zurückzukehren, verbunden mit der Zusicherung, binnen sechs Monaten den »Arbeiter- und Bauernstaat« legal verlassen zu dürfen. Die DDR bestätigt in diesem Zusammenhang nochmals ausdrücklich, dass dieses Angebot auch weiterhin seine Gültigkeit habe.[5] Jene Personen, die auf die Zusicherungen Vogels eingegangen sind, verlassen Prag mit 36 Pkw in Richtung DDR.[6]

Dresden, Hauptbahnhof, 3.45 Uhr: »Es lebe Genscher!«

Ihre Fahrtroute führt die Ausreisewilligen, die in der Nacht von Prag aus in die Freiheit aufgebrochen sind, über den Grenzbahnhof Bad Schandau und Dresden ins bayerische Hof. In den meisten Fällen verläuft die Durchfahrt »ruhig und ohne Zwischenfälle«, wie die Transportpolizei Dresden zufrieden meldet.[7] Was der Bahnpolizei indes weniger gefällt: Auf dem Dresdner Hauptbahnhof erschallen kurz nach Mitternacht aus den Sonderzügen die Rufe »Es lebe Genscher!« und »Freiheit!«. Zwei Männern und einer Frau gelingt es zudem, auf den Sonderzug aufzuspringen, der um 3.45 Uhr im Dresdner Hauptbahnhof zum Halten kommt.[8]

Prag, Botschaft der Bundesrepublik, Nacht vom 30. September zum 1. Oktober: Abriegelung durch tschechoslowakische Sicherheitskräfte

Noch in der Nacht vom 30. September zum 1. Oktober – und damit parallel zur Abreise der Botschaftsflüchtlinge – beginnen tschechoslowakische Sicherheitsorgane fieberhaft damit, die

Vertretung der Bundesrepublik deutlich stärker abzusichern als bisher. Damit sich eine Situation wie die vorausgegangene nicht noch einmal wiederholt, will die KPTsch künftig erheblich entschlossener gegen flüchtige DDR-Bürger vorgehen. Sofort nach Ankunft der ersten Neuankömmlinge versperren tschechoslowakische Polizeieinheiten den Botschaftseingang, die Seitenstraßen und den Zaun der Botschaft. Insbesondere der hintere Zaun wird hermetisch abgeriegelt, so dass DDR-Bürgern der Zugang zum Palais Lobkowicz über dessen Rückseite unmöglich wird.[9] Dabei gehen die Sicherheitskräfte bisweilen auch gewaltsam vor: So wird eine Kleinfamilie unter Fußtritten und dem Einsatz von Gummiknüppeln am Übersteigen des Zaunes gehindert.[10]

Ostberlin, Ministerium für Staatssicherheit, am Morgen

Die Information über die von tschechoslowakischer Seite initiierten Abriegelungsmaßnahmen rund um die westdeutsche Botschaft in Prag erreicht die DDR-Staatssicherheit in Ostberlin am anderen Morgen. Ausdrücklich loben deren Funktionäre die – wie immer – ausgezeichnete Zusammenarbeit mit ihren Kollegen vom tschechischen Innenministerium.[11] Die Kooperation zwischen dem MfS und der tschechoslowakischen Staatssicherheit StB (Státní bezpečnost), durch eine Reihe verschiedener Vereinbarungen und Verträge geregelt, ist beiderseitig ebenso intensiv wie ergiebig.

Bonn, Auswärtiges Amt: Proteste gegen das Vorgehen der tschechoslowakischen Polizei

Botschafter Huber berichtet über das Vorgehen der tschechoslowakischen Polizei im Allgemeinen und im Besonderen über den Zwischenfall mit den malträtierten DDR-Flüchtlingen am Botschaftszaun.[12] In Bonn wird mit großem Unmut aufgenommen, dass die Polizei das Botschaftsgelände vollständig abgesperrt hat. Der Diplomat Wilhelm Höynck protestiert entschieden beim tschechoslowakischen Botschafter Dušan Spáčil gegen die Behinderung des freien Zugangs zur Botschaft und die Gewaltanwendung gegen Flüchtlinge. Doch der Botschafter streitet die Vorfälle der Misshandlung und des Gewalteinsatzes vehement ab. Spáčil rechtfertigt das tschechoslowakische Vorgehen vielmehr mit den Klauseln des Zusatzprotokolls zum Abkommen zwischen DDR und ČSSR zum visafreien Reiseverkehr.[13] Außerdem sei der Zugang zur Botschaft doch offen, er führe schließlich durch Türen und Eingänge, nicht jedoch über Zäune und Hecken. Als Höynck auch weiterhin eindringlich auf den tschechoslowakischen Botschafter einredet, setzt sich dieser mit seinem Außenministerium in Verbindung. Der stellvertretende Außenminister Pavel Sadovský veranlasst daraufhin den Abzug aller Polizeitruppen bis zum Abend des 1. Oktober.[14]

Prag, Botschaft der Bundesrepublik, im Morgengrauen

Als der Morgen anbricht, sind sämtliche DDR-Flüchtlinge aus dem Palais Lobkowicz gen Westen abgereist. Die nun ungewohnt ruhige und menschenleere Atmosphäre empfindet Botschafter Huber als bedrückend: »Ich bin die ganze Nacht auf den verschiedenen Bahnsteigen. Um 8.00 Uhr lege ich mich schlafen. Schon lange weiß ich nicht mehr, was das eigentlich ist, Schlaf. Aber schon um 10.00 Uhr stehe ich wieder auf und schaue mir den Hof, den Park, das Gebäude an. Eine gespenstische Stille liegt über dem infernalischen Chaos, das sich mir darbietet. Irgendwie fehlten mir die Flüchtlinge, aber das ist sicher schwer zu verstehen. Es war vielleicht auch die innere Leere, die man nach all den Wochen der Anspannung fühlte. DRK-Helfer laden meine Frau und mich ein, im Hof mit ihnen eine Gulaschsuppe zu essen. Wir waren dankbar dafür.«[15]
Das Botschaftsgelände selbst befindet sich in einem katastrophalen Zustand. Überall liegen Müll, Lebensmittelreste und durch Exkremente verschmutzte Decken und Schlafsäcke herum. Am Vormittag beginnt das Botschaftspersonal, tatkräftig unterstützt von den DRK-Helfern, mit den Aufräumarbeiten.[16] Den Botschaftseingang überwachen drei tschechoslowakische Polizisten. Im Laufe des Nachmittags klettern 16 Ausreisewil-

lige über den Zaun, vor der Botschaft warten bereits wieder 250 bis 300 Menschen. Huber erklärt ihnen, dass eine Aktion wie am Vortag nicht noch einmal möglich sei. Danach ruft er Bundesaußenminister Genscher an und informiert diesen über die entstandene Lage. Auf direkte Weisung Genschers lässt er schließlich um 17.00 Uhr die Pforten öffnen.[17] Dies quittieren die Zufluchtsuchenden mit großem Jubel. Und dann geht es rasch. Bis 19.25 Uhr halten sich bereits wieder 1622 DDR-Bürger in der Botschaft auf. Ab 20.40 Uhr gibt die tschechoslowakische Polizei nach und ermöglicht auch all jenen Ausreisewilligen, welche sie bis dato in den Zufahrtsstraßen festgehalten hatte, sich zur Botschaft zu begeben, woraufhin noch einmal rund 600 Personen ins Palais Lobkowicz kommen.[18] Die Neuankömmlinge werden unverzüglich in die Aufräumarbeiten miteinbezogen und verwandeln das von ihren Vorgängern hinterlassene Chaos binnen kürzester Zeit wieder in ein ordentliches Zeltlager.[19]

Prag, Tschechoslowakische Staatssicherheit: abgehörte Gespräche in der Botschaft

Die tschechoslowakische Staatssicherheit ist über die Ereignisse bestens informiert. Sie hört die Gespräche in der Botschaft der Bundesrepublik mit Hilfe ihrer Abhöranlagen ab. Unter Anwendung der Telefonüberwachung der Botschaftsleitungen berichtet am 1. Oktober die »Quelle« über die Situation in der Botschaft. Wie auch die tschechoslowakische Staatssicherheit festgestellt hat, sind am 30. September ungefähr 6000 bis 6500 DDR-Bürger in die BRD ausgereist. Die Staatssicherheit befürchtet, dass in nächster Zukunft weitere Tausende von Personen anreisen.[20]

Wie die »Quelle« weiter informiert, telefonierte Botschafter Huber heute mit Genscher persönlich. Der Außenminister forderte Huber auf, die Tore der Botschaft in Prag wieder zu öffnen und unter dem Schlagwort der »vorläufigen Maßnahme« alle Interessenten hineinzulassen. Huber wies auf die Tatsache hin, dass das Botschaftsgelände in einem schrecklichen Zustand sei, worauf er aus Bonn die Antwort erhielt, die Neuankömmlinge in der Botschaft sollen selbst aufräumen.[21]

Bonn, Bundesministerium für innerdeutsche Beziehungen: Neubauer gegen die Wiederöffnung der Prager Botschaft

Im Bundesministerium für innerdeutsche Beziehungen protestiert derweil die DDR wegen der jüngsten Vorgänge in Prag. Deren Ständiger Vertreter, Horst Neubauer, beklagt sich beim westdeutschen Diplomaten Claus Duisberg über die Wiederöffnung des Zugangs zum Palais Lobkowicz durch Botschafter Hermann Huber. Neubauer sieht darin einen bewussten »Wortbruch der Bundesregierung«, die doch versprochen habe, die bundesdeutschen Botschaften in Prag und Warschau künftig geschlossen zu halten. Duisberg entgegnet, der Vorwurf sei haltlos. Erstens habe es eine solche Absprache nie gegeben. Wohl seien die Botschaften zur Sanierung und Renovierung kurzzeitig geschlossen worden, sollten aber baldmöglichst wieder eröffnet werden. Zweitens würden die DDR-Bürger aus westdeutscher Sicht weiterhin das Recht auf Ausreise besitzen. Das Gespräch verläuft »außerordentlich frostig«, bis es Neubauer erzürnt abbricht.[22]

New York, Unterredung Fischers mit Schewardnadse: nachlassende Unterstützung der DDR aus Moskau

DDR-Außenminister Fischer berichtet SED-Generalsekretär Honecker schriftlich von seinen wenig ergiebigen Beratungen mit dem sowjetischen Außenminister Schewardnadse auf der UN-Vollversammlung in New York. Fischer hatte darin den Standpunkt vertreten, dass man auch weiterhin als geschlossenes Bündnis gegen den westlichen Imperialismus und insbesondere gegen Westdeutschlands revanchistische Intentionen vorgehen müsse. Woraufhin Schewardnadse geantwortet habe, »dass dies früher so [gewesen sei], heute aber nicht mehr geh[e], denn heute hab[e] man Demokratie«.[23] Hinsichtlich der Situation in der Prager Botschaft habe Schewardnadses Empfehlung darin bestanden, dass die DDR doch die Ausreise der Flüchtlinge genehmigen solle, einerseits, um für innenpolitische Entlastung zu sorgen, und andererseits, um international den Ruf zu wahren.

Fischer konstatiert gegenüber Honecker, dass die Bedeutung Westdeutschlands in der sowjetischen Außenpolitik erheblich zugenommen und man künftig vermehrt mit nachlassender Unterstützung aus Moskau zu rechnen habe.[24] Für die DDR könnte die Zäsur größer kaum sein; Honecker ist ab diesem Moment auf sich gestellt. Künftig kann er nicht mehr ohne Weiteres auf die Unterstützung der Sowjetunion, in militärischer und politischer Hinsicht, bauen.

Ostberlin, Ministerium für Staatssicherheit: Krisensitzung am Sonntag

Eine für den heutigen Sonntag anberaumte Krisenberatung des Leiters der zentralen Koordinierungsgruppe (ZKG) des Ministeriums für Staatssicherheit, Gerhard Niebling, mit Leitern der Bezirkskoordinierungsgruppen (BKG) verdeutlicht, dass sich die DDR-Führung über den Ernst der Lage sehr wohl im Klaren ist. Die Massenflucht der eigenen Bevölkerung hält an, ebenso der Druck auf die Grenzen. Reisen in die sozialistischen Nachbarländer werden immer häufiger zur Ausreise in den Westen missbraucht. Auch die Zahl der regulären Ausreiseanträge wächst beständig. Die Lage in Prag habe sich insbesondere im Zusammenhang mit den Vorbereitungen zum 40. Jahrestag der DDR zu einem »schwierigen, uns politisch stark belastenden Fakt« entwickelt. Auch die ČSSR bekomme dadurch Probleme, die bis an die Grenzen der Zumutbarkeit gingen. Im Hinblick auf die tschechoslowakischen Interessen hätte es aber keinen anderen Weg gegeben. Daher »wurden die Erpresser ohne Identitätsbescheinigung und Entlassungsurkunde aus der Staatsbürgerschaft der DDR in die BRD abgeschoben«. Viele Fragen seien bei dieser Notlösung allerdings offen geblieben, insbesondere die Problematik der Staatsbürgerschaft sowie Vermögens- und Wohnungsfragen. Im Übrigen geben sich die Funktionäre der Staatssicherheit keinerlei Illusionen hin, dass damit »künftige Erpressungsversuche« hinfällig würden. Im Gegenteil, so ihre Prognose, werde eine regelrechte Sogwirkung einsetzen, der begegnet werden müsse. Denn die Erklärung der Bundesrepublik, dass ihre Botschaft geschlossen sei, sei »doppelbödig und gebe keine Garantie«.[25]

Die Stimmung in der Bevölkerung hat sich im Zusammenhang mit der Massenausreise radikal verschlechtert. Betrogen fühlen sich insbesondere diejenigen, welche die Botschaft freiwillig verlassen hatten, um die zeitlich gestaffelten Angebote von Rechtsanwalt Vogel zu nutzen. Aber auch alle übrigen Antragsteller fühlen sich nun geprellt, da sie für ihr gesetzeskonformes Verhalten bestraft worden sind. Damit spitzt sich die Gesamtlage noch weiter zu. Zu erwarten ist deshalb eine wachsende Zahl von Versuchen, die DDR illegal zu verlassen, eine Zunahme von Ausreiseanträgen sowie »Zusammenrottungen und öffentlichkeitswirksame Handlungen, wie letzten Montag in Leipzig«. Und als ob dies alles nicht schon genug wäre, wird das Ganze auch noch von einer »Eskalation der Medienkampagne des Gegners« begleitet.[26]

Die daraus zu ziehenden Konsequenzen kommen in einem anderen Empfehlungsschreiben der Stasi zur Sprache: So sei es nötig, Ausreiseanträge grundsätzlich schneller zu bearbeiten als bisher. Insbesondere müsse die Ablehnungspraxis von Grund auf geändert und abschlägige Antworten sollten nur noch in Ausnahmefällen ausgesprochen werden. Nichtsdestotrotz müssten natürlich auch weiterhin solche »Personen, die schwankend sind oder sich ruhig verhalten, zurückgewonnen werden«. Und selbstverständlich muss die Staatssicherheit primär an ihre eigenen Interessen denken. Die nun massenhaften Übersiedlungen sollen intensiv dazu genutzt werden, um neue Spione im Westen zu platzieren.[27]

2. OKTOBER

Ostberlin, Zeitung ›Neues Deutschland‹: »Keine Träne nachweinen«

Ein in der heutigen Ausgabe der Tageszeitung ›Neues Deutschland‹ erschienener Artikel gibt bekannt, dass »die ehemaligen Bürger der DDR, die sich rechtswidrig in den Botschaften der

BRD in Prag und Warschau aufhielten, über die Deutsche Demokratische Republik in Zügen der Deutschen Reichsbahn in die BRD abgeschoben« worden seien. Schon die Überschrift – »Sich selbst aus unserer Gesellschaft ausgegrenzt« – macht deutlich, in welche Richtung der Artikel zielt; es folgen gleichermaßen wüste Beschimpfungen an die Adressen der Botschaftsflüchtlinge wie der Bundesregierung: »Die DDR sah sich dazu [zu der Erteilung einer Ausreisebewilligung für die Botschaftsflüchtlinge] aus humanitären Gründen veranlasst angesichts der in den BRD-Vertretungen entstandenen unhaltbaren Situation, die beim eventuellen Ausbruch von Seuchen auch Menschen der betreffenden Länder bedroht hätte. Daran hätte auch die Tatsache nichts geändert, dass die entstandene Situation nicht durch uns verschuldet war, sondern durch die BRD auf Grund der Verletzung der völkerrechtlichen Normen für Botschaften. Diese können in Europa kein Asyl gewähren. [...] Zügellos wird von Politikern und Medien der BRD eine stabsmäßig vorbereitete ›Heim-ins-Reich‹-Psychose geführt, um Menschen in die Irre zu führen und auf einen Weg in ein ungewisses Schicksal zu treiben. Das vorgegaukelte Bild vom Leben im Westen soll vergessen machen, was diese Menschen von der sozialistischen Gesellschaft bekommen haben und was sie nun aufgeben. Sie schaden sich selbst und verraten ihre Heimat. [...] Sie haben sich selbst von ihren Arbeitsstellen und von den Menschen getrennt, mit denen sie bisher zusammenlebten und -arbeiteten. Bar jeder Verantwortung handelten Eltern auch gegenüber ihren Kindern, die im sozialistischen deutschen Staat wohlbehütet aufwuchsen und denen alle Kindereinrichtungen, alle Bildungs- und Entwicklungsmöglichkeiten offenstanden. [...] Sie alle haben durch ihr Verhalten die moralischen Werte mit Füßen getreten und sich selbst aus unserer Gesellschaft ausgegrenzt. Man sollte ihnen deshalb keine Träne nachweinen. [...] Die heuchlerischen Erklärungen Bonner Politiker, ihre unverhohlenen Versuche, sich in die inneren Angelegenheiten der DDR einzumischen, der großdeutsche nationalistische Rummel, den sie veranstalten – dies alles läuft nur auf Konfrontation hinaus und schadet einer vernünftigen Zusammenarbeit der beiden deutschen Staaten, was den Interessen der Menschen, ja den Interessen Europas zuwiderläuft.«[28]

Verfasst wurde der Kommentar vom Chefredakteur der Zeitung ›Neues Deutschland‹ persönlich, die zynische Formulierung »man sollte ihnen deshalb keine Träne nachweinen« stammt indes von Erich Honecker höchstselbst. Doch statt innenpolitische Entspannung zu erreichen, bewirkt der Zeitungsartikel das exakte Gegenteil. Der Kommentar steigert noch den Unmut über ein Regime, das aufgrund seiner ideologischen Beschränktheit nicht imstande zu sein scheint, die Ursachen für die Probleme zu erkennen, die den Massenexodus bewirkt haben.

Prag, Botschaft der Bundesrepublik

Im Laufe des Tages steigt die Zahl der Zufluchtsuchenden im Palais Lobkowicz weiter stetig an. Trotz des gestrigen Abzugs der tschechoslowakischen Polizeitruppen kommt es in der Stadt immer wieder zu gewaltsamen Auseinandersetzungen zwischen flüchtigen DDR-Bürgern und tschechoslowakischen Sicherheitskräften. Ein Ausreisewilliger ruft früh morgens in der Botschaft an und berichtet, dass tschechoslowakische Polizisten in der Zugangsstraße zur Botschaft, in der »Vlašská«, eine Kette bilden würden. Rund fünfzig Menschen, die zur Botschaft wollten, sei körperliche Gewalt angetan worden. Eine andere Person wird mit Handschellen an eine Parkbank gefesselt und erst infolge des beherzten Eingreifens von Journalisten wieder freigelassen. Ebenfalls in Handschellen wird eine Frau vom Botschaftszaun weggeführt, woran auch der Protest eines Botschaftsmitarbeiters nichts zu ändern vermag. Wie Huber zutreffend feststellt, erfolgt die Abriegelung der Botschaft durch die tschechoslowakische Polizei weder systematisch noch hermetisch.[29] Vielmehr sollen die Flüchtlinge verunsichert und zu Gewaltakten provoziert werden.

Prag, Staatssicherheit der ČSSR:
Palais Lobkowicz soll hermetisch abgeriegelt werden

Tatsächlich ist die tschechoslowakische Staatssicherheit längst im Begriff, auch Maßnahmen zu ergreifen, die das Gebiet rund um das Palais Lobkowicz hermetisch abriegeln würden, um die DDR-Bürger so am Zutritt zum Botschaftsgelände zu hindern. Zu den Maßnahmen gehören neben der Kontrolle von Personalien auch die Verhinderung des Überkletterns des Botschaftszaunes sowie im Falle eines gewaltsamen Durchbrechens der

Tschechoslowakische Polizisten versuchen, die Flüchtlinge am Betreten der Botschaft zu hindern, und schrecken dabei auch immer weniger vor dem Einsatz von Gewalt zurück.

Absperrung die sofortige Übergabe der fraglichen Person an die zuständigen Stellen der DDR. Für die Umsetzung werden etwa 320 zusätzliche Polizisten eingesetzt.[30] Inzwischen haben die USA ganz offiziell um die Abschirmung ihres angrenzenden Botschaftsgeländes gegen eventuelle Eindringlinge gebeten, was die tschechoslowakische Staatssicherheit auch ausgesprochen bereitwillig wahrnimmt.[31]

Die Botschaft der Bundesrepublik besteht hingegen darauf, dass die DDR-Bürger freien Zugang zum Palais Lobkowicz erhalten. Dem Einlass der Ausreisewilligen durch den Haupteingang der Botschaft kann daher auch die Geheimpolizei nicht allzu viel entgegensetzen. Eine vollständige Blockade des gesamten Bereichs ist aufgrund der offiziellen Funktion der Botschaft nicht möglich.[32] Botschafter Huber reicht dennoch beim zuständigen Direktor der 4. Territorialabteilung im Außenministerium der ČSSR, Milan Kadnár, seinen Protest gegen die polizeilichen und geheimpolizeilichen Maßnahmen ein.[33]

Prag, Ministerium des Auswärtigen der ČSSR: Bundesrepublik provoziert Flüchtlingsdrama

Das tschechoslowakische Außenministerium wiederum beschuldigt seinerseits die Bunderegierung auf einer Pressekonferenz, ein neues Flüchtlingsdrama zu provozieren. Erneut befänden sich Hunderte Zufluchtsuchende im Palais Lobkowicz, weil Westdeutschland nicht bereit sei, die DDR-Staatsbürgerschaft anzuerkennen. Außerdem stelle die Aufnahme neuer Flüchtlinge einen Bruch des Berliner Abkommens von Anfang September dar, wonach die Botschaften keine neuen Flüchtlinge mehr aufnehmen sollten.[34] Zugleich ist die tschechoslowakische Seite laufend über die Ereignisse in der Botschaft informiert. Eine von der Staatssicherheit eingesetzte »Quelle« beschafft, indem sie den Telefonverkehr der Botschaft abhört, zuverlässig genaue Informationen, etwa, dass »man bis Mitte der Woche weitere 1000 Leute erwartet« und dass dieser Fakt »die Schlacht der Freiheit« genannt wird.[35]

Bonn, Auswärtiges Amt: Proteste gegen tschechoslowakische Polizeimaßnahmen

BRD-Staatssekretär Jürgen Sudhoff trifft sich infolge der Ausschreitungen zwischen Flüchtlingen und Polizisten im Auswärtigen Amt mit dem tschechoslowakischen Botschafter Dušan Spáčil. Er erhebt schärfsten Protest ob der gewaltsamen Übergriffe auf die DDR-Bürger: Man werde dies nicht hinnehmen. So könnten sich die bilateralen Beziehungen nicht entwickeln.[36] Indes weist der Botschafter Sudhoffs Protest entschieden zurück. Seinen Angaben zufolge hätten die tschechoslowakischen Polizeikräfte lediglich ihre Arbeit getan. Sie würden die »Wege zur Botschaft sichern« und die »öffentliche Ordnung aufrechterhalten«. Spáčils Vorschlag, auch den Botschaftseingang wieder durch Polizisten absichern zu lassen, stößt bei Sudhoff auf Ablehnung und Unverständnis. Den Ausführungen Spáčils hält der Staatssekretär entgegen, dass das gewaltsame Vorgehen der tschechoslowakischen Sicherheitskräfte »durch nichts zu entschuldigen« sei.[37]

Bonn, Kanzleramt: deutsch-deutsche Konflikte

Im Kanzleramt trifft sich der Bundesminister für besondere Aufgaben und Chef des Bundeskanzleramtes, Rudolf Seiters, mit dem Ständigen Vertreter der DDR in Bonn, Horst Neubauer. Kritisch merkt der Bundesminister an, dass der Ablauf der Ausreise der Botschaftsflüchtlinge in einzelnen Punkten von den gegebenen Zusicherungen abgewichen sei, die der Ständige Vertreter zuvor am 30. September gemacht habe. So hätten etwa die DDR-Flüchtlinge keine Ausreisepapiere erhalten. Er bittet darum, den Betroffenen nachträglich eine offizielle Ausreisegenehmigung zu erteilen. Schließlich wäre deren Ausreise mit Zustimmung der DDR-Regierung und nach Kontrolle der zuständigen Behörden erfolgt. Neubauer, aufgrund des gestrigen Gespräches mit Duisberg wohl noch immer zornig, negiert Seiters' Darstellung des Ablaufs und gibt sich in jeder Hinsicht unkooperativ.[38]

Leipzig, Montagsdemonstration: »Wir sind das Volk!«

Die SED-Parteizeitung ›Neues Deutschland‹ macht heute mit der Schlagzeile »In den Kämpfen unserer Zeit stehen DDR und China Seite an Seite« auf. Nur einen Tag zuvor hatte SED-Politbüromitglied Egon Krenz in Peking an den Feierlichkeiten zum 40. Jahrestag der Gründung der Volksrepublik China teilgenommen. Dieser Zusammenhang weckt Befürchtungen, dass auch die SED bereit sein könnte, Demonstrationen gewaltsam niederzuschlagen, ganz so, wie es die chinesischen Machthaber unlängst am 4. Juni auf dem Platz des Himmlischen Friedens getan hatten.[39]

Nichtsdestotrotz nehmen an der heutigen Montagsdemonstration in Leipzig fast 20 000 Menschen teil – so viele wie noch nie. Die dort verkündeten Losungen lauten unter anderem »Wir bleiben hier« und »Freiheit für die Gefangenen«. Doch wird bei dieser Demonstration auch zum ersten Mal die Parole »Wir sind das Volk« gerufen. Am Ende greift eine Kompanie der Volkspolizei mit Sonderausrüstung, mit Schilden und Schutzhelmen, Schlagstöcken und Reizkörpern ein. Menschen werden verletzt, etliche Demonstranten festgenommen.[40]

Dresden, Bezirksverwaltung für Staatssicherheit: »geschürte Fluchtpsychose eskaliert«

Der Leiter der Bezirksverwaltung für Staatssicherheit Dresden, Horst Böhm, sieht die Schuld an der Massenabwanderung in den »medialen Hetzkampagnen« Westdeutschlands. Die BRD setze alles daran, die »Vorbereitungen des 40. Jahrestages der DDR am 7. Oktober durch die geschürte Fluchtpsychose eskalieren zu lassen«.[41] Kollateralschäden infolge der Ausweisung, insbesondere hinsichtlich ihrer Wirkung auf die bewaffneten Organe, das MfS und andere bedeutsame Institutionen des Staates seien, soweit als möglich, zu begrenzen. Die in die DDR »zurückgereisten Erpresser«, die dem Angebot von Rechtsanwalt Vogel gefolgt sind, dürften bei der Ausreise gegenüber den im Rahmen der »Aktion Zug« – so der interne Deckname der Operation – ausgewiesenen Personen nicht benachteiligt werden. Wo Ausreisen bewilligt werden, sollten vorrangig die Spionageinteressen der Staatssicherheit Berücksichtigung finden. Heißt: Erklärt der Staat seine Einwilligung zur Übersiedlung in die BRD, so sollten aus politisch-operativen Gründen heraus gemäß Befehl 2/88[42] v. a. solche Personen vorzugsweise bedacht werden, die im Auftrag des Ministeriums für Staatssicherheit zu Spionageaktivitäten in der Bundesrepublik Deutschland herangezogen werden können.[43]

3. OKTOBER

Prag, Botschaft der Bundesrepublik, 3.45 Uhr:
Schließung der Tore

Zwischenzeitlich hat die Zahl der Botschaftsflüchtlinge geradezu explosionsartig zugenommen. Mitten in der Nacht, um 3.45
Uhr, verfügt Huber auf Weisung des Staatssekretärs des Auswärtigen Amts, Sudhoff, die Schließung der Botschaftspforte. Auch
das DRK sieht sich inzwischen außerstande, die Verantwortung
für die vielen Menschen noch zu übernehmen. Unmittelbar danach lässt der Botschafter aber doch noch einige Familien mit
Kleinkindern und Säuglingen herein, insgesamt rund 50 Personen. Zu diesem Zeitpunkt halten sich ca. 4000 Menschen in
der Botschaft auf. Gegen 16.30 Uhr beschließt Huber gegen den
dringenden Rat der Ärzte, das Tor ein weiteres Mal für Frauen
und Kinder zu öffnen, da die Temperaturen in der Zwischenzeit
empfindlich gefallen sind. 600 von ihnen strömen daraufhin auf
das völlig überfüllte Botschaftsgelände. Sie werden im Heizungs-
keller untergebracht, dem einzig verbliebenen freien Raum.[44] Am
Nachmittag überlassen viele junge Männer ihre Unterkünfte in
der Botschaft jenen Frauen und Kindern, die seit dem frühen
Morgen vor der Botschaftspforte ausgeharrt hatten. Dieser Um-
zug geschieht ohne Probleme, die Kooperation und Solidarität
der Menschen untereinander ist in diesen schicksalhaften Stunden ohnegleichen. Derweil versammeln sich vor dem Botschaftsgelände bis zum späten Nachmittag weitere ca. 2000 Personen,
die dort zunächst noch »ruhig und bewegungslos« warten.[45]

Gegen Abend halten sich somit bereits wieder 4500 Flüchtlinge in der Botschaft auf, weitere 2000 harren davor auf Einlass.
Die Situation vor Ort ist unerträglich. Alles drängt sich auf engstem Raum zusammen, die Wartezeiten vor den Toiletten betra-
gen über zwei Stunden. Das Küchenpersonal hat keinen Platz
mehr zum Arbeiten. Entsprechend schlecht steht es auch um
die hygienischen Verhältnisse: den DRK-Berichten zufolge sind
sie schlimm und nicht zu verantworten. Nur unter allergrößten
Schwierigkeiten ist es überhaupt möglich, den Müll per Lastwa-
gen vom Botschaftsgelände zu schaffen.[46] Für das DRK arbeiten

zwei Ärzte und mehrere Schwestern und Betreuer rund um die Uhr. Eine Lösung in den nächsten Stunden ist unerlässlich.[47]

Auch die Lage vor der Botschaft spitzt sich jetzt dramatisch zu. Die Prager Polizisten beobachten unter jenen zurückgebliebenen DDR-Bürgern, die nicht mehr auf das Botschaftsgelände vorgelassen werden konnten, eine wachsende Aggressivität, die sich »vor allem gegen die Sicherheitsorgane, aber auch gegen einfache Bürger der ČSSR wendet«.[48] Prags Botschafter in Ostberlin, František Langer, schätzt ein, dass die KPTsch-Führung vor allem eines sei: ratlos. Einerseits wolle man nicht mit harten Mitteln gegen die Bürger des ostdeutschen Verbündeten vorgehen, andererseits sehe man sich selbst großen Gefahren ausgesetzt, sofern man der Angelegenheit freien Lauf lasse.[49]

Prag, Straße U Brusnických kasáren: abgestelltes Fahrzeug mit Baby

Fußgänger entdecken in einem abgestellten, abgeschlossenen Fahrzeug ein vier Monate altes Baby. Sie informieren umgehend die Behörden. Das Baby wird per Nottransport auf die Säuglingsstation des Krankenhauses im Prager Stadtteil 4 Podolí gebracht. Kurz darauf melden sich auf der Polizeidienststelle in der Vlašská-Straße, ganz in der Nähe der westdeutschen Botschaft, die Eltern – es handelt sich um DDR-Bürger. Der Vater des Säuglings ist ein Leutnant der Nationalen Volksarmee. Es besteht der begründete Verdacht, dass er den Vorsatz hatte, zusammen mit seiner Frau und seinen zwei Kindern auf das Botschaftsgelände zu gelangen. Die Polizisten handeln sofort. Bereits am nächsten Tag wird das Ehepaar den eigens angereisten Mitarbeitern der DDR-Staatssicherheit übergeben und per Flugzeug in die DDR zwangsabtransportiert.[50]

Bonn, Kanzleramt, vormittags: immenser Handlungsdruck

Während das Palais Lobkowicz förmlich »aus allen Nähten« platzt, nimmt der Handlungsdruck auf die Bundesregierung immer weiter zu. Den ganzen Vormittag über finden im Bonner Kanzleramt laufend interne Beratungen statt. Bundesaußenminister Genscher sagt seine eigentlich für den heutigen Tag geplante Teilnahme am EG-Außenministerrat in Luxemburg kurzfristig ab. Stattdessen kommen unter seiner Leitung Vertreter der Bundesregierung im Kanzleramt zu einer Sondersitzung zusammen. Kohl selbst ist nicht anwesend, da er sich daheim in Oggersheim gerade von den Folgen einer Operation erholt, doch ist der Bundeskanzler laufend telefonisch in die Beratungen mit eingeschaltet. Vergeblich versucht Kohl an diesem Vormittag, mit Honecker zu telefonieren. Derweil wird im Kanzleramt die Meinung vertreten, dass die DDR wohl um eine »Anschlussregelung« noch in dieser Woche nicht umhinkommen werde.[51]

Bonn, Auswärtiges Amt, vormittags: fieberhafte Verhandlungen

Zur gleichen Zeit ist auch das Bonner Außenministerium Schauplatz fieberhafter diplomatischer Verhandlungen.[52] Vormittags trifft sich der Ministerialdirektor im Auswärtigen Amt, Dieter Kastrup, mit dem tschechoslowakischen Botschafter Spáčil. Die vorgebrachten Argumente beider Seiten sind im Wesentlichen noch immer die gleichen wie zuletzt; entsprechend konträr bleiben die Positionen der Verhandlungspartner. Eine Kompromisslösung will sich daher nicht abzeichnen.[53] Wenig später telefoniert Kastrup mit dem Ständigen Vertreter der DDR, Horst Neubauer. Der gibt sich auch an diesem Tag verärgert. Hintergrund sind die angeblich nicht eingehaltenen Absprachen zwischen Bonn und Ostberlin bezüglich der Abschirmung der Botschaften in Prag und Warschau vor dem Ansturm weiterer DDR-Ausreisewilliger. Auch hier bleiben die diplomatischen Fronten verhärtet. Die vorgebrachten Argumente beider Verhandlungsseiten bleiben extrem gegensätzlich. Eine Kompromisslösung ist nicht in Sicht,[54] zumal Neubauer mit seinen Vorwürfen nicht allein steht; analog wird auch im tschechoslowakischen Außenministerium argumentiert.[55]

Im Büro von Egon Krenz werden unter der Federführung des Abteilungsleiters für Sicherheitsfragen beim Zentralkomitee der SED, Wolfgang Herger, Lösungsvorschläge entwickelt, mittels derer man das Problem der illegalen Ausreisen endlich in den Griff bekommen will. Die erste Variante sieht eine Forderung an die Bundesrepublik Deutschland vor, die Staatsbürgerschaft der DDR mit sofortiger und vollständiger Wirkung anzuerkennen. Sie erscheint allerdings allen Beteiligten – vollkommen zu Recht – nur wenig erfolgversprechend. Die zweite Variante zieht eine »vorläufige« Schließung der DDR-Außengrenze zur Tschechoslowakei in Erwägung, verbunden mit der Ankündigung, noch vor Weihnachten erweiterte Reisemöglichkeiten zu schaffen. Die Fluchtbewegung über die ČSSR würde dadurch mit Sicherheit erheblich eingeschränkt werden, doch wäre ein solches Vorgehen auch mit einem hohen Risiko verbunden: Die Schließung der Grenzen würde die innenpolitischen Spannungen weiter eskalieren lassen, möglicherweise bis zu einem Punkt, an dem sich die Gesamtsituation nicht mehr länger kontrollieren ließe. Als dritte Variante schlägt Herger eine Erweiterung der Reisemöglichkeiten für DDR-Bürger durch die sofortige Aushändigung von Pässen vor. Er hält diese Option für die beste, da sie auf eine dauerhafte Lösung abzielt. Allerdings müsste dafür im Gegenzug die Auswanderung von Zehn- oder sogar Hunderttausenden DDR-Bürgern in Kauf genommen werden.[56]

Prag, Politbüro der KPTsch, vormittags:
Die »Aktion Zug« soll wiederholt werden

Am Vormittag findet im Politbüro der KPTsch eine neuerliche Krisensitzung statt. Die höchsten Parteifunktionäre beraten hier über das weitere Vorgehen angesichts einer stündlich dramatischeren Lage rund um die überfüllte bundesdeutsche Vertretung. Die KPTsch-Führung drängt auf eine sofortige Bereinigung der Situation. Die Menschenmasse vor und im Palais Lobkowicz lässt sich von den vor Ort befindlichen Sicherheitskräften nicht mehr länger kontrollieren. Führende Genossen der KPTsch fürchten außerdem, dass die vor der Botschaft wartenden DDR-Bürger in Prag eine Massendemonstration initiieren könnten, der sich auch die tschechoslowakische Opposition anschließen könnte. Die KPTsch-Parteispitze fordert daher die DDR-Führung ultimativ auf, sofort zu handeln. Ansonsten wird sich die KPTsch-Spitze gezwungen sehen, die sich auf dem tschechoslowakischen Gebiet aufhaltenden DDR-Deutschen weiter nach Ungarn ziehen zu lassen, von wo sie dann ungestört in den Westen reisen können.[57]

Die tschechoslowakischen Forderungen, die über den Prager DDR-Botschafter Ziebart und den Ostberliner Außenminister Fischer sofort direkt an Honecker weitergeleitet werden, lauten: »Genosse Lenárt bat im Auftrage des Generalsekretärs, Genossen Jakeš, um 12.30 Uhr darum, dass Genosse Honecker und das Politbüro sofort informiert werden über die dramatische Zuspitzung der Situation in der BRD-Botschaft und vor der Botschaft durch DDR-Bürger. In der Botschaft befinden sich ca. 4 500 Menschen, vor der Botschaft weitere 1 000. Diese große Ansammlung ist nicht mehr zu beherrschen. Es wird von führenden Genossen der KPTsch befürchtet, dass die vor der Botschaft wartenden DDR-Bürger eine Demonstration durch Prag veranstalten, denen sich Prager Intellektuelle, Dissidenten und Jugendliche anschließen könnten.

Offensichtlich ist dies das Konzept des Gegners, während der Feierlichkeiten zum 40. Jahrestag in Berlin in Prag große Gegendemonstrationen mit Beteiligung von tschechoslowakischen Bürgern und Besuchern Prags zu veranstalten.

Die ČSSR ist nicht in der Lage, ein entsprechendes Gebäude zur Unterbringung der DDR-Bürger zur Verfügung zu stellen. Sie hält es auch nicht für gut zuzulassen, dass ein Teil der Leute über die ČSSR nach Ungarn und über Ungarn dann weiterreist. Aus all diesen Erwägungen bittet die Führung der KPTsch um die Wiederholung einer Aktion, wie sie am 30. stattgefunden hat. Um die Initiative in der Hand zu behalten, schlägt sie deshalb vor, einen zweiten humanitären Akt zu vollziehen. Genosse Lenárt bat darum, diese Information und diese Vorschläge sofort Genossen Honecker zu unterbreiten.«[58]

Jakeš' Drängen auf eine rasche Lösung des Flüchtlingsdramas durch eine Wiederholung der »Aktion Zug« verfehlt seine Wirkung nicht; Ostberlin reagiert sofort. Um 12.30 Uhr ist Jakeš' dringende Bitte dem Prager DDR-Botschafter Ziebart übermittelt worden. Und weniger als eine Stunde später, um 13.15 Uhr, ist dies beschlossene Sache: Die Botschaftsbesetzer sollen ein weiteres Mal in den Westen entlassen werden. Parallel dazu wird allerdings die Grenze zur Tschechoslowakei hermetisch geschlossen. Dieser einschneidende und fundamentale Beschluss wird im engsten Führungskreis der SED getroffen; die formal korrekte, außerordentliche Politbürositzung findet erst am nächsten Tag, am 4. Oktober, statt.[59]

Der blitzschnellen Entscheidung folgt ein rasches Handeln. Bereits zehn Minuten nach Honeckers Entscheidung, die Botschaftsflüchtlinge zu entlassen und die Grenze zu schließen, gegen 13.25 Uhr, informiert der tschechoslowakische Botschafter in Ostberlin, František Langer, per Blitztelegramm das Außenministerium in Prag über den jüngsten Beschluss der SED-Parteispitze. Darin heißt es:

»Nach der Erörterung in der SED-Parteiführung wurde Folgendes beschlossen:
1. Aufgrund der anhaltenden feindlichen Aktionen imperialistischer Kreise der BRD werden private Reisen der DDR-Bürger in die ČSSR mit sofortiger Wirkung gestoppt.
2. Die Situation der DDR-Bürger, die sich im Innern sowie auf dem Gebiet um die Botschaft der BRD aufhalten, wird ähnlich gelöst wie am 30.9. und 1.10. dieses Jahres. Ihnen wird die Ausreise ermöglicht.
3. Die Einzelheiten der konkreten Vorgehensweise wird der Minister für Staatssicherheit, Genosse Mielke, mit dem tschechoslowakischen Innenminister, Genossen Kincl, besprechen.«[60]

Der Beschluss, die Grenze zur Tschechoslowakei zu schließen, gehört zu den schicksalhaftesten Entscheidungen Honeckers.

Zwar hatte sich zuvor auch Krenz für eine vorläufige Schließung der DDR-Außengrenze ausgesprochen, jedoch verbunden mit der Ankündigung erweiterter Reisemöglichkeiten bis Jahresende. Honecker indes lässt jetzt einfach nur den ersten Teil der Krenz'schen Vorschläge beschließen, ohne jedoch die darin enthaltenen, gelockerten Reisemöglichkeiten für die nahe Zukunft in Aussicht zu stellen.[61] Dieser extrem brisante Beschluss, die DDR-Grenze zur Tschechoslowakei für DDR-Bürger hermetisch abzuriegeln, wird in den nächsten Stunden die innenpolitische Lage in der DDR grundlegend verändern.

Ostberlin, ZK der SED/Prag, ZK der KPTsch, 13.15 Uhr

Die Entscheidung der SED-Parteispitze, die Botschaftsflüchtlinge in den Westen zu entlassen, bei gleichzeitiger Schließung der Grenze zur Tschechoslowakei, wird umgehend an die Parteiführung der KPTsch weitergeleitet. Noch bevor ČSSR-Botschafter Langer sein Telegramm aufgesetzt hat, unterrichtet SED-Politbüromitglied Hermann Axen um 13.15 Uhr seinen tschechoslowakischen Amtskollegen Lenárt telefonisch über den Inhalt des jüngsten Ostberliner Beschlusses. Bei dessen Veröffentlichung solle unbedingt mit angegeben werden, dass die fragliche Entscheidung erst getroffen worden sei, nachdem man die tschechoslowakische Regierung konsultiert habe. Lenárt verspricht, die Stellungnahme der ČSSR innerhalb von 30 Minuten ab dem Telefongespräch mitzuteilen.[62] Trotz intensiver Geheimhaltungsbemühungen dringen Informationen über die brisante Beschlusslage jedoch schon vorab an die Öffentlichkeit: Bereits um 14.30 Uhr vermeldet eine Reihe westlicher Rundfunkstationen die Neuigkeit.[63]

Prag, Außenministerium der ČSSR, 14.15 Uhr: »DDR-Aktion« wird unterstützt

Um 14.15 Uhr kommt in Prag DDR-Botschafter Ziebart zu einem offiziellen Gespräch mit dem stellvertretenden Außenminister der ČSSR, Pavel Sadovský, zusammen. Anwesend sind auch die hohen Diplomaten im Außenministerium, Kadnár und Větrovec. Der tschechoslowakische Vizeaußenminister unterrichtet Ziebart über die Bitte von Parteiführung und Regierung, die schwierige Lage zu verstehen, in welche die ČSSR durch die

prag   blitz-n

vvs -t- b 7/4-29/89   . ausf. 2 blatt

gen. herbert krolikowski
gen. s'ieber, zk-iv

amt'ierender auszenminister cssr, pavel sadovsky,
bat mich 3.10., 14.15 uhr zu einem offiziellen
gespraech ins auszenministerium. in anwesenheit
der abteilungsleiter kadnar (westeuropa) und
vetrovec (si) erklaerte er folgendes:

1.
die parteifuehrung und regierung der cssr bittet,
dasz die ddr die schwierige lage versteht, in der
die cssr durch die massenweise einreise von ddr-
buergern, die zur brd-botschaft wollen, geraten
ist. um 14.00 uhr befanden sich 4.500 personen
in der botschaft und ca.2.000 vor der botschaft.
nach informationen der csi. sicherheitsorgane
halten sich weitere 4.000 in der cssr auf. fuehrende
genossen der cssr befuerchten, dasz es zu demonstrationen in prag kommt, denen sich csl. dissidenten, intellektuelle und jugendliche anschlies-
sen.
massendemonstrationen von diesem ausmasz koennten
den gegner verleiten, aktionen nach dem pekinger
modell durchzufuehren.

2.
die csl. fuehrung begrueszt die entscheidung der ddr
zur loesung des problems, eine 2. ausweisungsaktion vorzunehmen nach dem beispiel der masznahme
vom 30.9.. sie wird ihrerseits alles tun, um
diese aktion zu unterstuetzen.

3.
helmut kohl hat um ein telefongespraech mit gen.
adamec gebeten. das gespraech ist fuer 17.00 uhr
vereinbart. sadovsky bat um information, wer
von der ddr wen wann von der brd ueber die
2. ausweisungsaktion informiert hat und welche zusagen seitens der brd gegeben wurden (in diesem
zusammenhang verwies s. darauf, dasz es angesichts
des bonner wortbruchs zu den beiden zusicherungen
vom 30.09. - keine weiteren aufnahmen in botschaften
und keine oeffentlichkeit) gut waere, wenn man
zusicherungen dieser art schriftlich vereinbaren
oder austauschen koennte.

vvs - t - b7/4-29/89   blatt 2

4.
die cssr wird die ddr in ihren prinzipiellen
positionen neben dem bereits veroeffentlichen kommentar im rp und der sprechererklaerung der regierung vom 3.10. unterstuetzen und in
den naechsten tagen weitere presseveroef-
oeffentlichungen vornehmen, die die ziele der
bonner aktion aufdecken und solidaritaet mit der
ddr bekuenden werden.

ziebart
03.10., 17.40 uhr

massenhafte Einreise von DDR-Bürgern, die in die westdeutsche Botschaft wollten, geraten sei. In Zahlen ausgedrückt, befanden sich um 14.00 Uhr rund 4 500 Flüchtlinge auf dem Botschaftsgelände selbst und weitere 2 000 vor der Botschaft.[64] Nach Informationen der tschechoslowakischen Sicherheitsorgane halten sich darüber hinaus weitere 4 000 DDR-Ausreisewillige auf tschechoslowakischem Gebiet auf. Führende Genossen seien außerordentlich besorgt, dass es in Prag zu Massendemonstrationen komme, denen sich tschechoslowakische Dissidenten, Intellektuelle und Jugendliche anschließen könnten. Massenkundgebungen von diesem Ausmaß könnten den Gegner verleiten, Aktionen nach dem Pekinger Modell durchzuführen, befürchtet die KPTsch-Führung. Daher begrüße man die Entscheidung der DDR zur Lösung des Problems, eine zweite Ausweisungsaktion nach dem Beispiel der Maßnahme vom 30. September vorzunehmen. Die tschechoslowakischen Diplomaten empfehlen außerdem, sich von der BRD eine schriftliche Zusicherung ausstellen zu lassen, dass sich solche Situationen demnächst nicht wiederholen werden. Die tschechoslowakische Seite werde ihrerseits alles tun, um diese Aktion zu unterstützen. Unter anderem gedenke sie, in der Presse Beiträge zu veröffentlichen, welche die Ziele der Bonner Aktion entlarven und die Solidarität mit der DDR deklarieren sollen.[65]

Bonn, Bundeskanzleramt, 16.50 Uhr

Um 16.10 Uhr bittet der Ständige Vertreter der DDR in Bonn, Horst Neubauer, um einen dringenden Termin bei Kanzleramtschef Rudolf Seiters. Bereits 40 Minuten später wird der oberste DDR-Diplomat in Bonn im Kanzleramt empfangen. Neubauer erklärt auf Weisung seiner Regierung: Eine große Anzahl von DDR-Bürgern halte sich widerrechtlich in der Botschaft der Bundesrepublik in Prag auf, darunter eine große Zahl von Kindern und Kleinstkindern. Die Regierung der DDR habe aus humanitären Gründen beschlossen, diese Personen in die Bundesrepublik Deutschland auszuweisen. Sie würden in Zügen der Deutschen Reichsbahn, in gleicher Weise wie am 1. Oktober, über den Eisenbahn-Grenzübergang Gutenfürst-Hof in die Bundesrepublik Deutschland gebracht. Der erste Zug werde noch am heutigen Abend um 20.00 Uhr in Prag bereitstehen. Seiters' Frage, ob sich diese Entscheidung auch auf jene Personen erstrecke, die sich vor der Botschaft aufhielten, kann Neubauer zunächst nicht beantworten. Er verspricht aber, die Sache zu klären.[66]

Oggersheim, Privathaus des Bundeskanzlers/Prag, Sitz des Ministerpräsidenten der ČSSR, 17.00 Uhr: Appell an humanitäre Verantwortung

Um 17.00 Uhr telefoniert Bundeskanzler Kohl mit dem tschechoslowakischen Ministerpräsidenten Ladislav Adamec. Dabei drückt der Kanzler sein Bedauern über die Entstehung der dramatischen Situation rund um die bundesdeutsche Botschaft in Prag aus und appelliert zugleich an die humanitäre Verantwortung der ČSSR. Er fühlt sich durch diese Ereignisse tief bewegt. Adamec bedankt sich bei seinem westdeutschen Kollegen für dessen Anruf und unterrichtet diesen im Gegenzug über den jüngsten Stand der Dinge. In und um das Palais Lobkowicz herum befänden sich gegenwärtig etwa 6000 Menschen, ca. 2000 weitere verteilten sich über die Prager Innenstadt. Außerdem seien noch 3000 bis 4000 Menschen auf dem Weg in die tschechoslowakische Hauptstadt; alles in allem habe man es mit rund 10000 bis 11000 Kindern, Frauen und Männern zu tun. Mit der DDR-Führung sei deshalb vereinbart worden, die gemeinsame Grenze zwischen der DDR und der Tschechoslowakei noch am heutigen Tage zu schließen. Alle DDR-Bürger, die sich gegenwärtig auf dem Gebiet der ČSSR aufhalten, sollten allerdings spätestens am morgigen Tag in die Bundesrepublik ausreisen dürfen. Kohl nimmt vor allem Adamecs Zusicherung, den DDR-Bürgern die Ausreise in den Westen zu ermöglichen, mit großer Erleichterung zur Kenntnis. Er erklärt, dass es sich für ihn um eine außerordentlich wichtige Angelegenheit handelt. Beide Politiker betonen, dass sie das gemeinsame Gespräch unter anderen, ruhigeren Umständen gerne fortsetzen würden. Die von der SED-Führung in Absprache mit den tschechoslowakischen

Stellen getroffenen Beschlüsse, von der Ausreise der Zufluchtsuchenden und der Grenzschließung, werden von beiden Seiten, ČSSR wie BRD, heute Abend der Öffentlichkeit bekannt gegeben.[67]

Dresden, Stasi-Bezirksverwaltung, 17.30 Uhr: Grenzschließung, »Maßnahmen zur Verhinderung von Erpresserfällen«

Die Mitarbeiter der DDR-Staatssicherheit bekommen strikte Direktiven bezüglich der Schließung der Staatsgrenze zur Tschechoslowakei. Staatssicherheit sowie Grenztruppen und Volkspolizei werden von 17.30 Uhr an in Alarmbereitschaft versetzt. In den grenzüberschreitenden Zügen in Richtung ČSSR sind ab sofort strenge, intensive Kontrollen durchzuführen: In jedem Waggon werden jeweils ein Passkontrolleur, ein Angehöriger des Zolls sowie der Transportpolizei eingesetzt. Personen, die des Vorsatzes der illegalen Ausreise verdächtig sind, werden erfasst und anschließend zurückgewiesen, im Falle eines unerlaubten Grenzübertritts auch festgenommen.

Der stellvertretende Leiter der Bezirksverwaltung für Staatssicherheit Dresden, Hardi Anders, gibt zur »Verhinderung von Erpresserfällen« mobilisierende Anweisungen: »Bezogen auf die sich in Durchsetzung der erforderlichen Maßnahmen zur Verhinderung von weiteren Erpresserfällen, insbesondere in der BRD-Botschaft in Prag ergebende Lage, habe ich am heutigen Tage eine Beratung mit den verantwortlichen Leitern durchgeführt. […] Die bisherigen eingeleiteten Maßnahmen im Kontroll- und Filtrierungsprozess in den grenzüberschreitenden Zügen – Richtung ČSSR – haben eine intensive Pass- und Zollkontrolle ab Dresden in Richtung Bad Schandau zum Inhalt. Ausgesetzt werden Personen, die kein konkretes Reiseziel angeben, insbesondere Jungerwachsene, Ehepaare mit schulpflichtigen Kindern und Ehepaare mit Kleinstkindern. Das Aussetzen erfolgt auf dem Bahnhof Bad Schandau. Die ausgesetzten Personen werden mit Personalien erfasst und zurückgewiesen. Dazu sind Transportmittel – Sonderzug in Richtung Dresden und Busse – bereitgestellt. Zur Verhinderung von ungesetzlichen Grenzübertritten an der Staatsgrenze DDR-ČSSR sind die Grenztruppen der DDR und der VP im verstärkten Einsatz. Personen, welche ungesetzlich die Staatsgrenze in Richtung ČSSR zu überschreiten beabsichtigen, werden festgenommen und zum Stützpunkt VPKA, Dezernat 11, zugeführt. Alle bisherigen Maßnahmen sind aufgrund der sich entwickelnden Lage zu verstärken.«[68]

»Zur Durchsetzung einer zügigen Passkontrolle während der Fahrt von Dresden nach Bad Schandau wird jeweils 1 Waggon durch einen Passkontrolleur, einen Angehörigen des Zolls sowie einen Angehörigen der Transportpolizei kontrolliert. Bei Eintreffen des Zuges in Bad Schandau werden die festgestellten verdächtigen Personen ausgesetzt. Dazu habe ich veranlasst, dass 20 operative Mitarbeiter aus dem Bestand der Bezirksverwaltung der Passkontrolle – PKE Bad Schandau – zugeordnet und entsprechend eingekleidet werden. Um Ansammlungen, Proteste und Sitzstreiks u.ä. Provokationen durch die ausgesetzten Personen kurzfristig zu zerschlagen, wurde im Zusammenwirken mit der DVP eine Kompanie der Bereitschaftspolizei zum Einsatz gebracht.«[69]

Ostberlin: DDR-Außenminister Fischer verfasst Entwurf der ADN-Meldung

Die führenden SED-Funktionäre schreiben den Medien vor, was diese zu veröffentlichen haben. Im vorliegenden Fall obliegt es DDR-Außenminister Fischer, den Entwurf einer ADN-Meldung zu verfassen, in welcher über die genehmigte Ausreise der Botschaftsflüchtlinge als auch über die unmittelbar bevorstehende Grenzschließung zur Tschechoslowakei informiert wird. Nachfolgenden Entwurf legt er SED-Parteichef Honecker anschließend zur Bewilligung vor: »Werter Genosse Honecker! Als Anlage übermittle ich Ihnen den Entwurf einer ADN-Meldung im Zusammenhang mit der Ausweisung der Personen, die sich in den Botschaften der BRD befinden. Ich bitte um Zustimmung.«[70]

»ADN-Meldung: Durch Verschulden der BRD, die weiter Personen zum Verlassen der DDR ermuntert und sich nicht an getroffene Absprachen hält, ist es erneut insbesondere in der

Botschaft der BRD in Prag zu einer unhaltbaren Situation gekommen. Wieder wurden von unverantwortlich handelnden Eltern Kinder und Kleinstkinder in diese üblen Machenschaften
einbezogen. Die Regierung der DDR ließ sich vor allem vom
Schicksal dieser Kinder leiten, die nicht für das gewissenlose
Handeln ihrer Eltern verantwortlich gemacht werden können,
wenn sie jetzt entschieden hat, die Personen, die sich erneut widerrechtlich in Botschaften der BRD aufhalten, über das Territorium der DDR in die BRD auszuweisen. Da die Erfahrungen
zeigen, dass es nicht möglich ist, mit der BRD auf diesem Gebiet vertrauensvolle Absprachen zu treffen, sah sich die DDR
veranlasst, nach Konsultation mit der ČSSR vorübergehend den
visafreien Reiseverkehr zwischen der DDR und der ČSSR einzu-
stellen.«[71]

Ostberlin, Presseagentur ADN/Prag, Presseagentur ČTK:
gemeinsame Pressemeldung

Fischers – mutmaßlich von Honecker persönlich – überarbeite-
ter Entwurf wird alsdann an die staatlichen Presseagenturen von
DDR und ČSSR, ADN und ČTK, weitergeleitet. Anschließend
berichten beide wortgleich über die soeben vollzogene Grenzschließung zwischen beiden Staaten: »Auf Grund der Berichte,
die der DDR zur Verfügung stehen, bereiten bestimmte Kreise in
der BRD weitere Provokationen zum 40. Jahrestag der DDR vor,
die gegen Ruhe und Ordnung gerichtet sind. Nach der Konsultation mit der ČSSR wurde die Vereinbarung getroffen, zeitweilig
den pass- und visafreien Verkehr zwischen DDR und ČSSR für
die Bürger der DDR mit sofortiger Wirkung auszusetzen.«[72]

Ostberlin, ZK der SED, abends

Die Bereitstellung der versprochenen Waggons verzögert sich,
nachdem die SED-Führung erst die Bahnstrecke sichern und
innerhalb der DDR Bahnhöfe und Gleise von Tausenden von
Menschen räumen lässt, damit diese nicht auf die fahrenden

Züge aufspringen bzw. sie zum Stoppen bringen.[73] Wegen des Aufschubs zieht sich die SED-Spitze den Zorn der tschechoslowakischen Regierung zu, die darauf drängt, die Ausreise der neuen Flüchtlinge, wie vereinbart, noch am heutigen Tag durchzuführen. Daraufhin kommt aus Ostberlin die beschwichtigende Nachricht, dass mit dem Beginn der Aktion am nächsten Tag zu rechnen sei.[74]

Staatsgrenze DDR – ČSSR, die Nacht vom 3. Oktober zum 4. Oktober: Grenzkontrollen

Staatssicherheit und Volkspolizei haben entlang der Grenze zur Tschechoslowakei jetzt viel zu tun. Der Militärattaché der Nationalen Volksarmee, Helmut Böhm, ordnet an, alle Zugreisende in Richtung ČSSR, die kein konkretes Reiseziel angeben können, auf dem Bahnhof Bad Schandau auszusetzen, »insbesondere Jungerwachsene, Ehepaare mit schulpflichtigen Kindern und Ehepaare mit Kleinstkindern«. Gemeinsam mit dem Leiter des Volkspolizeikreisamtes Dresden wird die Variante »Filtrierung« der VP-Bereitschaft ausgelöst.[75] Aus dem InterExpress 73 »Metropol« nach Budapest, der gegen 1.00 Uhr in Bad Schandau kontrolliert wird, müssen fast alle DDR-Bürger mit ihren Kindern aussteigen. Im vollbesetzten D 979 von Leipzig nach Dresden zählen die Volkspolizisten allein 30 Kinderwagen. Gegen 3.00 Uhr wechseln die Fahrgäste in Dresden in den D 479 zur Weiterfahrt nach Bukarest. Von den ca. 1 000 Reisenden, die sich in Bad Schandau noch im Zug befinden, werden etwa 100 an der Weiterfahrt gehindert.

Für ihre Rückführung nach Dresden stehen Busse bereit. Auch den 10.00-Uhr-Zug nach Budapest müssen von 461 DDR-Reisenden 121, darunter 36 Kinder, verlassen. Spontan setzen sich daraufhin etwa 90 der an der Weiterfahrt Gehinderten auf die Gleise vor die Lok und verhindern vorerst die Weiterfahrt des Zuges. Andere lassen sich in der Bahnunterführung nieder und skandieren laut »Deutschland« und »Freiheit«. Erst ein Einsatz der Volkspolizei löst die Sitzblockade auf und zwingt die Reisenden zur Umkehr nach Dresden.[76] Gegen Mittag wiederholt sich der Vorgang mit ca. 100 Personen, die aus dem D 375 ausgesetzt werden. Nach und nach sammeln sich so als unmittelbare Folge der Rückführungen immer mehr frustrierte Menschen auf dem Dresdner Hauptbahnhof.[77]

Ein Teil der Ausgesetzten versucht, sich Richtung Grenze durchzuschlagen, allerdings werden die Zufahrtswege dorthin besonders überwacht.[78] In Schmilka werden 14 Personen, die durch Sprechchöre ihre Ausreise erzwingen wollen, festgenommen.[79] Insgesamt kommen am 3. Oktober 73 Personen in Haft.[80] Auf dem Bahnhof Bad Brambach (Oelsnitz) wird durch die Sicherheitsorgane gegen 15.00 Uhr der D 377 »Karlex« kontrolliert. Im Zug befinden sich ca. 100 Reisende nach Prag, einige von ihnen sind bereits zuvor in Bad Schandau aus dem Zug geholt worden. Insgesamt sechs Personen werden vorübergehend festgenommen (»zugeführt«).[81]

Bad Schandau: Grenzschließung, Wut der Bevölkerung

Allein am Grenzbahnhof Bad Schandau hindern die Grenzpolizisten mindestens 1400 DDR-Bürger an der Weiterfahrt nach Prag.[82] Die Nachricht sowohl von der Entlassung der Botschaftsflüchtlinge als auch von der Grenzschließung zur Tschechoslowakei verbreitet sich wie ein Lauffeuer. Die Empörung ist enorm. Die Bewohner der DDR zeigen sich wütend, schockiert, ungläubig. Ratlos fragen sich die Menschen: Wohin soll die Reise noch führen?[83] Schlimmer, so der allgemeine Tenor, gehe es jedenfalls nicht mehr. Eine Gefühlslage, die sich sehr bald schon als mächtiger Katalysator der näher rückenden friedlichen Revolution erweisen wird.

Prag, Sitz des Ministerpräsidenten der ČSSR, 22.40 Uhr: sofortiges Handeln erforderlich!

Je später der Abend, desto ungeduldiger werden die tschechoslowakischen Genossen, ist doch die versprochene Lösung in der Flüchtlingsfrage bislang ausgeblieben. Es ist schon 22.40 Uhr, als

Ministerpräsident Adamec den DDR-Botschafter Ziebart anruft und ihn eine entsprechende Anfrage an Honecker entrichten lässt. Der diplomatische Vertreter Ostberlins notiert:[84]

»1. Genosse Adamec bittet um Information, warum die abgesprochene Aktion nicht läuft. Die ČSSR geht immer noch von der Mitteilung aus, die Genosse Axen gegen Mittag des 3.10.89 Genossen Lenart übermittelte.
2. Warum wird die ČSSR nicht darüber informiert, dass die Aktion nicht weitergeführt wird bzw. was ist los?
3. Genosse Adamec bittet, Genossen Stoph und andere Genossen der Führung davon in Kenntnis zu setzen, dass sich die Lage in und um die BRD-Botschaft in Prag weiter zuspitzt. 11000 bis 12000 Personen aus der DDR befinden sich auf dem Gelände der Botschaft, weitere 2000 im näheren Umfeld. Es reisen weiterhin Personen mit PKW aus der DDR in Prag ein.«

Trotz der Dringlichkeit des tschechoslowakischen Appells werden Adamecs Anfragen und Bitten erst am Morgen des nächsten Tages, am 4. Oktober, an Honecker weitergeleitet. Früher werden auch die Genossen Hermann Axen, Willi Stoph und Herbert Krolikowski nicht informiert.[85]

Luxemburg, Rat der EG-Außenminister, 23.00 Uhr

Die Bonner Staatsministerin im Auswärtigen Amt, Irmgard Adam-Schwaetzer, schildert bei der Tagung des Rates der EG-Außenminister am Abend in Luxemburg die Lage der Prager Botschaftsflüchtlinge. Deren Schicksal berührt auch die europäischen Außenminister: Noch von der Ratstagung aus werden zwei Demarchen, jeweils an die Regierungen in Prag und Ostberlin, mit dem Ziel entsandt, eine humanitäre Lösung des Flüchtlingsdramas zu erreichen.[86]

4. OKTOBER

Die Zeitung ›Neues Deutschland‹ vom 4. Oktober 1989 bringt böse Nachrichten. Je schlimmer, desto kürzer:

»Zeitweilige Aussetzung des pass- und visafreien Verkehrs zwischen DDR und ČSSR. Vereinbarung nach Konsultation mit der ČSSR. Berlin (ADN).

Auf Grund der Berichte, die der DDR zur Verfügung stehen, bereiten bestimmte Kreise in der BRD weitere Provokationen zum 40. Jahrestag der DDR vor, die gegen Ruhe und Ordnung gerichtet sind.

Nach der Konsultation mit der ČSSR wurde die Vereinbarung getroffen, zeitweilig den pass- und visafreien Verkehr zwischen DDR und ČSSR für die Bürger der DDR mit sofortiger Wirkung auszusetzen.«[87]

Bonn, Deutschlandfunk, morgens

Am Morgen erklärt Bundesaußenminister Genscher im Deutschlandfunk, dass die Verzögerung der Abreise der Botschaftsflüchtlinge aus Prag wohl auf technische Probleme zurückzuführen sei. Auf die Frage des Moderators, inwieweit Honecker Druck aus Moskau bekommen habe, die flüchtigen DDR-Bürger in den Westen zu entlassen, antwortet Genscher, dass es sich hierbei um eine Entscheidung der DDR-Führung handele, »an der sicher der Staatsratsvorsitzende Honecker nach seiner Rückkehr und Wiederaufnahme der Amtsgeschäfte maßgeblich mitgewirkt« habe.[88]

Prag, Botschaft und Umgebung:
11 000 Botschaftsflüchtlinge frieren

Zwischen Sonnenunter- und -aufgang liegen die Temperaturen nur knapp über dem Gefrierpunkt. Vergeblich warten die rund

11000 Botschaftsflüchtlinge, in der Stasi-Terminologie »Erpresser«[89] genannt, die ganze Nacht hindurch bis in die frühen Morgenstunden auf die Bereitstellung der Züge, mit denen sie in die Bundesrepublik ausreisen sollen. Nach Angaben der westdeutschen Vertretung in Prag gibt es auch um 5.00 Uhr morgens

Tausende Ausreisewillige harren vor der Prager Botschaft aus.

noch keinerlei Anzeichen dafür, dass in absehbarer Zeit eine Transportmöglichkcit für die Flüchtlinge bereitsteht. Tausende verzweifelte Frauen, Männer und Kinder müssen die Nacht erneut im Freien verbringen, auf dem Botschaftsgelände oder in den Straßen in der unmittelbaren Umgebung. Überall hüllen sich die Menschen ob der Kälte in Decken, dicke Pullover und Anoraks, man schläft mehr schlecht als recht auf Luftmatratzen inmitten der wenigen verbliebenen Habseligkeiten. Etlichen bleibt nur das blanke Kopfsteinpflaster. Im Botschaftsgebäude selbst übernachten vor allem Mütter mit kleinen Kindern. Obwohl die Ungeduld der Flüchtlinge wächst, je länger sich ihre Abreise verzögert, verliert niemand die Nerven. Denn zu abwegig erscheint die Vorstellung, dass die DDR-Regierung jetzt noch einen Rückzieher machen und ihre versprochene Ausreise annullieren könnte.[90]

Die DRK-Einsatzleitung erklärt unterdessen, dass sie die

Verantwortung für Betreuung, Versorgung und Gesundheit der Flüchtlinge nicht mehr länger übernehmen könne. In Anbetracht der derzeitigen Temperaturen könnten schon in der kommenden Nacht, besonders bei einsetzendem Niederschlag, lebensbedrohliche Verhältnisse nicht ausgeschlossen werden. V. a.

Abschied der Tochter von der Mutter. Auf Wiedersehen?

Kleinkinder, Schwangere und bereits Erkrankte seien gefährdet. Neben der Kälte drohe auch von anderer Seite Gefahr: Im Bereich der Unterkünfte lägen bereits Fäkalien. Der Ausbruch von Epidemien sei dementsprechend wahrscheinlich und jederzeit möglich.[91] Das Botschaftspersonal und die Mitarbeiter des Deutschen Roten Kreuzes unternehmen alles Menschenmögliche, um eine Katastrophe abzuwenden. Alle Beteiligten stehen indessen am Ende ihrer Kräfte.[92]

Dessen ungeachtet ist die Entschlossenheit der tschechoslowakischen Behörden, den DDR-Bürgern keinerlei Unterkünfte zur Verfügung zu stellen, auch weiterhin ungebrochen. Eine gänzlich andere Einstellung legen hingegen die Bewohner der umliegenden Häuser an den Tag, welche ihrer Solidarität mit den Flüchtlingen nicht zuletzt dadurch Ausdruck verleihen, indem sie diese mit Tee, Milch, Suppe und Decken warmherzig versorgen.[93] Das brisante Geschehen inmitten der tschechoslowakischen Hauptstadt ist auch Thema auf den Titelseiten diverser Tageszeitungen. Wohl kommen diese nicht ohne die üblichen rhetorischen Pflichtübungen im Sinne der Parteipropaganda – zumeist in Form bekannter Vorwürfe – aus, zwischen den Zeilen stößt der Leser allerdings auf Überraschendes: Manches Bild und mancher Situationsbericht lässt durchaus verdeckte Sympathien für das Schicksal der Flüchtlinge aus der DDR erkennen. Dass dieser Eindruck auch nicht täuscht, geben die verantwortlichen Zeitungsredakteure unter der Hand bereitwillig zu.[94]

Prag, Politbüro der KPTsch, 8.10 Uhr: DDR muss handeln!

Im eigentlichen Machtzentrum, im KPTsch-Politbüro, breitet sich Nervosität aus. Das Versprechen einer schnellen Lösung seitens der DDR vom Vortag sorgt nur kurz für Erleichterung. Die Situation wird jedoch nicht schnell genug gelöst, daher wird der Druck bis auf das diplomatisch Äußerste, was einem sozialistischen Bruderstaat zuzumuten ist, erhöht. Der DDR-Botschafter in der ČSSR, Ziebart, wird um 8.10 Uhr[95] vom Politbüromitglied Lenárt angerufen, der ihn im Auftrag des Generalsekretärs des ZK der KPTsch, Jakeš, um die Beantwortung folgender Fragen bittet:

»1. Warum wurden die am 3.10. zugesagten Vorbereitungen zur Lösung des Prager Problems gestoppt?
2. Wann sind Lösungen seitens der DDR zu diesem Problem vorgesehen? Wann beginnen die dringend notwendigen Maßnahmen?
3. Genosse Jakeš bittet, Genossen Honecker persönlich mitzuteilen, dass die Lage in Prag äußerst kritisch ist.«[96]

Prag, Regierungspräsidium, 8.15 Uhr: Ultimatum

Vor dem Hintergrund der drohenden humanitären Katastrophe sieht sich auch die tschechoslowakische Regierung unter enormem Handlungsdruck. Entsprechend werden alle nur erdenklichen diplomatischen Kanäle genutzt. Telefondrähte laufen heiß. Schließlich entscheidet sich der tschechoslowakische Ministerpräsident Adamec nach der morgendlichen Regierungskrisensitzung um 8.00 Uhr für ein Ultimatum. Entweder wird die DDR handeln oder die Tschechoslowakei wird in der heutigen Nacht selbst mit dem Abtransport der Botschaftsflüchtlinge in die Bundesrepublik beginnen. Die Tschechoslowakischen Staatsbahnen haben bereits alle erforderlichen Vorbereitungen für den Abtransport in der heutigen Nacht getroffen. Im Auftrag von Ministerpräsident Adamec teilt der tschechoslowakische Verkehrsminister, František Podlena, dies telefonisch um 8.15 Uhr dem DDR-Botschafter in Prag, Ziebart, mit und bittet ihn nachdrücklich um sofortige Weiterleitung.[97]

Prag, DDR-Botschaft/Ostberlin, Außenministerium, 8.42 Uhr

Botschafter Ziebart leitet das tschechoslowakische Ultimatum umgehend telefonisch um 8.42 Uhr nach Ostberlin, mit der Bitte, sofort das Politbüromitglied Hermann Axen zu informieren.[98] Um 8.55 Uhr bestätigt Ziebart die telefonische Mitteilung telegraphisch.[99] Ziebart schätzt die Situation in der ČSSR ebenfalls als »extrem kritisch« ein.[100] Der DDR-Außenminister Fischer, vertreten durch Herbert Krolikowski, leitet die Forderungen der Prager Genossen umgehend im Eilbrief an Honecker weiter: »Der Verkehrsminister der ČSSR, František Podlena, teilte im Auftrag des Ministerpräsidenten Adamec dem DDR-Botschafter Ziebart telefonisch mit, dass heute früh eine Krisenberatung stattgefunden hat, in der einheitlich festgestellt wurde, dass die Situation in Prag äußerst kritisch sei. Die Staatsbahnen und andere Institutionen der ČSSR hatten alle Vorbereitungen getroffen, dass in der Nacht mit der Lösung des Problems begonnen werden kann. Genosse Adamec hat erklärt, dass der ČSSR sehr daran gelegen ist, dieses Problem verkehrstechnisch mit der DDR zu lösen. Wenn aber nicht bald eine Entscheidung vorliegt, sieht sich die Regierung der ČSSR gezwungen, eine eigene Lösung herbeizuführen.«[101]

Berlin, 4. 10. 1989

V e r m e r k

Der Botschafter der DDR in der ČSSR, Genosse Ziebart,
wurde zu Genossen Lenart bestellt, der ihn im Auftrag
des Generalsekretärs des ZK der KPTsch, Genossen Jakes,
um die Beantwortung folgender Fragen bat:

1. Warum wurden die am 3. 10. zugesagten Vorbereitungen
   zur Lösung des Prager Problems gestoppt?

2. Wann sind Lösungen seitens der DDR zu diesem Problem
   vorgesehen? Wann beginnen die dringend notwendigen
   Maßnahmen?

3. Genosse Jakes bittet, Genossen Honecker persönlich
   mitzuteilen, daß die Lage in Prag äußerst kritisch
   ist.

Der Verkehrsminister der ČSSR, Genosse František Podlena,
teilte im Auftrag des Ministerpräsidenten Adamec mit,
daß heute früh eine Krisenberatung stattgefunden hat, in
der einheitlich festgestellt wurde, daß die Situation in
Prag äußerst kritisch sei. Die Staatsbahn und andere
Institutionen der ČSSR hatten alle Vorbereitungen getroffen, daß in der Nacht mit der Lösung des Problems
begonnen werden kann.

Genosse Adamec hat erklärt, daß der ČSSR sehr daran gelegen ist, dieses Problem verkehrstechnisch mit der
DDR zu lösen. Wenn aber nicht bald eine Entscheidung
vorliegt, sieht sich die Regierung der ČSSR gezwungen,
eine eigene Lösung herbeizuführen.

Ostberlin, 9.00 Uhr, Botschaft der ČSSR:
Botschafter Langer interveniert

Der tschechoslowakische Botschafter in der DDR, František
Langer, interveniert um 9.00 Uhr beim SED-Politbüromitglied

Günther Kleiber und trägt ihm die Forderungen der tschechoslowakischen Regierung vor. Heute früh um 8.15 Uhr wurde er vom Ministerpräsidenten Adamec um diese Intervention gebeten. Der Botschafter teilt mit, dass die Situation der etwa 3000 bis 4000 DDR-Bürger, die sich in Prag auf der Straße aufhalten, kritisch sei. Große Gefahren bestünden insbesondere für die Kinder, die sich auf der Straße befinden. Der tschechoslowakische Ministerpräsident bittet um schnellen Abtransport aus Prag, weil es Anzeichen gibt, dass die DDR-Bürger sich mit den tschechoslowakischen Oppositionsgruppen verbünden könnten. Falls die DDR nicht imstande sein sollte, die DDR-Bürger abzutransportieren, wird die Tschechoslowakei selbst adäquate Maßnahmen ergreifen. Die ČSSR ist bereit, die DDR-Bürger mit den Zügen der tschechoslowakischen Staatsbahn direkt in die BRD zu transportieren.[102]

Ostberlin, Politbüro der SED, 10.10 Uhr: Ausreisebewilligung und Grenzschließung

Um 10.10 Uhr tagt das Politbüro der SED. Es bestätigt formal, was bereits am Vortag seitens der engsten Parteiführung beschlossen worden ist: Genehmigung der nächsten Ausreisewelle »von ehemaligen Bürgern der DDR«[103] bei gleichzeitiger Schließung der Grenze. Auch unterlassen es die Politbüromitglieder nicht, KPTsch-Chef Jakeš um Verständnis für die entstandene Verspätung zu bitten: »Entsprechend der Beratung im Politbüro am 4.10.1989 beginnt die Aktion der Ausreise von ehemaligen Bürgern der DDR aus Prag mit Zügen der Deutschen Reichsbahn am 4.10.1989 um 17.00 Uhr. Genosse Jakeš, Generalsekretär des ZK der KPTsch, ist durch ein Schreiben des Generalsekretärs des ZK der SED, Genossen E. Honecker, über die Entscheidung zu informieren. Dabei ist ihm der Dank für seine Information zu übermitteln und zum Ausdruck zu bringen, dass die zugesagten Vorbereitungen zur Lösung des Problems erst entschieden werden konnten, nachdem das Politbüro des ZK der SED die entsprechenden Beschlüsse gefasst hat.«[104]
Die Staatssekretäre des Ministeriums für Verkehrswesen wer-

den zur Lösung logistischer Probleme nach Prag entsandt. Der Ständige Vertreter der DDR in Bonn, Horst Neubauer, erhält den Auftrag, Kanzleramtschef Seiters über den Ablauf der heutigen Operation zu informieren. Die Medien selbst sollen erst mit Beginn der Aktion um 17.00 Uhr unterrichtet werden.[105] Ein Vorhaben, das sich einmal mehr als vergeblich herausstellt: Wie schon zuletzt, so dringen auch dieses Mal wieder Informationen über den geplanten Beginn der Operation nach draußen und westliche Medien berichten, sehr zum Leidwesen der SED-Führung, deutlich früher über das bevorstehende Ereignis als vom SED-Politbüro beabsichtigt.

Für all jene DDR-Bürger aber, die sich noch immer mit Ausreisegedanken tragen, bringt die heutige Politbüro-Sitzung weiteres Ungemach mit sich: Die Aussetzung des pass- und visafreien Reiseverkehrs in die Tschechoslowakei wird auch auf den Transitverkehr nach Bulgarien und Rumänien ausgedehnt. Verteidigungsminister Heinz Keßler, Innenminister Friedrich Dickel und der Minister für Staatssicherheit Mielke erhalten zudem den Auftrag, die Grenze zur ČSSR und zur Volksrepublik Polen »in ihrer Gesamtlänge unter Kontrolle zu nehmen«.[106] Damit ist die DDR von allen Seiten hermetisch abgeriegelt.

**Prag, Botschaft der Bundesrepublik, 18.00 Uhr:
Sympathie der Prager**

Gegen 18.00 Uhr steht endlich der erste Sonderzug in Prag bereit. Als die flüchtigen DDR-Bürger die vor der Botschaft wartenden Busse besteigen, welche sie zum Bahnhof bringen sollen, jubeln ihnen umstehende Prager, unter denen sich auch Oppositionelle aufhalten, offen zu.[107] Die zunehmende Anteilnahme und Hilfsbereitschaft der tschechoslowakischen Bevölkerung findet auch beim westdeutschen Militärattaché Adolf Brüggemann lobende Erwähnung: »Das Geschehen rund um unsere Botschaft wurde von Anfang an mit wachsender Anteilnahme und schließlich sogar praktischer Unterstützung nicht nur von der tschechoslowakischen Zivilbevölkerung, sondern auch von der eingesetzten Polizei und zahlreichen Soldaten der ČSSR-Volksarmee (ČLA) aller Dienstgrade aufmerksam beobachtet. Ich erinnere mich noch gut daran, wie Polizisten während der zweiten Flüchtlingswelle, die am Vorabend noch mit brutaler Gewalt Flüchtlinge am Übersteigen des Gartenzauns der Botschaft hindern wollten, am nächsten Tage Flüchtlingen das Gepäck trugen, als diese mit Bussen zum Bahnhof gefahren werden sollten. Bei mehreren Gelegenheiten äußerten Generäle der Tschechoslowakischen Volksarmee mir gegenüber ihre Sympathie und Anerkennung für die humanitären und logistischen Leistungen der Botschaft, gleichzeitig aber auch ihren Unmut über die in der DDR liegenden Ursachen der Flüchtlingsbewegung. Von diesen Generälen erfuhr ich ferner, dass alle Ereignisse bereits auch in verschiedenen Verbänden der Tschechoslowakischen Volksarmee zu Diskussionen mit laut geäußerten Zweifeln am herrschenden kommunistischen System geführt hatten.«[108]

Bad Schandau, Eisenbahn-Grenzübergang

Von nun an werden mehr als 8000 Personen[109] mit Sonderzügen über das Gebiet der DDR ins bayerische Hof transportiert. Den ersten Sekretären der SED-Bezirksleitungen Dresden und Karl-Marx-Stadt, Hans Modrow und Siegfried Lorenz, wird mitgeteilt, dass in der Nacht zum 5. Oktober mehrere Züge mit Ausreisewilligen durch ihre Bezirke fahren würden. Sicherheitsmaßnahmen oblägen der zentralen Leitung des MfS.[110] Da Modrow gewaltsame Ausschreitungen befürchtet, schlägt er Verkehrsminister Otto Arndt vor, die Züge vor allem über tschechoslowakisches Gebiet zu leiten und nur eine kurze Wegstrecke über die DDR, konkret von Bad Brambach nach Hof, zurücklegen zu lassen. Doch Modrows Vorschlag wird mit der Begründung abgelehnt, dass die Züge bereits an der Grenze vor Bad Schandau stünden.[111] An die Bezirksbehörde der Deutschen Volkspolizei Dresden ergeht die Anweisung, die Streckenführung zu sichern, Unterbrechungen, Zustiege auf Bahnhöfen und freier Strecke konsequent auszuschließen sowie eine »Annäherung unberechtigter Personen an das Eisenbahngelände rechtzeitig zu verhindern«.[112] Der erste Sonderreisezug trifft um 21.02 Uhr in Bad Schandau ein. Zwei weitere Züge folgen um 22.37 Uhr und 23.39 Uhr. Um die vor allem in Dresden höchst angespannte Lage nicht noch weiter eskalieren zu lassen – hier sammeln sich die aus dem grenzüberschreitenden Zugverkehr herausgeholten Reisenden in großer Zahl –, werden die Waggons mit den Botschaftsflüchtlingen bis kurz nach Mitternacht in Bad Schandau zurückgehalten.

Staatsgrenze DDR-ČSSR:
Widerstand gegen die Grenzschließung

Kurz nach Einstellung des visafreien Reiseverkehrs in die Tschechoslowakei kommt es bereits zu den ersten Komplikationen. Wie der Militärattaché der Nationalen Volksarmee, Helmut Böhm, berichtet, weigern sich etliche auf Auslandsreisen befindliche Menschen, in ihre Heimatorte zurückzukehren oder die bereits bestiegenen Züge wieder zu verlassen. Auch in der ČSSR ist man sich der explosiven Lage vollauf bewusst. Gemäß dem Lagebericht des tschechoslowakischen Botschafters in Ostberlin, František Langer, »spekulieren einige westliche Diplomaten, das könnte der sprichwörtlich letzte Tropfen im Becher der Geduld« sein.[113] Ferner befürchtet der Botschafter, dass die im SED-Beschluss verwandte Formulierung von der Schließung der Staatsgrenze, welche in Absprache mit den tschechoslowakischen Stellen getroffen worden sei, zu »einer feindlichen Grundhaltung« der DDR-Öffentlichkeit gegenüber Bürgern der ČSSR führen könne.[114] Nichtsdestotrotz sei anzunehmen, dass auch weiterhin DDR-Bürger versuchen würden, in die Tschechoslowakei einzureisen, mit dem Ziel, in die Prager Botschaft der BRD zu gelangen. Diejenigen DDR-Bürger, die sich derzeit im Ausland aufhielten, würden mit an Sicherheit grenzender Wahrscheinlichkeit nicht mehr in die DDR zurückkehren wollen. Dies zeige die »fast schon fanatische Flucht« einiger Bürger in letzter Zeit.[115] Auch die tschechoslowakische Staatssicherheit berichtet derweil, dass sich der Druck auf die Grenze erhöht habe. Allein in der vergangenen Nacht seien von den tschechoslowakischen Sicherheitsorganen über 130 DDR-Bürger festgenommen worden, welche illegal die Grenze zur ČSSR überschritten hätten.[116]

Die Ausreisewelle schaukelt sich hoch. In der Nacht vom 4. zum 5. Oktober befördern mehrere Sonderzüge 8270 Personen[117] von Prag über die DDR nach Hof. Zwischen 1.00 Uhr und 2.00 Uhr in der Nacht rollen die Züge durch Dresden. Die von den Westmedien verbreitete Meldung der zweiten Zugdurchfahrt löst »bei den aus dem Reisestrom herausgelösten und sich noch in Dresden in hoher Anzahl konzentrierenden Antragstellern und anderen negativen Kräften« Unruhen aus, wie es die Dresdner Staatssicherheit in ihrem zugehörigen Lagebericht später formulieren wird.[118] Zahlreiche Ausreisewillige aus der gesamten DDR fahren an die Bahnstrecke und belagern Bahnhöfe und Haltestellen. Etliche Demonstranten, die von der hermetischen Abriegelung der Grenzen betroffen sind, während gleichzeitig Tausende DDR-Bürger in die Bundesrepublik entlassen werden, besetzen in ihrer Empörung die auf dem Weg liegenden Bahnhöfe.[119] Im Bezirk Karl-Marx-Stadt (heute wieder Chemnitz) zählt das Innenministerium allein am 4. Oktober 3500 Personen, die versuchen, auf fahrende Züge aufzuspringen. Überall räumen Einheiten der Kontrollgruppe der Transportpolizei (Trapo) und der Kampfgruppen sowie MfS-Mitarbeiter mit Sonderausrüstung, Schlagstöcken und Schäferhunden die Bahnhöfe, zahlreiche Demonstranten werden festgenommen.[120]

In Dresden kommt es infolge der zugespitzten Situation und der ergriffenen Maßnahmen der Sicherheitskräfte zur Eskalation. Am Abend stürmen Hunderte Ausreisewillige den Dresdner Hauptbahnhof in der Absicht, auf die einfahrenden Züge aufzuspringen, mittels derer die Prager Botschaftsflüchtlinge in die Bundesrepublik gebracht werden sollen. Nach der überraschenden Grenzschließung sehen viele in den Zügen ihre letzte verzweifelte Chance, doch noch der DDR entfliehen zu können.[121] Um 19.15 Uhr »rotten« sich auf dem Gelände des Hauptbahnhofs Gruppen zu je 200 bis 300 Ausreisewilligen aus nahezu allen Bezirken der DDR (außer Rostock und Suhl), die mit der Reichsbahn bzw. dem Pkw angereist waren, zusammen. Eilig durchgeführte Räumungseinsätze der Sicherheitskräfte haben nur kurzfristig Erfolg. Obwohl die Eingänge zum Bahnhof abgesperrt sind und nur Personen mit gültigen Fahrkarten das Gebäude betreten dürfen, nimmt die Zahl der »Störer« weiterhin stark zu.[122]

Gegen 20.00 Uhr sind bereits rund 3500 Menschen anwesend, von denen mindestens 1000 durch Sprechchöre, Pfiffe und Ähnliches versuchen, ihre sofortige Ausreise zu erzwingen. Die Demonstranten fordern in Sprechchören lautstark: »Wir wollen raus!« Die Sicherheitskräfte versuchen ihrerseits, die »Unruhestifter« vom Bahnhofsgelände abzudrängen. Dabei setzen sie auch Lautsprecher ein, mittels derer sie die Demonstranten dazu auffordern, sich in ihre Heimatorte zu begeben und ihre Anliegen bei den staatlichen Stellen vorzutragen, denen dann sicher stattgegeben werde. Natürlich bleiben derartige Aufforderungen wirkungslos.[123] Zwischen 21.00 Uhr und 22.00 Uhr braut sich eine Massendemonstration von bisher unbekanntem Ausmaß zusammen. Die Stimmung ist explosiv. Zu beiden Seiten sowie im nichtgeräumten Teil des Bahnhofes halten sich mittlerweile bis zu 20000 Personen auf. Diese versuchen, gewaltsam die Absperrungen zu durchbrechen – unter anderem werden Bahnhofstüren zerschlagen, um neue Zugänge zum Areal zu erzwingen. Es entstehen erhebliche Sachschäden an der Intershop-Einrichtung auf dem Bahnhofsgelände, Schalteranlagen gehen ebenso zu Bruch wie eine Vielzahl von Fensterscheiben.[124] Vor dem Haupteingang des Bahnhofes wird das Kopfsteinpflaster aufgerissen, Sicherheitskräfte werden mit Steinen und Flaschen beworfen sowie mit Holzstöcken attackiert. Ein Funkstreifenwagen wird umgekippt und in Brand gesteckt.

Der Konflikt wird bald lebensgefährlich. Als dem Minister für Staatssicherheit Mielke und dem Dresdener SED-Chef Modrow gemeldet wird, dass die Lage drohe, außer Kontrolle zu geraten, wenden sich die beiden am späten Abend, zwischen 22.00 Uhr und 23.00 Uhr, mit der Bitte um Unterstützung an die Führung der Nationalen Volksarmee. Verteidigungsminister Keßler löst daraufhin für den gesamten Militärbezirk III (Leipzig) der Landstreitkräfte die Alarmstufe »erhöhte Gefechtsbereitschaft« aus. Mit der Aufgabe, die Polizeikräfte im Raum Dresden zu unterstützen, erhalten die Soldaten Maschinenpistolen und scharfe Munition ausgehändigt.[125] Von der Einsatzleitung werden sodann weitere 1750 Angehörige der Bereitschaftspolizei, der Nationalen Volksarmee, der Kampfgruppen und des Ministeriums für Staatssicherheit zum Einsatz gebracht. Mit Hilfe der zusätzlichen Sicherheitskräfte gelingt es schließlich, die Bahnsteige und das Mittelschiff des Bahnhofes zu räumen. Die nach außen abge-

Revolte in Dresden
4. Oktober 1989: »Wir wollen raus!« – mit diesem Ruf blockieren bis zu
20 000 Menschen den Dresdner Hauptbahnhof. Sie wollen zu den Flücht-
lingszügen von Prag nach Hof, die den Bahnhof passieren. Doch die Volks-
polizei räumt das Bahnhofsgelände mit aller Gewalt.[126]

drängten Demonstranten versammeln sich jedoch zu beiden Seiten, wo sich ihnen diejenigen in großer Zahl anschließen, denen bereits zuvor das Betreten des Bahnhofes verwehrt worden war.

Unter Einsatz von Wasserwerfern und Sonderausrüstung (Schilde, Schlagstöcke, Schutzhelme, Reizkörper) gelingt es den Sicherheitskräften schließlich bis Mitternacht, den Bahnhof vollständig zu räumen. Zu diesem Zeitpunkt befinden sich noch etwa 10 000 Demonstranten vor dem Bahnhofsgebäude, eine Zahl, die von den Einsatzkräften beständig verringert wird. Bis 1.00 Uhr in der Früh ist die Zahl derer, die noch Widerstand leisten, auf ca. 2 000 bis 3 000 Personen zusammengeschrumpft.

Erst nach dem Eintreffen weiterer Einsatzkräfte kann die Menschenansammlung schließlich vollständig aufgelöst werden – mittlerweile ist es 3.00 Uhr morgens. Insgesamt werden während des Einsatzes 224 Personen abgeführt. Gegen sie werden strafrechtliche Verfahren eingeleitet. Auf Seiten der Sicherheitskräfte werden in dieser Nacht 45 Angehörige der Volkspolizei verletzt, einer davon mittelschwer.[127]

Suhl, Bezirksbehörde der Deutschen Volkspolizei

Die Bezirksleitung der Volkspolizei in Suhl will ihre Einsatzkräfte motivieren, damit sie bei den erwarteten Zusammenstößen mit Demonstranten standhaft bleiben und im Zuge der verstärkten Grenzsicherungsmaßnahmen gar nicht erst in Versuchung geraten, selbst »republikflüchtig« zu werden. Deshalb wird unter den Angehörigen der DVP eine Broschüre mit dem vielsagenden Titel »Argumentation der Bezirksbehörde der Deutschen Volkspolizei Suhl zur Notwendigkeit der Aussetzung des pass- und visafreien Reiseverkehrs zwischen der DDR und der ČSSR«[128] verbreitet. Die Anleitung »zum richtigen Handeln« verunglimpft nicht nur die flüchtigen DDR-Bürger. Sie schiebt auch unauffällig die Schuld an der Grenzschließung der tschechoslowakischen Regierung zu. Wörtlich heißt es in der Broschüre:
»Im Ergebnis einer zügellosen Hetz- und Verleumdungskampagne ist es dem Gegner in Vorbereitung des 40. Jahrestages gelungen, dass feindlich eingestellte, politisch labile, irregeleitete, verführte und abgeworbene Bürger der DDR unserem Staat den Rücken kehren. Besonders Hartnäckige besetzten die Botschaften der BRD in Prag und Warschau, um ihre Ausreise zu erzwingen. Dabei wurden und werden sie [...] unter menschenunwürdigen Bedingungen auf engstem Raum ohne ausreichende hygienische, sanitäre und versorgungsmäßige Voraussetzungen zusammengepfercht, so dass eine reale Gefahr für die Gesundheit und das Leben sowie für den Ausbruch von Seuchen gegeben ist. [...] Diese Menschen, die vorsätzlich gegen die Gesetze unserer Republik [...] verstoßen haben, brachten bedenkenlos sich und andere Bürger unserer befreundeten Nachbarländer in

Gefahr. Selbst die Gesundheit der eigenen Kinder spielte keine Rolle. Wie moralisch verkommen muss ein Mensch sein, wenn er mit der Perspektivlosigkeit, Gesundheit und dem Leben der eigenen Kinder spielt. Nach intensivsten Bemühungen, diese Menschen zur Rückkehr zu bewegen, ohne dies aber zu erreichen, entsprach es dem Charakter unserer humanistischen Gesellschaftsordnung, wenn unsere Partei- und Staatsführung entschieden hat, sie in die BRD abzuschieben.

Die von der BRD in dem Zusammenhang getätigten Zusagen – nach dem humanitären Akt zu einem normalen, den internationalen Gepflogenheiten entsprechenden Betrieb in ihren Botschaften in Prag und Warschau überzugehen und fortzusetzen – wurden nicht eingehalten. [...] Über die westlichen Medien wurde [stattdessen] verkündet, dass den ausreisewilligen DDR-Bürgern auch künftig die Türen der Botschaft offen stehen. Dadurch wurden weitere Bürger der DDR ermuntert, über die rechtswidrige Besetzung der Botschaften die Ausreise zu erzwingen. Dies führte wiederum zu einer unerträglichen Situation und gefährdete darüber hinaus das gesamte politische Klima. Aus diesem Grund hat die Regierung der DDR nach Konsultation mit der Regierung der ČSSR sich für die zeitweise Aussetzung des visafreien Reiseverkehrs für Bürger der DDR nach der ČSSR entschieden. Dies entsprach ausdrücklich der Bitte der ČSSR.

Die durch die Regierungen beider Länder zurückliegend großzügig eingeführten Reisemöglichkeiten zwischen befreundeten sozialistischen Nachbarn wurden bar jeglicher staatsbürgerlichen Verantwortung missbraucht und dabei nationale Gesetze und völkerrechtliche Regelungen gröblichst missachtet. [...] Somit wurde diese Entscheidung notwendig und ist unumgänglich. Die Verursacher sitzen derzeit in den Botschaften der BRD in Prag und Warschau, die Drahtzieher und Organisatoren in Bonn. Ungewollte Konsequenzen für die Bürger der DDR, die der Kampagne des Gegners nicht auf den Leim gegangen sind, waren durch die Verursacher dieser Situation von vornherein einkalkuliert und beabsichtigt, um Unzufriedenheit und Misstrauen gegenüber unserer Partei- und Staatsführung zu erzeugen.

Im Zusammenhang mit der Aussetzung des pass- und visafreien Reiseverkehrs zwischen der DDR und der ČSSR für Bürger der DDR ist in der politisch-ideologischen Arbeit folgendes durchzusetzen bzw. zu beachten:

> Die Veröffentlichungen der Massenmedien der DDR sind ständig aktuell zu verfolgen.
> Die Angehörigen und Zivilbeschäftigten [der Deutschen Volkspolizei] sind zu befähigen, in Diskussionen mit der Bevölkerung die Politik der SED und die Rechtsmäßigkeit der getroffenen Entscheidung standhaft und offensiv zu vertreten.
> Die Kräfte haben sich darauf einzustellen, dass sie mit höchster Wachsamkeit die angewiesenen Maßnahmen zur Gewährleistung einer hohen Grenzsicherheit durchsetzen sowie auf Provokationen besonnen und entsprechend den Festlegungen reagieren.«[129]

Nach der Lektüre eines solchen Textes – der durchaus exemplarischen Charakter für die Propaganda des SED-Regimes hat – drängt sich dem heutigen Leser sicherlich die Frage auf, inwieweit die damaligen Adressaten das Gelesene tatsächlich auch geglaubt haben. Und noch dringender: Haben es diejenigen, die es damals zu Papier brachten, geglaubt?

Die Jahrzehnte währende kommunistische Diktatur hat nicht nur das politische System, sondern auch das Wirtschafts- und Rechtssystem sowie die Eigentumsverhältnisse zerrüttet. Und auch die moralischen und ethischen Werte der vortotalitären Gesellschaft waren durch die vielen Jahre der Gewaltherrschaft weithin deformiert worden. Andauernde Verstellung und Lüge im öffentlichen Raum sowie kleine Bestechungen waren ein gängiges Mittel zur Absicherung der nackten Existenz. Die Menschen wurden unter den Bedingungen der unentwegten Lügenpropaganda sozialisiert. Die Gesellschaft war daher durch extremes Misstrauen geprägt. Sogar gute Freunde oder – und das ist gewiss das Unheilvollste – auch die engsten Familienmitglieder beobachteten einander misstrauisch, was die politischen Einsichten und Äußerungen betraf. Den Zustand der durch die kommunistische Diktatur geprägten Gesellschaft beschrieb im Jahre 1990 der neue tschechoslowakische Staatspräsident Václav Havel wie folgt: »Wir sind moralisch krank geworden, weil wir uns angewöhnt haben, etwas zu sagen und etwas anderes zu denken. Wir haben gelernt, an nichts zu glauben, zueinander gleichgültig zu sein, uns nur um uns selber zu kümmern.«[130]

5. OKTOBER

Dresden, Hauptbahnhof, 2.00 Uhr

Nachdem der größere Teil der Demonstrationen von den Sicherheitskräften aufgelöst worden ist, passiert der erste Zug den Dresdner Hauptbahnhof um 2.00 Uhr morgens. Die anderen fünf Züge werden ab 4.30 Uhr in Vojtanov/Bad Brambach an die Deutsche Reichsbahn übergeben und über Plauen nach Gutenfürst geleitet. Die Züge werden schließlich am frühen Morgen in Gutenfürst an die Deutsche Bundesbahn übergeben.[131]

Hof, Hauptbahnhof: »Freiheit, Freiheit!«

Am Hofer Hauptbahnhof ist die Stimmung unter den Helfern am frühen Morgen gespannt. Mitarbeiter des Technischen Hilfswerks und des Deutschen Roten Kreuzes haben Eintopfgerichte gekocht, sie aber nach längerer Wartezeit an einige in der Nähe befindliche Altenheime abgegeben. Es kursieren Gerüchte über 10 000 bis 15 000 Flüchtlinge, unter denen sich auch Schwerverletzte befinden sollen. Inzwischen versammeln sich auch immer mehr Anwohner am Bahnhof, um die Flüchtlinge zu begrüßen oder einfach nur dem historischen Geschehen aus nächster Nähe beizuwohnen. Um 5.49 Uhr trifft schließlich der erste Sonderzug aus Prag ein. Die Flüchtlinge winken bei ihrer Ankunft aus den Fenstern; auf der »Luftbrücke«, einer Fußgängerüberführung über den Gleisen, drängen sich die Hofer. Binnen kürzester Zeit versammelt sich am Bahnhof eine stattliche Menschenmenge. Frank Hassler, Helfer des Roten Kreuzes, erinnert sich: »Ich konnte schreiende, lachende, weinende, traurige, ernsthafte, bedrückte und ja, auch verzweifelte Menschen wahrnehmen.«[132]

Die engagierten Bürger aus Hof und der Region bereiten den ankommenden Flüchtlingen einen herzlichen Empfang. Wildfremde Menschen werden umarmt und begrüßt, als seien sie

Die Flüchtlinge dürfen jetzt ungestört lesen, was die unabhängigen Zeitungen von ihnen berichten.

»alte Bekannte«. Bei Frank Hassler klingt das so: »Den nahezu ausschließlich jungen Menschen mit Kindern im Schlepptau konnte ich die Strapazen der Flucht ansehen. Sie hatten Tränen in den Augen. Ich stand hier am Bahnsteig und beobachtete rings um mich herum die unzähligen Menschen, die geweint hatten, vor lauter Freude laut geschrien hatten, sich gegenseitig umarmten und ihr großes Glück noch nicht fassen konnten. Dabei unüberhörbar war auch der nicht zu Ende gehende Sprechchor, der immer wieder: ›Freiheit, Freiheit!‹ rief.«[133]

Rotkreuzhelfer versorgen Babys und Kleinkinder mit Nahrung und neuer Kleidung, die Hofer Bürger gespendet haben. Die Erwachsenen erhalten Lunchpakete, Getränke und Obst. Vor den Gulaschkanonen bilden sich lange Schlangen, die gespendete Kleidung wechselt rasch den Besitzer. Im Sanitätszelt finden sich etliche Flüchtlinge ein, die sich Riss- oder Quetschwunden zugezogen haben, als sie voller Panik in Prag die Züge bestiegen. Zahlreiche Hofer bieten den Flüchtlingen Übernachtungsmöglichkeiten an. Nur wenige nutzen das Angebot, sofort mit Sonderzügen weiter in die Erstaufnahmelager nach Hannover, Lübeck, Deggendorf, Wildflecken, Bayreuth oder Hammelburg zu fahren. Stattdessen finden viele von ihnen in der Hofer Freiheitshalle eine provisorische Unterkunft.[134] Die Bahnhofsmission informiert darüber, unter welchen Anschriften DDR-Flüchtlinge in der Bundesrepublik untergekommen sind. So können diejenigen, die sich aus den Augen verloren haben, einander wiederfinden. Teilweise waren Familien getrennt worden, als die Männer auf dem Botschaftsgelände im Freien übernachten mussten.[135]

Die Bundespost hat am Bahnhofsvorplatz drei Fernmeldewagen bereitgestellt, von denen die Flüchtlinge kostenfrei telefonieren können. Es bilden sich schnell lange Schlangen heraus. Die meisten rufen eifrig Verwandte und Freunde an, um ihnen stolz die schier unglaubliche Nachricht mitzuteilen: Wir sind im Westen angekommen! Die Luft zum Atmen!! Freiheit!!![136]

Prag, Botschaft der Bundesrepublik: Ausreise der Flüchtlinge ohne Probleme

Botschafter Huber berichtet am Morgen, dass die Ausreise der Flüchtlinge ohne Probleme oder größere Unruhen vonstatten gegangen sei, was auf Prag bezogen auch zutrifft. Im Palais Lobkowicz sind rund 200 Menschen zurückgeblieben, die von Rechtsanwalt Vogels Angebot doch noch Gebrauch machen wollen. Geplant ist, das Botschaftsgebäude sowie das umgebende Grundstück mit Hilfe des Deutschen Roten Kreuzes zu reinigen bzw. wieder instand zu setzen, so dass man sich der Wahrnehmung der üblichen Aufgaben bald wieder widmen kann.[137] Wenige Stunden, nachdem die letzten Ausreisewilligen die Botschaft verlassen haben, erhalten deren Mitarbeiter den Hinweis, dass die von den Flüchtlingen zurückgelassenen Pkw abgeschleppt und im Prager Randgebiet von Džbán konzentriert werden. Finanziert wird das Ganze von der DDR. Die Prager Botschaft der Bundesrepublik setzt sich deswegen mit dem Tschechoslowakischen Außenministerium in Verbindung und protestiert dagegen. Schließlich seien die fraglichen Pkw immer noch das Eigentum derjenigen, die gerade in die Bundesrepublik ausgereist sind.[138]

Prag, Untergrundzeitung ›Lidové noviny‹: Solidarität der Prager

Die jüngste Ausgabe der Untergrundzeitung »Lidové noviny« erhebt das emotionsgeladene Drama der Prager Botschaftsflüchtlinge zum größten tschechoslowakischen Ereignis der letzten zehn Jahre schlechthin. Ein Autor, der seinen Text nur unter Pseudonym veröffentlichen kann, schreibt: »Vor den Augen der Tschechen spielte sich eine Tragödie von etwa 13 000 menschlichen Wesen ab, die sich mutig entschlossen hatten, den zerfallenden Torso des Eisernen Vorhangs, welcher Europa spaltet, zu überqueren. Man darf sich nicht durch den glücklichen Ausgang dieses Dramas blenden lassen. Ein massenhafter Exodus von Menschen, die sich, aus welchem Grund auch immer, entwurzeln, sich von Heimat, Eigentum, Freunden und Vergangenheit endgültig trennen, ist immer eine tragische Geschichte. Die Augen der Flüchtlinge hinter den Gittern des Zaunes der westdeutschen Botschaft – besorgt, verzweifelt, bittend – lassen darüber niemanden zweifeln, der den Willen und den Mut hatte hinzusehen.«[139]

Alsdann macht der Autor auf die zunehmende Solidarität der Prager Bevölkerung aufmerksam: »So wie das Lager, und es war nichts anderes, apokalyptische Ausmaße annahm, wuchs auch die Anzahl der zusehenden Bürger. […] Mit dem Zuwachs der Flüchtlingszahlen breiteten sich zunehmend Zeichen der Solidarität und Sympathie aus, angefangen von unauffällig zeigenden Fingern, die den ratlos umherirrenden DDR-Deutschen die Richtung zur Botschaft wiesen, über Blicke, Lächeln und freundliche Worte bis hin zu materiellen Gesten. Eine ältere Frau verteilte Äpfel und Schokolade. Schließlich fing sie an zu weinen: ›Sie tun mir so leid – und ich mir eigentlich auch.‹ Eine andere Frau fragte nach dem Roten Kreuz und erklärte: ›Ich biete an, dass ich für sie kochen werde, ich kann mir das nicht mehr ansehen!‹«[140] Viele Prager unterstützten die Flüchtlinge durch kleine Geschenke. Im Kleinseitner Theater (Malostranské divadlo) wurde Hilfe organisiert – Tee gekocht und an die Bedürftigen verteilt. Viele Kinder konnten sich in von Anwohnern zur Verfügung gestellten Zimmern zumindest zeitweilig aufwärmen.[141]

Washington, US-Außenministerium/Prag, Botschaft der USA

Die Prager Botschaft der USA liegt in unmittelbarer Nachbarschaft zum Palais Lobkowicz. Im Gegensatz zur Bundesrepublik lassen die Vereinigten Staaten ihre Botschaft von tschechoslowakischen Sicherheitskräften abschirmen. Wie das US-Außenministerium seinen Sprecher Richard Boucher am heutigen Tag erklären lässt, würden die Vertretungen der USA Fälle wie jene in den westdeutschen Botschaften von Prag und Warschau nicht dulden. Richard Boucher erklärt in Washington, dass »die Botschaften der USA in Übersee nicht zu Zufluchtstätten auch für nur kleine Menschengruppen werden«. Dies gelte auch für diejenigen Personen, die damit ihre Ausreise ins Ausland erzwingen wollten.[142]

Neu-Delhi, Zeitung ›Indian Express‹

Der Massenexodus der DDR-Bürger vom Vortag beherrscht praktisch die gesamte westliche Medienlandschaft. Überall wird die Rolle von Bundesaußenminister Genscher gewürdigt. Pressekommentatoren erklären das Verhalten der DDR vor allem damit, dass die SED-Parteiführung Ruhe und Ordnung zum unmittelbar bevorstehenden 40. Staatsgeburtstag am 7. Oktober wiederherstellen wolle. Aber nicht nur die westliche Presse, sogar die indischen Medien berichten ausführlich und voller Sympathie. So kommentiert die in millionenfacher Auflage erscheinende indische Tageszeitung ›Indian Express‹: »Mit grundlegenden Reformen des Systems [in der DDR] entfiele aber auch die Begründung für einen separaten deutschen Staat.«[143] Wie zutreffend!

6. OKTOBER

Dresden, Stasi-Bericht: Überdruss wird größer als die Furcht

Die mächtige DDR-Staatssicherheit mit ihrem allgewaltigen Apparat ist immer gut informiert. Heute bringt sie allerdings den SED-Machthabern alarmierende Nachrichten.[144] Nach der Schließung der Staatsgrenze zur Tschechoslowakei hat sich die

Stimmung in der Gesellschaft in fataler Weise verschlechtert. Während die Botschaftsflüchtlinge, von der Parteipropaganda als »Erpresser« verunglimpft, in die Freiheit entlassen wurden, bleibt der loyalere Teil der Bevölkerung im eigenen Land gefangen. Die große Mehrheit ist entsetzt: Die letzten durchgängigen Grenzen – die zu den sozialistischen Nachbarländern – sind jetzt hermetisch abgeriegelt. Und wir sitzen hier, im kommunistischen Käfig DDR! Die Staatssicherheit registriert in der Bevölkerung sich radikalisierende Unzufriedenheit. Die Stimmung ist kritisch, sie liegt knapp unter dem Explosionspunkt. Im Schreiben der Stasi-Bezirksverwaltung an den Dresdener SED-Bezirksparteichef, Hans Modrow, wird die Tatsache, dass durch die Grenzschließung die DDR für ihre Bürger zum Gefängnis wurde, eingestanden.[145]

Nach dem streng geheimen Stasi-Bericht sind die Aussetzung des pass- und visafreien Reiseverkehrs zwischen der DDR und ČSSR, ihre Ursachen und Folgeerscheinungen, zum Hauptgesprächsstoff der Bevölkerung geworden.[146] Von der überwiegenden Mehrheit wird Empörung, Wut und Protest zum Ausdruck gebracht. Die Ursachen für das Fluchtgeschehen werden primär der innenpolitischen Lage zugeschrieben. Die eingeleiteten Maßnahmen kämen einer Bestrafung all jener Bürger gleich, die bisher stets für den Staat eingestanden und ehrlich ihrer Arbeit nachgegangen seien.[147]

Auch unter den Studenten der TU Dresden rege sich Unmut ob der innenpolitischen Entwicklung in der DDR. Das Reisen, so der akademische Nachwuchs, gehöre doch zum Grundbedürfnis der gebildeten Bürger und müsse vom Staat garantiert werden. Die Praxis zeige jedoch, dass Reisen nicht einmal innerhalb der sozialistischen Länder möglich sei. Damit sei der Sozialismus auf einer Stufe angekommen, wo Reformen dringend geboten seien. Gleichzeitig monierten die Studenten, dass die DDR ständig versuche, die »Schuld an der gegenwärtigen Situation nur der BRD zuzuschieben«.[148] Die andauernden Festreden in den Medien und die im Widerspruch dazu stehende Lage erweckten den Eindruck, dass die SED-Parteiführung lediglich versuche, vorhandene Probleme unter den Teppich zu kehren. Eine derartige Kommunikationsstrategie – von den Stasi-Mitarbeitern euphemistisch als »diplomatischer Stil der Informierung« umschrieben – erhöhe jedoch die unter den Menschen ohnehin schon vorhandene katastrophale Missstimmung nur noch mehr.[149]

Entsprechend würden auch die Bürger, schreibt die Bezirksverwaltung der Staatssicherheit Dresden, die sofortige Aufhebung der Grenzschließung verlangen. Die Arbeiter im VEB Zinnerz Altenberg drohten sogar mit Streik! Viele Werktätige seien der Ansicht, dass die Entscheidung der SED-Spitze, die »Botschaftsbesetzer« in die BRD auszuweisen und gleichzeitig die Grenzen zu schließen, vor allem die Konzeptionslosigkeit der Regierung veranschauliche. In dem streng vertraulichen Schreiben gibt die Stasi die nackte Wahrheit zu: »Grundtenor der Äußerungen der Werktätigen [...] war: ›Nun stellt die DDR wieder ein Gefängnis dar.‹«[150]

Auch Rechtsanwalt Vogel, ein enger Vertrauter Honeckers, offenbart bei einem Empfang in Bonn seine Sorge, dass die Stimmung in der DDR katastrophal, ja geradezu vorrevolutionär sei.[151] Es trifft zu. Die konfliktgeladene Spannung wird von Stunde zu Stunde größer. Die bisherige fundamentale gesellschaftliche Ordnung, wonach sich die einfachen Bürger aus Angst der mächtigen Diktatur unterordnen, ist jetzt umgeschlagen. Der Überdruss über das abgewirtschaftete Regime ist bereits größer als die Furcht.

Prag, Stadtviertel Kleinseite: Erhöhung der Polizeipräsenz

Die Aussetzung der Reisefreiheit für DDR-Bürger in die Tschechoslowakei wird von einer massiven Erhöhung der Polizeipräsenz in Prag, insbesondere rund um das Barockviertel Kleinseite, wo sich viele Botschaften befinden, begleitet. Dies erscheint nur auf den ersten Blick paradox. Es hat nämlich einen triftigen Grund. Denn sowohl die ostdeutschen als auch die tschechoslowakischen Kommunisten wollen jetzt unbedingt wieder »Ruhe und Ordnung« hergestellt wissen. Das heißt, man will – ganz im Sinne der in beiden Staaten nach wie vor praktizierten Einparteienherrschaft – die Situation endlich wieder voll unter eigener

Kontrolle haben. Ganz so, wie man es jahrzehntelang gewöhnt war.[152]

Prag, Parteizeitung ›Rudé právo‹: »entfesseltes Hussitengesindel«

Die KPTsch-Parteiführung versucht ebenfalls, den in den letzten Tagen verlorenen Boden durch verstärkte Parteipropaganda wieder wettzumachen. Die parteieigene Zeitung ›Rudé právo‹ greift in ihrer heutigen Ausgabe die Bundesrepublik Deutschland, deren aktuelle Politik und ihre Medien massiv an. In einem Hetzartikel polemisiert Karel Doudera, dass bundesdeutsche Zeitungen wieder vorsätzlich Stimmung gegen die Tschechoslowakei machen würden, wie schon im Hitlerdeutschland vor dem Weltkrieg 1937/1938. Als Vorwand dienten ihnen »einige Stöße, Püffe und der vereinzelte Einsatz von Schlagstöcken gegenüber DDR-Bürgern«. Schon damals sei jedes Eingreifen der tschechischen Polizei gegenüber Provokateuren der Henlein-Truppe aufgebauscht und als »bestialischer antideutscher Terror« geschildert worden. »Aus jeder Wirtshausprügelei, bei der einige Anhänger des Großdeutschen Reiches von tschechischen Patrioten ein paar Ohrfeigen bekamen«, sei ein weltbewegendes Ereignis gemacht und die Tschechen als »entfesseltes Hussitengesindel« dargestellt worden.[153] »Es ist offensichtlich: diejenigen, die die antitschechoslowakische Kampagne wieder anstiften wollen, haben von den alten Mustern manches abgeguckt.«

Prag, Botschaft der Bundesrepublik: Polizeisperren

Auch rund um die Botschaft der Bundesrepublik sollen wieder »Ruhe und Ordnung« einkehren. Um das Palais Lobkowicz herum patrouillieren zahlreiche tschechoslowakische Polizisten. Die Prager Polizei errichtet Polizeisperren, das Gelände hinter dem Botschaftskomplex wird zur Polizeizone erklärt.[154] Uniformierte Sicherheitskräfte kontrollieren die Zufahrtsstraßen zur Botschaft. Polizeitrupps führen Passkontrollen bei sämtlichen

Passanten in Botschaftsnähe durch.[155] Deutsche aus der DDR werden zurückgewiesen. Sogar ein Bundesbürger wird am Zugang zur Botschaft mit der Begründung gehindert, dass diese geschlossen sei. Insbesondere das Waldareal hinter dem Botschaftszaun wird von uniformierter Polizei strikt überwacht. Seit die Zufluchtsuchenden das Palais Lobkowicz in der Nacht zu gestern gen Westen verlassen haben, ist es keinem einzigen Menschen mehr gelungen, sich auf diesem Wege Zutritt zur Botschaft zu verschaffen.[156]

Derweil gehen die Aufräumarbeiten auf dem Botschaftsgelände weiter. Von den verbliebenen Flüchtlingen nehmen 20 das frühere Angebot von Rechtsanwalt Vogel wahr und verlassen das Palais Lobkowicz in Richtung DDR.[157] Der Rest will warten, bis eine direkte Ausreise über die Westgrenze der Tschechoslowakei möglich ist.[158] Hoffnungen, die womöglich nicht vergeblich sind: Am Rande rüstungspolitischer Konsultationen in Prag erklärt der Abteilungsdirektor im Außenministerium der ČSSR, Milan Kadnár, gegenüber dem Beauftragten der deutschen Bundesregierung für Fragen der Abrüstung und Rüstungskontrolle, Josef Holik, dass es hoffentlich bald »unauffällige Lösungen« für die letzten verbliebenen Flüchtlinge geben werde, etwa den Einsatz von Bussen. Kadnár befinde sich diesbezüglich bereits in Gesprächen mit DDR-Botschafter Helmut Ziebart.[159]

Bonn, Auswärtiges Amt: Proteste gegen Polizeimaßnahmen

Die Bundesregierung protestiert bei der Botschaft der ČSSR in Bonn gegen die Zugangsbeschränkungen zu ihrer Vertretung in Prag. Der Gesandte der tschechoslowakischen Botschaft, Ivan Kramár, verweist dabei auf eine angeblich getroffene Vereinbarung zwischen der Bundesregierung und der Regierung der DDR, keinen weiteren Ausreisewilligen Zugang zur Botschaft zu gewähren. Im Gegenzug macht der Bonner Diplomat Wilhelm Höynck, der Ministerialdirektor Dieter Kastrup vertritt, deutlich, »dass es keine Einigung mit der DDR über den Zugang zu unseren Botschaften gebe und geben könne«.[160] Das Palais Lobkowicz müsse aus faktischen Gründen wegen Renovierungsarbeiten noch eine kurze Zeit lang für den Publikumsverkehr geschlossen bleiben. Die humanitäre Haltung der Bundesregierung zur Frage der Zufluchtsuchenden bleibe jedoch unverändert.[161]

Auch in den deutsch-deutschen Beziehungen kommt es wieder einmal zu Unstimmigkeiten. So erklärt Franz Bertele vom Auswärtigen Amt in einem Gespräch mit Abteilungsleiter Karl Seidel vom Ministerium für Auswärtige Angelegenheiten der DDR, dass es sich aus Sicht der Bundesregierung bei den ausgereisten Botschaftsflüchtlingen juristisch betrachtet um legale Ausreisen aus der DDR handele, mit all den Folgen, wie sie Rechtsanwalt Vogel den Zufluchtsuchenden in Prag und Warschau gegenüber vorgetragen habe. Dies will Seidel nicht bestätigen. Bertele erklärt daraufhin, »dass ein Staat, der auf amtlichem Wege vorschlage, eigene Sonderzüge einzusetzen, die über sein eigenes Territorium fahren würden, wobei Organe dieses Staates in einem abgestimmten Verfahren an Bord des Zuges kämen, um Ausweise der Reisenden einzusammeln, sich doch wohl nicht darauf berufen könne, dass dieses von ihm vorgeschlagene Verfahren illegal sei«. Seidel allerdings mag sich dieser Interpretation nicht anschließen und warnt seinerseits vor einer Belastung der deutsch-deutschen Beziehungen.[162]

Ústí nad Labem (Aussig): 400 DDR-Bürger festgenommen

Wie aus dem heutigen Tagesbericht des tschechoslowakischen Innenministeriums hervorgeht, sind in den letzten drei Tagen allein in der nordböhmischen Stadt Ústí nad Labem (Aussig), welche nahe der Grenze zur DDR liegt, über 400 DDR-Bürger festgenommen worden. Sie hätten offensichtlich die Absicht gehabt, auf das Botschaftsgelände der BRD in Prag zu gelangen. Sie alle seien den DDR-Behörden zwischenzeitlich übergeben worden. Die Grenze zwischen der DDR und der ČSSR werde vor allem von größeren, bis zu zehnköpfigen Gruppen überquert.[163] Einige DDR-Bürger nähmen auch die Dienste von sogenannten »schwarzen Taxifahrern« in Anspruch. Diese verkehrten vor allem vom Dresdner Hauptbahnhof aus in Richtung tschechoslowakische Grenze. Für die Strecke verlangen diese einen beträchtlichen Betrag von 150 D-Mark pro Person. Wie es in dem Tagesbericht des Innenministeriums weiter heißt, verhielten sich die von westlichen Medien beeinflussten DDR-Bürger den tschechoslowakischen Behörden gegenüber arrogant. Konkret beriefen sie sich darauf, dass die Behörden der ČSSR kein Recht hätten, sie festzunehmen, und verlangten stattdessen, in die westdeutsche Botschaft gebracht zu werden.[164]

7. OKTOBER

Ostberlin, Feierlichkeiten zum 40. Jahrestag der DDR: katastrophales Finale

In der DDR werden die von der SED mit großer Sorgfalt vorbereiteten Feierlichkeiten zum 40. Jahrestag der Republik begangen. Das SED-Regime inszeniert mit Massenaufmärschen, Militärparaden und einem Festakt im Palast der Republik ein gespenstisches Schauspiel vermeintlicher Stärke.[165] Der Morgen selbst beginnt in Ostberlin zunächst mit Aufräumarbeiten. Straßenkehrmaschinen beseitigen die Überreste eines gigantischen propagandistischen Fackelzuges der Freien Deutschen Jugend vom Vorabend. 100 000 Jugendliche waren an Staats- und Parteichef Erich Honecker vorbeigezogen. Um 10.00 Uhr beginnt auf der Karl-Marx-Allee eine große Militärparade. Am Nachmittag gibt es Volksfeste in allen Stadtbezirken.[166]

Der wichtigste Ehrengast, KPdSU-Generalsekretär Michail Gorbatschow, ist ausgesprochen zurückhaltend, was seine Äußerungen in der Öffentlichkeit betrifft. Sowohl in seiner Grußansprache als auch bei internen Beratungen mit dem SED-Politbüro setzt er reformorientierte Akzente. So hebt Gorbatschow die wachsende Vielfalt bei der Produktionsorganisation, den sozialen Strukturen und den politischen Einrichtungen als charakteristisch für die sozialistische Welt wie auch für die gesamte Zivilisation hervor. Öffentlich betont er die Souveränität der DDR: »Die Auswahl der Entwicklungsformen ist eine souveräne Angelegenheit eines jeden Volkes. [...] Vor allen Dingen sollten unsere westlichen Partner davon ausgehen, dass die Fragen, die die DDR betreffen, nicht in Moskau, sondern in Berlin entschieden werden.«[167] In einem Vieraugengespräch der beiden Generalsekretäre prahlt Honecker mit den vermeintlichen Erfolgen der DDR, lobt insbesondere das Wohnungsbauprogramm der SED und eine angebliche Spitzenposition der DDR auf dem Gebiet der Mikroelektronik. Doch Gorbatschow zeigt sich unbeeindruckt, ist er doch über die tatsächliche, höchst angespannte politische wie wirtschaftliche Situation der DDR bestens informiert: »Ich war entsetzt. Drei Stunden unterhielt ich mich mit ihm. Und er fuhr fort, mich von den mächtigen Errungenschaften der DDR überzeugen zu wollen.«[168]

Auch im Volk will die von der SED-Führung erwünschte Begeisterung anlässlich des 40. Jahrestags der DDR nicht recht aufkommen.[169] Im Gegenteil: Die Stimmungslage ist desolat. Nach dem Massenexodus der letzten Wochen, den alle mit höchst unangenehmen Gefühlen auf den Fernsehbildschirmen verfolgt hatten, wurden die Grenzen des heutigen Jubilars – der DDR – zu den sozialistischen Nachbarländern hermetisch abgesperrt. Es herrscht extreme Unzufriedenheit nicht nur wegen mangelnder Reisefreiheit. Zur weit verbreiteten Missstimmung tragen auch die fehlenden politischen Freiheiten, der Ärger über manipulierte Wahlen, die Verlogenheit der Medien, die Unmöglichkeit einer freien Meinungsäußerung, die mangelhafte Versorgungslage sowie eine immer dramatischere Umweltzerstörung bei.[170] Dies alles zusammengenommen löst bei den Menschen mehr und mehr Verdruss aus. Eine Gefühlslage, aus der sich schließlich die Kraft und die Entschlossenheit speist, das Heft des Handelns selbst in die Hand zu nehmen.

Selbst an einem so umfassend und sorgsam vorbereiteten Jubiläumstag wie dem heutigen gelingt es der SED nicht, die Proteste der Bevölkerung vollständig zu unterbinden. Gegen 17.00 Uhr finden sich zunächst einige Hundert Jugendliche auf dem Ostberliner Alexanderplatz ein, um »auf die Wahlen zu pfeifen«. Mit einem Konzert aus Trillerpfeifen protestieren sie gegen die Manipulation der jüngsten Kommunalwahlen. Im Gegensatz zu früheren Kundgebungen, bei denen regelmäßig Forderungen wie »Wir wollen raus!« laut wurden, heißt es diesmal trotzig: »Wir

Jubel und Prügel zum DDR-Jubiläum
Die DDR wird 40. Beim Festempfang zeigt sich der SED-Staat von seiner
besten Seite, auf den Straßen Ostberlins zeigt er sein wahres Gesicht: Prügel
und Verhaftungen gegen Demonstranten.[171]

bleiben hier!« Der kleine Demonstrationszug macht sich sodann auf den Weg zum Palast der Republik, wo in diesen Stunden die Staats- und Parteiführung der SED mit ihren Gästen, darunter auch der Generalsekretär der KPdSU, das 40. Jubiläum der DDR offiziell mit großem Pomp begeht. Die inzwischen auf 2 000 bis

*Ostberlin: Demonstration am Abend des 40. Jahrestages der
DDR-Gründung am Alexanderplatz*

3 000 Personen angewachsene Menschenmenge skandiert, an den sowjetischen Ehrengast gerichtet, »Gorbi, hilf uns!« und »Wir sind das Volk!«[172]

Doch der Protestzug wird von der Polizei abgedrängt. Er zieht daraufhin weiter in Richtung des nördlichen Stadtbezirks Prenzlauer Berg. Als die Demonstranten an der staatlichen Nachrichtenagentur ADN vorbeikommen, rufen sie »Lügner, Lügner« und »Pressefreiheit – Meinungsfreiheit«. Dann fahren die ersten Mannschaftswagen heran. Volkspolizei sperrt die Seitenstraßen ab. Es kommt zu Handgreiflichkeiten, Verhaftungen und zum Einsatz von Gummiknüppeln. »Keine Gewalt!«, rufen die Demonstranten und streben weiter vorwärts. 1 500 Protestierende erreichen schließlich die Gethsemanekirche in der Nähe der Schönhauser Allee. Spezialeinheiten der Polizei und der Staatssicherheit riegeln das Gebiet hermetisch ab. Gegen Mitternacht kommt dann der Befehl zum Losschlagen.[173] In der Folge lösen die Einsatzkräfte des MfS und der Volkspolizei den Demonstrationszug gewaltsam auf. Das Vorgehen der Sicherheitskräfte, die einen massiven Grenzdurchbruch nach Westberlin befürchten, erfolgt mit enormer Brutalität.[174]

Eklatanter kann der Widerspruch kaum ausfallen: Während sich im Palast der Republik kommunistische Staats- und Parteiführer aus aller Welt einfinden, um die von ihnen verkörperte »Herrschaft des Volkes« zu feiern, kommt es in der Hauptstadt des Jubilars zu Knüppelorgien der Volkspolizei gegen das eben noch »gefeierte« Volk in Gestalt Tausender friedlicher Demonstranten.[175] Auch am darauffolgenden Tag kommt es in Ostberlin noch zu drakonischen Übergriffen gegen einzelne Teilnehmer der Kundgebung.[176]

In ähnlicher Weise werden in vielen anderen Städten wie Leipzig, Dresden, Plauen, Jena, Magdeburg, Ilmenau, Arnstadt, Karl-Marx-Stadt und Potsdam an diesem »Feiertag« politische Massenkundgebungen zwangsweise aufgelöst.[177] Überall gehen die Sicherheitsorgane mit massiver Gewalt gegen die Demonstranten vor. Insgesamt werden mehr als 1 000 Personen verhaftet.[178] Nun wird auch dem Letzten klar, was die von der SED propagierte Einheit von Volk und Partei wirklich ist: eine reine Fiktion, die nur in der Parteipropaganda existiert. Der 40. Jahrestag der DDR, der, ginge es nach dem Willen der SED-Oberen, doch eigentlich pompös und begeistert gefeiert werden sollte, endet damit im Gegenteil als Trauerspiel, als ein katastrophales Fiasko für die Staats- und Parteiführung um SED-Generalsekretär Honecker.

Prag, Botschaft der Bundesrepublik: verheerender Zustand

Auch zwei Tage, nachdem das Gros der Botschaftsflüchtlinge die westdeutsche Vertretung in Prag verlassen hat, befindet sich das Palais Lobkowicz noch immer in einem verheerenden Zustand. Die Aufräumarbeiten, die vor allem von Rotkreuzhelfern geleistet werden, kommen nur langsam voran, was auch an den sanitären

Zuständen vor Ort liegt. Ein Schreiben der DRK-Einsatzleitung in Prag an den Präsidenten des Deutschen Roten Kreuzes, Prinz Botho von Sayn-Wittgenstein, schildert die Bedingungen, denen die Rettungskräfte an Ort und Stelle ausgesetzt sind: »Überall Müll, Lebensmittelreste, verschmutztes Umfeld durch Urin und Kot und Decken und Schlafsäcke, die durch Körpergerüche und Absonderungen verschmutzt waren. Das größte Problem waren die sanitären Einrichtungen gewesen. Die Wartezeit vor den Toiletten dauerte eine halbe bis anderthalb Stunden. Waschen und Körperhygiene waren nicht möglich. Somit befand sich der Sanitärbereich trotz ständiger Desinfizierung und Reinigung in einem menschenunwürdigen Zustand. Unter den Holzrosten in den Zelten liegen übriggebliebene Essensreste, die bis heute nicht beseitigt werden konnten. Diese beginnen zu faulen und zu verwesen und ziehen Ungeziefer an. Die DRK-Einsatzkräfte können nur noch mit Mundschutz, Handschuhen und Schutzkleidung im Zeltbereich arbeiten. Der Geruch ist unerträglich.«[179]

Prag, Parteiauftrag an Medien: »die 40. DDR-Jubiläumsfeier loben«

Das Tschechoslowakische Außenministerium gibt an diesem Tag im Auftrag von KP-Politbüromitglied Lenárt ausführliche Anweisungen heraus, wie die tschechoslowakischen Massenmedien über die jüngsten Geschehnisse mit Blick auf die Ereignisse beim nördlichen Nachbarn zu berichten haben. Ihnen wird aufgetragen, den 40. Staatsgeburtstag der DDR lobend zu erwähnen, ihn »positiv zu akzentuieren«. Die Berichterstattung über die Feierlichkeiten dürfe auf keinen Fall durch eine übermäßige Fokussierung auf die Fluchtbewegung überschattet werden. Indes sollten die bestehenden Probleme auch nicht gänzlich verschwiegen werden. Es solle vielmehr sachlich und offen berichtet werden. Und vor allem: optimistisch![180]

9. OKTOBER

Leipzig, der Tag der Entscheidung

Die heutige Montagsdemonstration in Leipzig wird in die Geschichte eingehen. Die explosive Stimmungslage, die sich nach der Grenzschließung zur ČSSR und zur Volksrepublik Polen vergangene Woche in den Berichten der Staatssicherheit[181] bereits abgezeichnet hatte, findet nun in einer Massendemonstration von bisher nicht gekanntem Ausmaß ihren Ausdruck. Statt, wie von der Staats- und Parteiführung beabsichtigt, den ungestörten Ablauf der Feierlichkeiten zum 40. Jahrestag der DDR zu gewährleisten, haben die Durchfahrt der Flüchtlingszüge aus Prag in die Bundesrepublik und die darauf folgende Grenzschließung massenhafte, offene Proteste im SED-Staat ausgelöst.[182] Am heutigen Abend in Leipzig wird sich deutlich zeigen, dass der Überdruss über die bestehenden Verhältnisse bereits größer ist als die Furcht vor dem Regime.

Unter den Montagsdemonstranten in Leipzig herrscht an diesem Tag eine schier unerträgliche Anspannung. Woche für Woche war ihre Teilnehmerzahl stetig gestiegen, jetzt aber dominiert eine bange Frage die Menschen: Würde die Staatsmacht nach dem Ende der Feierlichkeiten einschreiten und gewaltsam gegen sie vorgehen? In Schulen und Betrieben wird davor gewarnt, am Abend ins Stadtzentrum zu gehen. In Krankenhäusern wird Blutplasma bereitgestellt, Ärzte sollen sich in Bereitschaft halten. Um 17.00 Uhr schließen in der Leipziger Innenstadt die Geschäfte.[183] Was die Anwendung staatlicher Gewalt betrifft, so lassen zumindest die Vorbereitungen auf die Montagsdemonstration das Schlimmste befürchten.[184] Die im Vorfeld von Seiten der SED-Führung sowie von Honecker persönlich herausgegebenen Anweisungen lassen sich dahingehend zusammenfassen, dass die zuständigen Sicherheitskräfte aus den Reihen der Volkspolizei und der Staatssicherheit gegen die Demonstranten mit harter Hand vorgehen sollen.[185] Den erwarteten 50 000 Teilnehmern werden mindestens 8 000 Einsatzkräfte gegenübergestellt. Beabsichtigt ist, zur Unterdrückung der Demonstration Volkspolizisten, zentrale Reserven des Ministeriums des Innern

(MdI), Kampfeinheiten des Ministeriums für Staatssicherheit (MfS), Betriebskampfgruppen und Hundertschaften der Nationalen Volksarmee einzusetzen. Ferner erhalten rund 5 000 »Gesellschaftliche Kräfte« (Mitglieder bzw. Mitarbeiter der SED sowie staatlicher Organe) den Auftrag der Partei, deren »Fein-

70 000 Helden lösen die Revolutionslawine aus.

de« ideologisch und agitatorisch zu überwältigen. Am Stadtrand gehen zusätzlich Militärfahrzeuge in Stellung.[186]

Sollte es diesem Massenaufgebot an Einsatzkräften wider Erwarten nicht gelingen, die Demonstranten abzudrängen und an der Bildung eines Demonstrationszuges zu hindern, so ist als nächste Maßnahme dessen Auflösung bzw. Aufspaltung mit anschließender Zerschlagung bzw. Einkesselung seiner Teile und der Verhaftung etwaiger »Rädelsführer« vorgesehen.[187] Ziel der SED ist es, demonstrationswillige DDR-Bürger von vornherein einzuschüchtern. Ihnen wird nicht nur eine strafrechtliche Verfolgung wegen Teilnahme an einer nicht genehmigten Demonstration in Aussicht gestellt, sondern zugleich auch mit dem Einsatz von Waffengewalt gedroht.[188]

Allen vorgenannten Plänen zum Trotz greift die Staatsmacht indessen am Ende dann doch nicht ein. Der kritische Punkt für den Polizeieinsatz ist mit der Beendigung der Friedensgebete in den Leipziger Kirchen erreicht.[189] Ungeachtet aller Drohgebärden kommen am heutigen Abend rund 70 000 Demonstrationsteilnehmer zusammen; mehr als alle Beteiligten – Oppositionsgruppen wie Einsatzkräfte – erwartet haben. Im Anschluss an die Gebete machen sich die Demonstrierenden mit Kerzen in den Händen auf, um den Leipziger Innenstadtring erstmals vollständig zu umrunden. »Wir sind das Volk!« und »Keine Gewalt!« sind die Losungen, die an diesem Abend durch die alte Messestadt hallen.[190]

Im Innenministerium in Ostberlin wird das Leipziger Geschehen auf Fernsehmonitoren verfolgt. Binnen einer Viertelstunde zeigen diese auf einmal zigtausend Protestierende, die aus allen Ecken zu kommen scheinen, insgesamt über 70 000 Frauen und Männer. Es ist die unerwartete, extrem hohe Teilnehmerzahl an der heutigen Montagsdemonstration, die den Handlungswillen der bewaffneten Organe bricht. In der MdI-Zentrale reagiert man geschockt auf die Bilder der Demonstration; ab jetzt gibt es keine reale Chance mehr, die Massen vom Dittrichring noch abzudrängen. Mit polizeilichen Mitteln allein kann die Demonstration ihres Ausmaßes wegen jedenfalls nicht mehr unterdrückt werden.[191]

Um 18.50 Uhr befiehlt der Chef der Volkspolizei den Rückzug seiner bewaffneten Einheiten. Zuvor hatten weder die Ostberliner Führung noch die örtliche SED-Spitze den Befehl zum Einsatz gewagt.[192] Flankiert wird das Ganze von einem entsprechenden Befehl der im Ostberliner MdI angesiedelten Einsatzleitung, statt zum Angriff auf die Demonstranten zur Eigensicherung der Polizeikräfte überzugehen.[193] Die Bilder jener namenloser Helden, die zu Zehntausenden an diesem Abend ihre Angst überwanden und sich der geballten Staatsmacht entgegenstellten, sind noch in derselben Nacht via ›Tagesthemen‹ in ganz Deutschland zu sehen.[194] Das Nachgeben der Staatsmacht, das Zurückweichen ihrer repressiven Organe, markiert eine historische Wende und stellt einen weiteren entscheidenden Schritt hin zur friedlichen Revolution dar. Es war der Tag der Entscheidung. Ab nun ist die friedliche Revolution voll im Gang.

10. OKTOBER

Prag

Inzwischen ist der Großteil der von den Flüchtlingen zurück-gelassenen Fahrzeuge in die DDR abgeschleppt worden. Würde man all jene Pkw in einer Reihe aufstellen, so hätte die daraus resultierende Schlange eine Gesamtlänge von über sechs Kilo-metern.[195]

Ostberlin, Ständige Vertretung der Bundesrepublik

Franz Bertele, mittlerweile Ständiger Vertreter der Bundesrepublik in Ostberlin, erkundigt sich bei Rechtsanwalt Vogel über die Nachzugmöglichkeiten von Familienangehörigen der bereits Ausgereisten. Vogel konstatiert, dass er in dieser Angelegenheit leider nichts unternehmen könne. Einerseits werde er in letzter Zeit infolge seines Angebotes an die Botschaftsflüchtlinge von Ausreisewilligen regelrecht »überlaufen«, andererseits sei er selbst in die »Aktion Zug« gar nicht involviert gewesen. Zuvor hatte Bertele bereits vergeblich am Rande der Feierlichkeiten zum 40. Jahrestag der DDR das Ministerium für Auswärtige An-gelegenheiten in gleicher Sache um Hilfe ersucht.[196]

Dresden, Bezirksverwaltung für Staatssicherheit: Einreiseverbot

Wie aus einem Fernschreiben der Bezirksverwaltung für Staats-sicherheit Dresden vom heutigen Tag hervorgeht, wurde gegen alle Botschaftsflüchtlinge, die per Sonderzug in den Westen aus-gereist sind, ein Einreiseverbot in die DDR verhängt.[197]

11. OKTOBER

Prag, ZK der KPTsch: solidarisch mit der SED-Parteiführung

Die tschechoslowakischen Kommunisten legen großen Wert auf die gegenseitige Zusammenarbeit und den Schulterschluss mit der Parteiführung der SED. Immerhin ist die DDR der letzte verbliebene Partner im zusehends zerfallenden Ostblock, der auch weiterhin am Modell des autoritären Kommunismus festhält. Wohl bekräftigt Parteichef Jakeš auf der heute und morgen stattfindenden 15. Tagung des ZK-Plenums der KPTsch, dass für die ČSSR auch künftig die Zusammenarbeit mit der UdSSR oberste Priorität habe. Im Bericht des Präsidiums wird indes auch die Solidarität mit dem SED-Staat in aller Deutlichkeit betont.[198] Die DDR sei »zum Ziel einer dreisten Kampagne seitens der BRD und weiterer Staaten« geworden, zu der auch die Botschaft in Prag missbraucht worden sei. Die ČSSR verurteile diese Kampagne, die lediglich den Vorsatz habe, die DDR »zu diskreditieren und ihre Existenz in Zweifel zu ziehen«.[199] Die KPTsch werde auch künftig die Haltung der DDR jederzeit unterstützen und »das internationalistische Zusammenwirken mit der SED stärken«.[200] In Ostberlin vernimmt man solche Worte mit Genugtuung.[201]

Prag: zweigleisige Berichterstattung der ČSSR-Medien

Wie Botschafter Huber dem Auswärtigen Amt meldet, berichten die Zeitungen der ČSSR über die Demonstrationen in der DDR zweigleisig. Einerseits wird die offizielle Sicht der SED-Führung wiedergegeben, andererseits aber werden auch Forderungen der Opposition nach Veränderungen nicht verschwiegen. Huber vermutet, dass nicht nur die tschechoslowakische Parteiführung, sondern auch die Zeitungsredakteure hochgradig verunsichert sind: »Ob es zutrifft, dass die Fluchtbewegung aus der DDR, die Sympathie der tschechischen Bevölkerung für die Zufluchtsuchenden in Prag und die jüngsten Ereignisse in der DDR [...] das KPTsch-Präsidium in Panik versetzt haben, [...] mag dahinstehen. Freilich ist die Vermutung wohlbegründet, dass die sich überschlagenden Ereignisse in den sozialistischen Nachbarstaaten der ČSSR die ohnehin vorhandene Verunsicherung der tschechoslowakischen Führung erheblich vertieft haben müssen. Dass man sich in diesem fluiden [...] Umfeld gegenwärtig auch in den Medien zumindest vorerst nicht allzu sehr exponieren will, passt jedenfalls ins Bild.«[202]

12. OKTOBER

Prag, Botschaft der Bundesrepublik/Bonn – Genscher: »Ich bin stolz!«

Noch immer bietet die Prager Botschaft der Bundesrepublik zahllosen DDR-Bürgern ein Ziel ihrer Fluchtversuche. Doch seit der zweiten großen Ausreisewelle Anfang Oktober hat die Zahl derer, die ihr Ziel auch erreichen, beträchtlich abgenommen – gegenwärtig halten sich nur noch 56 Zuflucht suchende im Palais Lobkowicz auf. Davon haben sich die meisten bereits vor der Grenzabriegelung auf tschechoslowakischem Gebiet befunden, vor allem, um hier in der ČSSR Urlaub zu machen. Illegal hat es kaum einer über die hermetisch abgeriegelte Grenze geschafft. Dennoch berichtet Hermann Huber von einer ungewöhnlich hohen Polizeipräsenz in den Zufahrtsstraßen, die offenkundig dazu dient, Personenkontrollen durchzuführen. Entsprechend wird er einmal mehr beim Abteilungsdirektor im Außenministerium der Tschechoslowakei, Milan Kadnár, vorstellig, um gegen das Vorgehen der Sicherheitskräfte zu protestieren.[203]

Parallel dazu gehen auch die Aufräumarbeiten weiter voran, die voraussichtlich am kommenden Wochenende – das wäre der 14./15. Oktober – abgeschlossen sein sollen, zumal dann auch der Großteil der Rotkreuzhelfer abreisen will. Trotz bestehender Grenzabriegelung lässt Huber große Mengen an Lebensmitteln und Baumaterialien auf dem Botschaftsgelände einlagern. Sollte es zu einer dritten Flüchtlingswelle kommen, will er auf den Ansturm vorbereitet sein.[204]

Bundesaußenminister Genscher lobt Botschafter Huber in einem persönlichen Schreiben und würdigt dessen Arbeit und Durchhaltevermögen: »Nach den dramatischen Ereignissen der letzten Tage und Nächte möchte ich Ihnen und Ihren Mitarbeitern herzlich für Ihren bewundernswerten Einsatz bei der Betreuung der zufluchtsuchenden Deutschen aus der DDR wie auch bei Ihren Kontakten mit der tschechoslowakischen Regierung danken. […] Ich weiß, dass Sie alle häufig bis an die Grenze der physischen und psychischen Leistungsfähigkeit, manchmal sogar darüber hinaus, gefordert wurden. Sie alle haben in diesen Tagen beispielhaften Einsatzwillen, Tatkraft, Umsicht und vor allem menschliche Wärme und Mitgefühl für die von Ihnen Betreuten gezeigt. […] Ich bin stolz auf diesen Auswärtigen Dienst.«[205]

Prag, Ministerium des Auswärtigen der ČSSR: Huber-Kadnár-Streitgespräch

Im tschechoslowakischen Außenministerium kommt es einmal mehr zum Aufeinandertreffen zwischen dem westdeutschen Botschafter in Prag, Hermann Huber, und dem dortigen Abteilungsdirektor, Milan Kadnár. Streitpunkt ist wie nahezu immer die Gewährleistung des uneingeschränkten Zugangs zur Botschaft. Huber zufolge ist die völkerrechtliche Lage eindeutig: Absperrung und Polizeikontrollen seien unzulässig und müssten entsprechend aufgehoben werden, unabhängig davon, ob sie nun in unmittelbarer Nähe zur Mission oder in gehörigem Abstand erfolgten. Kadnár weist den Protest entschieden zurück und betont, dass die jüngsten Vorgänge um die Botschaft herum die Sicherheit und Ordnung im Prager Zentrum schwerwiegend belastet hätten. Maßnahmen, die dem Schutz von Ruhe und Ordnung dienten, seien doch das gute Recht und zugleich wichtigste Pflicht eines jeden Staates, was auch durch die internationale Rechtsordnung umfassend und restlos gedeckt werde. Bei der Gelegenheit verweist Kadnár zugleich auf den Umstand, dass sich die tschechoslowakische Regierung immer sehr entgegenkommend gegenüber der bundesdeutschen Seite verhalten habe. Unter den tschechoslowakischen Politikern habe es nämlich auch Stimmen gegeben, die für einen wesentlich strengeren Umgang mit der westdeutschen Vertretung plädiert hätten, was angesichts der vielen Tausend Menschen, die sich seinerzeit auf dem Botschaftsgelände aufhielten, mit Sicherheit zu erheblichen zusätzlichen Belastungen geführt hätte. Auch diesen Aspekt möge die Bundesregierung bei ihrer Bewertung der Lage entsprechend berücksichtigen.[206]

Ostberlin, ZK der SED

Da die Herbstferien unmittelbar bevorstehen, legt Krenz Honecker eine mit den Ministern für Staatssicherheit und des Innern, Mielke und Dickel, abgestimmte Regelung für Reisen in die ČSSR vor. Diese bleibt zwar bei der grundsätzlichen Aussetzung des Reiseverkehrs, nennt indessen viele Ausnahmen, wann Reisen doch erlaubt werden können. Die neue Regelung soll via Fernsehen und Presse unmittelbar bekanntgegeben werden.[207]

Prag, KPTsch-Wochenblatt ›Tribuna‹

Der ideologische Kampf gegen die Bundesrepublik geht derweil unverdrossen weiter. Das kommunistisch-orthodoxe Wochenblatt ›Tribuna‹ schreibt in seiner heutigen Ausgabe von einer »Renaissance des Pangermanismus, der großdeutschen Haltung, der Wiederbelebung des Gedankens der Fortdauer des Reichs in den Grenzen von 1937«. Jedoch sei nicht nur die DDR Ziel der Angriffe westlicher Medien, sondern auch die ČSSR, da sie keine Reformen nach westlichen Vorstellungen durchführe. Gemäßigter klingen dagegen die heutigen Kommentare der ›Rudé právo‹.[208] In den Medien macht sich der Einfluss verschiedener Parteiflügel der KPTsch bemerkbar.

13. OKTOBER

Prag, Botschaft der Bundesrepublik:
Ausweisung der Grenzgänger

Botschafter Huber gibt an, dass etwa ein Drittel der sich gegenwärtig noch im Palais Lobkowicz befindlichen DDR-Bürger auf illegalem Wege in die ČSSR gekommen sei. Während sich jene Flüchtlinge, die bereits das Botschaftsgelände erreicht haben, vergleichsweise sicher fühlen können, gilt dies nicht für diejenigen, die sich noch im Landesinneren aufhalten. Diejenigen Flüchtlinge, die in unmittelbarer Grenznähe aufgegriffen werden, werden in die DDR zurückgeschickt. Für alle illegal eingereisten DDR-Bürger besteht die Gefahr, festgenommen und an die ostdeutschen Behörden ausgeliefert zu werden.[209]

Prag, Botschaft der DDR:
mit Abschiebung illegal eingereister DDR-Bürger ist zu rechnen

Auch nach Auskunft der DDR-Botschaft müssen Botschaftsflüchtlinge, selbst wenn sie ein Vogel-Papier erhalten hatten, für den Fall, dass sie illegal über die Grenze in die ČSSR eingereist waren, mit Abschiebung in die DDR durch tschechoslowakische Organe rechnen.[210]

16. OKTOBER

Bonn, Botschaft der ČSSR: 1 600 zurückgelassene Pkw in Prag

Der tschechoslowakische Botschafter in Bonn, Dušan Spáčil, schreibt einen Brief an das tschechoslowakische Außenministerium in Prag. Darin berichtet er von den jüngsten Verhandlungen des Botschaftsrates Ivan Kramár mit dem Abteilungsleiter im Bonner Auswärtigen Amt, Wilhelm Höynck. Anlass ist der Streit um die aus westdeutscher Sicht widerrechtlich abgeschleppten

Fahrzeuge der Botschaftsflüchtlinge, die sie bei ihrer Ausreise in Prag zurücklassen mussten. Höynck argumentiert, dass die fraglichen Pkw das Eigentum der DDR-Übersiedler seien, welche ja von den ostdeutschen Behörden eine Ausreisebewilligung bekommen hätten und somit auch ein Recht auf ihr Eigentum besäßen,

Trabis, Trabis, Trabis ... 1600 Pkw

einschließlich ihrer in Prag geparkten Fahrzeuge. Daher protestiert der Bonner Abteilungsleiter gegen die von der DDR initiierte Abschlepp- und Rückführungsaktion. Dagegen argumentiert die tschechoslowakische Seite, dass die zurückgelassenen Fahrzeuge hätten abtransportiert werden müssen, weil es andernfalls in Prag zu einem Verkehrskollaps gekommen wäre. Beispielsweise seien am 5. Oktober im verkehrsexponierten Stadtzentrum 1600 Pkw abgestellt gewesen. Das habe deren Abschleppung unbedingt erforderlich gemacht. Etwaige Eigentumsfragen müssten zwischen der BRD und der DDR geklärt werden. Doch Höynck besteht auf seinem Standpunkt. Die Tschechoslowakei dürfe sich ihrer Verantwortung nicht entziehen und solle die abgestellten Fahrzeuge, wenn überhaupt, dann in die Bundesrepublik überführen. Alles andere hätte einen weiteren, unnötigen Konflikt zwischen der Tschechoslowakei und der Bundesrepublik zur Folge.[211]

18. OKTOBER

Ostberlin, ZK der SED: Rücktritt Honeckers

Im SED-Politbüro wütet ein erbitterter Machtkampf, ausgelöst durch die Krisen der letzten Tage und Wochen, das traurige Fiasko der 40-Jahr-Feier und die explosive Stimmungslage in der Bevölkerung. Neun Tage mit immer neuen Demonstrationen im ganzen Land – in Plauen, Dresden, Karl-Marx-Stadt, Halle und in vielen kleineren Orten – mussten erst vergehen, ehe die SED-Führung sichtbare Konsequenzen zieht. Schließlich wird Erich Honecker gezwungen, im SED-Zentralkomitee seinen Rücktritt von allen Ämtern zu erklären, offiziell »aus gesundheitlichen Gründen«.

Zum neuen SED-Generalsekretär wird Egon Krenz gewählt.[212] Um den Segen Moskaus gebeten, hatte Gorbatschow den Ostberliner Genossen lediglich »viel Glück« gewünscht und erklärt, die Sache sei jetzt alleinige Angelegenheit der SED. In seiner ersten Fernsehansprache als Parteichef verkündet Krenz eine politische »Wende«. Dialog und Reformen sollen die SED-Herrschaft retten.[213] Als politisches Credo seiner Politik der »Wende« verkündet Krenz: »Wir lassen uns von der festen Überzeugung leiten, dass alle Probleme in unserer Gesellschaft politisch lösbar sind.«

Aus Krenz' Antrittsrede wird deutlich, welch zentrale Bedeutung die Ausreiseproblematik für die SED hat. Verspricht doch der neue SED-Generalsekretär darin, »einen Gesetzentwurf über Reisen von DDR-Bürgern ins Ausland vorzubereiten«. Weiter heißt es, dass dieser Entwurf zunächst einer öffentlichen Aussprache unterzogen und erst dann in der Volkskammer behandelt und beschlossen werden soll. In diesem Zusammenhang könnten auch die zeitweilig getroffenen Einschränkungen im Reiseverkehr in sozialistische Bruderländer aufgehoben beziehungsweise modifiziert werden.[214]

19. OKTOBER

Prag, Staatssicherheit der ČSSR/Ostberlin, Ministerium für Staatssicherheit:»Objekt wurde realisiert und verurteilt.«

Die enge Zusammenarbeit zwischen dem Ministerium für Staatssicherheit (MfS) und der tschechoslowakischen Staatssicherheit (Státní bezpečnost, StB) bzw. den Grenzorganen beider Staaten wird seit Jahren in zahlreichen Verträgen und Vereinbarungen geregelt[215] und funktioniert hervorragend. Im Zusammenhang mit dem Aufenthalt der DDR-Bürger in der Prager Botschaft der Bundesrepublik wird von der tschechoslowakischen Staatssicherheit eine Reihe nachrichtendienstlicher Maßnahmen ergriffen, wie heute berichtet wird. Eine operative Gruppe des MfS hält sich sogar in der Tschechoslowakei dauerhaft auf.

Die tschechoslowakische Staatssicherheit berichtet im Zusammenhang mit den Botschaftsflüchtlingen dem ČSSR-Innenminister über die gute Zusammenarbeit:»Es wurde eine Reihe nachrichtendienstlicher Maßnahmen ergriffen, über welche unsere Freunde vom Ministerium der Staatssicherheit der DDR regelmäßig informiert werden. Zugleich wird von uns auch auf konkrete Anfragen unserer Freunde reagiert. Der Informationsaustausch verläuft täglich, durch direkten Kontakt der Mitarbeiter des 2. Referats der II. Abteilung des tschechoslowakischen Polizeikorps und den Mitarbeitern der operativen Gruppe der Staatssicherheit der DDR in der Tschechoslowakei.«[216]

Die enge Zusammenarbeit der tschechoslowakischen und der DDR-Staatssicherheit zahlt sich offensichtlich aus. In einer gemeinsamen Aktion beider Sicherheitsdienste, genannt »Drozd/Drossel«, gelingt es, einen Mitarbeiter der DDR-Vertretung in der ČSSR zu überführen, der in zwei Fällen geheime Unterlagen an die Prager Botschaft der Bundesrepublik weitergereicht hatte. Im Anschluss hatten die Mitarbeiter der Prager BRD-Botschaft versucht, seine Flucht in die Bundesrepublik zu organisieren. Doch die Sicherheitsdienste erfahren davon und nehmen die betreffende Person fest. Im Bericht der tschechoslowakischen Staatssicherheit dazu heißt es wörtlich:»Aufgrund der Erkenntnisse und der operativen Dokumentation, die an unsere Freunde übermittelt wurden, wurde das Objekt am 17.3.1989 auf dem DDR-Gebiet realisiert und später verurteilt. Zu seiner Tätigkeit bekannte er sich vollständig.«[217]

Prag, Ministerium des Auswärtigen der ČSSR: politische Lage in der DDR katastrophal

Das tschechoslowakische Außenministerium informiert seine Botschaften über die aktuelle politische Lage in der DDR. Die Darstellung verzichtet auf die sonst üblichen rhetorischen Floskeln und legt die im SED-Staat vorherrschenden Missstände schonungslos offen – entsprechend ist der Bericht auch nicht für die Öffentlichkeit bestimmt, sein Inhalt naturgemäß geheim zu halten. Und der hat es in sich: Die Partei- und Staatsführung der DDR sei von dem Massenexodus völlig überrumpelt worden, die Bevölkerung desorientiert (womit die zunehmende Ablehnung des Regimes gemeint ist). »Aus der DDR sind etwa 60 000 Bürger dauerhaft ausgereist«, lautet denn auch eine der zentralen Aussagen des Berichts.[218] Dabei wanderten vor allem junge Menschen aus, qualifizierte Arbeitskräfte, was sich besonders nachteilig im Gesundheitswesen auswirke, wo schon jetzt ein erheblicher Mangel an qualifiziertem Fachpersonal vorherrschend sei. Was für die kommunistischen Funktionsträger freilich noch schwerer wiegt, ist die Erkenntnis, dass die anhaltende Krise letztlich den Fortbestand des DDR-Regimes selbst gefährdet: »Die Krisensituation aktiviert illegale Strukturen. Sie haben die Strategie, die oppositionellen Gruppen gegen die SED-Politik zu vereinigen.«[219] Schon jetzt komme es regelmäßig zu Massenprotesten mit mehreren Tausend Beteiligten, einige davon seien bereits zu Straßenkämpfen mit der Polizei eskaliert, im Zuge derer es auch Schwerverletzte gegeben habe.[220]

Ostberlin, Botschaft der ČSSR

Prags Botschafter in Ostberlin, František Langer, informiert das tschechoslowakische Außenministerium über die radikalen Reformen, die im Zusammenhang mit dem Wechsel in der SED-Parteiführung zu erwarten sind. Die erste große Veränderung bestehe darin, dass die Bevölkerung künftig offen und ehrlicher über die Situation im Lande informiert werde, als dies bis dato der Fall war. Medien und offizielle Parteivertreter seien sich dahingehend einig, dass dieser Augenblick eine Wende markiere, welche Gesellschaft und Wirtschaft gleichermaßen betreffe. Zugleich habe die neue Staats- und Parteiführung auch eine Reihe von Reformen angekündigt, welche die Modalitäten des Reisens neu regeln würden. Als wesentliche Gründe für die Wende nennt Langer die Massendemonstrationen, den Druck der Kirche, die »illegale Opposition« und die sich neu formierenden Bürgerbewegungen.[221]

Prag, Ministerium des Auswärtigen der ČSSR: Ausreise aus der ČSSR direkt in die BRD

Zu den ersten, die von der angekündigten »Wende« der neuen Staats- und Parteiführung profitieren, gehören all jene DDR-Bürger, die noch immer in der westdeutschen Vertretung in Prag festsitzen. So berichtet der tschechoslowakische Botschafter in Bonn, Dušan Spáčil, von einem Treffen zwischen dem stellvertretenden Außenminister der DDR, Harry Ott, und dem Abteilungsdirektor im Außenministerium der ČSSR, Milan Kadnár.[222] Im Zuge dessen habe Ott die tschechoslowakische Seite über eine wesentliche Änderung der administrativen Vorgehensweise seines Landes bei der Abfertigung der Ausreisewilligen in Prag informiert. Bürger, die sich auf dem Botschaftsgelände der Bundesrepublik aufhalten, könnten bei der DDR-Vertretung in Prag ab jetzt und auch in Zukunft die direkte Ausreise aus der Tschechoslowakei in die Bundesrepublik beantragen. Man habe sich mit den von bundesrepublikanischer Seite gemachten Vorschlägen nunmehr einverstanden erklärt. Mit der gleichen Information wendet sich auch der DDR-Botschafter in Prag, Helmut Ziebart, an den tschechoslowakischen Vizeaußenminister Sadovský. Sein Anliegen: Die Behörden der ČSSR, deren Zustimmung zur Realisierung des geplanten, vereinfachten Ausreiseverfahrens benötigt wird, mögen die Zustimmung doch bitte so bald wie möglich erteilen, damit die Ausreise der Botschaftsflüchtlinge schnellstmöglich beginnen könne.[223]

Ostberlin, Ministerrat der DDR/Prag, Regierung der ČSSR: Ausreise aus der ČSSR direkt in die Bundesrepublik

Das Bonner Verhandlungsergebnis bezüglich des weiteren Umgangs mit den Prager Botschaftsflüchtlingen wird daraufhin von den Regierungen in Ostberlin und Prag bestätigt. Gemeinsam besiegeln sie eine eher unauffällige Maßnahme, die in Wirklichkeit jedoch eine entscheidende Wende darstellt. So schlägt die DDR-Regierung vor, ihre noch verbliebenen 56 Staatsbürger[224] dieses Mal direkt und ohne Umweg aus Prag in die Bundesrepublik ausreisen zu lassen. Die tschechoslowakische Regierung diskutiert den Ostberliner Vorschlag und stimmt anschließend zu. Ebenso ist man mit dem vorgeschlagenen Verfahren einverstanden. Die DDR-Bürger sollen mit Bussen, die von der Bundesrepublik zur Verfügung gestellt werden, aus der ČSSR direkt in die Bundesrepublik überführt werden. Gegen 15.15 Uhr kontaktiert der stellvertretende tschechoslowakische Außenminister Sadovský DDR-Botschafter Ziebart, damit dieser seine Regierung über die Zustimmung des Prager Kabinetts informiere. Ziebart sagt sofortige Weiterleitung zu und kabelt schon um 15.20 Uhr die Zustimmung der tschechoslowakischen Stellen an die zuständigen Mitarbeiter im Ministerium für Auswärtige Angelegenheiten (MfAA) der DDR weiter. Auch die sich gerade in der Prager DDR-Botschaft aufhaltenden Angehörigen der Staatssicherheit und des Innenministeriums (»Genossen des MfS bzw. MdI«) werden sofort informiert.[225]

23. OKTOBER

Prag, ZK der KPTsch

Der DDR-Botschafter in Prag, Ziebart, informiert den neuen Staatsratsvorsitzenden der DDR, Egon Krenz, am heutigen Tag über die Reaktionen der Prager Parteiführung auf dessen Reformkurs, den auch die tschechoslowakischen Genossen genauestens verfolgen. KPTsch-Generalsekretär Jakeš lässt sich sogar täglich durch Politbüromitglied Lenárt über die neuesten Entwicklungen in der DDR informieren. In Prag hoffe man aufrichtig, dass es Krenz gelingen möge, durch seinen eingeleiteten Kurswechsel die Krisenlage zu meistern, damit »die DDR als stabiler sozialistischer Staat erhalten bleibt und der Spielraum gegnerischer Kräfte eingeschränkt wird«. Die tschechoslowakischen Kommunisten wünschen ihren Ostberliner Genossen nur das Beste von ganzem Herzen und aus tiefster Überzeugung. Es ist in ihrem Interesse. Denn sie alle wissen, dass ihre eigene Zukunft von der politischen Entwicklung im SED-Staat maßgeblich beeinflusst wird. Fällt das Regime der DDR, dann dürften auch in Prag die Tage der kommunistischen Einparteienherrschaft gezählt sein. Nicht von ungefähr erklären denn auch führende tschechoslowakische Genossen, dass sie ihre Politik der stufenweisen Verwirklichung des eingeschlagenen Reformkurses nur dann fortsetzen können, »wenn es in der DDR nicht zu Reformen polnischen oder ungarischen Zuschnitts kommt«.[226]

24. OKTOBER

Ostberlin, Politbüro der SED:
Grenzöffnung ab 1. November 1989

Unter dem Druck der weit verbreiteten, tiefsten Unzufriedenheit der Bevölkerung in der DDR und anhaltender Massenproteste entschließt sich die SED-Führung zu einem gewagten Manöver, um den Druck aus dem Kessel abzulassen. So beschließt das SED-Politbüro unter der Leitung von Egon Krenz, dass die zeitweilige Aussetzung des pass- und visafreien Reiseverkehrs in die ČSSR zum 1. November aufgehoben wird.[227] Fortan solle dann wieder die einfache Vorlage eines gültigen Personalausweises ausreichend sein, um ins südliche Nachbarland einreisen zu dürfen – ganz so, wie es bereits vor dem 3. Oktober der Fall war. Zugleich rät die Regierung ihren Bürgern dringend davon ab, die wiedergewonnene Reisefreiheit neuerlich zu missbrauchen, um die eigene Ausreise in den Westen zu erzwingen, so wie es in der Vergangenheit, vor der Schließung der Grenze zur ČSSR, geschehen war: »Der Ministerrat der DDR beschließt, dass die Bürger der DDR, die sich möglicherweise weiterhin mit dem Gedanken tragen, das Land zu verlassen, obwohl jeder gebraucht wird, einen Antrag auf ständige Ausreise in der DDR bei den Abteilungen Innere Angelegenheiten stellen können. Diese Anträge werden kurzfristig und großzügig entschieden. Der Weg über Botschaften der BRD im Ausland, die Ausreise zu erzwingen, ist nicht notwendig und bringt für den Bürger mehr Nachteile als Vorteile.«[228] Wie die SED-Spitze jedoch schon sehr bald erfahren muss, schenken die DDR-Bürger ihrer Partei- und Staatsführung kein Vertrauen mehr.

25. OKTOBER

Ostberlin, Botschaft der ČSSR:
Informationen aus vertraulichen Quellen

Tags darauf erreichen die Pläne für die spektakuläre – und vorerst noch streng geheime – Kehrtwende der SED-Führung in Sachen Reisefreiheit die politisch Verantwortlichen in Prag. Aus Ostberlin telegrafiert Botschafter Langer an das tschechoslowakische Außenministerium den gestrigen Politbürobeschluss über die bevorstehende Wiedereröffnung der Grenze zwischen der DDR und der ČSSR: »Gestützt auf Informationen aus vertraulichen Quellen wird erwartet, dass in den kommenden Tagen sich das DDR-Außenministerium an das Föderale Ministerium für Auswärtige Angelegenheiten in Prag wendet, mit dem Vorschlag, dass die tschechoslowakische Grenze für Touristen aus der DDR wieder geöffnet wird. Die DDR geht hierbei davon aus, dass für die Tschechoslowakei keine übergroßen Belastungen mit der erneut ansteigenden Zahl ausreisewilliger DDR-Bürger in der BRD-Botschaft entstehen. Die Ausreisegenehmigungen für DDR-Bürger in die Bundesrepublik sollen demnächst den Antragstellern durch die DDR-Vertretung in Prag ausgestellt werden.«[229] Eingedenk der zitierten Prognose, dass der »Tschechoslowakei keine übergroßen Belastungen mit der erneut ansteigenden Zahl ausreisewilliger DDR-Bürger« entstehen würden, scheint es auch der neuen SED-Spitze an Realitätssinn zu fehlen.

Wien, ČSSR-Ministerpräsident Adamec auf Staatsbesuch

Während in Prag die Nachricht über eine mögliche Wiedereröffnung der deutsch-tschechoslowakischen Grenze die Runde macht, befindet sich ČSSR-Ministerpräsident Ladislav Adamec auf Staatsbesuch in Wien. Im Gespräch mit Österreichs Bundeskanzler Franz Vranitzky macht der tschechoslowakische Regierungschef, der unter den KPTsch-Genossen noch zu den gemäßigten gezählt wird, unmissverständlich klar, dass die Reformbereitschaft der tschechoslowakischen Kommunisten an der Frage des Erhalts des Machtmonopols ihrer Partei ende. Einen Dialog mit unabhängigen Bürgerrechtsgruppen lehnt Adamec entschieden ab, »da diese auf die Liquidierung der KPTsch und des Sozialismus« hinarbeiteten. Stattdessen plädiert er dafür, den Blockparteien mehr Eigenständigkeit zuzugestehen.[230]

26. OKTOBER

Ostberlin, Parteiorgan ›Neues Deutschland‹

In der SED-Zeitung ›Neues Deutschland‹ beginnt am heutigen
Tag eine Leserbriefkampagne, welche die DDR-Bürger eindringlich dazu auffordert, ihr Land nicht zu verlassen.[231]

Bonn – Ostberlin: Kohl telefoniert mit Krenz

Bundeskanzler Kohl gratuliert telefonisch dem Staatsratsvorsitzenden Krenz zu seinem neuen und wichtigen Amt. Der Bundeskanzler spricht unter anderem die in der DDR angekündigte
Neuregelung der Reisefreiheit an – sie sei ein wichtiger Schritt,
den die Bundesregierung begrüße. Wichtig sei auch die in Aussicht genommene Amnestie für Menschen, die wegen Grenzübertritts (»Republikflucht«) verurteilt und inhaftiert seien. Es
werde eine erhebliche Wirkung haben, wenn mit einer positiven
Lösung der Name des Staatsratsvorsitzenden verbunden wäre.
Krenz erklärt, er verweise in diesem Zusammenhang noch einmal auf seine letzten Reden. Er wolle eine Wende herbeiführ-
en. Aus der Sicht der DDR sei wichtig, dass die Respektierung
der Staatsbürgerschaft durch die Bundesrepublik deutlicher
zum Ausdruck komme. Bundeskanzler Kohl verweist auf die
bestehenden Meinungsverschiedenheiten. Ungeachtet dieser
Meinungsverschiedenheiten sollten die Möglichkeiten der Zusammenarbeit ausgeschöpft werden. Der Staatsratsvorsitzende
erklärt, die Hand sei ausgestreckt.[232]

Prag, Botschaften der Bundesrepublik und der DDR

Zwischen beiden deutschen Staaten wird vereinbart, dass es
den DDR-Bürgern, die sich in der Tschechoslowakei aufhalten,
ermöglicht wird, aus der Tschechoslowakei direkt in die Bundesrepublik auszureisen. In Prag treffen sich DDR-Botschafter
Ziebart und Botschafter Huber, um die Modalitäten zu bespre-

chen, unter denen die letzten der im Palais Lobkowicz verbliebenen DDR-Bürger in die Bundesrepublik ausreisen dürfen. Beide Botschaften organisieren die Ausreise bereits im Konsens – eine unter der alten SED-Führung kaum vorstellbare Konstellation.

Das Ergebnis der beiderseitigen Bemühungen: Personen, die nicht in die DDR zurückkehren wollen, können in Prag einen Antrag auf Entlassung aus der DDR-Staatsbürgerschaft stellen. Dieses Angebot gilt im Übrigen für alle Bürger der DDR, die sich gegenwärtig noch in der ČSSR aufhalten, also auch für jene, die nicht in die westdeutsche Vertretung geflüchtet sind. Für beide Fälle sichert die Botschaft der DDR in Prag eine schnelle Bearbeitung – innerhalb von 24 Stunden – zu. Nach einer innerhalb dieser Bearbeitungsfrist erfolgten Überprüfung der Rechtmäßigkeit des Antrags stellt die Botschaft dann eine Entlassungsurkunde aus der Staatsbürgerschaft aus, welche den Betroffenen in der Prager Vertretung der DDR übergeben wird. Die Ausreisewilligen werden entsprechend gebeten, nach erfolgter Überprüfung in Gruppen von 15-20 Personen die Botschaft der DDR in Prag aufzusuchen, um ihre Entlassungsurkunden und Identitätsbescheinigungen in Empfang zu nehmen. Beide Gesprächspartner unterstreichen, dass sie sehr daran interessiert seien, »keine spektakuläre Aktion« durchzuführen. Ferner wird betont, dass vorgenannte Maßnahmen »zeitweiligen Charakter« hätten.[233]

Gemäß den getroffenen Absprachen zwischen der DDR-Botschaft in Prag und der tschechoslowakischen Regierung kann die Ausreise de facto über alle Grenzübergänge hinweg erfolgen, konkret über die folgenden:

1. direkt in die Bundesrepublik über den Flughafen Prag-Ruzyně per Flugzeug,
2. über den Grenzübergang Rozvadov-Waidhaus per Pkw oder Bus sowie
3. über den Eisenbahn-Grenzübergang Eger-Schirnding per Zug.
4. Via Österreich über den Eisenbahn-Grenzübergang Horní Dvořiště per Zug sowie
5. über den Grenzübergang Dolní Dvořiště per PKW.[234]

Die meisten der Ausreisewilligen fahren, nachdem sie formal korrekt aus der DDR-Staatsbürgerschaft entlassen worden sind, mit bundesdeutschen Bussen über Pilsen nach Waidhaus. Botschafter Huber begleitet sie bis zur Grenze.[235] Rechtsanwalt Vogel, der in Ausreisesachen in der Vergangenheit immer vermittelt hatte, setzt Huber davon in Kenntnis, dass sein Angebot einer legalen Ausreise aus der DDR auch unter der neuen Konstellation weiterhin Bestand habe.[236]

27. OKTOBER

Prag, Botschaft der Bundesrepublik

Wie Legationsrat Detlev Rünger von der westdeutschen Botschaft in Prag das Auswärtige Amt informiert, sind heute Morgen um 8.30 Uhr insgesamt 141 ausreisewillige DDR-Bürger mit Hilfe zweier in der Bundesrepublik angemieteter Reisebusse sowie zweier von der Botschaft bereitgestellter PKW von Prag aus nach Weiden (Oberpfalz) aufgebrochen. Die Busse wurden von Botschafter Huber sowie zwei Beamten des Höheren Dienstes begleitet. Um 12.45 Uhr trafen die Fahrzeuge wohlbehalten am Grenzübergang Waidhaus ein.[237] Zuständig für die Aufnahme und Weiterleitung der Flüchtlinge in die Bundesländer ist der am 29. August gebildete Sonderstab des Grenzschutzkommandos (GSK) Süd. Der lässt bei der Gelegenheit denn auch gleich darum bitten, dass die Prager Botschaft ihn doch rechtzeitig über die Ankunft weiterer DDR-Flüchtlinge informieren möge, damit neben dem Erstaufnahmelager Weiden ggf. weitere Aufnahmelager gebildet werden können.[238]

Um 14.00 Uhr halten sich noch 48 DDR-Bürger in der Botschaft auf. Davon haben 27 im Laufe des heutigen Vormittags in der hiesigen DDR-Botschaft ihre Entlassungsurkunden aus der DDR-Staatsbürgerschaft sowie Identifikationspapiere in Empfang genommen. Diese 27 werden noch heute abgefertigt und mit einem in der Bundesrepublik angemieteten Reisebus sowie drei privaten Autos die Tschechoslowakei in Richtung Westen verlassen.[239] Zufrieden lässt Legationsrat Rünger die zurückliegende Operation Revue passieren: »Die Ausreiseaktion konnte hier ohne Störungen abgewickelt werden. Die Zusammenarbeit mit der hiesigen DDR-Botschaft war, wie schon in der Vergangenheit, sachlich und geschäftsmäßig gut.«[240]

28. OKTOBER

Prag, Wenzelsplatz

Der heutige 28. Oktober ist der Gründungstag der Tschechoslowakei (1918). Zur Jubiläumsfeier findet auf dem Prager Wenzelsplatz, mitten im Stadtzentrum, eine öffentliche Vereidigung von 1500 Soldaten statt. Sie kommt einer Demonstration der Macht gleich. Zuvor ist an gleicher Stelle eine Bürgerdemonstration von etwa 15000 Personen gegen das Regime gewaltsam beendet worden.[241] Dies alles erinnert fatal an die Situation in Ostberlin vom 7. Oktober. Zu einer ähnlichen Entwicklung wird es bald auch hier kommen.

NOVEMBER 1989:
MAUERFALL UND »SAMTENE REVOLUTION«

1. NOVEMBER

Prag, Botschaft der Bundesrepublik: gewaltige Flüchtlingswelle

Vier Wochen lang, vom 4. bis zum 31. Oktober, war die Grenze
zwischen der DDR und der Tschechoslowakei hermetisch abgeriegelt gewesen. Erst das auf mehreren Positionen umbesetzte
Politbüro um Honeckers Nachfolger Egon Krenz sah sich unter
dem Druck der Massendemonstrationen genötigt, den vormals
üblichen pass- und visafreien Reiseverkehr zwischen beiden
Staaten wieder einzuführen, um die angespannte Lage zumindest ein wenig zu entschärfen. Heute ist es nun so weit. Ab sofort
dürfen DDR-Bürger wieder in die Tschechoslowakei reisen; die
Vorlage eines Personalausweises genügt. So will es der Beschluss
der neuen SED-Parteiführung, welche die Grenzöffnung als Teil
ihrer angestrebten »Wende«-Politik begreift. Womit sie wahrscheinlich nicht gerechnet hat: Im Nu erhebt sich eine mächtige
Flüchtlingswelle; ganz so, als hätten unzählige Menschen nur
darauf gewartet, bei nächster Gelegenheit der DDR endgültig
den Rücken kehren zu können. Der nun einsetzende Massenexodus stößt rasch in Dimensionen vor, die alles vorher Dagewesene in den Schatten stellen.

Nach nur zwei Tagen haben sich bereits wieder mehr als
4 000 DDR-Bürger auf dem Botschaftsgelände der Bundesrepublik eingefunden; rund 8 000 weitere befinden sich inzwischen
auf tschechoslowakischem Gebiet, unterwegs in Richtung Botschaft. Botschafter Hubers Stellvertreter in Prag, Armin Hiller,
schlägt Alarm. Die Wiedereinführung des visafreien Reiseverkehrs zwischen der DDR und der ČSSR habe direkt zu einem
abrupten Wiederanstieg des Flüchtlingsstromes geführt.[1] Die

Zahl der Ausreisewilligen nimmt so rasant zu, dass sich die Lage in der Botschaft kaum mehr kontrollieren lässt.[2]

Der Bonner Militärattaché in Prag, Adolf Brüggemann, erinnert sich: »Beurteilung der Lage und Entschluss erwiesen sich als richtig. Am Morgen des 1. November um 6.00 Uhr befan-

Kommen wir rein?

den sich bereits wieder 315 zufluchtsuchende Deutsche aus der DDR auf dem Gelände der Botschaft; um 16.30 Uhr waren es ca. 1 400, und im Laufe des Abends war die Zahl auf über 2 000 angewachsen. An diesem Abend dampften aber auch bereits wieder die Feldküchen, die ersten Zelte waren wieder aufgebaut, und die kurzfristig, aber entschlossen vorbereitete Versorgung lief auf vollen Touren und wurde sogar in der Nacht und den ganzen folgenden Tag hindurch durch weitere Versorgungstransporte mit Etagenbetten, Matratzen, Decken und Bekleidung verstärkt, die zwischenzeitlich im Bundeswehr-Standort Weiden eingelagert worden waren. Das DRK schaffte innerhalb von etwa 60 Stunden über 30 große Zelte aus Hannover heran. Durch umfangreiche Verpflegungslieferungen von Seiten der Bundeswehr, des DRK und durch Einkauf von Frischverpflegung in Prag war die Ernährung der Flüchtlinge zu jeder Zeit und auf Tage hinaus sichergestellt. Dies war auch dringend notwendig, denn am

Nachmittag des 3. November war die Zahl der Zufluchtsuchenden auf dem Botschaftsgelände auf ca. 5 000 angewachsen.«[3]

Zwar werden unermüdlich Gruppen von DDR-Bürgern per Bus oder Pkw in die Bundesrepublik gebracht. Jedoch wird der Abfertigungsprozess durch die erforderlichen Formalitäten im Prager Konsulat der DDR, wo die Ausreisewilligen die vorgeschriebene Entlassung aus dem Staatsverband der DDR beantragen müssen, wesentlich ausgebremst. Denn pro Tag können hier nur maximal 70 Ausreiseanträge bearbeitet werden. Schon bildet sich im Palais Lobkowicz ein heftig wachsender Rückstau an DDR-Bürgern, und nicht von ungefähr fürchtet das Botschaftspersonal, dass, sollte es so weitergehen wie bisher, sehr bald schon wieder auf dem Botschaftsgelände Verhältnisse wie Anfang Oktober vorherrschen werden. Entsprechend wird von der Bonner Vertretung beabsichtigt, zunächst der KPTsch-Führung das Einverständnis abzuringen, die wartenden Menschen in Gebäuden nahe dem Botschaftsgelände unterzubringen. Erst wenn dies geschafft sei, könne man nach Möglichkeiten suchen, das umständliche Ausreiseverfahren selbst zu beschleunigen.[4]

Moskau, SED-Generalsekretär Krenz auf Staatsbesuch

Sein erster Staatsbesuch führt den neuen Generalsekretär der SED, Egon Krenz, nach Moskau. Wider Erwarten spielt dabei das Flüchtlingsdrama nur eine untergeordnete Rolle; es ist vorläufig hinter andere innenpolitische Probleme zurückgetreten. Während seines Antrittsbesuchs unterrichtet Krenz seinen sowjetischen Amtskollegen Gorbatschow ausführlich über die prekäre ökonomische Situation der DDR.[5] Der KPdSU-Generalsekretär gibt in dieser Hinsicht freundlich, aber bestimmt zu verstehen, dass sich die Sowjetunion zu jedweder wirtschaftlichen Unterstützung der DDR derzeit außerstande sehe.[6] Im Hinblick auf die zukünftige Gestaltung der deutsch-deutschen Beziehungen stellt Gorbatschow lediglich knapp fest, dass die deutsche Frage gegenwärtig nicht auf der Tagesordnung der KPdSU stehe. Ihre Lösung sei keine Frage der aktuellen Politik. Ebenso wenig könne die Sowjetunion zur innenpolitischen Entspannung in der DDR beitragen – der dazu entscheidende Impuls müsse vom SED-Politbüro selbst kommen.[7] Auf der anschließenden internationalen Pressekonferenz, die Krenz vor seiner Rückreise aus Moskau in Abwesenheit von Gorbatschow abhält, schließt der SED-Generalsekretär eine deutsche Wiedervereinigung aufgrund der »immanenten Widersprüche von Kapitalismus und Kommunismus« kategorisch aus.[8]

Krenz (li.)/Gorbatschow (re.): Deutsche Frage nicht auf der Tagesordnung der KPdSU

2. NOVEMBER

Ostberlin, Zeitung ›Neues Deutschland‹

Auch am SED-Zentralorgan ›Neues Deutschland‹ geht die von der Parteispitze proklamierte »Wende« nicht spurlos vorüber. So berichtet die Zeitung in ihrer heutigen Ausgabe ganz tatsachengetreu von den Geschehnissen entlang der wieder geöffneten Grenze zur Tschechoslowakei: »Tausende Bürger der DDR haben am Mittwoch die Grenzübergänge zur ČSSR passiert. Ab Mitternacht war die zeitweilige Aussetzung des pass- und visafreien Verkehrs aufgehoben. Schon bis in die Nachmittagsstunden reisten rund 8000 Bürger in das Nachbarland.«[9]

Prag, Botschaft der Bundesrepublik: Kapazitäten reichen nicht aus

Bis zum Nachmittag haben sich erneut 1400 Flüchtlinge in der westdeutschen Vertretung in Prag eingefunden. Das Botschaftspersonal rechnet nach der Medienberichterstattung vom Wochenende mit weiterem Zulauf. Zum Glück ist es für die Jahreszeit relativ warm und sonnig, doch muss im November jederzeit mit einem Wetterumschwung gerechnet werden.[10] Regelmäßig fahren Busse mit DDR-Bürgern, die eine Ausreisegenehmigung erhalten haben, über die bundesrepublikanisch-tschechoslowakische Grenze in die Oberpfalz. Doch ist deren Anzahl im Vergleich zu den Neuankömmlingen verschwindend gering. Der

Die Traurigkeit hinter dem Zaun

langsame Abfluss der Zufluchtsuchenden stellt auch das größte Problem dar. Das von der Prager DDR-Botschaft angewandte bürokratische Verfahren ist zu langsam und lässt einen rapide wachsenden Rückstau entstehen. Die Bearbeitungszeit je nach Fall beträgt – anders als ursprünglich veranschlagt – mehr als 24 Stunden. Ferner besteht die DDR-Vertretung darauf, dass die Aushändigung von Entlassungsurkunden und Ausreisedokumenten nur in Gruppen zu je maximal 20 Personen erfolgen darf.[11] So bleibt den Mitarbeitern der westdeutschen Vertretung nichts anderes übrig, als im Auswärtigen Amt in Bonn um eine neuerliche Personalaufstockung für die verschiedensten Bereiche zu bitten, und das möglichst schon innerhalb von 24 Stunden. Auch die Rotkreuzhelfer, die gerade erst abgezogen worden waren, werden wieder um 20 Personen aufgestockt, des Weiteren sollen noch zwei mobile Feldküchen folgen.[12]

3. NOVEMBER

Prag, Botschaft der Bundesrepublik: Lage wird immer
dramatischer, DRK bittet verzweifelt um Hilfe

Warten auf Einlass

Die von Vizebotschafter Hiller am gestrigen Tag geäußerte Be-
fürchtung, dass mit einem weiteren Zustrom an Flüchtlingen
zu rechnen sei, bewahrheitet sich in eklatanter Weise. Mehrere
Tausend Flüchtlinge drängen sich jetzt im Palais Lobkowicz zusammen. Durch die katastrophalen hygienischen Verhältnisse ist
die Gesundheit Tausender akut gefährdet, darunter auch vieler
Frauen und Kinder. Der Präsident des Deutschen Roten Kreuzes,
Botho Prinz zu Sayn-Wittgenstein, richtet einen verzweifelten
Appell an die Verantwortlichen: »Die Lage in der Botschaft in
Prag hat sich durch den erneuten Zustrom von über 4 000 DDR-
Flüchtlingen in den letzten Stunden dramatisch zugespitzt. Aus
der Erfahrung der letzten Wochen weise ich mit Nachdruck darauf hin, dass wir eine menschenwürdige Versorgung von mehr
als 2 000–3 000 Menschen auf dem Gelände der Botschaft für
nicht mehr möglich halten! Die hygienischen Verhältnisse, die
sanitären Einrichtungen und die gegenwärtige Witterung ge-

fährden ernsthaft die Gesundheit der Flüchtlinge, insbesondere der vielen Frauen und Kinder! Natürlich hat das Deutsche Rote Kreuz, auch auf Bitte des Auswärtigen Amtes, sofort auf die akute Notsituation reagiert und über 40 Helfer, Gerät und Verpflegung nach Prag gesandt. Wir tragen keine politische Verantwortung für diese Lage, aber wir empfinden eine starke menschliche Verantwortung für die schier ausweglose Situation der Flüchtlinge in der Botschaft. Deshalb appelliere ich eindringlich an die Regierungen der DDR, der Tschechoslowakei und die Bundesregierung, aus humanitären Gründen die sofortige Ausreise aus Prag in einer Sonderaktion zu ermöglichen! Unabhängig davon sollten sofort geeignete Ausweichquartiere von den Behörden in Prag bereitgestellt werden! Das Rote Kreuz ist seinerseits bereit, alles Menschenmögliche zur Versorgung der Zufluchtsuchenden zu tun!«[13] Vizebotschafter Hiller unterstützt Sayn-Wittgensteins Worte mit Nachdruck und appelliert gleichfalls an die drei involvierten Regierungen, die sofortige Ausreise der Flüchtlinge aus Prag in einer Sonderaktion zu ermöglichen.[14]

Bonn, Bundeskanzleramt, 11.30 Uhr: Drängen auf rasche Lösung

Im Bundeskanzleramt empfängt dessen Chef und Bundesminister für besondere Aufgaben, Rudolf Seiters, um 11.30 Uhr den Ständigen Vertreter der DDR, Horst Neubauer, und bringt das Interesse der Bundesregierung an einer raschen Lösung des Prager Flüchtlingsdramas zum Ausdruck. Mit Nachdruck bittet er um eine Beschleunigung des bürokratischen Verfahrens zur Abfertigung der ausreisewilligen DDR-Bürger.[15]

Bonn, Auswärtiges Amt, 11.36 Uhr: fieberhafte Konsultationen

In der tschechoslowakischen Botschaft in Bonn geht ein Anruf vom Auswärtigen Amt ein, in dem Staatssekretär Jürgen Sudhoff auf eine rasche Problemlösung im Hinblick auf die stetig steigende Zahl ausreisewilliger DDR-Bürger in der Prager Vertretung der

BRD drängt. Erneut appelliert er an die ČSSR, den neu eingetroffenen DDR-Bürgern doch zumindest eine zeitweilige Unterkunft außerhalb des Botschaftsgeländes zur Verfügung zu stellen. Diese in der Vergangenheit bereits mehrmals gestellte Aufforderung wird allerdings mit frischen Argumenten untermauert: »Die Situation hat sich doch grundlegend dadurch geändert, dass die DDR in ihrer Botschaft in Prag die Ausreiseanträge in die BRD über die Tschechoslowakei genehmigt und somit eigentlich mit der Durchfahrt der Ausreisewilligen einverstanden ist. Dies sollte zur Kenntnis genommen werden.«[16] Darüber hinaus erklärt sich die Bundesrepublik dazu bereit, die Kosten der auswärtigen Unterkunft für die DDR-Ausreisewilligen selbst zu tragen. Bei der Gelegenheit verweist Sudhoff auch auf den Umstand, dass sich bereits jetzt mehr als 3 000 DDR-Bürger auf dem Botschaftsgelände aufhielten und dass deren Zahl über das Wochenende ganz sicher noch dramatisch steigen werde. Entsprechend drängt der Staatssekretär zur Eile; die Befürchtung sei, so Sudhoff, dass in der Botschaft sehr bald schon wieder eine ähnliche Lage entstehen könne wie in jüngster Vergangenheit.[17] Doch der tschechoslowakische Botschafter bleibt unnachgiebig. Dušan Spáčil erklärt nach Rücksprache mit ČSSR-Vizeaußenminister Sadovský, dass sich der Standpunkt seiner Regierung nicht verändert habe: Auf tschechoslowakischem Gebiet würden keine Flüchtlingslager für DDR-Bürger errichtet. Stattdessen empfiehlt Spáčil neue deutsch-deutsche Verhandlungen über die Aufstockung der Kapazitäten der Vertretung der DDR in Prag, damit die Ausreiseformalitäten zügiger erledigt werden können als bisher. Tatsächlich finden entsprechende Verhandlungen bereits zur gleichen Zeit im Bundeskanzleramt statt.[18]

Ostberlin, Staatsratsgebäude, 14.30 Uhr:
Gratulationscour für Krenz

Der neue Staatsratsvorsitzende der DDR, Egon Krenz, empfängt heute im Amtssitz des Staatsrats zum ersten Mal das Diplomatische Korps.[19] Noch bevor er die zahlreichen Glückwünsche zu seiner Wahl zum Generalsekretär der SED entgegennimmt, hat der Ständige Vertreter Bonns, Franz Bertele, die Gelegenheit, mit Krenz über das wieder aufgeflammte Flüchtlingsdrama zu sprechen. Honeckers Nachfolger im Amt, dem eine positive Entwicklung der deutsch-deutschen Beziehungen wichtig ist, hört sich Berteles Ausführungen an und verweist auf die neue Ausreiseregelung, die mit Beginn der kommenden Woche diskutiert werden soll. Konkrete Maßnahmen mit sofortiger Wirkung stellt er jedoch nicht in Aussicht. Auch das anschließende Gespräch Berteles mit dem ZK-Politbüromitglied Herbert Krolikowski über eine Flexibilisierung des Ausreiseverfahrens und etwaige Notunterkünfte in Prag endet ergebnislos.[20]

Es ist 15.30 Uhr,[21] als der tschechoslowakische DDR-Botschafter, František Langer, mit Krenz ins Gespräch kommt und ihn über die dramatisch anschwellende Zahl von DDR-Bürgern in der Prager Vertretung der BRD informiert. Im Augenblick hielten sich bereits ca. 4 000 bis 5 000 Menschen auf dem Botschaftsgelände auf. Und ihre Zahl nehme rasant zu. Nach den Eindrücken von ČSSR-Botschafter Langer war »Genosse Krenz [...] durch die hohe Anzahl [der Flüchtlinge] sichtlich überrascht. [...] Er versprach eine schnelle Lösung und bat, dies dem Genossen Jakeš mitzuteilen.«[22] Langer spricht im Zuge der Veranstaltung die Flüchtlingsproblematik auch bei anderen hohen SED-Funktionären an, namentlich Herbert Krolikowski und Harry Otto. Anschließend stellt der tschechoslowakische Botschafter ernüchtert fest: »Die Reaktionen aller zeugen von Ratlosigkeit. [...] Vielleicht darf bereits morgen die Information des Innenministeriums über die Ausreisemöglichkeiten direkt aus der DDR veröffentlicht werden (unsicher gesagt). [...] Die befürchtete Massendemonstration am 4.11. (heutige Schätzungen gehen von einer Millionenzahl an Teilnehmern aus) beschäftigt offensichtlich alle insofern, als dass ohne weiteren Druck auf die Vertretung in Prag die Flüchtlingssituation kaum energisch gelöst wird.«[23]

Prag, ZK der KPTsch, Generalsekretär Jakeš, 16.00 Uhr: notfalls direkte Ausreise

In Prag spitzt sich derweil die Situation rund um die westdeutsche Botschaft von Minute zu Minute dramatisch zu. KPTsch-

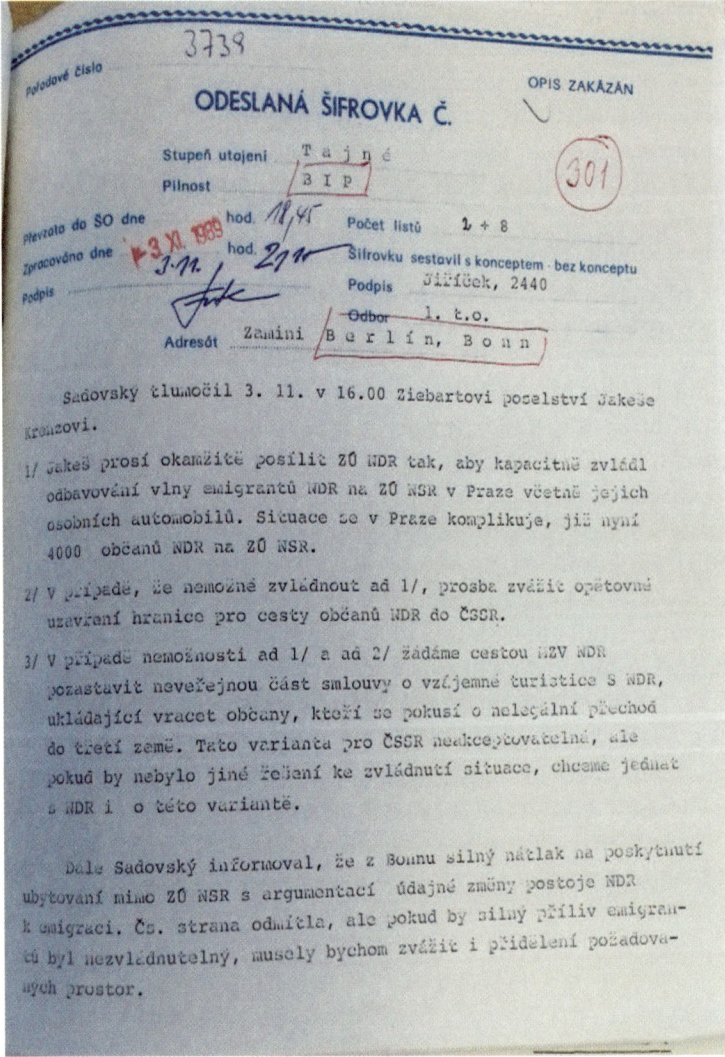

KPTsch-Chef Jakeš schreibt: notfalls direkte Ausreise

Parteichef Jakeš schlägt nach einer Krisensitzung des Politbüros SED-Chef Krenz mehrere vom Ansatz her sehr unterschiedliche Lösungsvarianten vor. Sollte sich keiner der unterbreiteten Vorschläge realisieren lassen, drängt er schließlich darauf, die DDR-Bürger einfach »direkt aus der ČSSR in ein beliebiges 3. Land ausreisen« zu lassen. Jakeš verlangt nachdrücklich eine »sofortige Entscheidung« Ostberlins. Es ist 16.00 Uhr, als ČSSR-Vizeaußenminister Sadovský die dringlichen Vorschläge seines Parteichefs an den Prager DDR-Botschafter Ziebart weiterleitet. Dieser telefoniert sofort über den »heißen Draht« (WTsch)[24] mit dem DDR-Außenminister Fischer in Berlin, um ihn über die aktuelle Lage und die tschechoslowakischen Lösungsvorschläge an SED-Generalsekretär Krenz zu unterrichten.[25]

Ostberlin, Außenministerium, 16.00 Uhr: Jakeš' Vorschläge an SED-Generalsekretär Krenz

Von Botschafter Ziebart über die katastrophale Situation rund um die Prager Botschaft und die verzweifelten Bittgesuche Jakeš' in Kenntnis gesetzt, wendet sich Außenminister Fischer umgehend via Eilschreiben an Krenz persönlich, um den Staatsratsvorsitzenden der DDR über die brenzlige Entwicklung zu informieren. Einleitend rekapituliert er darin die von KPTsch-Parteichef Jakeš vorgeschlagenen Lösungsvarianten:[26]

»Anruf über WTsch vom Genossen Ziebart:
Genosse Jakeš übermittelt folgende Botschaft an Genossen Krenz:
1. Angesichts des sprunghaften Ansteigens der Anzahl von DDR-Bürgern in der BRD-Botschaft (gegenwärtig ca. 4 000, es wird mit einem täglichen Zugang von mindestens weiteren 2 000 gerechnet) ist die Abfertigung der betreffenden Bürger so zu beschleunigen, dass eine umgehende Ausreise erfolgen kann.
2. Wenn diese Möglichkeit nicht bestehen sollte, wird eine einseitige Schließung der Grenze durch die DDR vorgeschlagen, bis in der DDR die Voraussetzung für eine direkte Ausreise in die BRD geschaffen ist.

3. Wenn beide Varianten nicht möglich sein sollten, wird die sofortige Aufnahme von Verhandlungen in Berlin mit dem Ziel vorgeschlagen, eine einseitige Suspendierung des Protokolls zum Vertrag über den visafreien Reiseverkehr durch die DDR zu vereinbaren, damit die betreffenden Bürger sofort aus

```
                                   Berlin, 3. November 1989


      Information

      1. Anruf über WTsch von Genossen Ziebart:

         Genosse Jakes übermittelt folgende Botschaft an
         Genossen Krenz:

            1. Angesichts des sprunghaften Ansteigens der Anzahl
               von DDR-Bürgern in der BRD-Botschaft (gegenwärtig
               ca. 4.000, es wird mit einem täglichen Zugang von
               mindestens weiteren 2.000 gerechnet) ist die Ab-
               fertigung der betreffenden Bürger so zu beschleu-
               nigen, daß eine umgehende Ausreise erfolgen kann.

            2. Wenn diese Möglichkeit nicht bestehen sollte, wird eine
               einseitige Schließung der Grenze durch die DDR vorge-
               schlagen, bis in der DDR die Voraussetzung für eine
               direkte Ausreise in die BRD geschaffen ist.

            3. Wenn beide Varianten nicht möglich sein sollten, wird
               die sofortige Aufnahme von Verhandlungen in Berlin mit
               dem Ziel vorgeschlagen, eine einseitige Suspendierung
               des Protokolls zum Vertrag über den visafreien Reise-
               verkehr durch die DDR zu vereinbaren, damit die be-
               treffenden Bürger sofort aus der ČSSR in ein beliebiges
               3. Land ausreisen können. (Der Botschafter der ČSSR
               in Berlin hat dazu entsprechende Vollmachten).

         Genosse Jakes bittet um möglichst sofortige Entscheidung
         und entsprechende Antwort.

      2. Genosse Horst Neubauer teilt mit, daß Ministerialdirigent
         Duisberg vom Bundeskanzleramt der BRD ihm mitgeteilt habe,
         daß sich die Situation in der BRD-Botschaft in Prag drastisch
         zugespitzt habe. Es befänden sich über 5.000 "Zufluchtssuchende"
         in der Botschaft.
```

Genosse Jakeš bittet um möglichst sofortige Entscheidung

der ČSSR in ein beliebiges 3. Land ausreisen können. (Der Botschafter der ČSSR in Berlin hat dazu entsprechende Vollmachten.)

Genosse Jakeš bittet um möglichst sofortige Entscheidung und entsprechende Antwort.«[27]

Im zweiten Teil seines Schreibens kommt Fischer dann auf die neuesten – und noch schlimmeren – Hiobsbotschaften aus Prag zu sprechen. Gegenwärtig befänden sich auf dem Gelände der Prager Botschaft der BRD laut aktuellsten Informationen nicht etwa 4000, sondern über 5000 Personen. Weitere 8000 DDR-Bürger weilten in der ČSSR und seien bereits unterwegs zur Botschaft. Die tschechoslowakische Regierung wolle auf keinen Fall Flüchtlingslager für politische Flüchtlinge aus der DDR einrichten.[28]

Wie Fischer überdies an Krenz berichtet, dränge auch die Bundesregierung auf eine baldige Lösung. Wie aus Bonn der DDR-Bevollmächtigte, Horst Neubauer, gerade mitteilt, habe ihm Ministerialdirigent Duisberg vom Bundeskanzleramt eröffnet, dass sich die Situation in der Botschaft in Prag drastisch zugespitzt habe. Es befänden sich über 5000 Ausreisewillige auf dem Botschaftsgelände. Die Bundesregierung bittet die Regierung der DDR mit Nachdruck, Möglichkeiten der direkten Ausreise ihrer Bürger per Zug von Prag aus in die Bundesrepublik zu prüfen. Eine rasche Abfertigung und Ausreisemöglichkeit müsse nach Auffassung der BRD auch im Interesse der DDR liegen.[29]

Auf DDR-Außenminister Fischer lastet gewaltiger Druck – sowohl von Seiten der internationalen Diplomatie angesichts der unerträglichen Lage in der Prager Botschaft der Bundesrepublik als auch intern aufgrund der innenpolitischen Dauerkrise und einer für morgen erwarteten Massendemonstration in Berlin. Angesichts der Notlage und der weitgehenden Auswegslosigkeit empfiehlt Fischer SED-Generalsekretär Krenz kurzerhand die aktuell bequemste Lösung: Die DDR-Bürger sollen gemäß Jakeš' Vorschlägen einfach aus der ČSSR direkt in die Bundesrepublik ausreisen dürfen: »Ich schlage vor, der ČSSR und der BRD mitzuteilen, dass wir einverstanden sind, die DDR-Bürger direkt – ohne auf Regelung der Formalitäten zur Entlassung aus der Staatsbürgerschaft der DDR zu bestehen – aus der ČSSR in die BRD ausreisen zu lassen, ohne dabei DDR-Territorium zu berühren. Ich bitte um Entscheidung.«[30]

MINISTERRAT DER DEUTSCHEN DEMOKRATISCHEN REPUBLIK

DER MINISTER FÜR AUSWÄRTIGE ANGELEGENHEITEN

Generalsekretär des
Zentralkomitees der Sozialistischen
Einheitspartei Deutschlands und
Vorsitzenden des Staatsrates der
Deutschen Demokratischen Republik

Genossen Egon   K r e n z

B e r l i n

Beh. Protokoll Nr. *Vs* / *4*

vom *3.11.89*

Einverstanden.

E

Berlin, 3. November 1989

Werter Genosse Krenz!

Als Anlage übermittle ich eine Information zur Situation
in der BRD-Botschaft in Prag.

Ich schlage vor, der ČSSR und der BRD mitzuteilen, daß wir
einverstanden sind, die DDR-Bürger direkt - ohne auf Regelung
der Formalitäten zur Entlassung aus der Staatsbürgerschaft der
DDR zu bestehen - aus der ČSSR in die BRD ausreisen zu lassen,
ohne dabei DDR-Territorium zu berühren.

Ich bitte um Entscheidung.

Mit sozialistischem Gruß

Oskar Fischer

Anlage

Fischer: »DDR-Bürger direkt [...] aus der ČSSR in die BRD ausreisen lassen«. Krenz: »Einverstanden«.

Ostberlin, Politbüro der SED, 17.00 Uhr:
Krenz stimmt direkten Ausreisen zu

Als Krenz die Eilmeldung von Außenminister Fischer erhält, in welcher die Lage innerhalb der Prager Botschaft erdrückend dargelegt und als katastrophal bezeichnet wird, sieht er sich zu sofortigem Handeln gezwungen. Der Empfang des Diplomatischen Korps ist vorbei, als am frühen Abend, etwa um 17.00 Uhr, ein zusätzlicher, dringender Verhandlungspunkt für die heutige Sondersitzung des SED-Politbüros anberaumt wird: die Behebung des Flüchtlingsproblems.[31] Krenz, der unter immensem Stress steht und weitere Massendemonstrationen fürchtet, aber auch bestrebt ist, ein Blutbad unter allen Umständen zu vermeiden,[32] ist von der kritischen Gesamtsituation völlig überfordert. Ohne die Tragweite des Beschlusses wirklich zu erkennen, befürwortet er die Empfehlung Jakeš', welche ihm auch Außenminister Fischer nahegelegt hat: Die DDR-Flüchtlinge in der Prager BRD-Botschaft sollen demnächst direkt aus der ČSSR in die Bundesrepublik ausreisen dürfen. Das SED-Politbüro stimmt dann explizit dem Vorschlag des KPTsch-Generalsekretärs zu: »Dem Vorschlag, die sich in der Prager BRD-Botschaft aufhaltenden DDR-Bürger direkt aus der ČSSR in die BRD ausreisen zu lassen, ohne dabei DDR-Territorium zu berühren, wird zugestimmt.«[33]

Die noch am heutigen Tag verkündete und sofort in Kraft getretene Ausreiseregelung konstituiert eine rechtlich und politisch fundamental neue Grundordnung. Wer nun die DDR verlassen will, steigt einfach in einen Zug und reist nach Prag. Dort wird er von Botschaftspersonal in bereitstehende Züge umdirigiert, die ihn unbelästigt in die Bundesrepublik bringen. Gemäß dem geflügelten Wort »Wie geht's? – Über Prag!« fahren nun täglich Tausende DDR-Bürger mit dem Zug in die tschechoslowakische Hauptstadt, wo sie von Botschaftsmitarbeitern noch am Bahnhof in Empfang genommen werden, die ihnen sogleich Hilfestellung zur direkten Weiterreise in die Bundesrepublik leisten.[34] Somit gibt es für DDR-Bürger fortan keinen Eisernen Vorhang und keine Mauer mehr. Es gibt nur noch den Umweg über Prag.[35] Hans-Dietrich Genscher bezeichnet in seinen Erinnerungen den Flüchtlingsstrom als einen politischen Urstrom, der sich »in Prag, der europäischsten aller europäischen Städte«, in Bewegung setzte und sich anschließend unbehindert durch die DDR schob.[36]

---

3. November 1989

Beschluss des Politbüros des Zentralkomitees der SED zur direkten Ausreise der Prager Botschaftsflüchtlinge in die Bundesrepublik[36]

<u>4. Botschaft des Genossen M. Jakeš an Genossen E. Krenz</u>

Dem Vorschlag, die sich in der Prager BRD-Botschaft aufhaltenden DDR-Bürger direkt aus der ČSSR in die BRD ausreisen zu lassen, ohne dabei DDR-Territorium zu berühren, wird zugestimmt.

Genosse O. Fischer wird ermächtigt, sofort mit Vertretern der ČSSR und der BRD entsprechende Gespräche zu führen.

Verantwortlich: Genosse O. Fischer

Die Politbüroentscheidung vom heutigen 3. November über die neue Ausreiseregelung stellt – nach der Montagsdemonstration in Leipzig am 9. Oktober – den nächsten historischen Meilenstein dar. Sie gehört in der langen Kette von dramatischen Ereignissen zu den folgenschwersten überhaupt: In dieser Minute öffnet sich für die DDR-Bürger der Eiserne Vorhang. Die kommunistische Diktatur in der DDR kann indessen ohne den Eisernen Vorhang nicht überleben. Der Kalte Krieg ist damit vorbei. Die DDR Geschichte. Ahnt es Krenz in diesem Moment?

Prag, Botschaft der Bundesrepublik, 17.30 Uhr: katastrophale Zustände

Die Zahl der Zufluchtsuchenden auf dem Botschaftsgelände ist derweil tatsächlich auf ca. 5 000 angewachsen.[38] DRK-Präsident

Das Frieren vor der Botschaft

zu Sayn-Wittgenstein legt Bundesaußenminister Genscher seine Absicht dar, dass er die Öffentlichkeit über die katastrophalen Zustände in der Prager Botschaft informieren werde, sofern sich die Lage dort im Verlauf des heutigen Tages nicht ändere.[39] Die konkrete Situation beschreibt in knappen Worten die dortige Einsatzleiterin des Roten Kreuzes: »Hoher Anteil von Kindern bis 10 Jahren. Viele alkoholisierte Personen. – Katastrophale Zustände, freie Plätze nur noch im Freien (stehend). – Der sanitäre Betrieb kann nur mit allergrößtem Bemühen aufrechterhalten werden. Hygienischer Zustand häufig ekelerregend. Abflüsse mit Fäkalien verstopft. Im Außenbereich (Garten, Nebengebäude) wurde die Notdurft verrichtet. Im gesamten Außengelände eine matschige, glitschige Oberfläche. – Wetter: Im Wesentlichen trocken.«[40]

Dabei kommt es auch zu Konflikten zwischen DRK-Mitarbeitern, die ein striktes Alkoholverbot einhalten möchten, und DDR-Bürgern, die ihre Flucht mit Hochprozentigem feiern wol-

len. Schon tauschen vereinzelt Flüchtlinge über den Botschafts-
zaun hinweg etwa ihre Schlafsäcke gegen Alkohol ein, als es das
DRK doch vorzieht, die Versorgung selbst zu übernehmen. Gegen
Bezahlung besorgt das Rote Kreuz Zigaretten, Becherovka,
Wodka, Whisky oder Weinbrand.[41]

**Ostberlin, abends, Fernsehansprache des Generalsekretärs
der SED**

Am Abend richtet sich Egon Krenz in einer Fernseh- und Rund-
funkansprache an das Volk. Er verkündet den bevorstehenden
Rücktritt der langjährigen und durchweg unbeliebten Politbü-
ro-Gerontokraten Hermann Axen, Kurt Hager, Erich Mielke,
Erich Mückenberger und Alfred Neumann.[42] Dabei ruft Krenz
geradezu leidenschaftlich die Ausreisewilligen auf, im Land zu
bleiben: »Ich appelliere erneut an jene Bürger, die sich mit dem
Gedanken der Ausreise aus der DDR plagen: Vertrauen Sie unserer Politik der Erneuerung! Ihr Platz, liebe Mitbürger, ist hier.
Wir brauchen Sie. Sollten Sie sich dennoch anders entscheiden,
wenden Sie sich vertrauensvoll an die zuständigen Behörden
der DDR. Es ist der kürzere und der bessere Weg.«[43] Über die
ganz neuen Ausreisemöglichkeiten für die DDR-Bürger, aus der
Tschechoslowakei ab nun direkt in die Bundesrepublik ausreisen zu dürfen, informiert Krenz seine »lieben Mitbürger« allerdings (und verständlicherweise) nicht.

**Prag, Botschaft der Bundesrepublik, 22.00 Uhr:
Kunde über neue Ausreiseregelung, Jubel**

Knapp 72 Stunden harren einige der Flüchtlinge im Palais Lobkowicz nun schon aus; 72 Stunden quälender Ungewissheit und
des Wartens unter menschenunwürdigen Bedingungen, die auch
das Botschaftspersonal und dessen Helfer vom Roten Kreuz an
die Grenzen ihrer Belastbarkeit geführt haben.

Doch am späten Abend des 3. November hat das Botschaftspersonal, haben die DRK-Mitarbeiter und – vor allem – Tau-

sende von Flüchtlingen aus der DDR in Prag einen guten, ja, einen wirklich ausgezeichneten Grund zu riesigem Jubel. Das Botschaftspersonal wird am späten Abend telefonisch über die neue Ausreiseregelung informiert.[44] Der stellvertretende Botschafter Hiller vermag die schier unfassbare Nachricht zunächst nicht zu glauben, dann allerdings organisiert er sofort alles Weitere. Gegen 22.00 Uhr fährt Hiller in die Botschaft der DDR, wo ihm die Möglichkeit einer direkten, legalen Ausreise in die Bundesrepublik amtlich bescheinigt wird. Hier bekommt er offiziell bestätigt, dass Deutsche aus der DDR, die sich gegenwärtig bereits in der bundesdeutschen Botschaft aufhalten oder diese erst noch aufsuchen wollen, ohne vorherige Entlassung aus der DDR-Staatsbürgerschaft, lediglich auf Basis des DDR-Personalausweises, direkt in die Bundesrepublik ausreisen dürfen. Diese Regelung gelte ab sofort. Auf Hillers Nachfrage, ob es eine zeitliche Limitierung gebe, antworten die DDR-Vertreter, dass dies nach ihrem Kenntnisstand nicht der Fall sei. Wie das DDR-Botschaftspersonal ferner betont, handele es sich bei den Vorgängen nach DDR-Recht um völlig legale Ausreisen.[45]

Reichlich überraschend – gleichwohl auf eine positive Art – kommt für Hiller auch der völlig neue Umgangston der Botschaftsmitarbeiter: »Das Gespräch wurde von DDR-Diplomaten auf eine offene, sympathische und kollegial entgegenkommende Art geführt. [Legationsrat] Rünger und ich gingen natürlich gerne auf diesen angenehmen Umgangston ein, hatten aber einige Mühe, unsere Überraschung über diesen abrupten Stimmungsumschwung zu verbergen.«[46]

Nachdem die Bonner Diplomaten in die bundesdeutsche Botschaft zurückgekehrt sind, informieren sie umgehend die dort wartenden Menschen über deren neue Ausreisemöglichkeiten. Der Jubel ist unbeschreiblich. Anschließend leiten sie alle notwendigen organisatorischen Schritte und Vorbereitungen für den morgigen Hauptabreisetag in die Wege. Ein Teil der Flüchtlinge will indes nicht mehr länger warten und begibt sich sofort in die Prager Innenstadt, wo sie ihre Autos abgestellt hatten, um noch in derselben Nacht in Richtung Bundesrepublik loszufahren.[47]

Vize-Botschafter Hiller informiert das Auswärtige Amt in Bonn auch über die Reaktionen der tschechoslowakischen Stellen. Den meisten Gesprächspartnern im Außenministerium der Tschechoslowakei sei anzumerken gewesen, wie erleichtert sie über die gefundene Lösung waren. Das Tschechoslowakische Rote Kreuz sei ebenfalls bereit, Hilfe zu leisten. Und ganz nebenbei erfährt Hiller auch noch, wer sich von der tschechoslowakischen Seite für eine rasche Lösung der Flüchtlingsfrage eingesetzt habe: Der Mitarbeiter des Außenministeriums, Miloslav Kočárek, »sagte uns beim Herausgehen eher beiläufig, dass Generalsekretär Jakeš am Nachmittag in unserer Sache eine Botschaft an den SED-Chef Krenz gerichtet habe. Einzelheiten hierzu gab er keine.«[48] Womit Hiller zugleich bestätigt, dass die bundesdeutschen Diplomaten über den Druck der tschechoslowakischen Entscheidungsträger auf die SED-Spitze, hinsichtlich der Botschaftsflüchtlinge sofort etwas zu unternehmen, zu der damaligen Zeit nicht informiert waren.

4. NOVEMBER

Staatsgrenze DDR-ČSSR, Mitternacht: Staatssicherheit zieht sich zurück, »Erpresser« dürfen ausreisen

Die entlang der Grenze zur ČSSR beschäftigten Mitarbeiter der DDR-Staatssicherheit können bis auf Weiteres nach Hause fahren, sie werden aktuell nicht mehr gebraucht. Wie der Leiter der Zentralen Koordinierungsgruppe (ZKG) Flucht und Übersiedlung informiert, sei entsprechend einer Vereinbarung zwischen der DDR und der ČSSR ab heute, 0.00 Uhr, den sich gegenwärtig noch in der westdeutschen Botschaft in Prag aufhaltenden »Erpressern« die direkte Ausreise in die BRD gestattet. Es könnten dazu die verschiedensten Transportmittel und alle Grenzübergänge der Tschechoslowakei zur Bundesrepublik genutzt werden. Im Zusammenhang mit dieser zentralen Entscheidung sowie den Modalitäten zum Passieren der tschechoslowakisch-bundesrepublikanischen Staatsgrenze sei zu beachten, dass bis auf Widerruf grundsätzlich jeder DDR-Bürger – und unabhängig davon, ob zuvor die Bonner Vertretung in Prag aufgesucht wurde oder nicht – das Recht habe, ohne Reisepass und Visum in die BRD auszureisen. Eine namentliche Registrierung dieser DDR-Bürger an den Grenzübergangsstellen der ČSSR erfolge nicht.[49] Vor einem Monat wäre eine solche Nachricht unvorstellbar gewesen. Es ist eine Revolution.

Prag, Botschaft der Bundesrepublik: Ausreiseaktion für 6 486 Menschen

Zum insgesamt dritten Mal innerhalb weniger Wochen beginnt nun in Prag eine riesige Ausreiseaktion von der westdeutschen Botschaft in die Bundesrepublik. Doch anders als zuletzt verlaufen die vorbereitenden Gespräche mit dem tschechoslowakischen Vizeaußenminister Pavel Sadovský und dem ostdeutschen Botschafter Helmut Ziebart für Vizebotschafter Hiller »überraschend erfreulich«. Vor allem Ziebart zeigt sich kollegial und bekräftigt aus freien Stücken, dass die Ausreiseregelung unbegrenzt und legal sei. Jeder ausgereiste Bürger könne jederzeit wieder in die DDR einreisen.[50] Die Menschen verlassen die Tschechoslowakei mit Zügen, Bussen oder dem eigenen Auto in Richtung Bundesrepublik, diesmal ohne einen Umweg über die DDR machen zu müssen.[51]

Abfahrt! Vor dem Botschaftspalais

Die Zugfahrt der Ausreisewilligen von Prag nach Marktredwitz wird noch in der Nacht des 4. November in Zusammenarbeit mit der Leitstelle der Deutschen Bundesbahn in Mainz sowie der Dispatcherzentrale in Prag organisiert. Insgesamt 43 Personenwaggons kann die Bundesbahn bis in die frühen Morgenstunden hinein kurzfristig auftreiben, um die Flüchtlinge am Prager Bahnhof in Empfang zu nehmen. Der Abtransport zum Bahnhof selbst verläuft indes zunächst nur schleppend, da immer neue DDR-Bürger hinzukommen und insgesamt zu wenig Busse zur Verfügung stehen. Alles in allem werden dann am heutigen Tag 105 Bustransporte vom Botschaftsviertel Kleinseite aus zum Bahnhof Praha Libeň, Horní nádraží durchgeführt.[52] Obwohl der erste Zug erst gegen 8.30 Uhr abfahren soll, stehen viele Menschen schon um 4.30 Uhr vor dem Bahnhofstor. Viele sind in Panik und haben Angst, keinen Platz mehr im Zug zu bekommen.[53]

Mitarbeiter des Deutschen Roten Kreuzes betreuen die Menschen direkt am Bahnhof, von wo aus in regelmäßigen Abständen Züge in die Bundesrepublik abfahren.[54] Verpflegt werden die Flüchtlinge zwischendurch am Bahnhof.[55] Um 9.22 Uhr, mit einer knappen Stunde Verspätung, setzt sich dann der erste Sonderzug von Prag aus in Bewegung. Der fünfte und vorerst letzte Sonderzug verlässt die tschechoslowakische Hauptstadt schließlich gegen 14.50 Uhr. Bis in den frühen Nachmittag hinein reisen so insgesamt rund 4 600 DDR-Bürger von der ČSSR in die Bundesrepublik aus, ohne dabei – wie vom SED-Politbüro veranlasst – einen Umweg über die DDR nehmen zu müssen. Bis zum Abend werden es 6 486 sein; weitere 1 000 bis 1 500 nutzen den eigenen Pkw.[56] Um 14.50 Uhr sind die Botschaft sowie die umliegenden Straßen vollständig geräumt.[57]

Für den späten Nachmittag sowie den frühen Abend werden zwei weitere Sonderzüge in Prag erwartet. Schließlich strömen noch immer kontinuierlich ausreisewillige DDR-Bürger zur westdeutschen Botschaft. Von hier aus werden sie unmittelbar in die bereits wartenden Busse geleitet und zum Bahnhof Praha Libeň, Horní nádraží, gebracht. Die Botschaft selbst bleibt weiter rund um die Uhr besetzt und in unmittelbarem Kontakt zum Bereitschaftsdienst des Auswärtigen Amtes sowie mit der Leitstelle der Deutschen Bundesbahn in Mainz verbunden, um je nach Bedarf weitere Züge anfordern zu können. Transportmöglichkeiten von der Botschaft zum Bahnhof stehen auch die ganze Nacht hindurch zur Verfügung.[58]

Ostberlin, Alexanderplatz, Massendemonstration

Wohl hat die SED-Parteispitze dank ihrer Zustimmung zur Ausreiseaktion aus der Tschechoslowakei die Lage um die Prager Botschaft beruhigt, doch im Lande selbst hat der jüngste Politbürobeschluss zu keiner Entspannung geführt. Innenpolitisch lastet weiter ein immenser Druck auf der Partei. Jene Entwicklung, die später einmal als Friedliche Revolution bezeichnet werden wird, wurde durch die Grenzschließung am 3. Oktober 1989 und die darauffolgende Reaktion der Massen in Form der Leipziger Montagsdemonstration vom 9. Oktober 1989 bereits angestoßen. Nun geht sie unaufhörlich weiter. Auf der – einigen Au-

4. November 1989: Auf dem Ostberliner Alexanderplatz versammeln sich 500000 Menschen zur größten systemkritischen Demonstration in der DDR-Geschichte. Die SED versucht zwar, ihre Macht zu verteidigen, doch ohne Erfolg.

toren zufolge – größten Massendemonstration in der Geschichte
der DDR, auf dem Berliner Alexanderplatz, demonstrieren vom
Morgen bis in den Nachmittag hinein mehrere Hunderttausend
Bürgerinnen und Bürger für Meinungs-, Presse- und Versamm-
lungsfreiheit sowie für freie Wahlen.[59] Mit Teilen der Volkspolizei ist eine Sicherheitspartnerschaft vereinbart worden, so dass
sich diese im Hintergrund hält und die Protestler agieren lässt.
Von der breiten Masse unbemerkt, sammeln sich am Branden-
burger Tor jedoch massive Kräfte der Nationalen Volksarmee,
um einen eventuellen Durchbruch der Berliner Mauer mit Waffengewalt zu verhindern. Aus den Fenstern des Zentralkomitee-
Gebäudes am Werderschen Markt müssen Mitglieder und Mitarbeiter des Politbüros und des ZKs der SED den Vorbeimarsch
der Demonstranten wie aus einem Versteck heraus beobachten.
Entgegen ihren sonstigen Gewohnheiten können sie den defilie-
renden Massen von keiner Ehrentribüne aus zuwinken.[60] Zwar
gelingt es der SED-Spitze mit Günter Schabowski ein am ge-
samtgesellschaftlichen Dialog interessiertes Mitglied des Politbüros auf die Rednerliste der Abschlusskundgebung zu setzen.
Doch auch dieser wird mit der verhassten Regierung identifiziert
und gnadenlos ausgepfiffen.[61]

5. NOVEMBER

Grenzübergangsstelle Pomezí/Schirnding: riesige Ausreisewelle

Seit Mitternacht dem 4. November 1989 können Menschen aus
der DDR ohne besondere Formalitäten von der Tschechoslowakei in die Bundesrepublik direkt ausreisen. Die Nachricht
von der Öffnung der Grenze zwischen der Tschechoslowakei
und der Bundesrepublik für DDR-Bürger verbreitet sich wie ein
Lauffeuer. Binnen weniger Stunden erhebt sich eine gigantische
Ausreisewelle. Jeden Tag verlassen mehrere Tausend Abwande-
rer ihre Heimat. Im Laufe von zwei Tagen flüchten auf diesem
Weg rund 23 200 Menschen. Ebenso hält der Flüchtlingsstrom
über Ungarn an. Als die Mauer am 9. November fällt, sind insge-

samt mehr als 200 000 Übersiedler aus der DDR in der Bundesrepublik angekommen. Obwohl die DDR-Flüchtlinge von der
Tschechoslowakei aus direkt in die Bundesrepublik ausreisen
dürfen, suchen Hunderte von ihnen die westdeutsche Botschaft
in Prag auf und fordern ihre Aufnahme. Sie können den Meldun-

*Kilometerweite Trabi- und Wartburg-Schlangen, 24 Stunden Wartezeit an
der Grenze*

gen schlicht nicht glauben, dass der Weg in die Freiheit so einfach geworden sein soll. Am Grenzübergang Pomezí-Schirnding
bildet sich ein kilometerlanger Rückstau voll beladener DDR-
Pkw; die geschätzte Wartezeit bis zur Grenzabfertigung beträgt
etwa 24 Stunden.[62] Die tschechoslowakischen Tankstellen in
Grenznähe sind allesamt dicht umlagert, da die Menschen noch
einmal billig – nämlich für Ostwährung – tanken wollen.[63]

Allein im Zeitraum vom 5. bis 9. November, also in fünf Tagen,
werden nach Berichten des tschechoslowakischen Innenministeriums über 62 500 DDR-Bürger via ČSSR in die Bundesrepublik übersiedeln;[64] das sind im Durchschnitt 12 500 Personen
pro Tag, also fast die Einwohnerzahl einer Kleinstadt. Bis zum
12. November werden es 81 477 Menschen sein.[65] Die exorbitante Ausreisewelle über die ČSSR, die Proteste der tschechoslowakischen Genossen dagegen und schließlich die vergeblichen

Maßnahmen der SED-Parteiführung, welche den Massenexodus doch noch irgendwie zu bremsen versuchen, werden in wenigen Tagen zum Mauerfall führen.

Prag, Bahnhof Libeň, Horní nádraží: 9 000 Übersiedler binnen zweier Tage

Der Leiter des Referats 513 im Auswärtigen Amt, Karl-Heinz Kunzmann, wird gebeten, die Durchführung der Ausreiseaktion mit der Bahn zu übernehmen. Dies scheint aufgrund der bereits getroffenen Vorbereitung zunächst unproblematisch. Dann jedoch zeigt sich, dass die Deutsche Bahn zu ihren Kollegen in der ČSSR keinen Arbeitskontakt unterhält. Niemand weiß, wer in Prag der richtige Ansprechpartner ist, auch nicht der dafür zuständige Vorstand der DB. Erst zu nächtlicher Stunde, gegen 1.00 Uhr in der Früh des 4. November, kommt aufgrund der Bemühungen der Prager Botschaft der Arbeitskontakt zwischen beiden Bahnen doch noch zustande.[66]

Am ersten Tag der neuen Ausreiseaktion, am 4. November, sind so insgesamt 6 486 Frauen, Männer und Kinder per Zug in die Bundesrepublik gebracht worden; der letzte der sechs Züge verlässt Prag um 18.15 Uhr. Doch schon in der Nacht vom 4. auf den 5. November befinden sich bereits wieder mehr als 1 500 Menschen in der Botschaft.[67]

Entsprechend fahren auch heute wieder mehrere Sonderzüge mit Flüchtlingen an Bord von Prag aus in Richtung Bundesrepublik. Der insgesamt siebte Zug verlässt die tschechoslowakische Hauptstadt um 10.38 Uhr, der achte um 13.30 Uhr. Allein diese beiden Züge befördern 1 730 Menschen in die Freiheit. Der neunte Zug fährt um 22.30 Uhr ab; eine halbe Stunde zuvor hatten sich bereits wieder über 500 Menschen auf dem Prager Bahnhof eingefunden. Noch bis 3.00 Uhr nachts hält die tschechoslowakische Bahn einen Sonderzug bereit, der bis zu 800 Personen transportieren kann. Auch die DB könnte mit einem weiteren Zug aushelfen, je nachdem, wie sich die weiteren Flüchtlingszahlen entfalten. Die Entwicklung der Neuzugänge bleibt abzuwarten. Insgesamt sind so innerhalb von nur zwei Tagen, seitdem die neue Ausreiseregelung Bestand hat, rund 9 000 Personen mit neun Zügen aus der tschechoslowakischen Hauptstadt in die Bundesrepublik ausgefahren worden.[68]

6. NOVEMBER

Prag, Bahnhof Libeň, Horní nádraží: Massenausreise

Das Palais Lobkowicz muss fortan nicht mehr länger als Auffangbecken für neue Ausreisewillige aus der DDR genutzt werden. Mitarbeiter des Deutschen Roten Kreuzes betreuen die Menschen direkt am Prager Bahnhof Praha Libeň, Horní nádraží, wo in regelmäßigen Abständen Züge in die Bundesrepublik fahren.[69] Die Massenausreise erlangt rasch große internationale Aufmerksamkeit. Es gibt zahlreiche Bereitschaftserklärungen aus verschiedenen Ländern, Deutsche aus der DDR bei sich aufzunehmen.[70]

Ostberlin, Entwurf des Reisegesetzes stößt auf Ablehnung

Die SED-Führung veröffentlicht den Entwurf ihres angekündigten Reisegesetzes. Darin ist die Gesamtdauer für Reisen auf dreißig Tage pro Jahr beschränkt. Der Gesetzentwurf enthält Versagungsgründe, die nicht eindeutig und nachprüfbar definiert sind und der Behördenwillkür dementsprechend großen Spielraum lassen. Die Finanzierung der Reisen bleibt ungelöst. Noch vor Weihnachten soll das Gesetz unter Berücksichtigung der Veränderungsvorschläge der Bürger von der Volkskammer verabschiedet werden.[71] Selbst SED-Generalsekretär Krenz bewertet den Entwurf in seinem Tagesbericht insgeheim kritisch: »Der Gesetzentwurf sieht vor: ›Die Bürger der Deutschen Demokratischen Republik haben das Recht, in das Ausland zu reisen.‹ Das ist für mich der entscheidende Satz. Hätten wir dieses Recht früher garantieren können, geht mir durch den Kopf, wären uns viele politische Probleme erspart geblieben: illegale Grenzübertritte, Botschaftsflüchtlinge, die Bilder von der un-

garisch-österreichischen Grenze und aus der bundesrepublika-
nischen Botschaft in Prag. Freies Reisen ist ein entscheidender
Punkt unseres Erneuerungsprogramms. Rechtsanwalt Gysi hat
am Sonnabend gewarnt, den vorliegenden Entwurf des Reisegesetzes zu veröffentlichen. Er enthalte zu viele bürokratische Hin-
dernisse und Reiseeinschränkungen. Sie müssten verschwinden.
Erst dann könne das Gesetz veröffentlicht werden. Schon die
ersten Umfragen im Rundfunk zeigen, dass viele Menschen wie
Gysi denken. Sie wollen niemanden mehr fragen, ob sie reisen
dürfen. Sie wollen reisen, nicht als Geschenk oder Gnadenakt
des Staates, sondern als verwirklichtes Bürgerrecht. Als ich im
Laufe des Tages die Informationsberichte der Bezirksleitungen
und die eingehenden Fernschreiben und Telegramme von Bürgern lese, halten sich zustimmende und ablehnende Äußerungen
zum Gesetzentwurf die Waage. Je älter der Tag wird, umso mehr
nehmen die Ablehnungen zu.«[72]

Wie richtig Krenz mit seinen Befürchtungen und Einschätzungen liegt, wird sich schon sehr bald zeigen. Bei den abendlichen
Montagsdemonstrationen und Protestmärschen der folgenden
Tage rückt das Thema Reisen mehr und mehr in den Vordergrund.
Ein Demonstrant nennt das geplante Reisegesetz unter starkem
Beifall: »Verdummung schwarz auf weiß«, ein anderer kommentiert es mit den Worten: »Nun sollen dieselben, die uns immer ge-
demütigt haben, wieder über unser Schicksal entscheiden.« Höh-
nisch wird skandiert: »In dreißig Tagen um die Welt – ohne Geld«,
und fordernd heißt es: »Wir brauchen keine Gesetze, die Mauer
muss weg.« Sogar aus den eigenen Reihen erntet die Parteiführung massive Kritik am Gesetzentwurf. Den ganzen Tag über lassen Protestanrufe von Mitgliedern und Funktionären die Telefone
im Apparat des Zentralkomitees nicht zur Ruhe kommen.[73]

**Ostberlin, sowjetische Botschaft, 72. Jahrestag der
Oktoberrevolution**

Am Abend findet in der Botschaft der UdSSR ein Empfang zum
72. Jahrestag der Oktoberrevolution statt. Festtagsstimmung, wie
sonst an diesem historischen Tag, will bei Krenz jedoch nicht

aufkommen. Er unterhält sich mit dem sowjetischen Botschafter fast ausschließlich über das Reisegesetz und erzählt ihm, wie negativ der Entwurf aufgenommen worden sei. Auf der morgigen Sitzung des Politbüros wolle er vorschlagen, wesentliche Punkte des Gesetzes durch eine Verordnung des Ministerrates vorwegzunehmen. Eine solche Regelung hätte dann den Vorteil, dass sie sofort in Kraft treten könne.[74]

Auf dem Empfang ist auch der sowjetische Armeegeneral Boris Snetkow anwesend; er hält eine kurze Ansprache: »Die Westgruppe der sowjetischen Streitkräfte«, verkündet er, »wird unter allen Bedingungen ihre internationalistischen Aufgaben in der DDR erfüllen.« Krenz freut sich zwar über die Verbundenheit der sowjetischen Genossen mit der DDR, hofft jedoch insgeheim, dass ein militärischer Einsatz weder von der sowjetischen Armee noch seitens der DDR in den kommenden Tagen und Wochen erforderlich sein wird.[75]

Bonn: keine neuen Kredite für Schalck-Golodkowski

In Bonn unterbreitet SED-Devisenbeschaffer Alexander Schalck-Golodkowski den Bundesministern für besondere Aufgaben und des Innern, Rudolf Seiters und Wolfgang Schäuble, ein Angebot. Für neue Kredite mit einem Gesamtvolumen von 12 bis 13 Milliarden DM und eine erweiterte wirtschaftliche Kooperation sei die SED-Führung bereit, die Mauer sukzessive zu öffnen. Schalck-Golodkowskis dringlichste Bitte ist jedoch, dass sich die Bundesregierung kurzfristig an der Finanzierung der infolge des Reisegesetzes zu erwartenden Zunahme des Tourismus der DDR-Bürger beteiligen möge, wobei es sich hierbei zusätzlich um eine Summe in Höhe von 3,8 Milliarden DM handeln würde. Wohl zeigen sich die beiden Bundesminister gesprächsbereit, allerdings ziehen sie es vor, vorerst nicht auf das Ostberliner Angebot einzugehen, und spielen auf Zeit. Schalck-Golodkowski erkennt, dass ihm dieses Mal keinerlei Spielraum für Verhandlungen bleibt.[76]

7. NOVEMBER

Prag, Botschaft der Bundesrepublik: Normalzustand eingekehrt

Von den Aufräumarbeiten abgesehen ist im Palais Lobkowicz der Normalzustand wieder eingekehrt. Flüchtlinge müssen im Grunde nur noch für eine einmalige Übernachtung oder im Falle einer notwendigen ärztlichen Versorgung aufgenommen werden, bevor sie zum Bahnhof Praha Libeň, Horní nádraží, weiterfahren und von dort aus in die Bundesrepublik ausreisen.[77] Heute verlagert das DRK seinen Einsatzschwerpunkt zum Prager Hauptbahnhof, wo auch bis zu acht Helferinnen des Tschechoslowakischen Roten Kreuzes zum Einsatz kommen. Eine weitere Betreuungsstelle wird im Bahnhof Holešovice (Holleschowitz) eingerichtet.[78]

8. NOVEMBER

Prag, Hauptbahnhof: »Wie geht's? – Über Prag!«,
täglich 4000 Übersiedler

Der Ausreisestrom aus der DDR über die ČSSR hält auch den fünften Tag in Folge unvermindert an. Täglich reisen mit der Bahn über Prag mehr als 4000 DDR-Bürger in die Bundesrepublik Deutschland ein. Das DRK betreibt zusammen mit den Kollegen vom Tschechoslowakischen Roten Kreuz einen Informations- und Versorgungsstand auf dem Prager Hauptbahnhof. Fünf Einsatzkräfte des DRK, ein Sanitäter sowie drei bis vier Mitarbeiter ihres tschechoslowakischen Pendants sind hier im Drei-Schicht-Betrieb rund um die Uhr im Einsatz. Alle zusammengenommen umfasst das Prager Team des DRK derzeit 45 Personen. Und ginge es nach dem momentanen Stand der Planungen, so würden die deutschen Rotkreuzhelfer auch noch während der kommenden Woche in Prag im Einsatz bleiben.[79]

Tatkräftige Unterstützung kommt dabei von der Botschaft der Bundesrepublik. Sie ist zeitweilig zu einem Reisebüro sui generis für ausreisewillige DDR-Bürger geworden. Jeweils ein Mitarbeiter des gehobenen oder höheren Dienstes befindet sich durchgehend von 6.30 Uhr bis 23.00 Uhr am Hauptbahnhof. Er berät und unterstützt die Flüchtlinge, leistet ihnen konsularische Hilfe (Geld, Fahrkarten etc.), hält Kontakt zur Verwaltung des Bahnhofs und unterrichtet die Botschaft regelmäßig über die aktuelle Entwicklung sowie die Belegung der Züge, welche gerade aus der DDR in die ČSSR eingefahren sind.[80]

Heute Morgen um 6.00 Uhr verlässt der mittlerweile 13. Sonderzug mit ca. 1 000 Ausreisenden an Bord die tschechoslowakische Hauptstadt. An die regulären 7.45-Uhr- und 11.45-Uhr-Züge ab Prag werden vier bzw. sechs Sonderwagen angehängt. Der 14. Sonderzug wird dann im Laufe des Abends, zwischen 19.00 Uhr und 20.00 Uhr, in Richtung Bundesrepublik abfahren. Anderthalb Stunden zuvor, gegen 17.30 Uhr, warten schon wieder rund 600 Ausreisewillige am Prager Hauptbahnhof. Die Zusammenarbeit mit der Verwaltung der tschechoslowakischen Staatsbahnen funktioniert mittlerweile ausgezeichnet. Die Botschaft hat mit telefonischer Ermächtigung durch das Referat 513 des Auswärtigen Amtes heute mehrere Zimmer im Hotel »Moran« im Prager Stadtzentrum für die eventuelle Unterbringung von DDR-Bürgern angemietet.[81]

In der Botschaft selbst halten sich zurzeit nur noch 40 Deutsche aus der DDR auf. 17 von ihnen warten kurzfristig auf entsprechende Zusagen gemäß der »Vogel-Lösung«. Die restlichen 23 verfügen über keine Personalpapiere. Hier bemüht sich die bundesdeutsche Botschaft um Ausstellung von Ersatzdokumenten durch die hiesige DDR-Vertretung.[82]

Prag: Sympathie der Bevölkerung für die Ausreisenden

Die internationale Presse hat sich der jüngsten Ausreisewelle über die ČSSR intensiv und ausführlich gewidmet und sie so einer breiten Öffentlichkeit bekannt gemacht. Unter den tschechoslowakischen Pressestimmen äußern sich die meisten positiv zu den Geschehnissen. Nicht nur innerhalb der Bevölkerung, sondern auch bei einigen Medienvertretern werde immer öfter spürbar, so der Pressereferent der Prager Botschaft, Michael Steiner, dass man sich irgendwie schäme, ausgerechnet von den Ostdeutschen, die den Tschechen und Slowaken immer als sehr diszipliniert und regimetreu erschienen sind, politisch überholt worden zu sein. Oppositionelle und Dissidenten seien sehr dankbar dafür, dass die bundesdeutsche Botschaft die Hilfe zu würdigen wusste, welche die tschechische Bevölkerung durch die Abgabe von Lebensmitteln und Kleidung an die Zufluchtsuchenden aus der DDR geleistet hat.[83]

Wie Pressereferent Steiner weiter zu berichten weiß, habe sich in den letzten Wochen die Stimmung nicht nur in der Bevölkerung gewandelt, sondern auch in den hiesigen Medien. Außer den Prager Einwohnern und der internationalen Presse nähmen inzwischen auch die tschechoslowakischen Medien intensiv Anteil am Schicksal der flüchtigen DDR-Bürger. Hauptinformationsquelle war dabei der Botschaftssprecher, der in den letzten Tagen in sämtlichen nationalen Medien, einschließlich der amtlichen Nachrichtenagentur ČTK, laufend, und zwar durchweg korrekt, zitiert worden sei. Ein Vorgang, der so noch vor wenigen Wochen in der ČSSR undenkbar gewesen wäre.[84]

Ostberlin, 10. Sitzung des Zentralkomitees der SED: Rücktritt der Gerontokraten

Mittels einer insgesamt dreitägigen Sitzung des Zentralkomitees, das von heute an bis zum 10. November tagen soll, beabsichtigt die SED, den Bürgern der DDR ihre Reformbereitschaft und Erneuerungsfähigkeit zu signalisieren. Die Sitzung beginnt mit einem geschlossenen Rücktritt altgedienter Spitzenfunktionäre: der Politbüromitglieder Hermann Axen, Kurt Hager, Herbert Krolikowski, Erich Mielke, Erich Mückenberger, Alfred Neumann, Horst Sindermann, Willi Stoph und Harry Tisch. Der von den tschechoslowakischen Genossen ausgehende Druck, etwas gegen den schier endlosen Ausreisestrom zu unternehmen, der gegenwärtig über die ČSSR hinweggeht, soll dadurch abgemildert werden, dass man erwägt, die neuen Ausreiseregelungen noch vor der Annahme des neuen Reisegesetzes in der Volkskammer als Regierungsmaßnahme zu beschließen. Zur innenpolitischen Beruhigung soll – neben der Neubesetzung des Politbüros – ferner die Anerkennung des »Neuen Forums« beitragen.[85] Auch in allen weiteren Sachfragen einigt sich die Sitzungsrunde auf den kleinsten gemeinsamen Nenner und hofft, dass dieses Vorgehen schon die lang ersehnte Ruhe bringen werde. Doch dies ist eine fatale Fehleinschätzung. Der – gemessen an der Stimmungslage in der Bevölkerung – bescheidene Inhalt der ZK-Sitzung wirkt eher wie ein Spiegelbild der landesweiten Zerfallserscheinungen der »Einheitspartei«.[86]

Bonn, Bundestag: Debatte zur Lage der Nation

In der Debatte des Bundestages zur Lage der Nation macht Bundeskanzler Kohl seinen am Tag zuvor bereits von Kanzleramtschef Seiters an die SED-Spitze übermittelten Forderungskatalog öffentlich: Wenn die SED auf ihr Machtmonopol verzichte, unabhängige Parteien zulasse und freie Wahlen verbindlich zusichere, sei er bereit, »über eine völlig neue Dimension unserer wirtschaftlichen Hilfe zu sprechen«.[87]

Ostberlin, Fernsehsendung ›Aktuelle Kamera‹

Allen Differenzen zum Trotz besteht zumindest in einer Hinsicht Einigkeit zwischen der Staats- und Parteiführung auf der einen und den unabhängigen Bürgerinitiativen auf der anderen Seite, nämlich dahingehend, dass die Menschen die DDR nach Möglichkeit nicht verlassen sollten. Entsprechend richtet auch die Schriftstellerin Christa Wolf im Namen prominenter Kollegen und der unabhängigen Bürgerbewegungen in der abendlichen Nachrichtensendung ›Aktuelle Kamera‹ einen Appell an alle Ausreisewilligen, ihr Vorhaben doch noch einmal zu überdenken: »Wir bitten Sie, bleiben Sie doch in Ihrer Heimat, bleiben Sie bei uns! Was können wir Ihnen versprechen? Kein leichtes, aber ein nützliches und interessantes Leben. Keinen schnellen Wohlstand, aber Mitwirkung an großen Veränderungen. Wir

wollen einstehen für Demokratisierung, freie Wahlen,
Rechtssicherheit und Freizügigkeit. Unübersehbar ist: Jahr-
zehntealte Verkrustungen sind
in Wochen aufgebrochen worden. Wir stehen erst am Anfang des grundlegenden Wan-
dels in unserem Land. Helfen
Sie uns, eine wahrhaft demokratische Gesellschaft zu gestalten,
die auch die Vision eines demokratischen Sozialismus bewahrt.
Kein Traum, wenn Sie mit uns verhindern, dass er wieder im
Keim erstickt wird. Fassen Sie zu sich und zu uns, die wir hier-
bleiben wollen, Vertrauen.«[88]

Prag, ZK der KPTsch:
Ostberlin soll Massenexodus über die ČSSR stoppen

Derweil wird der Druck aus der ČSSR auf Ostberlin immer größer. Inzwischen hat die KPTsch damit begonnen, alle verfüg-
baren Verbindungen zur Parteispitze der SED zu mobilisieren,
um gegen die Massenausreise von DDR-Bürgern über tschechoslowakisches Territorium in die Bundesrepublik zu protestieren. Die hiesigen Genossen befürchten wohl zu Recht, dass der
gewaltige Exodus aus der DDR auch in der Tschechoslowakei
Massendemonstrationen und Proteste gegen das kommunistische Regime auslösen könnte; wird doch hier Tag für Tag der
tschechoslowakischen Bevölkerung hautnah das Scheitern einer
Politik vor Augen geführt, die in der ČSSR bislang noch nicht
aufgegeben wurde. Sollte die DDR also nicht in der Lage sein,
den Ausreisestrom umgehend zu stoppen, so würde die KPTsch
die Grenzkontrollen ihrerseits rigoros verschärfen müssen und
in letzter Konsequenz selbst vor einer einseitigen Grenzschließung zur DDR nicht zurückschrecken.[89]
    Am heutigen Tag nun nimmt der Druck der KPTsch auf ihre
ostdeutschen Genossen noch dringendere, fast ultimative Formen an. DDR-Botschafter Ziebart wird in Prag zur Entgegen-

nahme einer diplomatischen Note ins tschechoslowakische
Außenministerium einbestellt. Bei der Regierung der ČSSR und
im Zentralkomitee der KPTsch, so hält ihm der stellvertretende Außenminister Sadovský vor, stapelten sich Anfragen und
Eingaben der Bevölkerung aus den grenznahen Regionen Nord-

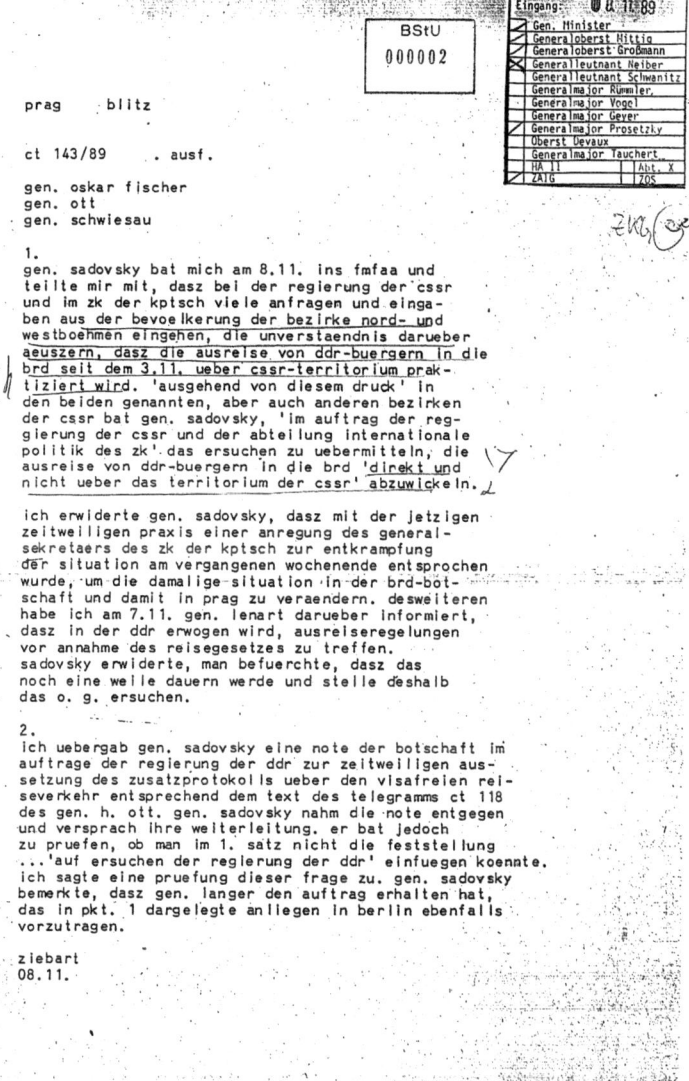

prag   blitz

ct 143/89   . ausf.

gen. oskar fischer
gen. ott
gen. schwiesau

1.
gen. sadovsky bat mich am 8.11. ins fmfaa und
teilte mir mit, dasz bei der regierung der cssr
und im zk der kptsch viele anfragen und eingaben aus der bevoelkerung der bezirke nord- und
westboehmen eingehen, die unverstaendnis darueber
aeuszern, dasz die ausreise von ddr-buergern in die
brd seit dem 3.11. ueber cssr-territorium prak-
tiziert wird. 'ausgehend von diesem druck' in
den beiden genannten, aber auch anderen bezirken
der cssr bat gen. sadovsky, 'im auftrag der regierung der cssr und der abteilung internationale
politik des zk'.das ersuchen zu uebermitteln, die
ausreise von ddr-buergern in die brd 'direkt und
nicht ueber das territorium der cssr' abzuwickeln.

ich erwiderte gen. sadovsky, dasz mit der jetzigen
zeitweiligen praxis einer anregung des general-
sekretaers des zk der kptsch zur entkrampfung
der situation am vergangenen wochenende entsprochen
wurde, um die damalige situation in der brd-botschaft und damit in prag zu veraendern. desweiteren
habe ich am 7.11. gen. lenart darueber informiert,
dasz in der ddr erwogen wird, ausreiseregelungen
vor annahme des reisegesetzes zu treffen.
sadovsky erwiderte, man befuerchte, dasz das
noch eine weile dauern werde und stelle deshalb
das o. g. ersuchen.

2.
ich uebergab gen. sadovsky eine note der botschaft im
auftrage der regierung der ddr zur zeitweiligen aussetzung des zusatzprotokolls ueber den visafreien reiseverkehr entsprechend dem text des telegramms ct 118
des gen. h. ott. gen. sadovsky nahm die note entgegen
und versprach ihre weiterleitung. er bat jedoch
zu pruefen, ob man im 1. satz nicht die feststellung
...'auf ersuchen der regierung der ddr' einfuegen koennte.
ich sagte eine pruefung dieser frage zu. gen. sadovsky
bemerkte, dasz gen. langer den auftrag erhalten hat,
das in pkt. 1 dargelegte anliegen in berlin ebenfalls
vorzutragen.

ziebart
08.11.

und Westböhmens, in denen sie ihr Unverständnis darüber zum Ausdruck brächte, dass die Ausreise von DDR-Bürgern in die Bundesrepublik seit dem 3. November über das Territorium der ČSSR abgewickelt werde. Die tschechoslowakische Partei- und Staatsführung fordere deshalb, dass die DDR die direkte Ausreise ihrer Bürger in die BRD – und eben nicht nur über den Umweg des Territoriums der ČSSR – ermögliche. Ziebart telegrafiert unverzüglich nach Berlin: »Ausgehend von diesem Druck [...] bittet Genosse Sadovský im Auftrag der Regierung der Tschechoslowakei und der Abteilung Internationale Politik des ZK, das Ersuchen zu übermitteln, die Ausreise von DDR-Bürgern in die BRD direkt und nicht über das Territorium der ČSSR abzuwickeln.«[90] Der Hinweis Ziebarts, dass in der DDR bereits erwogen werde, neue Ausreiseregelungen noch vor Annahme des zugehörigen Reisegesetzes zu treffen, genügt den tschechoslowakischen Diplomaten nicht. Das Ministerium für Auswärtige Angelegenheiten der DDR leitet diese zwar diplomatisch formulierte, im Unterton jedoch unmissverständlich scharfe Aufforderung unverzüglich an die mit der Ausarbeitung der neuen Ausreiseregelung befassten Stellen weiter.[91]

9. NOVEMBER

Prag, »Botschafts-Außenstelle Hauptbahnhof«: zügige Abfertigung, 3 000 Übersiedler pro Tag

Mit der SED-Politbüro-Entscheidung vom 3. November haben sich Lage und Aufgaben der Prager Botschaft der Bundesrepublik grundlegend gewandelt. Seither befinden sich in der Vertretung selbst, von einer kleinen Gruppe problematischer Einzelfälle abgesehen, keine Ausreisewilligen mehr. Die meisten Übersiedler aus der DDR reisen jetzt direkt mit der Eisenbahn über die Tschechoslowakei in die Bundesrepublik aus. Für die überwiegende Mehrheit ist Prag daher nur noch Durchgangsstation und Umsteigeplatz auf ihrem Weg in die Freiheit. Die Botschaft hat sich der veränderten Sachlage angepasst und die

entsprechenden organisatorischen Maßnahmen getroffen. Die
stündlich neu eintreffenden Bürger aus der DDR werden hier
für ihre Weiterreise in die Bundesrepublik gleichermaßen sowohl auf reguläre Züge mit zusätzlich angehängten Waggons als
auch auf extra bereitgestellte Sonderzüge verteilt. Dies geschieht

Prag Hauptbahnhof, 3000 Übersiedler pro Tag

in enger und weitgehend problemloser Zusammenarbeit mit
der tschechoslowakischen Eisenbahnverwaltung, die von ihren
Grenzbahnhöfen zur DDR über die zu erwartenden Flüchtlingszahlen informiert wird und dann für Prag die entsprechenden
Vorbereitungen trifft, worüber die Botschaft wiederum laufend
unterrichtet wird.[92] All dies hat zu neuen, vorübergehend stark
gewandelten Arbeitsschwerpunkten unter den Botschaftsmitarbeitern geführt, welche über deren reguläre Tätigkeiten weit hi-
nausgehen. Vorrangige Aufgabe ist es nunmehr, die große Zahl
der über Prag in die Bundesrepublik ausreisenden DDR-Bürger –
der Tagesdurchsatz bewegt sich in Größenordnungen von etwa
3000 Menschen – so reibungslos und mit so wenig Belastungen
für das Gastland wie möglich weiterzuleiten.[93]
    Da nicht abzusehen ist, wie lange der über Prag laufende Aus-
reisestrom noch anhalten wird, stellt sich die Botschaft darauf
ein, die konsularische Betreuung der Ausreisewilligen am Bahn-

hof über einen längeren Zeitraum hinweg aufrechtzuerhalten. So hat die westdeutsche Vertretung jeweils einen, in der Spitze bis zu zwei Bedienstete im Schichtbetrieb zum Prager Bahnhof abgestellt, die dort vor Ort anfallende »konsularische Betreuungsfunktionen« übernehmen. Hierbei handelt es sich vor allem um Aufgaben, die das DRK nur teilweise oder gar nicht übernehmen kann, so z. B. die Beratung über Ausreisemodalitäten – auch und gerade in besonderen Fällen –, die Gewährung finanzieller Hilfen, die Beschaffung von Fahrkarten etc. Heute meldet sich beispielsweise ein sechzehnjähriger Junge, dessen Eltern bereits in die Bundesrepublik Deutschland ausgereist sind und der allein zurückgeblieben ist, weil ihm die Papiere gestohlen wurden. Die Angelegenheit wird auf dem üblichen Wege in Ordnung gebracht, schon kurze Zeit später sitzt der Nachzügler in einem Zug gen Westen. Darüber hinaus sollen die Beamten darauf hinwirken, dass »Ordnungsstörungen«, die von Einzelnen oder von Gruppen der Durchreisenden verursacht werden, unterbunden werden können.[94]

Auch das Deutsche Rote Kreuz hat zunächst auf dem Bahnhof Liběň und jetzt auch auf dem Hauptbahnhof einen Betreuungs- und Versorgungsstand eingerichtet. Der ist rund um die Uhr besetzt, was nicht zuletzt dank der Unterstützung tschechoslowakischer Rotkreuzhelfer möglich ist, die sich an Betreuungsaufgaben beteiligen. Wie die Botschaft, so richtet sich auch das DRK auf einen längeren Einsatz ein und wird am kommenden Wochenende, also am 11. und 12. November, einen Personalaustausch vornehmen, so dass bis auf Weiteres etwa 25 DRK-Helfer zur Verfügung stehen werden.[95]

Trotz des hohen Flüchtlingsaufkommens stellt sich die Lage am Prager Hauptbahnhof den Umständen entsprechend weitgehend normal und unproblematisch dar. Bisher fiel die Resonanz der Bevölkerung auf die dortige Anwesenheit des Botschaftspersonals und die hohen Zahlen der Übersiedler aus der DDR durchweg positiv aus. Vizebotschafter Hiller ist bemüht, dass die bisherige »gute Presse« sowie auch die durchgängig positiven Reaktionen und die Hilfsbereitschaft der Bevölkerung (u. a. Mitwirkung vom Tschechoslowakischen RK) erhalten bleiben, und will versuchen, alles zu tun, dass dies auch weiterhin so fortbesteht.[96]

Angesichts der gewaltigen, in der Tendenz zunehmenden Ausreisewelle über die ČSSR und der damit verbundenen Klagen,
Beschwerden und Proteste der tschechoslowakischen Parteiführung sieht sich Krenz
erneut zum Handeln gezwungen. Am Nachmittag des zweiten Tages, gegen 16.00 Uhr,
unterbricht er die 10. Sitzung des Zentralkomitees der SED durch eine außerplanmä-
ßige Rede: »Genossinnen und Genossen!
Bevor Günther [Jahn] das Wort nimmt,
muss ich noch mal von der Tagesordnung
abweichen – euch ist ja bekannt, dass es
ein Problem gibt, das uns alle belastet: die
Frage der Ausreisen. Die tschechoslowakischen Genossen empfinden das allmählich
für sich als eine Belastung, wie ja früher
auch die ungarischen. Und: Was wir auch
machen in dieser Situation, wir machen den
falschen Schritt.«[97]

Egon Krenz

In Anbetracht dieser für die SED-Oberen immer brenzligeren
Lage verkündet Krenz sein Vorhaben, das bestehende Reisegesetz durch zeitweilige Übergangsregelungen für Reisen zu erset-
zen. Diese entstammen der Feder von Willi Stoph, welcher trotz
seines Rücktritts aus dem Politbüro noch immer Vorsitzender
des Ministerrates der DDR ist. Vom Politbüro waren die Übergangsregelungen bereits bestätigt worden. Krenz spricht sie vor
dem Zentralkomitee an, um dieses Vorhaben vom ZK der SED
bestätigen zu lassen. Die Regelungen sehen vor, dass Ausreiseanträge nicht mehr länger an bestimmte Voraussetzungen gebunden sind. Visa sollen von den zuständigen Behörden künftig unverzüglich erteilt werden und jeder DDR-Bürger dann das Recht
bekommen, über alle Grenzübergangsstellen der DDR hinweg in
den Westen aus- und hernach auch wieder einzureisen.[98] Abgesehen von einigen formellen Berichtigungen erhebt kein einziges
ZK-Mitglied Einwände gegen den Entwurf.

Ostberlin, Pressezentrum:
legendäre Pressekonferenz mit Schabowski

Um 18.00 Uhr beginnt im Ostberliner Pressezentrum in der Mohrenstraße eine Medienveranstaltung, welche binnen kürzester

Günter Schabowski

Zeit zur wohl berühmtesten Pressekonferenz der Welt avancieren wird. Unfreiwillig im Mittelpunkt des Weltinteresses an diesem Abend: der erst jüngst zum Sekretär des ZK der SED für Informationswesen berufene Günter Schabowski, ein enger Vertrauter von Krenz. Das DDR-Fernsehen überträgt die Veranstaltung sogar live – selbst das »Sandmännchen« muss der Pressekonferenz weichen und wird ins Zweite Programm verschoben. Fast eine Stunde lang werden die anwesenden Journalisten mit wenig interessanten Darstellungen gelangweilt, ehe sich die Ereignisse überschlagen. Die Medienleute wollen schon aufbrechen, als um 18.53 Uhr ein italienischer Journalist das Saalmikrofon gereicht bekommt und eine, wie es zunächst

scheint, banale Frage zum unlängst veröffentlichten Entwurf des geplanten Reisegesetzes stellt: »Ich heiße Riccardo Ehrman, ich vertrete die italienische Nachrichtenagentur ANSA. Herr Schabowski, Sie haben von Fehlern gesprochen. Glauben Sie nicht, dass es ein großer Fehler war, dieser Reisegesetzentwurf, den Sie vor wenigen Tagen vorgestellt haben?«[99]

Umständlich und weit ausschweifend, mit verschachtelten Sätzen verweist Schabowski in seiner Antwort auf die heute vom ZK der SED verabschiedeten Übergangsregelungen für Reisende, durch welche unter anderem auch die Massenabwanderung der DDR-Bürger über die Tschechoslowakei gebremst werden soll: »Es ist eine Empfehlung des Politbüros aufgegriffen worden, dass man [...] den Passus [...] in Kraft treten lässt, der [...] die ständige Ausreise regelt, also das Verlassen der Republik. Weil wir es für einen unmöglichen Zustand halten, dass sich diese Bewegung vollzieht über einen befreundeten Staat, was ja auch für diesen Staat nicht ganz einfach ist. Und deshalb haben wir uns dazu entschlossen, heute eine Regelung zu treffen, die es jedem Bürger der DDR möglich macht, über Grenzübergangspunkte der DDR auszureisen.«[100]

Bei der Nachfrage des Journalisten Peter Brinkmann – »Ab sofort?« – beginnt Schabowski, die nachfolgenden Sätze sehr schnell vom Blatt abzulesen: »Privatreisen nach dem Ausland können ohne Vorliegen von Voraussetzungen – Reiseanlässe und Verwandtschaftsverhältnisse – beantragt werden. Die Genehmigungen werden kurzfristig erteilt. Die zuständigen Abteilungen Pass- und Meldewesen der VPKÄ – der Volkspolizeikreisämter – in der DDR sind angewiesen, Visa zur ständigen Ausreise unverzüglich zu erteilen, ohne dass dabei noch geltende Voraussetzungen für eine ständige Ausreise vorliegen müssen.«[101] Auf die neuerliche Rückfrage, wann genau diese Übergangsregelung in Kraft treten solle, antwortet Schabowski mit den legendären Worten: »Das tritt nach meiner Kenntnis … ist das sofort, unverzüglich.«[102]

Wie auch bei anderen Grundsatzentscheidungen des SED-Politbüros aus diesen Tagen, bei denen sich dessen Mitglieder oftmals nicht der Tragweite ihrer Beschlüsse und Äußerungen vollständig bewusst zu sein scheinen, so hinterlässt auch Schabowski am heutigen Abend einen eher unbedarften Eindruck. Dass seine Auskünfte den Stein zur Auflösung der DDR ins Rollen bringen würden, liegt an diesem Abend wohl außerhalb Schabowskis Vorstellungskraft.[103]

Hamburg, Fernsehsendung ›Tagesschau‹

Um 20.00 Uhr ruft die Erkennungsmelodie der Nachrichtensendung ›Tagesschau‹ wie immer Millionen von Frauen und Männern in beiden deutschen Staaten vor die Bildschirme. Top-Meldung des Abends: Die DDR öffnet ihre Grenze. Der nur wenige Minuten lange Beitrag zeigt Politbüromitglied Günter Schabowski, wie dieser auf einer Pressekonferenz die neue Reiseregelung verkündet, nach der Westreisen künftig angeblich »ohne Vorliegen von Voraussetzungen« erlaubt sein. Und zwar »ab sofort«.

Die »Mauer wird über Nacht durchlässig werden«, kommentiert dazu treffend ein Reporter der ›Tagesschau‹. Die für viele DDR-Bürger und nicht nur für diese schier unglaubliche, geradezu fantastische Nachricht verbreitet sich blitzschnell.[104] Überall in Ostberlin stehen die Menschen von ihren Stühlen auf und eilen zum nächstgelegenen Grenzübergang, um sich vom Wahrheitsgehalt der Nachrichtenmeldung zu überzeugen.

Ostberlin, Grenzübergangsstelle Bornholmer Straße: die Mauer fällt

Am Prenzlauer Berg, dem Berliner Szeneviertel, in dem die Staatssicherheit seit jeher konterrevolutionäre und dekadente Elemente hatte registrieren können, kulminiert der durch die Meldung der Übergangsregelung entstandene Aufruhr. Bis 20.30 Uhr haben sich am dortigen Grenzübergang nach Westberlin bereits Hunderte Menschen versammelt. Die Passkontrolleure verlieren bereits den Überblick. Da sämtliche Grenzübergangsstellen in die Kompetenz sowohl der Grenztruppen, der Staatssicherheit als auch des Zolls fallen, stellen diese hochkomplexe Gebilde dar. Trotz klarer Aufgabenverteilung sind alle anwesenden Sicherheitskräfte mit der Situation überfordert. Der für den Grenzübergang Bornholmer Straße zuständige Generalmajor Manfred Sens fordert seine wachhabenden Grenzposten dazu auf, Mauerdurchbrüche auf jeden Fall zu verhindern. Gleichzeitig zeigt sich der Offizier empört über Schabowskis Pressekonferenz – von einer neuen Übergangsregelung für Westreisende hat ihm niemand etwas gesagt.[105]

Noch immer nimmt die Menschenmenge vor dem Grenzübergang beständig zu. Allmählich entsteht eine aufrührerische Stimmung. Der Oberstleutnant der Passkontrolleinheit Harald Jäger versucht, mit dem MfS Kontakt aufzunehmen und um Instruktionen für das weitere Vorgehen zu bitten. Nach kurzer Wartezeit erhält er einen Rückruf von MfS-Oberst Rudolf Ziegenhorn: »Wir verfahren folgendermaßen: Die am aufsässigsten sind und provokativ in Erscheinung treten, die lass raus. Denen macht ihr im Ausweis einen Stempel halb über das Lichtbild –

und die kommen nicht wieder rein.« Diese unwissentliche Aus-
bürgerung einiger DDR-Bürger ist als »Ventillösung« angedacht
und wird von den Verantwortlichen auch so bezeichnet. Doch
die Passkontrolleure merken schnell, dass diese Variante ein äußerst unkluger Schachzug ist. Denn die umstehenden Menschen

Die Mauer ist gefallen.

sehen jetzt, dass einige ihrer Leute ausreisen dürfen, andere jedoch nicht. Schon nach kurzer Zeit kommen die ersten wieder
zurück, dürfen aber zu ihrer Entrüstung nicht mehr einreisen.
So erhöht sich der Druck auf die Sicherheitskräfte von beiden
Seiten der Mauer.[106]

Gegen 23.00 Uhr stauen sich am Grenzübergang Bornholmer
Straße bereits fast 20 000 DDR-Bürger. Angesichts eines solchen
Menschenauflaufs ist die Situation nicht mehr allzu lange un-
ter Kontrolle zu halten. »Tor auf! Tor auf!« und »Wir kommen
wieder, wir kommen wieder!«, skandiert die Menge. Eine hal-
be Stunde später geben die Grenzkontrolleure dem Druck der
Massen nach und kapitulieren.[107] Als die Stimmung umzuschla-
gen droht und Jäger um die körperliche Unversehrtheit seiner
Mitarbeiter bangen muss, öffnen er und Sens eigenmächtig das
Tor. Das Ministerium für Staatssicherheit wird über den Vorgang

zwar noch informiert, aber nicht mehr um Erlaubnis gebeten. Die Grenzübergänge in der Sonnenallee und am Checkpoint Charlie werden kurze Zeit später ebenfalls geöffnet. Tausende Ostberliner strömen jetzt im Freudentaumel nach Westberlin. Bis in die frühen Morgenstunden hinein findet auf dem Kurfürstendamm eine riesige Party statt. Zurück bleiben die mit der Grenzsicherung beauftragten Sicherheitskräfte, von denen sich kein Einziger in dieser Nacht traut, auf Grenzdurchbrüche mit Waffengewalt zu reagieren.[108]

Warschau, Bundeskanzler Kohl auf Staatsbesuch: schnellstmöglich nach Bonn

Bundeskanzler Helmut Kohl erfährt auf einem Staatsbankett in der polnischen Hauptstadt Warschau von der Öffnung der Mauer und fühlt sich verständlicherweise am falschen Ort. Für den Rest des Abends überlegt er, wie er schnellstmöglich nach Bonn zurück und von dort weiter nach Ostberlin kommen könnte.[109]

Washington, D.C.: US-Präsident Bush begrüßt Grenzöffnung

Um 15.00 Uhr Ortszeit halten US-Präsident George Bush und sein Außenminister James Baker eine gemeinsame Pressekonferenz ab. Über Agenturmeldungen und nachstehenden Drahtbericht des State Departments haben sie von den Ereignissen in Berlin erfahren:
»The East German Government has just announced that it is fully opening its borders to the West. The implication from the announcement is full freedom of travel via current East German/West German links between borders.«[110]
Bush ist laut eigener Aussage »zutiefst von dieser Neuigkeit bewegt«, im weiteren Verlauf der Pressekonferenz jedoch um Zurückhaltung bemüht. In dieser kritischen Situation will er gegenüber Generalsekretär Gorbatschow »nicht schadenfroh erscheinen und hämisch auf Ostberlin als dessen wunden Punkt zeigen«.[111]

London, 10 Downing Street:
Freude und Skepsis bei Premierministerin Thatcher

Die britische Premierministerin Margaret Thatcher erfährt von der Maueröffnung in ihrem Büro in der Downing Street aus den Fernsehnachrichten – nicht von ungefähr, arbeiteten ihrer und der Einschätzung ihres politischen Beraters Charles Powell zufolge doch die eigenen Botschaften »zu langsam«.[112] In London nimmt man die Neuigkeiten über das sich abzeichnende Ende des Kalten Krieges sowohl mit Begeisterung als auch mit großer Sorge zur Kenntnis. Sieht doch Thatcher eine ihrer wichtigsten außenpolitischen Aufgaben in der Schaffung einer reformwilligen und gemäßigten Sowjetunion. Sollten die Ereignisse in Berlin eskalieren, würde dies Gorbatschows Position und mit ihm auch die Reformbestrebungen im Ostblock womöglich entscheidend schwächen. So mischt sich in die Freude über den Mauerfall auch eine gehörige Portion Skepsis, weshalb die britische Premierministerin zunächst, darin dem amerikanischen Präsidenten nicht unähnlich, um Zurückhaltung bemüht ist.[113]

Paris: Präsident Mitterrand gibt sich gelassen

Frankreichs Staatspräsident François Mitterrand zeigt sich angesichts der Geschehnisse in Ostberlin weitaus weniger beeindruckt als seine beiden Amtskollegen. Laut Einschätzung seines politischen Beraters Hubert Védrine habe Mitterrand schon zwei Jahre zuvor erkannt, dass Gorbatschow die sich anbahnenden Systemtransformationen nicht widerrufen würde. So sei die Öffnung der Mauer für den französischen Präsidenten nur die logische Konsequenz der von Gorbatschow angestrebten Reformen im Ostblock gewesen.[114]

10. NOVEMBER

Ostberlin, Sitzung des ZK der SED: Krenz: »der Druck nimmt weiter zu«

Der Mauerdurchbruch der vergangenen Nacht ist auch unter den Mitgliedern des Zentralkomitees das alles beherrschende Thema im Vorfeld des dritten und letzten Tages ihrer Sitzung. Doch als SED-Generalsekretär Krenz die Tagung wiedereröffnet, verliert er kein einziges Wort über die Grenzöffnung und geht stattdessen einfach direkt zur Tagesordnung über. Fürs Erste gelingt seine Strategie des Totschweigens wohl, doch die offiziell zur Debatte stehenden Themen verwandeln die ohnehin bereits bedrückte Grundstimmung unter den Sitzungsteilnehmern in eine Mischung aus Wut und Depression. So sorgt nicht nur die erneut zu diskutierende Kaderfrage für Verdruss, da die neuen Politbüromitglieder von der Basis keinerlei Akzeptanz erfahren.[115] Auch der Vorsitzende der Staatlichen Plankommission, Gerhard Schürer, entsetzt das Plenum mit seiner Analyse, in der er eine vernichtende Bilanz der Wirtschafts- und Sozialpolitik der DDR zieht. In Folge der desaströsen und niemals reformierten Planwirtschaft stehe das Land unmittelbar vor dem Staatsbankrott: »Mit dem sozialpolitischen Programm 1971, das – so muss ich sagen – so große und positive Wirkungen hatte, wurde die Weiche, wenn damals auch nur um Zentimeter, in die falsche Richtung gestellt. Von da an fuhr der Zug von den Realitäten weg und zwar immer schneller.«[116]

Ganze Industriezweige seien verrottet, während die Summe der Subventionen und Schulden astronomische Höhen erreicht habe. Auf die Frage, warum die verantwortlichen Mitglieder des Politbüros niemals auf die so zwingend erforderlichen Veränderungen gedrängt hätten, antwortet der im ZK der SED für die Bereiche Handel und Versorgung Verantwortliche, Werner Jarowinsky, zaghaft: »Es war die Angst und die Furcht vor solch rigorosen Eingriffen, die, wie in Polen, eine solche Lage hätten schaffen können des Absinkens des Lebensstandards, und die Angst, vor dem Volk diese Konsequenzen offen darzulegen und das Volk um Mithilfe zu bitten.«[117]

Während daraufhin ein heftiger Streit im Plenum ausbricht, erfährt Krenz, dass der sowjetische Botschafter bereits drei Mal versucht habe, ihn telefonisch zu erreichen. Wjatscheslaw Kotschemassow, der die Ereignisse der letzten Nacht verschlafen hat, zeigt sich empört über die eigenmächtig beschlossene Grenzöffnung und fordert den SED-Generalsekretär auf, sich dafür unverzüglich vor Moskau zu rechtfertigen.[118] Als hätte die Sitzung nicht schon schlimm genug begonnen, sieht sich Krenz nun unter sowjetischem Druck dazu gezwungen, vor dem Zentralkomitee der SED auch zu den Vorfällen der letzten Nacht Stellung zu nehmen:[119] »Genossen, ich bitte um Verständnis. Ich weiß nicht, ob viele den Ernst der Lage erkannt haben. Der Druck, der bis gestern auf die tschechoslowakische Grenze gerichtet war, ist seit heute Nacht auf unsere Grenze gerichtet. [...] Der Druck war nicht zu halten, es hätte nur eine militärische Lösung gegeben, Genossen, damit wir uns einig sind, durch das besonnene Verhalten unserer Grenzsoldaten [...] ist die Sache mit großer Ruhe bewältigt worden [...]. Aber der Druck nimmt weiter zu.«[120]

Wie von Kotschemassow verlangt, teilt Krenz in einem Telegramm an Michail Gorbatschow mit, dass größere Menschenansammlungen die Ereignisse der letzten Nacht erzwungen hätten. Doch seit den frühen Morgenstunden sei, wie er wahrheitswidrig hinzufügt, die Kontrolle wiederhergestellt.[121] Tatsächlich werden die Meldestellen der Volkspolizei in Ostberlin von Ausreisewilligen jedoch regelrecht überrannt. Hier werden sich auch viele DDR-Bürger erst der wirtschaftlichen Misere ihres Landes so richtig bewusst. Denn der Umtauschkurs der DDR-Mark in (westliche) D-Mark liegt bei zehn zu eins; ihr im eigenen Land im Prinzip auskömmliches Monatseinkommen in Höhe von rund 1000 Ost-Mark schmilzt, in den Westberliner Wechselstuben umgetauscht, auf den bescheidenen Betrag von 100 D-Mark zusammen.[122]

Gorbatschow, der am Morgen bereits vom aufgebrachten sowjetischen DDR-Botschafter Kotschemassow über die Vorgänge
in Berlin informiert worden ist, nimmt sowohl die Neuigkeiten
seines Ostberliner Botschafters als auch das Telegramm von
Krenz gelassen auf. Nach Einschätzung des Generalsekretärs
der KPdSU hätten die ostdeutschen Sicherheitskräfte mit der
Öffnung der Mauer »richtig gehandelt«.[123]

Diese Überzeugung Gorbatschows bekräftigt der sowjetische
Außenminister Schewardnadse nochmals auf einer internationalen Pressekonferenz am späten Nachmittag.[124] In mündlichen
Botschaften an Helmut Kohl[125] und Willy Brandt, George Bush,
François Mitterrand und Margaret Thatcher[126] ersucht Gorbatschow die führenden Repräsentanten der Bundesrepublik und
der Westmächte, eine Destabilisierung der Situation nicht zuzulassen und gemeinsam darauf hinzuwirken, »dass die Ereignisse
nicht einen Verlauf nehmen, der nicht wünschenswert wäre«.
Damit ist die Furcht des Ostblocks vor einer Infragestellung der
1945 gezogenen Grenzen in Europa gemeint. Ferner wünscht
der KPdSU-Generalsekretär ausdrücklich, von einem militäri-
schen Eingreifen in jedem Fall abzusehen. Gemäß dieser Weisung lässt Armeegeneral Boris Snetkow, der Oberkommandie-
rende von insgesamt 350 000 sowjetischen Soldaten in der DDR,
seine Truppen in den Kasernen.

Diese Gesprächs- und Kompromissbereitschaft Gorbatschows ist zweifelsohne ein wichtiges Element dafür, dass die
friedliche Revolution vom Herbst 1989, welche schließlich im
Mauerfall vom 9. November kulminierte, auch tatsächlich insgesamt friedlich verlaufen konnte. Den Anteil Gorbatschows
an dieser Entwicklung hebt auch dessen Berater in außenpolitischen Angelegenheiten, Anatolij Tschernjajew, in seinem Ta-
gebuch hervor, wenn er die Implikationen der Politik von Glasnost und Perestroika als historische Zäsur bewertet, zu welcher
auch die Akzeptanz der weltpolitischen Neuordnung gehörte: »Die Berliner Mauer ist gefallen. Eine ganze Epoche in der
Geschichte des ›sozialistischen Systems‹ ist zu Ende gegangen.

Heute kam die Nachricht vom ›Rücktritt‹ Deng Xiaopings und Todor Schiwkows. Geblieben sind unsere ›besten Freunde‹: Castro, Ceaușescu und Kim Il Sung, die uns leidenschaftlich hassen. Aber die DDR, die Berliner Mauer, das ist die Hauptsache. Denn hier geht es schon nicht mehr um den ›Sozialismus‹, sondern um eine Veränderung des Kräfteverhältnisses in der Welt; hier ist das Ende von Jalta, das Finale für das Stalin'sche Erbe und für die Zerschlagung von Hitler-Deutschland. Das ist, was Gorbatschow angerichtet hat. Er hat sich als wahrhaft groß erwiesen, weil er den Gang der Geschichte gespürt und ihr geholfen hat, einen ›natürlichen‹ Lauf zu nehmen.«[127]

Westberlin, Schöneberger Rathaus, Einheit der deutschen Nation

Am Abend tritt Bundeskanzler Kohl in einer gemeinsamen Kundgebung mit Westberlins Regierendem Bürgermeister Walter Momper, Außenminister Hans-Dietrich Genscher sowie dem SPD-Ehrenvorsitzenden (und früheren Westberliner Regierenden Bürgermeister) Willy Brandt vor dem Schöneberger Rathaus vor Zehntausenden Zuhörern als Redner auf. Kohl betont dabei die Einheit der deutschen Nation, erteilt im gleichen Atemzug jedoch radikalen Parolen und Stimmen eine deutliche Absage. Stattdessen fordert er seine Landsleute dazu auf, »besonnen zu bleiben und klug zu handeln«. Kohl äußert in diesem Zusammenhang den eindringlichen Wunsch, dass sich die Geschehnisse vom 17. Juni 1953 nicht wiederholen mögen. Später am Abend informiert er seine Amtskollegen Thatcher und Bush telefonisch über die neuesten Ereignisse in Berlin.[128]

Ostberlin, Lustgarten, »Politik der Erneuerung«

Im Ostberliner Lustgarten findet am Abend zum ersten Mal seit den Feierlichkeiten zum 40. Jahrestag der DDR wieder eine SED-Massenveranstaltung statt, in der das neue und verjüngte Politbüro sowie das am Mittag beschlossene Aktionsprogramm vorgestellt werden. In einer Rede bezeichnet Krenz die Reise-verordnung als Ausdruck, dass es die Parteispitze »mit der Politik der Erneuerung ernst meint und allen die Hand gibt, die gemeinsam mitgehen wollen«. Nicht zur Sprache kommt dagegen die desaströse Wirtschaftslage. Bis auf gegenseitige Schuldzuweisungen hat die SED diesbezüglich noch überhaupt nichts zustande gebracht. Doch angesichts offener Grenzen kann die zentral gelenkte Staatswirtschaft der DDR erst recht nicht mit der hoch effizienten Marktwirtschaft der Bundesrepublik konkurrieren – und wird sich schon bald als nicht überlebensfähig erweisen.[129] Die binnen weniger als einem Jahr vollzogene Selbstauflösung der nun überflüssig gewordenen DDR ist dann nur noch die logische Konsequenz.

17. NOVEMBER

Prag, Národní třída:
Studentendemonstration brutal niedergeschlagen

Heute findet in Prag eine offizielle Gedenkfeier in Erinnerung an die blutige Niederschlagung einer antifaschistischen Studentendemonstration in Prag am 17. November 1939, also auf den Tag genau vor 50 Jahren, statt. Dabei wird an die Hinrichtung von neun Prager Studenten und an die Schließung aller tschechischen Hochschulen durch die deutsche Besatzungsmacht erinnert. Die Gedenkveranstaltung wird in diesem Jahr nicht nur durch den offiziellen, kommunistisch dominierten Studentenverband organisiert, sondern auch unter Beteiligung des inoffiziellen Vereins der Unabhängigen Studenten (Svaz nezávislého studentstva). Schließlich will die KPTsch-Parteiführung im Zeichen von Glasnost und Perestroika künftig liberaler handeln als bisher; in der Einbeziehung auch nichtkommunistischer Studenten findet dieses Vorhaben erstmals seinen Ausdruck. Allerdings ist die Stimmung in der Bevölkerung im Herbst 1989 – nach den Ereignissen rund um die Prager Botschaft der Bundesrepublik und nach dem Fall der Berliner Mauer – eine andere. Zur großen

Überraschung der Organisatoren kommen fast 20 000 Teilnehmer zu der Gedenkfeier zusammen. Der offizielle Teil beginnt zunächst mit den Festreden der akademischen Würdenträger. Bald jedoch schon wandelt sich die Veranstaltung mehr und mehr zu einer politischen Demonstration gegen das bestehende

Geballte Staatsmacht: In voller Kampfmontur stehen Sicherheitskräfte bereit, um eine friedliche Studentenkundgebung gewaltsam zu zerschlagen.

kommunistische Regime. Ein Zeitzeuge aus dem Jahre 1939 ruft bei seiner Festrede den entscheidenden Satz: »Für die Freiheit muss man kämpfen! Die Knechtschaft ist schlimmer als Tod!«[130] Von den umstehenden Zuhörern wird die Aussage mit stürmischem Applaus quittiert.

Auch nach Beendigung der Gedenkfeier ist das Publikum nur wenig geneigt, schon jetzt auseinanderzugehen. Der Aufruf, dass für die Freiheit gekämpft werden müsse – eine geradezu zeitlos gültige Aussage, die 1989 genauso aktuell ist wie vor 50 Jahren –, hat unter den Besuchern ungeahnte Resonanz gefunden. So findet sich rasch ein Demonstrationszug zusammen, welcher sich in Richtung Stadtmitte in Bewegung setzt. Ziel ist das im Stadtzentrum gelegene Denkmal des böhmischen Heiligen Sankt Wenzel auf dem Wenzelsplatz. Die Studenten skandieren unterwegs verschiedene, gegen das kommunistische Regime gerichtete Parolen, darunter auch den eingängigen, weil sich so schön reimenden Slogan »Jakeše do koše« (zu dt.: »[Generalsekretär] Jakeš in den Mülleimer«). Es herrscht eine fröhliche, ausgelassene Stimmung. Dem Demonstrationszug schließen sich spontan weitere Passanten an. In der Folge wächst die Zahl der Protestierenden rasch auf beträchtliche 50 000 Teilnehmer an.

Die Polizei begleitet den Zug zunächst aus sicherer Entfernung. Doch nachdem die Demonstranten im eigentlichen Stadtzentrum angekommen sind, greift sie mit höchster Brutalität an. In der Prager Nationalstraße (Národní třída) trennen die Sicherheitskräfte als Erstes die Spitze des Zuges von den übrigen Demonstrationsteilnehmern ab. Der Rest wird zerstreut oder verhaftet. Diejenigen aber, die in der Nationalstraße eingekesselt sind, werden hier für mehrere Stunden von den Sicherheitskräften festgehalten; aus dem Kessel gibt es kein Entkommen. Dabei werden auch Sondereinheiten für Terrorbekämpfung, die sogenannten »Roten Barette«, eingesetzt. Zum Arsenal der Sicherheitskräfte gehören Sperrfahrzeuge, Polizeiketten, Schäferhunde und die üblichen Mittel der Terrorbekämpfung. Mit ihren Sperrfahrzeugen drängt die Polizei die Demonstranten, obgleich sich diese völlig ruhig verhalten, zunächst immer stärker zusammen. Dann, ohne jeden ersichtlichen Anlass, fangen die Sicherheitskräfte plötzlich an, auf die zusammengedrängte Menschenmenge brutal einzuschlagen, sie zusammenzutreten und niederzuknüppeln.[131]

Ein Demonstrationsteilnehmer berichtet: »Tausende von Studenten warten nicht mehr und begeben sich in Richtung Stadtmitte, zum Wenzelsplatz, wo die Statue des Heiligen Wenzel, des Patrons Böhmens, steht. Plötzlich werden wir gestoppt. In der Národní-Straße steht unserem Demonstrationszug auf einmal die Polizei gegenüber. Vier Reihen von Polizisten mit weißen Helmen, großen Schutzschilden und Schlagstöcken. Wir rufen: ›Vom Wenzelsplatz gehen wir nach Hause‹, um den Bewaffneten gegenüber unsere friedlichen Absichten zu verdeutlichen. ›Keine Gewalt!‹, rufen wir, und ›Wir haben leere Hände!‹ und zeigen unsere leeren Hände. Dann singen wir die Nationalhymne. Die Antwort auf die Nationalhymne ist ein strikter Aufruf: ›Gehen Sie sofort auseinander!‹ Das geht jedoch nicht, weil wir eingekesselt sind. Der schrecklichste Moment ist dann die Stille, die auf einmal herrscht, in welcher aus der Ferne die Polizeibefehle zu hören sind und der Klang der Nagelschuhe der sich nähernden Polizeitruppen. Die vorderste Reihe des Demonstrationszuges zündet Kerzen an. Die Mädchen stecken den Polizisten Blumen an die Helme, wir wollen friedfertig bleiben. Die Polizei

»Wir haben leere Hände ...«

wird doch bestimmt nicht gegen die Studenten eingreifen. Es ist doch der 17. November ...

Dann passiert es. Die Sicherheitskräfte fangen an, die Demonstranten von beiden Seiten der Straße immer enger zusammenzupferchen. Wir können nicht der Aufforderung Folge leisten auseinanderzugehen, weil wir von allen Seiten in die Zange genommen werden und zusammengepfercht sind.

Auf einmal erscheinen die ›Roten Barette‹, die Sondereinheiten der Polizei für Terrorismusbekämpfung, die mit außergewöhnlicher Brutalität vorgehen. Sie zwingen uns aus der Deckung der Häuser auf die offene Straße. Jemand fällt zu Boden. Die Menschen schreien vor Angst. Ich sehe Männer in Uniform, die mit roten Wangen und großen Schlagstöcken allen, die sie zu fassen kriegen, wahllos auf die Köpfe einschlagen. Auch junge Mädchen und kaum fünfzehnjährige Kinder werden brutal niedergeknüppelt. Ich kann es nicht glauben. Ist heute der 17. November? Dann bekomme auch ich einen Schlag auf den Kopf. Aus der Ohnmacht werde ich erst auf dem Bürgersteig wach. Ich suche instinktiv nach meiner Brille; kann nicht aufstehen. Jemand hilft mir aufzustehen, zieht mich an der Jacke hoch. Der Kopf tut mir weh, die Beine sind weich, mir ist schwindlig.«[132]

Auch gegen junge Frauen wird gewaltsam vorgegangen.

Die gewalttätigen Übergriffe von Polizei und Sicherheitskräften rütteln die Bevölkerung auf. Noch in derselben Nacht und am nächsten Morgen kommen die Studenten wieder zusammen und beschließen, sich nicht einschüchtern zu lassen. Es werden Protestschreiben verfasst, welche den brutalen Polizeieinsatz anprangern und Forderungen an die Regierung stellen. Die Betroffenen werden bei verschiedenen Zeitungsredaktionen vorstellig, um ihre Erlebnisse zu erzählen. Einige Redakteure erklären sich daraufhin bereit, die ungeschönte Wahrheit über das völlig ungerechtfertigte, brutale Vorgehen der Polizei an die Öffentlichkeit zu bringen.[133]

Blitzschnell verbreitet sich die Kunde ob der blutigen Ereignisse vom gestrigen Abend in der gesamten Tschechoslowakei; vor allem die Nachricht von einem getöteten Studenten macht die Runde. Die Berichte sind voller schrecklicher Einzelheiten, sie erzählen von allerlei Gewalttätigkeiten, auch an Kindern und

Alten, von extrem hohen Verletztenzahlen. Einige der Zusammengeschlagenen sind in der Nacht in ihren Blutlachen auf der Straße liegen geblieben, so dass Augenzeugen überzeugt davon sind, es habe sich um Tote gehandelt. Gerüchte über etwaige Todesopfer werden auch durch ausländische Korrespondenten in die Welt gesetzt, die sich ebenfalls unter den Eingekesselten befanden. Die Meldungen verbreiten sich am nächsten Tag über westliche Medien. Es fällt der Name des Studenten Šmíd, der angeblich getötet worden sein soll.

Der Umstand, dass die Parteiführung der KPTsch einen friedlichen Protestmarsch, der überwiegend aus Studenten und Schülern bestand, gewaltsam niederschlagen ließ, führt in der tschechoslowakischen Bevölkerung, insbesondere bei den Pragern selbst, in deren Stadt sich das blutige Geschehen zugetragen hat, zu Entrüstung und Wut. Und noch ein Aspekt schürt den Zorn der Öffentlichkeit: Der reichlich absurd anmutende Umstand, dass die tschechoslowakischen Sicherheitskräfte hier, an diesem historischen Gedenktag, kaum weniger grausam vorgegangen sind als einst die nationalsozialistische Besatzungsmacht an gleichem Ort vor genau 50 Jahren.

18. NOVEMBER

Prag: Streikaufrufe der Künstler und Studenten

Mächtig ist die Empörung in der tschechoslowakischen Öffentlichkeit ob der brutalen Niederschlagung der Studentendemonstration am gestrigen Tag. Doch anders als in all den Jahren zuvor ist die Gesellschaft nicht mehr länger bereit, stillschweigend die Hände in den Schoß zu legen. Heute Vormittag entsteht an der Prager Akademie der Musischen Künste das erste Hochschul-Streikkomitee. Im Laufe des Tages schließt sich das Realistische Theater dem Streik an. Auch die Direktoren der Prager Theater treffen sich und vereinbaren, dass ihre Einrichtungen heute Abend ebenfalls streiken werden. In diesem Zusammenhang wird auch gleich eine Erklärung verabschiedet, die zum Proteststreik und zum öffentlichen Dialog in den Zuschauerräumen der Theater aufruft. Am Nachmittag, um 16.30 Uhr, verkündet der Student Martin Mejtřík an der Statue des Heiligen Wenzels die Entscheidung der Schauspieler und Studenten der Theaterakademie, in den Streik zu treten.

Am Abend verbreiten westliche Nachrichtenagenturen dann die Meldung, dass bei der brutalen Niederschlagung der Studentendemonstration am Vortag durch die tschechoslowakische Polizei der Student der Mathematik und Physik an der Prager Karls-Universität, Martin Šmíd, getötet worden sei.[134]

19. NOVEMBER

Prag, Presseagenturen: getöteter Student

Rasend schnell verbreitet sich die Nachricht vom Tod des Studenten Martin Šmíd nicht nur in Prag, sondern in der gesamten Tschechoslowakei. Einige ausländische Medienagenturen sprechen sogar von mehreren Todesfällen. Die Prager selbst halten während des gesamten heutigen Sonntags hindurch an verschiedenen Orten der Hauptstadt immer wieder kleinere Zeremonien ab, in welchen sie der brutalen Niederschlagung der Studentendemonstration und der Tötung Martin Šmíds gedenken. In der Nationalstraße und auf dem Wenzelsplatz entzünden sie Tausende von Kerzen. Losungen werden skandiert, welche die Gewalt der Sicherheitsorgane scharf verurteilen. Kritisiert werden aber auch die Regierung, die kommunistische Partei und vor allem deren führende Repräsentanten. Staatssicherheit und Polizei greifen diesmal nicht ein. Aber sie bleiben in höchster Bereitschaft. Die Zugänge zur Kleinseite und zum Hradschin werden abgeriegelt.[135]

Prag, Theater »Činoherní klub«: Gründung des Bürgerforums

Im Prager Theater »Činoherní klub«, das für normales Publikum heute geschlossen bleibt, wird durch unabhängige Initiativen, durch Studentenvertreter und die Vertreter weiterer Bürgergruppen das Bürgerforum (Občanské fórum) gegründet. Dabei handelt es sich um eine lose Vereinigung von Menschen, die kritisch zu den politischen Verhältnissen im Lande stehen und mit dazu beitragen möchten, dass die Tschechoslowakei ein freier und demokratischer Staat wird. Das Bürgerforum betrachtet sich als Vertreter einer breiten tschechoslowakischen Öffentlichkeit. In seiner Gründungserklärung heißt es dazu, dass das Bürgerforum in jeder Stadt der Republik entstehen könne, Voraussetzung hierfür sei lediglich, dass sich die Menschen mit seinen Zielen identifizierten und ihre Organisationen zum Bürgerforum erklärten.[136]

Prag, Fernsehansprache des Ministerpräsidenten

Die Lage in der ČSSR wird immer angespannter. Am Abend wird das reguläre Programm des staatlichen tschechoslowakischen Fernsehens für eine Ansprache des Ministerpräsidenten der Tschechischen Teilrepublik und ZK-Politbüromitglied, František Pitra, unterbrochen. Darin stellt der Regierungschef dar, dass auch in der ČSSR gegenwärtig eine Form der Perestroika (russ.: Umgestaltung) ablaufe. Die begonnene Demokratisierung sei indes ein Dorn im Auge feindlicher Kräfte, sowohl im In- als auch im Ausland. Jede nur erdenkliche Situation werde von diesen dazu genutzt, die Lage im Land zu destabilisieren, um die geplanten Reformanstrengungen in der Tschechoslowakei zunichtezumachen. Dieselben Kräfte seien auch bei der vorgestrigen Gedenkfeier in Prag am Werke gewesen, sie hätten die versammelten Studenten für ihre Zwecke missbraucht. Pitra betont, dass beim anschließend notwendig gewordenen Eingreifen der Polizei keine anderen Sicherheitskräfte als reguläre Polizeieinheiten eingesetzt worden seien. Die Erklärungen des führenden KPTsch-Politbüromitglieds wirken auf die Öffentlichkeit jedoch alles andere als beruhigend. Im Gegenteil.[137]

Prag, Streik der Theaterangestellten

Die Prager Theaterszene engagiert sich intensiv im Kampf um die Demokratie. Am heutigen Abend spielt in der tschechoslowakischen Hauptstadt kein einziges Theater. Stattdessen organisieren die Schauspieler, gemeinsam mit dem übrigen Theaterpersonal, in den Zuschauerräumen Diskussionsrunden, in denen frei über Politik diskutiert wird. Noch in der Nacht zum 20. November gründet sich das Streikkomitee der Studenten der Prager Hochschulen. Ähnliche Streikausschüsse entstehen wenig später auch an anderen Orten in der Tschechoslowakei.[138]

Prag, Sozialistischer Jugendverband wird regimekritisch

In Prag kommt der Vorstand der lokalen Organisation des Sozialistischen Jugendverbands und des offiziellen Hochschulrates zusammen. In Anwesenheit des ZK-KPTsch-Mitglieds und Vorsitzenden des Sozialistischen Jugendverbandes, Vasil Mohorita, werden wichtige Erklärungen verabschiedet. Darin wird das Vorgehen der Polizei gegen die Studentendemonstration vom 17. November scharf verurteilt und die Schaffung einer parlamentarischen Kommission, die das Geschehen untersuchen soll, gefordert. Die regimekritischen Erklärungen des bis vor Kurzem kommunistisch dominierten Jugendverbands werden von der offiziellen tschechoslowakischen Presseagentur ČTK nicht publiziert. Dafür druckt die verbandseigene Zeitung, ›Mladá fronta‹, die vorgenannte Erklärung, die im Prinzip gegen die Parteiführung der KPTsch gerichtet ist, ab. Ein Vorgang, der so noch vor einem Monat kaum möglich gewesen wäre.[139]

20. NOVEMBER

Prag, Tschechischer Nationalrat:
»Erzfeinde des sozialistischen Systems«

Das Parlament der Tschechischen Teilrepublik, der Tschechische Nationalrat (Česká národní rada, ČNR), verabschiedet eine Grundsatzerklärung zu den Ereignissen vom 17. November. Darin heißt es: »Hinter diesen Veranstaltungen stehen Erzfeinde des sozialistischen Systems und ausländische antikommunistische Zentren, die vor allem auf junge Menschen abzielen. Die Gegner des Sozialismus versuchen, die Unzufriedenheit und kritischen Einstellungen der jungen Menschen, die in diesem Alter ganz natürlich sind, gegen den Sozialismus zu mobilisieren. Erlauben Sie den Provokateuren nicht, sich unter den demagogischen Parolen in Streiks und Demos hineinziehen zu lassen.«[140]

Prag, Streik der Studenten

An sämtlichen Fakultäten der Hochschulen kommen die akademischen Vertreter der Universitäten mit den Studenten zusammen, um einen Dialog über die innenpolitische Situation zu führen. Dabei wird insbesondere das Eingreifen der Sicherheitskräfte bei der Studentendemonstration vom 17. November thematisiert. Sowohl die Hochschulvertreter als auch die Studenten stufen das Vorgehen der Staatsmacht als extrem brutal ein und verurteilen es eindeutig. Um ihren kritischen Standpunkt zu unterstreichen, treten die Studenten in einen einwöchigen Streik. Ihre Forderungen beinhalten eine eingehende Untersuchung der Ereignisse vom 17. November, einen demokratischen Dialog mit allen unabhängigen Gruppen und Meinungsströmungen innerhalb der Gesellschaft sowie eine offene und ehrliche Information der Öffentlichkeit. Zu ähnlichen Initiativen – zu Streikaufrufen der Studentenschaft unter Beteiligung der Hochschulleitungen – kommt es auch in vielen anderen Universitätsstädten der Tschechoslowakei.[141]

Prag, Wenzelsplatz:
Massendemonstration gegen das Regime

Ähnlich, wie die Leipziger Montagsdemonstration am 9. Oktober
der Auslöser der Revolutionslawine in der DDR gewesen ist, so

Wenzelsplatz prall gefüllt: 150 000 Demonstrationsteilnehmer

bringt auch erst die mächtige Demonstration auf dem Prager
Wenzelsplatz am 20. November die »Samtene Revolution« ins
Rollen. Heute ist jener Tag, von dem an es kein Zurück mehr gibt.
Am ersten Werktag seit der Niederschlagung der Studentenproteste
vom 17. November kommen nach und nach etliche Tausend Menschen zur bis dato größten Massendemonstration auf dem Prager
Wenzelsplatz zusammen, um ihrem Unmut über die politische Gesamtsituation Ausdruck zu verleihen. Bereits in den frühen Morgenstunden versammelt sich eine Gruppe junger Leute, die vor allem aus Studierenden besteht. Sie zünden Kerzen an und hängen
tschechoslowakische Fahnen aus, ebenso auch Banner, mittels derer sie vorbeilaufende Fußgänger auf die »Proklamation der Prager
Hochschulen«[142] aufmerksam machen. Auch unterlassen sie es
nicht, die Passanten über die für heute geplanten Diskussionsrunden in den städtischen Theatern zu informieren sowie auf die laufenden Diskurse in den Prager Hochschulgebäuden zu verweisen.

Nach und nach finden sich so immer mehr Menschen auf dem Wenzelsplatz ein. Gegen 16.00 Uhr, also nach Ende der ortsüblichen Arbeitszeit, ist dieser bereits prall gefüllt. Die Proteste gewinnen an Dynamik. Geschätzte 150 000 Demonstrationsteilnehmer sind sehr darauf bedacht, dass auf dem Wenzelsplatz die öffentliche Ordnung beibehalten wird. Etwaige Versuche der Ordnungsstörung, etwa seitens der von der Staatssicherheit eingeschleusten Unruhestifter, werden von den anwesenden Demonstranten unterbunden. Auf den Plakaten und Standarten der Protestierenden werden vor allem politischer Pluralismus, freie Wahlen, Rücktritt der am meisten kompromittierten Politiker sowie endlich eine wahrheitsgetreue Berichterstattung für die Öffentlichkeit gefordert. Weitere Eckpunkte betreffen die starke Umweltbelastung sowie das desolate Gesundheitssystem.[143]

Prag, abends, Verband der tschechoslowakisch-sowjetischen Freundschaft

Wie vor ihm bereits Honecker, so erkennt auch KPTsch-Generalsekretär Jakeš nicht, dass es an der Zeit ist abzutreten. Heute Abend referiert er vor den Spitzenfunktionären des von der kommunistischen Partei hoch geschätzten ZK des Verbandes der tschechoslowakisch-sowjetischen Freundschaft.[144] Dabei verteidigt er die unter der Aufsicht seiner Partei laufenden halbherzigen Reformen in der ČSSR: »Die Grundvoraussetzung für unseren Erfolg ist, die wirtschaftliche, gesellschaftliche und politische Stabilität aufrechtzuerhalten. Alle Versuche, die Stabilität zu beeinträchtigen, Chaos und Anarchie hervorzurufen, so wie es die feindlichen Kräfte versuchen, die sich in diesen Tagen bemühen, unsere Kulturfront und unsere Jugend zu manipulieren, können die Verwirklichung der erforderlichen Reformen nur ernsthaft gefährden und die Gesellschaft in eine Krise mit unvorhersehbaren Folgen stürzen. Die gegenwärtige Lage erfordert vor allem eine echte staatsbürgerliche Verantwortung, Vernunft und Besonnenheit.«[145]

Doch die Zeiten haben sich geändert. Einem Demonstrationszug gelingt es, bis vor das Gebäude des Zentralkomitees des Verbandes der tschechoslowakisch-sowjetischen Freundschaft vorzudringen. Dabei werden antikommunistische Parolen gerufen. Der bis vor Kurzem noch mächtigste Mann im Staat, KPTsch-Generalsekretär Miloš Jakeš, flüchtet durch eine Hintertür aus dem Gebäude.[146]

Und diese Flucht hat durchaus Symbolcharakter. Denn Jakeš' Tage als Generalsekretär seiner Partei sind gezählt. Bald schon wird er das Amt des mächtigen Parteichefs räumen müssen.

21. NOVEMBER

Prag, Wenzelsplatz: Havel spricht vor 200 000 Demonstranten

Der Streik tschechoslowakischer Studenten breitet sich immer weiter aus. Praktisch alle Hochschulen des Landes nehmen mittlerweile daran teil, wobei sich den Streikenden auch schon erste Mittelschulen angeschlossen haben. Gleiches gilt für die übrigen Protestkundgebungen und Demonstrationen. Auf der heutigen Massenkundgebung auf dem Prager Wenzelsplatz kommen beträchtliche 200 000 Teilnehmer zusammen. Der Platz ist bre-

Václav Havel spricht zu den Demonstranten auf dem Wenzelsplatz.

chend voll, sein Fassungsvermögen nahezu ausgeschöpft. Vier Tage nach der blutigen Niederschlagung der Studentenproteste vom 17. November halten sich die Sicherheitskräfte für heute zurück und lassen die Protestierenden gewähren. Dabei wird die Demonstration erstmals durch das Bürgerforum organisiert. Vom Balkon des Verlages Melantrich aus, unmittelbar am Wenzelsplatz gelegen, spricht zum ersten Mal der Oppositionsführer und Vorsitzende des Bürgerforums, Václav Havel, zu den Protestierenden. »Die Wahrheit und die Liebe werden die Lüge und den Hass besiegen«, erklingt hier zum ersten Mal das Motto der »Samtenen Revolution«.[147] Am Ende der Kundgebung klingeln die Demonstrationsteilnehmer mit ihren Wohnungsschlüsseln. Dem Regime werden sprichwörtlich die Totenglocken geläutet (režimu je odzvoněno).[148]

Prag, Verteidigungsministerium der ČSSR: Krisensitzung des Generalstabs

Im tschechoslowakischen Verteidigungsministerium findet eine Krisensitzung des Generalstabes statt. Es ergeht der Befehl, die Einsatzbereitschaft der Streitkräfte für den Fall zu prüfen, dass der Ausnahmezustand verhängt werden muss. Ein Vorgang, den Verteidigungsminister Milán Václavík wie folgt begründet: »Wir sind zu dem Zwecke da, dass wir maximal dazu beitragen, unsere sozialistische Gesellschaftsordnung zu bewahren.« Die Armee wird dann schlussendlich doch nicht eingesetzt. Dies nicht zuletzt auch deshalb, weil sich die Armeeführung der Loyalität ihrer Soldaten nicht restlos sicher sein kann; selbst ein Bürgerkrieg kann nicht mit letzter Sicherheit ausgeschlossen werden. So werden am Ende nur die sogenannten Volksmilizen, die paramilitärischen Truppen der kommunistischen Partei, eingesetzt. Insgesamt 4000 Milizionäre lässt die KPTsch-Führung in der heutigen Nacht, vom 21. auf den 22. November, nach Prag verlegen.[149]

Prag: Stimmung wird immer revolutionärer

Die Demonstration auf dem Prager Wenzelsplatz wird kontinuierlich fortgesetzt, vor allem die Studenten halten ununterbrochen Wache. An der Statue des Heiligen Wenzels hängen tschechoslowakische Flaggen, das Denkmal ist mit Plakaten beklebt, auf denen politische Forderungen prangen, davor brennen Hunderte von Kerzen. In unmittelbarer Nähe zur Statue hält sich stets eine Gruppe von Bürgern und Studenten auf, um über die politische Lage zu diskutieren. Derweil sind rund 4 000 Milizionäre aus der Provinz mit Bussen in der tschechoslowakischen Hauptstadt eingetroffen, sie greifen jedoch nicht ein.[150]

In dieser Situation ergreifen Prags Theaterschauspieler und Studenten die Initiative. Sie fahren in die gesamte ČSSR hinaus, wo sie auch die entlegeneren Staatsbetriebe in der Absicht besuchen, die Arbeiter darüber zu informieren, was in der tschechoslowakischen Hauptstadt in Wirklichkeit gerade los ist. Eine objektive Berichterstattung der staatlichen Massenmedien gibt es nämlich nach wie vor nicht; ein Umstand, von dem gerade auch die regionalen Medien betroffen sind. Dabei kommen die Studenten jedoch oft nicht weiter als bis vor die Tore der staatlichen Firmen. Den Zugang verwehrt man ihnen in der Regel. Insbesondere werden sie daran gehindert, in die Werkstätten und Produktionsbetriebe zu gelangen, wo sie Kontakt mit der Belegschaft aufnehmen könnten. Nur wenigen gelingt es, auf öffentlichen Versammlungen eine Rede zu halten. Andererseits gibt es Videoaufnahmen der Ereignisse vom 17. November, welche bei denen, die sie zu Gesicht bekommen, Verbitterung und Zorn auslösen.[151]

Während in Prag die Stimmung völlig umgeschlagen ist, hält das kommunistische Regime in den Regionen und in der Provinz die Zügel der Macht noch fest in Händen. Hier können die Volksmilizen noch weitgehend unwidersprochen harte Maßnahmen gegen die Prager »Unruhestifter« fordern. Die regionalen Zeitungen stehen weiterhin fest an der Seite der kommunistischen Machthaber. Und dennoch brodelt es, vor allem in den Großstädten, hier wird die Stimmung immer revolutionärer.[152]

23. NOVEMBER

Prag, Wenzelsplatz:
Großdemonstration mit knapp 300 000 Teilnehmern

Die Zahl der Demonstranten auf dem Prager Wenzelsplatz wird von Tag zu Tag größer. Am Donnerstag, dem 23.11., nehmen bereits fast 300 000 tschechoslowakische Bürger an den Protesten teil. Zu den Studenten, Schauspielern und Intellektuellen gesellen sich jetzt auch die Arbeiter. Allein 10 000 Personen sind aus dem großen, volkseigenen Maschinenbaubetrieb ČKD gekommen. Alle, die sich hier und heute auf dem Wenzelsplatz eingefunden haben, unterstützen gemeinsam die Forderungen des Bürgerforums nach einem radikalen Umbruch. Insbesondere fordern die Demonstranten die Abschaffung des Verfassungs-

Die »Samtene Revolution« hat die tschechoslowakische Hauptstadt fest im Griff: Fast 300 000 Demonstranten drängen sich auf dem Wenzelsplatz zusammen, um gegen das kommunistische Regime zu protestieren.

artikels über die führende Rolle der Kommunistischen Partei in der Gesellschaft sowie den Rücktritt der am stärksten kompromittierten Regierungs- und Parteimitglieder. Darüber hinaus wird eine eingehende Untersuchung des Vorgehens der Sicherheitskräfte am 17. November verlangt, ebenso wie freie Wahlen. Zur Durchsetzung dieser Forderungen rufen praktisch sämtliche Redner die versammelten Prager Bürger leidenschaftlich dazu auf, am geplanten Generalstreik teilzunehmen, welcher für Montag, den 27. November, angesetzt ist.[153]

Bratislava (Pressburg): Demonstration, Ovationen für Dubček

Auch in der Hauptstadt der Slowakischen Teilrepublik kommt heute eine große Demonstration zusammen. Hier, in Bratislava, tritt mit Alexander Dubček eine der großen symbolischen Figuren des Prager Frühlings von 1968 auf. Er wird von der Pressburger Öffentlichkeit mit großen Ovationen begrüßt.[154]

Prag, Verteidigungsministerium der ČSSR: Absage der militärischen Niederschlagung der Proteste

Die Führung der tschechoslowakischen Armee veröffentlicht eine Erklärung, der zufolge sie die laufenden Demonstrationen mit großer Sorge betrachtet: »Wir weigern uns, mit dem Schicksal und Leben der Menschen zu spielen. Wir lehnen die Anarchie, die sowohl von externen als auch von internen antisozialistischen Kräften verbreitet wird, entschieden ab.« Zugleich gibt die Armeeführung jedoch ausdrücklich zu verstehen, dass sie ihre Soldaten nicht gegen das eigene Volk einsetzen werde. Die eindeutige Absage an eine militärische Niederschlagung der Proteste fällt im Rahmen einer heutigen Fernsehansprache des Verteidigungsministers Milán Václavík.[155]

24. NOVEMBER

Prag: Olof-Palme-Preis für Oppositionsführer Havel

Trotz der angespannten Lage ist Schwedens Außenminister Sten Andersson heute in der tschechoslowakischen Hauptstadt zu Besuch. Hier überreicht er Oppositionsführer Václav Havel den Olof-Palme-Preis in Anerkennung für dessen außergewöhnlich mutigen und beharrlichen Kampf für Wahrheit, Demokratie und Menschenrechte. Die schwedische Politik und das schwedische Staatsmodell genießen in der Tschechoslowakei große Anerkennung und Respekt. Die Auszeichnung Havels durch den schwedischen Außenminister stellt somit eine wichtige Unterstützung und Stärkung sowohl Havels Person als auch des Bürgerforums als der anerkannten Spitze der Oppositionsbewegung dar.

Prag, ZK der KPTsch:
Generalsekretär Jakeš tritt nach Krisensitzung zurück

Die Stimmung auf den Straßen und an den Arbeitsplätzen spiegelt die zunehmende Spannung in der Bevölkerung wider. Schon seit Stunden warten die Demonstranten auf eine angekündigte Erklärung des Politbüros der Kommunistischen Partei, tagt doch das ZK der KPTsch bereits seit 10.00 Uhr heute Morgen. Je näher der Abend rückt, desto ungeduldiger werden die Menschen. Noch immer ist die aktuell laufende ZK-Sitzung nicht zu Ende, und es dringen keine Nachrichten nach außen. Nicht völlig unbegründet ist dabei die Sorge vieler Menschen, dass der konservative Parteiflügel rund um den jetzigen Generalsekretär Jakeš an der Macht bleibt. Im Zentralkomitee selbst findet derweil ein erbitterter Machtkampf zwischen den Parteiflügeln statt. Das Ergebnis der hitzigen Diskussion wird erst kurz nach 19.00 Uhr verkündet. Der bisherige KPTsch-Generalsekretär Jakeš gibt bekannt, dass er von allen Ämtern zurücktreten werde. Gleiches gilt für eine Reihe weiterer prominenter Politbüromitglieder. Die Funktionäre stellen ihre Ämter zur Verfügung, damit eine neue Parteiführung gewählt werden kann.[156]

Ein Zeitzeuge der damaligen Ereignisse, der Journalist Jaroslav Brynda, erinnert sich: »Jetzt habe ich für die Jungs eine gute Nachricht. Ich renne mit einem anderen Kollegen aus der Redaktion, ich winke mit der neuesten Nachricht und die Menschen bilden für uns eine Gasse. Als ob sie wüssten, was kommt. Plötzlich stehe ich vielen Gesichtern gegenüber. Ein Student hält das Mikrofon direkt vor mir. Ich bin noch völlig außer Atem, doch ich lese die Nachricht trotzdem vor: ›Bei der außerordentlichen Sitzung des Zentralkomitees der Kommunistischen Partei ergriff Miloš Jakeš das Wort und erklärte, dass er und andere Mitglieder des Präsidiums und des Sekretariats des ZK der KPTsch ihre Ämter zur Verfügung stellen.‹

Dann höre ich einen ohrenbetäubenden Jubel. Menschen umarmen sich und uns. Ein kleiner Mann springt auf und gibt meinem Kollegen einen Kuss. Dann bekomme auch ich einen Kuss, von einem wunderschönen Mädchen. Alle strahlen vor Glück!

Es ist mir zum ersten Mal im Leben passiert, aber ich wünsche jedem, einmal ein solches Gefühl erleben zu dürfen. Eine so große Freude so vielen Menschen auf einmal machen zu dürfen.«[157]

Heilige Agnes
von Böhmen

25. NOVEMBER

Prag, St.-Veits-Dom:
Heiligsprechung der Agnes von Böhmen

Im St.-Veits-Dom zu Prag wird heute Agnes von Böhmen, eine Klostergründerin aus dem 13. Jahrhundert, heiliggesprochen. Den feierlichen Gottesdienst zelebriert der Erzbischof von Prag, Kardinal František Tomášek. An der Zeremonie in der Kathedrale und in deren näherer Umgebung beteiligen sich

Zehntausende von Pilgern aus der ganzen Tschechoslowakei. Die meisten nehmen daraufhin an der Großkundgebung auf dem Letná-Platz teil.[158]

Prag, Letná-Platz:
größte Kundgebung in der Geschichte des Landes

Spätestens am heutigen Tag wird auch dem letzten Genossen bewusst, welch eindeutige und nachhaltige Unterstützung die Oppositionsgruppen mittlerweile aus der Bevölkerung erfahren. Das Bürgerforum hat zu einer Demonstration auf dem Letná-Platz gerufen und eine schier unglaubliche Zahl von fast 750 000 Menschen ist dem Aufruf gefolgt. Es ist wohl die größte Massendemonstration in der Geschichte des Landes. Von der Tribüne aus spricht Oppositionsführer Václav Havel. Er betont, dass man trotz des personellen Wechsels an der Spitze der KPTsch tief besorgt sei, und fordert die Bürger neuerlich dazu auf, am geplanten Generalstreik am kommenden Montag teilzunehmen. Der Generalstreik solle zu einem Referendum über die führende Rolle der Kommunistischen Partei werden. Auch Alexander Dubček tritt auf. Er unterstreicht, dass die Partei- und Staatsfüh-

Prag, 750 000 Teilnehmer – die größte Kundgebung in der Geschichte

rung damit beginnen müsse, die Forderungen der Öffentlichkeit endlich ernst zu nehmen.[159]

26. NOVEMBER

Prag, Letná-Platz: erneut eine Massenkundgebung

Es ist Sonntag. Erneut wird der Letná-Platz zum Veranstaltungsort einer Massenkundgebung. Enthusiastisch begrüßen rund 500 000 Demonstranten die Nachricht, dass die Vertreter des Bürgerforums mit den Unterhändlern der Regierung am runden Tisch verhandeln. Václav Havel erläutert, was seine Oppositionsbewegung in den Gesprächen erreichen will: »Das Bürgerforum zielt darauf ab, eine Brücke von der Diktatur zur echten Demokratie und zum Pluralismus zu bauen. Das zentrale Vorhaben ist, freie Wahlen zu veranstalten. Wir wollen für Wahrheit, Menschlichkeit und Freiheit sorgen. Ab diesem Zeitpunkt nehmen wir alle an der Führung dieses Landes teil und wir alle tragen deshalb auch Verantwortung für unser Schicksal.«[160] Wie ernst es dem Bürgerforum mit seiner Forderung nach Demokratie und Meinungsfreiheit wirklich ist, kommt allein schon dadurch zum Ausdruck, dass auch der kommunistische Ministerpräsident Adamec von der Tribüne aus zu den Demonstranten sprechen darf. Er wird jedoch bereits nach kurzer Zeit von den Zuhörern ausgepfiffen.[161]

Prag, ZK der KPTsch:
umfassende personelle Neuerungen an der Parteispitze

Das ZK der KPTsch tagt die ganze Nacht hindurch. Der Morgen graut schon, als die Sitzung endlich zu Ende geht. Dieses Mal nimmt das Zentralkomitee noch umfassendere Personalveränderungen vor. Von den ursprünglichen 26 Mitgliedern des Politbüros und des Sekretariats verbleiben nur noch neun in ihren Ämtern. Darunter ist kein einziger KP-Funktionär mehr, der noch vom Volk ausdrücklich unerwünscht wäre. Damit ist die erste Forderung des Bürgerforums erfüllt.[162]

27. NOVEMBER

ČSSR, Generalstreik:
»Schluss mit der Einparteienherrschaft«

Nach den beiden Massenkundgebungen auf dem Prager Letná-Platz vom zurückliegenden Wochenende erreichen die Proteste gegen das kommunistische Regime heute ihren nächsten Höhepunkt, als die unzufriedene Bevölkerung zum wohl stärksten ihr zur Verfügung stehenden Druckmittel greift: Zwischen 12.00 Uhr und 14.00 Uhr findet auf dem gesamten Gebiet der Tschechoslowakei ein Generalstreik unter dem Motto »Schluss mit der Einparteienherrschaft« statt, der vom Bürgerforum und anderen unabhängigen Initiativen organisiert wird. An dem Streik nehmen fast 75 Prozent der Bürger der Tschechoslowakei teil; damit ist das Land de facto lahmgelegt. Nahezu sämtliche Unternehmen, Fabriken und Institutionen stehen still.[163]

Seine Wirkung entfaltet der Generalstreik vor allem dadurch, dass er nicht nur die Prager Bürger hinter sich vereint, wie es bei den Protestkundgebungen der zurückliegenden Tage überwiegend der Fall gewesen ist, sondern auch von den Arbeitern in den Provinzstädten und auf dem Land durchgeführt wird. So finden am Nachmittag in den meisten Städten der ČSSR Massenkundgebungen statt. Praktisch geschlossen gehen Tschechen und Slowaken für ihre Freiheit auf die Straße. Es sind Momente wie dieser, die kein Mensch, der dabei war, je wieder in seinem Leben vergessen wird. Die in die Geschichte des tschechoslowakischen Volkes eingehen werden. Und was noch wichtiger ist: Niemand mehr wird den Teilnehmenden hinterher das Gefühl nehmen können, das sich in die Köpfe und Herzen der Menschen eingebrannt hat – dass sie es sind, und niemand sonst, die nach 40 Jahren der kommunistischen Diktatur über das Schicksal ihres Landes entscheiden. Es ist die Stunde der

Wahrheit. Symbolisch läuten die Demonstranten mit Glocken und Schlüsseln den angestrebten Abschied der Kommunistischen Partei von der Alleinherrschaft ein. Das Volk, durch die Studenten und unabhängigen Initiativen aus seiner zwanzigjährigen Unterjochung und Lethargie wachgerüttelt, wird sich nun

Generalstreik am 27.11.1989 im mährischen Kroměříž/Krems

Die Demonstranten läuten mit Schlüsseln den angestrebten Abschied der Kommunistischen Partei von der Alleinherrschaft ein.[164]

der gewaltigen Kraft seiner Einheit bewusst. Von jetzt an wird es sich engagiert für Fortschritt, Freiheit und Demokratie einsetzen.[165]

29. NOVEMBER

Prag, Bundesversammlung: Verfassungsartikel über die Führungsrolle der KPTsch aufgehoben

Heute hebt das tschechoslowakische Parlament die beiden Verfassungsartikel über die führende Rolle der Kommunistischen Partei in der Gesellschaft sowie über die Monopolstellung des Marxismus-Leninismus in Bildung und Erziehung auf. Die Abgeordneten, die in der Bundesversammlung sitzen, sind es gewohnt, alles durchzuwinken, was ihnen die Parteiführung vorgibt. Und so stimmen auch bei dieser Parlamentssitzung alle Abgeordneten für die Vorschläge des Parlamentspräsidiums. Dabei stellt die Aufhebung jenes Artikels über die Führungsrolle der Partei in der Verfassung eine fundamentale institutionelle Weichenstellung dar, die gerade auch die Zukunft der Parlamentarier selbst berührt. Und noch ein bemerkenswerter Beschluss erhält heute die Unterstützung des tschechoslowakischen Parlaments: Eine Untersuchungskommission wird ins Leben gerufen, die sich mit der brutalen Niederschlagung der Studentendemonstration vom 17. November befassen soll. Zu den Kommissionsmitgliedern gehören auch Vertreter der Studentenschaft, die vom Streikausschuss der Studenten entsandt werden.[166]

DEZEMBER 1989:
DIE ENTKOMMUNISIERUNG SCHREITET VORAN

Die befreundeten Außenminister Genscher und Dienstbier zerschneiden den Grenzzaun.[1]

10. DEZEMBER

Prager Burg: nichtkommunistische Regierung ernannt

Keine zwei Wochen, nachdem das tschechoslowakische Parlament das Ende der kommunistischen Alleinherrschaft beschlossen hat, werden die Konsequenzen der Verfassungsänderung offen sichtbar. Am heutigen Tag ernennt der kommunistische Staatspräsident Gustáv Husák unter dem Druck der Massenkundgebungen die erste Regierung der Tschechoslowakei seit 1948, in welcher die Kommunistische Partei über keine Mehrheit mehr verfügt. Die insgesamt 21-köpfige neue Föderale Regierung der Tschechoslowakei setzt sich aus elf nichtkommunistischen Regierungsmitgliedern (sieben Parteilose, zwei von der Sozialis-

tischen Partei, zwei von der Volkspartei) und zehn kommunistischen Regierungsmitgliedern zusammen. Die neue Föderalregie-
rung wird als »Regierung der nationalen Verständigung« (Vláda
národního porozumění) bezeichnet. Ihre wichtigste Aufgabe
wird es sein, den Prozess der Entkommunisierung – der Verringerung der Macht und des Einflusses der Kommunistischen Partei im Staatsapparat, in der Wirtschaft und Gesellschaft – weiter
voranzutreiben und die ersten freien Parlamentswahlen vorzubereiten. Unmittelbar nach der Ernennung der mehrheitlich
nichtkommunistischen Regierung reicht Staatspräsident Husák
seinen Rücktritt ein.[2]

Mit dem heutigen Tag wird die Grenze zu Österreich geöffnet
und ab morgen soll dann auch der Abbau des »Eisernen Vorhangs« an der Grenze zur Bundesrepublik beginnen. Und auch
die Staatssicherheit bereitet sich auf den Regimewechsel vor. In
einem verlassenen Steinbruch in der Nähe von Pilsen werden
brisante Dokumente vernichtet.[3]

29. DEZEMBER

Prag, Bundesversammlung:
Havel einstimmig zum Präsidenten der ČSSR gewählt

Heute wird der langjährige Hauptvertreter der antikommunistischen Oppositionsbewegung Charta 77 und seit November
1989 auch Vorsitzende des Bürgerforums, Václav Havel, von
der Tschechoslowakischen Bundesversammlung (Federální
shromáždění Československé republiky) zum Staatspräsidenten
der ČSSR gewählt. Einen Tag zuvor wurde Alexander Dubček
zum Präsidenten der Föderalversammlung gekürt.[4] Es wirkt beinahe wie ein Wunder: Noch am 16. November hatte die tschechoslowakische Bevölkerungsmehrheit keine Ahnung, wer
Václav Havel war. Und nur einen guten Monat später, am 29.
Dezember, wird er vom kommunistischen Parlament einstimmig
zum Staatsoberhaupt gewählt. Die revolutionären Geschehnisse vom Herbst 1989 sind damit im Großen und Ganzen abge-

schlossen. Es endet einer der spektakulärsten Abschnitte der tschechoslowakischen Geschichte, für welchen sich der Name »Samtene Revolution« eingeprägt hat. Der Neuanfang wird durch die ersten freien Wahlen nach 40 Jahren kommunistischer Alleinherrschaft eingeleitet, die für den Juni 1990 angesetzt sind.

Václav Havel unterzeichnet die Ernennungsurkunde, dahinter Ministerpräsident Marián Čalfa und Parlamentspräsident Alexander Dubček.

Die Idee, dass Oppositionsführer Václav Havel, der auch international eine anerkannte Autorität darstellt, neuer Staatspräsident der Tschechoslowakei werden sollte, hatte sich unter den »Samtenen Revolutionären« bereits Ende November 1989 durchgesetzt. Die Hochschulstudenten stellen die Wahl Havels zum Staatspräsidenten sogar als Bedingung für die Beendigung ihres Streiks. Hat es doch nach dem Rücktritt des letzten kommunistischen Staatspräsidenten Husák am 10. Dezember noch zwei weitere Kandidaten gegeben. Die Kommunistische Partei hatte den bisherigen Ministerpräsidenten Adamec vorgeschlagen, während die Slowakische Nationale Front Dubček favorisierte. Adamec zog indessen seine Kandidatur bald wieder zurück, nachdem die Kommunisten realisiert hatten, dass sie die Wahl eines eigenen Kandidaten nicht durchsetzen konnten.

So bleiben nur noch Havel oder Dubček als heiße Kandidaten. Beide sind in der Öffentlichkeit hoch angesehen. Am Ende sprechen sich jedoch praktisch alle nichtkommunistischen politischen Kräfte für Havel aus; neben den Studentenorganisationen sind hier vor allem das Bürgerforum und die slowakische Bürgervereinigung »Öffentlichkeit gegen Gewalt« zu nennen, ebenso wie eine Reihe weiterer nichtkommunistischer Parteien und gesellschaftlicher Organisationen. Der neue Ministerpräsident Marián Čalfa, selbst Mitglied der KPTsch, bedrängt die kommunistischen Abgeordneten im Parlament, für Havel zu stimmen. Die vielfache Unterstützung trägt Früchte – zu guter Letzt wird Havel sogar einstimmig vom Parlament gewählt![5] Damit erhält der neue

Staatspräsident auch die Stimmen all jener Parlamentarier, die erst vor wenigen Monaten, Anfang 1989, noch ein Sondergesetz verabschiedet hatten, infolge dessen zahlreiche Regimekritiker verhaftet worden waren, unter ihnen auch Havel; er verbrachte die Zeit von Januar bis Mai 1989 im Gefängnis.[6] Wie paradox!

Die Wahl Václav Havels zum Staatspräsidenten der ČSSR trägt wesentlich zur Stärkung des internationalen Ansehens der postkommunistischen Tschechoslowakei bei, wie auch später der Tschechischen Republik, die sich ab 1993 als ein selbständiger Staat etablieren wird. Während die Zusammensetzung von Regierung und Parlament im ersten Jahrzehnt der Freiheit raschen Veränderungen unterworfen ist – ein Schicksal, das Tschechien mit anderen postkommunistischen Ländern teilt –, bleibt Václav Havel als Staatspräsident eine international geachtete Persönlichkeit. Seine moralische Autorität und sein Ruf als Staatsoberhaupt werden der jungen Tschechischen Republik viele Sympathien im Ausland einbringen.

Für die Tschechische Republik beginnt die schwierige Ära des Transformationsprozesses hin zu einer funktionierenden Demokratie und Marktwirtschaft. Es wird zunächst das Tal der Tränen durchschritten werden müssen. Und der Weg nach oben wird mühsam und gefährlich sein. Nicht nur für die ostdeutschen Bundesländer und für Tschechien: für alle postkommunistischen Länder wird es Generationen dauern, bis die Gesellschaften die historische Last der kommunistischen Diktatur abschütteln und bis sich die politischen sowie wirtschaftlichen Systeme auf dem Niveau der etablierten westlichen Demokratien konsolidieren.

EXKURS: IMPONDERABILIEN MIT GEWICHT

REFLEXIONEN EINES PRAGER OPPOSITIONELLEN
Von Petr Pithart

Um die tschechischen Sichtweisen und Wahrnehmungen zu verdeutlichen, wird hier ein Beitrag eines maßgeblichen Zeitzeugen eingefügt. Petr Pithart (*1941) war 1977 einer der mutigen Unterzeichner der Petition gegen die Menschenrechtsverletzungen durch das kommunistische Regime in der Tschechoslowakei, der »Charta 77«. Im Herbst 1989, als Mitbegründer des »Občanské fórum«, war er an der Seite von Václav Havel eine der Schlüsselfiguren der »Samtenen Revolution« in Prag. (Sein Beitrag wurde von Štěpán Vodička aus dem Tschechischen übersetzt.)

Vor November 1989 waren Deutsche aus der Deutschen Demokratischen Republik für die Tschechoslowaken entweder »Enderonen« oder »Dederonen«.[1] Die erste Bezeichnung war neutral, die zweite jedoch nicht. Im Tschechischen hatte »Dederonen« einen abschätzigen oder gar missachtenden Unterton, der das Gefühl einer zweifelhaften Überlegenheit gegenüber den pragmatischen, disziplinierten und ordentlichen Deutschen zum Ausdruck brachte. »Dederonen« waren nämlich diejenigen, die in unseren Grenzstädten billigere tschechische Waren oder Produkte von höherer Qualität aufkauften und daher bei unseren Landsleuten (die im Übrigen dasselbe in der sächsischen Grenzregion taten) nicht besonders beliebt waren.

Als dann die »Dederonen« in den Straßen von Prag einen riskanten Freiheitswillen bewiesen, war dies für die Prager eine ziemlich triste, beschämende Erfahrung: Also auch *die* schon …! Und was ist mit uns? Werden wir ihnen von den Gehwegen aus zusehen? Wir sind doch die Letzten … Damals, ein paar Wochen vor dem Zusammenbruch des Regimes, sind – zumindest für die

Prager – aus den »Dederonen« innerhalb weniger Tage Deutsche geworden.

Die immense Bedeutung des Oktober-Exodus von DDR-Bürgern nach Westdeutschland über die Prager Botschaft der Bundesrepublik Deutschland kann man nur begreifen, wenn man sich die Atmosphäre in Erinnerung ruft, die zu der Zeit, die diesem Ereignis unmittelbar vorausgegangen war, in der Tschechoslowakei geherrscht hat. Die Beziehungen zwischen Macht, Öffentlichkeit und den oppositionellen Gruppen waren von einer steigenden Spannung und Nervosität, gleichzeitig aber auch von Zögern, Unsicherheit und einer Art Verharren geprägt – und dies auf beiden Seiten. Es schien so, als hätten die dramatischen Ereignisse in den umliegenden Ländern mit der Tschechoslowakei gar nichts zu tun, und es gab nur wenige Anzeichen dafür, dass es bereits im November zu radikalen Änderungen kommen würde. Eigentlich gab es keine Anzeichen dafür. Anfang Herbst 1989 hatten die Charta 77 und die ihr angegliederten unabhängigen Initiativen eine Demonstration für den Tag der Menschenrechte am 10. Dezember auf dem Prager Altstädter Ring bei der Jan-Hus-Statue geplant. Es wurde angenommen, dass sich dort vielleicht einige Tausend Menschen versammeln könnten.

***

Das Jahr 1989 wird nun schon seit fast einem Vierteljahrhundert von Journalisten und Publizisten als ein »Jahr der Wunder« – *annus mirabilis* – bezeichnet. Dabei fing der Prozess des Zusammenbruchs aller kommunistischen Regime bereits Jahre zuvor an (insbesondere in Polen, aber auch in Ungarn), und er ist vor allem kein Wunder, sondern Ergebnis zielgerichteter Bemühungen (das gilt erneut für Polen und Ungarn). Selbstverständlich spielten auch die Veränderungen in Moskau eine große Rolle und die wohl eher »unbewussten Ziele«: Gorbatschow wünschte sich ganz bestimmt nicht das Ende des Sozialismus, die Zerrüttung des riesigen Reichtums seines Landes und erst recht nicht den Zerfall der UdSSR.

Unerwartet und vielleicht nur in diesem Sinne »wie durch ein Wunder« kam es zu Veränderungen in der Deutschen Demokratischen Republik, in der Tschechoslowakei und in Rumänien. Doch in Rumänien verlief die Geschichte ganz anders. Hier endete die Diktatur blutig. Die Bulgaren wiederum schlossen sich mehr oder weniger unauffällig den Polen und Ungarn an.

Mitte 1989 sprach man daher über Moskau und den »Dreier-Block«, der von Prag, Berlin und Bukarest gebildet wurde und den Veränderungen Widerstand entgegensetzte. Die tschechoslowakischen Medien ignorierten pflichtgemäß, was im Geiste von »Perestroika« und »Glasnost« über die Sowjetunion geschrieben wurde: etwas wurde zensiert, etwas geheim gehalten, etwas gekürzt oder fehlinterpretiert.

***

Für die Polen ist das Jahr 1989 ein Jahr des Sieges, keineswegs der Wunder. Die Polen kämpften gegen den Kommunismus schon seit Kriegsende, doch spätestens ab 1980 steuerte die Entwicklung auf eine Konfrontation zu, die verschiedenste Formen annehmen konnte. Im Winter 1988 fingen die Gespräche am Runden Tisch an, im Juni des folgenden Jahres fanden die ersten (teilweise) freien Wahlen statt – frei, wenn es um »freie« Sitze im Sejm geht, ganz frei, wenn es um den wiedererrichteten Senat geht. Die *Solidarność* erlangte in diesen Wahlen fast alles, was erlangt werden konnte.

Und so wurde am 14. August 1989 der erste nichtkommunistische Premier ins Amt eingeführt, der aus freien Wahlen hervorging: Tadeusz Mazowiecki, ein katholischer Intellektueller, Mitbegründer des *KOR (Ausschuss für den Arbeiterschutz)*, ein Mann, der oft an der Seite des Gewerkschaftsvorsitzenden von Solidarność, des Elektrikers Lech Wałęsa, gesehen wurde.

In Ungarn rangen vor allem radikale und moderate Reformer (und sicher auch Dogmatiker) jahrelang um die Dominanz in der Partei und auch im Staat. Die führende Partei, die sich nicht einmal kommunistisch nannte, spaltete sich im Innern weiter und weiter in Fraktionen – die zukünftigen politischen Parteien. Es ging um einen kontinuierlichen, evolutionären Prozess. Dem Sieg der ungarischen Reformatoren fehlte also ein deutlicher Schnitt, etwas, das unter Public-Relations-Gesichtspunkten als

Wende hätte bezeichnet werden können; das war ein Mangel. Zur Wende wurde deshalb die »Zerreißung des Eisernen Vorhangs«. Dies geschah durch das symbolische Zerschneiden des Stacheldrahts (des sogenannten »technischen Signalsystems«) an der ungarisch-österreichischen Grenze durch den österreichischen Außenminister Alois Mock und den ungarischen Außenminister Gyula Horn am 27. Juni 1989. Vor vier Jahren war ich Gast des Präsidenten der Ungarischen Republik bei den großen Feierlichkeiten (auch mit historischer Kavallerie) anlässlich des Jubiläums dieses Tages in Budapest, auch viele andere Politiker und Staatsmänner waren anwesend.

In Wirklichkeit war die ungarisch-österreichische Grenze – und das bestimmt nicht nur für Flüchtlinge aus der DDR – schon längere Zeit passierbar (wenn auch »illegal« und nur deshalb, weil die Grenzposten ein Auge zudrückten). Mit der Entfernung der technischen Einrichtung an den Grenzen wurde bereits am 2. Mai 1989 begonnen. Für den Zweck der symbolischen Zerschneidung des Stacheldrahts mussten die Drähte an einer zugänglichen und zudem für Fernsehaufnahmen geeigneten Stelle erneut angebracht, also arrangiert werden. Der ungarische »Wendepunkt« ist also mehr als alles andere ein medialer Akt, wenn er auch nicht unwahr ist. Es sind an ihm Zehntausende Flüchtlinge aus der DDR beteiligt, die die Löcher in dem verrosteten Blechvorhang schon zuvor nutzten. Diese flüchteten nicht nur über die ungarische »grüne« Grenze, sondern ab Anfang des Sommers 1989 auch über die Botschaften der Bundesrepublik in Prag und in Warschau. Auch dies ist auf eigene Art und Weise ein kontinuierlicher, sich steigernder Prozess.

Auf dem Gebiet der DDR eskalierte die Konfrontation zwischen Öffentlichkeit und Macht in der bis dahin größten Demonstration gegen das Regime in Leipzig am 9. Oktober 1989. 70 000 Menschen riefen hier den berühmten Satz: »Wir sind das Volk!« 70 000 Menschen kann man nicht mehr so einfach ohne Schießereien auseinandertreiben. Vor 70 000 Menschen kapitulieren auch Parteigeneralsekretäre, denen gemeldet wird, dass man da nichts mehr machen kann. Und so wurden an diesem Tag in Leipzig den Polizeieinheiten einfach keine Befehle mehr erteilt. Die Demonstranten hatten gewonnen. Allein durch ihre Anzahl hatten sie den repressiven Apparat paralysiert. Das Auseinandernehmen der Berliner Mauer am 9. November mit Sekt und Tanz war aus dieser Sicht nur noch ein symbolischer Schlusspunkt: Die Mauer war in Wirklichkeit bereits damals in Leipzig gefallen.

Es war eine Zeit, als in den drei »letzten« Ländern des kommunistischen Blocks noch nichts sicher war. Noch kurz zuvor hatte Egon Krenz bei seinem Staatsbesuch in China das Massaker in Peking gutgeheißen. Falls damals irgendwo ein »Wunder« geschehen ist, war dies in der Tschechoslowakei. Ein Wunder in dem Sinne, dass die Änderung plötzlich kam, unerwartet, und man deswegen auch unvorbereitet war. Bereits am dritten Tag nach der Manifestation von Studenten (welche offiziell erlaubt war) am 17. November füllte sich der Wenzelsplatz, der größte Platz im Land, mit 150 000 Demonstranten – noch bevor das Bürgerforum gegründet war. Das Regime begann so resigniert wie umgehend, die Macht in dessen Hände zu legen.

Es ging im November 1989 eher um eine Implosion, einen Einsturz nach innen, als um eine »revolutionäre« Explosion. Eine Implosion, die durch einen Überdruck an Unzufriedenheit auch derer entstand, die Einfluss hatten. Das System brach zusammen, da es auch seinen Vertretern offenbar am Willen fehlte, die Macht weiter aufrechtzuerhalten und um sie zu kämpfen. Diejenigen, die erfolgreich die »Wirtschaft des Mangels« (Jánosz Kornai) für ihre Zwecke nutzten, lechzten nach solchen Veränderungen. Sie erhofften sich von ihnen, dass ihr zusammengeklauter Reichtum, der dank dunkler Kanäle und krimineller Aktivitäten angehäuft worden war, dadurch endlich legalisiert würde – damit es möglich wäre, sich nicht nur *eine* Villa zu bauen, sondern auch eine für die Kinder und Enkel. Es war nicht möglich, den Reichtum ohne Sorgen zu genießen, *notabene* zu kapitalisieren, und das begann einige erfolgreiche »Unternehmer« stark zu stören.

***

Aber ich möchte hier nicht nur geschichtliche und politische Gedanken zur Situation im letzten Jahr vor dem November 1989, vor der »Wende«, wie man heute sagt, bzw. vor der »Samtenen

Revolution«, wie man in den ersten Jahren nach dem November 1989 sagte, äußern, sondern auch persönliche Erinnerungen weitergeben.

Ich wohnte damals auf der Kleinseite, wo sich die Botschaft der Bundesrepublik befindet, und kam an einigen Abenden in ihre Nähe, um – zu beobachten. Wen? Die Deutschen als Flüchtlinge, die (Geheim-)Polizei, die neugierigen Prager und auch mich selbst.

Wie sah die Situation aus? Im September 1989 wurde ich von der Gesellschaft *Opus Bonum* im bayerischen Franken, deren Vorsitz der Abt des Břevnov-Klosters innehatte (damals allerdings im Exil), dazu aufgefordert, für die Versammlung des gesamten tschechoslowakischen Exils eine Art »Bericht über die Lage der Union«, also über die Tschechoslowakei in den 1980er Jahren, zu schreiben. Ich habe ihn sechs Wochen vor dem November 1989 – einen Monat vor dem Exodus der Deutschen über Prag – beendet und abgeschickt. Eines geht daraus völlig klar hervor: Ich habe nicht angenommen, dass die Menschen irgendeine schnelle Veränderung erwarten. Nicht einmal die Dissidenten, zu denen ich gehörte, erwarteten sie, auch wenn das Jahr 1989 in mancher Hinsicht anders als die vorangegangenen Jahre war. Aus vielerlei Gründen schien die Situation völlig blockiert zu sein.

Mitte Januar 1989, in der sogenannten »Palach-Woche« (vom 15. bis zum 22. Januar) demonstrierten einige Hundert, überwiegend junge Menschen auf dem Platz, auf dem sich vor 20 Jahren Jan Palach mit Brennstoff übergossen und angezündet hatte. Mutige Menschen kamen wiederholt zum Museum, um dort Blumen niederzulegen. Es erwarteten sie dort Prügel mit dem Knüppel, Wasserwerfer, vorläufige Festnahmen und der Abtransport zu Verhören oder, wie im Falle Václav Havels und anderen, auch die Inhaftierung. Auch wenn es mehr Menschen waren als sonst, es waren doch »nur« einige Hundert.

Aber zum ersten Mal haben in diesem Jahr Tausende und dann Zehntausende von Menschen gewagt, ihre Unterschrift unter einen Protestaufruf zu setzen, der die Entlassung Václav Havels verlangte, sowie unter einen Text, der einen Dialog mit der Macht forderte und schlicht »Einige Sätze«[2] genannt wurde. Auch in diesen Fällen gab es mehr Unterzeichner als sonst, aber von einer Massenaktion konnte immer noch nicht die Rede sein. Bislang sprach nichts dafür, dass es auch bei uns, wo weder gestreikt noch reformiert wurde, in diesem Jahr zu einem grundlegenden Wandel kommen würde.

Unter Tschechen und Slowaken überwog in den 20 Jahren der »Normalisierung« – im Gegensatz zu den Polen und Ungarn – Resignation, Konformismus und Zynismus. Mehr als hunderttausend Menschen emigrierten in den Westen. Wenn auch im Lande die Charta 77 und andere oppositionelle Aktivitäten ihre Wirkung zeigten, so brauchten wir am Ende der zweiten Dekade des *Marasmus*, der schleichenden Auszehrung, so etwas wie eine Ermunterung, ein Beispiel, das wir nachahmen konnten. Wir mussten sozusagen angestoßen werden. Noch im Jahre 1989, als in der Tschechoslowakei bereits etwa 20 nicht konforme und oppositionelle Plattformen fruchteten (unvergleichbar weniger als zum Beispiel in Polen), warnte am 21. August, dem Jahrestag der Okkupation, Václav Havel vor der Teilnahme an Demonstrationen, da er Provokationen und die Brutalität der Machthaber befürchtete. Es gab am Ende eine kleinere Demonstration, die jederzeit leicht hätte aufgelöst werden können.

Offenbar brauchten wir einen äußeren Impuls, eine Inspiration. Was jedoch hinter den Grenzen – in Polen und auch in Ungarn – stattfand, ermunterte die Öffentlichkeit keineswegs. Es überwog das mehr oder weniger resignierte Gefühl, dass »bei uns alles anders ist« und dass es hier Jahre dauern wird ... Im besten aller vorstellbaren Szenarien würde uns irgendeine zähe Perestroika erwarten. Ein Impuls, eine Inspiration musste quasi bis zu uns »nach Hause« kommen, damit wir sie mit eigenen Augen sehen und selbst erleben konnten. Das ist nicht verächtlich gemeint. Im Sowjetblock gab es in der gesamten Nachkriegszeit zeitliche Verschiebungen der Ereignisse. Als die einen oben waren und »den Himmel stürmten«, waren die anderen in einer Depression – zum Beispiel die Tschechoslowaken und Polen im Frühjahr 1968.

Ich erinnere an zwei Impulse, zwei Inspirationen von außen. Ihr Einfluss, ihr Gewicht kann nicht gemessen oder gewogen werden. Die Historiker würden beim Gedanken an sie den Kopf mal nach links, mal nach rechts neigen: vielleicht ja, vielleicht nein. Die Lateiner würden sagen: es waren Imponderabilien. Dinge, Ereignisse, die nicht berechnet werden können, aber deswegen nicht ohne Bedeutung sind. Auch sie können manchmal eine sehr wichtige Rolle spielen – und sei es »nur« in den Köpfen und Herzen der Menschen.

Der zweite Impuls, die zweite Inspiration kam nicht nur von außen, sondern direkt von »oben«. Auf die Heiligsprechung von Anežka Česká (Agnes von Böhmen) wartete man in unserem Land bereits ganze acht Jahrhunderte lang. Aus der Barockzeit stammt daher die Legende, dass, wenn das Grab von Anežka einmal gefunden und sie heiliggesprochen wird, es auch dem Land endlich gut gehen wird. Das Grab war deshalb von so großer Bedeutung, weil seine Existenz für eine Heiligsprechung früher unabdingbar war. Heute wird dies nicht mehr so streng genommen. Hinsichtlich der Existenz der Prinzessin aus dem 13. Jahrhundert, die es zwei Mal hintereinander ablehnte, einen europäischen Herrscher zu heiraten, damit sie weiterhin den Bedürftigsten dienen konnte, gab es jedoch nie einen Zweifel. Die Feierlichkeit der Heiligsprechung in Rom wurde vom tschechischen Fernsehen übertragen, das Regime ließ etwa 10 000 Pilger dorthin reisen und diese kehrten anschließend begeistert, feierlich strahlend nach Hause zurück. In Prag hielt die würdevolle Messe Erzbischof Tomášek, es war wieder stundenlang das Fernsehen dabei und ich erinnere mich gut, dass diese Übertragung eine hoffnungsvolle Aufregung ins Land brachte. Die Menschen hoben ihre Köpfe, lächelten einander zu und bereiteten sich eigentlich so unbewusst auf den 17. November und die nachfolgenden Tage und Wochen vor. Ohne dass wir es ahnten, stand der Umsturz schon unmittelbar vor der Tür.

Der erste Impuls kam um einiges früher, kam erneut von außen, aber spielte sich zu Hause, direkt unter unseren Fenstern, vor unseren Türschwellen, ab. Es war der Massenexodus von Bürgern aus Ost- nach Westdeutschland. Massenexodus? In den Straßen der Kleinseite sah das so aus, und um den Eindruck, um das Erlebnis für uns Prager, ging es damals.

Es war ein sehr komisches Erlebnis. Sowohl etwas beschämend als auch ermunternd. Ich wohnte damals auf der Kleinseite und ging mir, wie bereits erwähnt, jeden Abend diese einzigartige Vorstellung ansehen – wie im Kino. Mein Platz war auf dem Gehweg in der Karmelitská-Straße, dort, wo von oben eine Straße einmündet, die Tržiště heißt und in der sich die amerikanische Botschaft befindet. Noch ein Stück weiter, schon in der Vlašská-Straße, ist die deutsche Botschaft im Lobkowicz Palais untergebracht, mit einem von Mauer und Zaun umgebenen Garten, der sich zum Petřín Hügel (Laurenziberg) hin erhebt. Der Flüchtlingsstrom ging nur in eine Richtung, von der Karmelitská-Straße aus hinauf zum Petřín-Hügel. Und wurde immer dichter.

Wir, die wir in dieses wunderbare Freilichtkino gekommen waren, standen also auf den Gehwegen. Wir standen dort lange Stunden, in dichten Reihen und schwiegen. Es war wahrhaftig eine faszinierende Vorstellung: Jeden Augenblick kamen schnellen Schrittes oder mit dem Taxi mehr und mehr Leute, oft junge Familien mit einem schlafenden Kind in den Armen oder im Rucksack und vergrößerten die immer dichter werdende Menschenansammlung. Sie hatten eine Tasche in der Hand, einen Koffer, mehr nicht. Sie verließen den DDR-Wohlstand, um den sie in allen »Volksdemo-Ländern« beneidet wurden. Und dazu ließen sie noch ein Stück weiter ihr Auto, Trabant oder Wartburg, zurück, auf das sie lange Jahre gespart hatten. Sie schlossen es schon gar nicht mehr ab, ließen es mit den Schlüsseln in der Zündung einfach dort stehen, wo sie einen Platz dafür gefunden hatten. Bald schon passte kein Auto mehr irgendwohin und so hielten die Flüchtlinge überall an: auf Rasen, auf Gehwegen, unter dem Petřín-Hügel, dann sogar schon an den steilen Berghängen. Sie zogen die Handbremse an, ließen die Tür offen und rannten zur Botschaft.

Auch nach so vielen Jahren erscheinen die Gesichter dieser Leute vor mir. Sie strahlten Erleichterung aus, Stolz auf den eigenen Mut, Freude darüber, dass sie es gewagt und geschafft hatten. Und gleichzeitig die große Sorge: »Was kommt jetzt? Kommen wir wenigstens über die Botschaftsmauer? Gibt uns jemand wenigstens einen warmen Tee? Den Kindern wird es bestimmt kalt sein.«

Nur selten hat man die Gelegenheit, direkt in das Gesicht von jemandem zu schauen, der gerade die Freiheit erlangt hat. Der Blick auf die Gestalt der berühmten Marianne mit ihren entblößten Brüsten, der phrygischen Mütze und der französischen Fahne in den Händen, so wie ihn Delacroix uns darbietet, ist für unsere Verhältnisse ein wenig zu pathetisch. »Unsere« Gesichter waren die von Menschen, die die Freiheit gerade jetzt im Moment erlangt haben, außer Atem, aber glücklich, obwohl sie alles zurücklassen mussten, was sie sich erarbeitet hatten. Es waren die Gesichter sorgenvoller, skeptischer Mitteleuropäer. Sie gehörten zu uns. Sie kamen für die Freiheit angerannt und nahmen sie direkt vor uns entgegen.

Sie riskierten viel. Niemand von ihnen wusste, wie es ausgehen würde. Schließlich waren sie auf dem Gebiet der ČSSR, die hiesige Partei und Regierung hatte nicht die geringste Sympathie für sie übrig – im Unterschied etwa zu der freizügigeren ungarischen Macht, die bei ihnen oft ein Auge zudrückte. Aber nach Ungarn war es eben viel weiter und später war die Grenze zwischen der Tschechoslowakei und Ungarn für DDR-Deutsche ohne ungarisches Visum ohnehin nicht mehr durchgängig. Deswegen war es wichtig, diese günstige Gelegenheit zu nutzen, die sich vielleicht nicht mehr wiederholen würde. Ja, die Flüchtlinge riskierten viel. Zunächst, dass sie heute Nacht keinen Schlafplatz haben würden, dass sie frieren würden, dass es für sie nirgendwo ein Essen geben würde. Im Palais Lobkowicz drängten sich auf den Treppen und Fluren bereits Aberhunderte von Menschen. Am Ende waren es Tausende, in Zelten im Garten sowie auf der Straße. Sie riskierten viel, denn es gab keine Garantie, dass sie nicht auf dem feindlichen Boden der ČSSR stecken bleiben. Die Exterritorialität und der Weg, der in die Freiheit mündete, begannen eben erst hinter dem Zaun und hinter der Mauer. Sie halfen sich gegenseitig, um sie zu überwinden. Auch unsere Landsleute halfen ihnen dabei. Und überall darum herum waren Polizisten, in Uniformen oder auch in Zivilkleidung.

Unsere Landsleute wünschten ihnen die Freiheit. Nicht nur diejenigen, die in der Nähe der Botschaft wohnten, kümmerten sich um Erfrischungen, brachten Tee und Essen. (Manche hatten allerdings auch keine Skrupel, mit den Flüchtlingen Geschäfte zu machen. Ich sah Fotografien, die es belegen: Hände übergeben durch den Zaun hindurch eine Flasche mit einem Getränk und nehmen gleichzeitig Geld dafür entgegen.)

Insgesamt fuhren schließlich in drei Schüben Zehntausende DDR-Deutsche mit Sonderzügen aus Prag hinaus. Für die Prager war dies ein Schlüsselerlebnis und eine existentielle Erfahrung.

Dennoch haben die Menschen auf den Gehwegen zumeist geschwiegen, weil sie sich fragten: Wie viele Stasi-Leute sind hier wohl vor Ort? Wie viele, die hier stehen, bewachen uns? Nicht, dass wir gerade jetzt aus dem Land flüchten wollten, aber wir waren doch neidisch auf den Mut der DDR-Deutschen, einfach loszugehen. Zwei, drei Schritte, ein, zwei Meter und sie waren in Freiheit. Warum sie und wir nicht?

Ich kann mir nicht vorstellen, dass niemand von uns gedacht hat: Wie es aussieht, werden auch wir runter von den Gehwegen und losgehen müssen. Es genügt nicht mehr, etwas zu schreiben, zu unterschreiben, mit etwas heimlich zu sympathisieren. Wir müssen uns im öffentlichen Raum zeigen, uns gegenseitig und auch ihnen zeigen, der Macht vorführen, wie viele wir sind, die etwas anderes denken als die »Partei und Regierung«.

Wir haben damals eine Lektion aus unmittelbarer Nähe und völlig ohne Worte erhalten: Es reichte die Situation in den zwei, drei Straßen, es reichte der Gesichtsausdruck derer, die ihre Lage dadurch lösten, dass sie ihr Leben in die eigenen Hände nahmen. Es dauerte einige Tage und die Gehwege waren stets »ausverkauft«, nur der Applaus auf der offenen Szene fehlte. Aber etwas geschah in uns.

Wenn auch nicht in allen: Es war für einige unserer Leute typisch, dass sie eine so große Menge an verlassenen Autos willkommen hießen. Sie mit fremden Kennzeichen zu stehlen, war nicht einfach, aber auch nicht unmöglich. Es gab sehr praktisch orientierte »Selbstzulieferer«, geschickte Typen, die mit einer ordentlichen Tasche über der Schulter systematisch wertvolle (d. h. auf dem Markt fehlende) Teile der DDR-Wagen demontierten. Sie verbargen es in keiner Weise: »Wenn ich es nicht nehme, nimmt es ein anderer ...« Das war die Philosophie der Normalisierung: »Wer nicht stiehlt, bestiehlt die Familie.« Und den Eigentümern kann es schon egal sein, sie fahren dorthin, um sich bessere Autos zu besorgen. Wir Tschechen können immer alles rechtfertigen. Ist das etwa Diebstahl? Es gehört niemandem mehr, schlussfolgerten wohl einige von uns, und erst recht nicht denen, die gerade jetzt über die Grenze abgehauen sind. Diejenigen, die Mangelware anhäuften und schon ein paar Monate später Schrottplätze und Autobasare in Bayern und Sachsen mit ihren Ersatzteilen abklappern würden, beteiligen sich wahrscheinlich bereits in einem Jahr an der kleinen und später möglicherweise auch an der großen Privatisierung. Es sind Leute mit Geschäftssinn, wer kann etwas gegen sie sagen? Eine atemlose, aber glückliche Familie mit einem schlafenden Kind auf dem Rücken hat sie nicht interessiert und wird sie nicht interessieren. So war es immer und so wird es immer sein. Jeder hat diese Ereignisse anders erlebt. Aber auf den Gehwegen waren wir nicht wenige.

Wir überlegten, wie diese Ereignisse die führenden Genossen in Prag und Berlin durchlebten. Wir wussten, dass in diesen Tagen endgültig der Block auseinanderfiel, der Gorbatschows Perestroika widerstand. Ceaușescu gehörte diesem Block eigentlich nie an, er spielte sein eigenes, ziemlich waghalsiges Spiel, und der Umstand, dass er gegen Moskau war, hörte in dieser Zeit auf, das wichtigste Kennzeichen seines Regimes zu sein. Also hielten nur noch Erich Honecker und Miloš Jakeš zueinander. Jetzt allerdings musste Jakeš Honecker bitten, bzw. ihn dazu drängen, diese in die Freiheit drängenden Deutschen über DDR-Gebiet in den Westen zu lassen, denn es kamen mehr und mehr nach Prag, und wohin sollte das führen?

Und so wurden sie nach einigen Tagen in Busse und Züge gesetzt und über das DDR-Gebiet nach Westdeutschland geschickt. Honecker konnte Jakeš dafür nicht dankbar sein. Aber er musste verstehen, dass er an seiner Stelle den gleichen Druck ausgeübt hätte.

***

Ich möchte an die unbeabsichtigte Hilfe erinnern, an die Inspiration von außen, diese Ermunterung, diese anschauliche Lektion und gleichzeitig etwas über uns und unsere damalige revolutionäre Verfassung sagen. Auch wenn sie nicht bei jedem von uns spürbar war, so haben wir doch bereits ein paar Tage später begonnen, den Wenzelsplatz, das Letná-Plateau und überhaupt die Hauptplätze unserer Städte zu füllen.

Aus diesem Vergleich folgt nichts. Vielleicht nur das, dass die Geschichte aus den Arbeitsräumen, Büros und Parlamenten auf die Straßen herauskommen muss. Was man denkt und fühlt, muss man von Zeit zu Zeit vorführen. Am Montag, dem 20. November, waren auch bei uns über 100 000 Menschen auf einem Platz. Obwohl an diesem Tag noch niemand vom Balkon des Melantrich-Verlags sprach und das Bürgerforum erst am Entstehen war, war die Sache bereits entschieden. Wenn irgendwohin 100 000 Menschen kommen, ist jedes Regime auf dieser Welt am Ende.

Der Exodus der Deutschen im Oktober 1989 war so etwas wie eine kleine Generalprobe, eine Anleitung für den November 1989. Paradoxerweise probten damals die Gastschauspieler. Aber wir Einheimischen haben uns die Vorstellung aufmerksam angesehen und ließen uns inspirieren. Dafür gilt diesen Schauspielern auch heute noch unser Dank. Sie suchten ihre Freiheit, aber verhalfen uns auch zu der unseren, da Freiheit am Ende nie teilbar ist.

Dieser plötzliche Einfall der Freiheit in die bislang starre, für 20 Jahre durch die Okkupation verstummte Stadt war ein *unermesslicher* Beitrag zur Beendigung der Verhältnisse in Mitteleuropa. Er führte die Prager dazu, sich zu erheben.

Manchmal kann gerade das nicht Messbare mehr bewirken als die harten, beweisbaren Fakten. Aber ob und in welchem Maße sich diese Möglichkeit in den darauffolgenden Tagen und Wochen des Herbstes und Winters des Jahres 1989 tatsächlich erfüllte, werden wir nie mit Sicherheit erfahren. Es bleiben nur persönliche Zeugnisse und Erlebnisse von Beteiligten.

KONKLUSION: DER FLÜCHTLINGSSTROM ALS URSTROM DER GESCHICHTE

DIE POLITISCHE LAGE VOR DER IMPLOSION DER REGIME IN DER DDR UND ČSSR

Die Veränderungen in der Sowjetunion in den 1980er Jahren hatten gravierende Auswirkungen auf die kommunistischen Satellitenstaaten im scheinbar so fest gefügten Ostblock. Hatte das einheitliche, von der Sowjetunion aufgezwungene kommunistische System nationale Unterschiede bislang nivelliert, so konnte sich in den 1980er Jahren eine neue nationale Vielfalt entwickeln. Auf die neuen Rahmenbedingungen und Handlungsspielräume reagierten die kommunistischen Führungen in den einzelnen Ländern Ostmitteleuropas höchst unterschiedlich.[1] Dabei eröffnete ihnen die Perestroika in der UdSSR ganz neue, bislang ungeahnte Möglichkeiten. So konnten sie ihre politischen Angelegenheiten, sogar ihre politischen Strukturen nach eigenen Vorstellungen umgestalten. Die Polen, die seit dem Ende des Zweiten Weltkriegs immer wieder gegen das kommunistischen Regime opponiert hatten, nutzten die Gelegenheit im Jahre 1989 für zunächst halbfreie Wahlen zum Sejm und dann sogar für völlig freie Wahlen zum Senat. Desgleichen haben die Ungarn Liberalisierungsmaßnahmen ergriffen, ein Mehrparteiensystem schrittweise zugelassen und den Eisernen Vorhang an der Grenze zu Österreich geöffnet.

Die kommunistischen Regime in der DDR und der Tschechoslowakei reagierten in anderer Weise auf die von der Sowjetunion im Zuge der Perestroika gewährten Gestaltungsfreiheiten, denn beide konnten nur als kommunistisch-orthodoxe Regime überdauern. In der DDR deshalb, weil es ohne einen Systemunterschied zur Bundesrepublik keine Berechtigung für eine selbständige Deutsche Demokratische Republik gegeben hätte. Ähnlich verhielt es sich mit der tschechoslowakischen Partei-

und Staatsführung. Die KPTsch-Spitzenfunktionäre des Jahres 1989 waren zwanzig Jahre zuvor, im Jahre 1969, von den Sowjets als Statthalter des orthodoxen Kommunismus in Führungspositionen in Partei und Staat eingesetzt worden, um die Reformen und die Liberalisierungsmaßnahmen des »Prager Frühlings« rückgängig zu machen. Doch zwei Jahrzehnte später kam die sowjetische Perestroika. Und die hatte im Wesentlichen die gleichen Formen und Ansätze, wie sie der »Prager Frühling« bereits Ende der 1960er Jahre ausgebildet hatte. Die führenden KPTsch-Funktionäre konnten sich jedoch nicht einfach für ebendie Reformen begeistern, die sie 20 Jahre zuvor erstickt hatten. Die Unterdrückung des Prager Frühlings stellte nämlich den Kern ihrer Legitimität dar.

Aus diesen Gründen sind beide mitteleuropäischen Ostblockländer, die DDR und die Tschechoslowakei, bei dem strengen Einparteiensystem und bei der zentral gelenkten Staatswirtschaft, mit all ihren Nachteilen, geblieben. Und sie mussten zusammenhalten. Denn den Spitzenfunktionären beider Staaten war klar, dass sie alleine nicht durchhalten konnten.

Entscheidend für das im Herbst 1989 immer stärker werdende Protestpotential in der DDR waren nicht primär die politischen Aktivitäten der Oppositionsgruppen, sondern die individuellen Entscheidungen Tausender von DDR-Bürgern, die sich damals dazu entschlossen, über die Botschaften in Prag, Budapest und Warschau ihre Heimat zu verlassen, um für sich einen persönlichen Ausweg aus der unbefriedigenden Lage in der DDR zu suchen. Die Abwanderung so vieler, vor allem junger und gut ausgebildeter Menschen, machte für alle im Lande deutlich, dass es so nicht weitergehen konnte. Die Massenauswanderung rüttelte die DDR-Bevölkerung auf. Sie zeigte deutlich, in welch tiefer Krise sich die DDR befand. Wer im Lande blieb und den privaten Ausweg in Form von Flucht ablehnte, sah sich daher gezwungen, politische und wirtschaftliche Reformen zu verlangen. So wurde aus der Losung »Wir wollen raus!« der Ruf »Wir bleiben hier!«.[2]

Auch in der Tschechoslowakei steigerten die Ereignisse um die DDR-Flüchtlinge in der Prager Botschaft der Bundesrepublik und auf deren exterritorialem Gelände sowie die gewaltigen Ausreisewellen das Protestpotential und die Demonstrationsbereitschaft. Die tschechoslowakische Öffentlichkeit konnte unmittelbar in der eigenen Hauptstadt beobachten, wie nach dem polnischen und dem ungarischen jetzt auch das scheinbar intakte SED-Regime im Nachbarland DDR unübersehbare Auflösungserscheinungen zeigte. Zunehmend setzte sich daher in der tschechischen und slowakischen Gesellschaft die Einschätzung durch, dass auch das Regime der KPTsch kaum noch länger existieren würde.

DIE WIRTSCHAFTLICHE UND ÖKOLOGISCHE KONSTELLATION

Beide Länder, sowohl die Tschechoslowakei als auch die DDR, gehörten im Ostblock zu den wirtschaftlich besser gestellten Staaten. In den 1970er und vor allem 1980er Jahren wurde jedoch ihr wirtschaftlicher Rückstand – im Vergleich zu den westlichen Industrienationen – immer größer. Das Versagen der staatlichen Planwirtschaft in den realsozialistischen Ländern wurde insbesondere von ihrem strukturellen Unvermögen verursacht, sich der modernen globalen Entwicklung, die ab den 1960er Jahren sukzessive eingesetzt hatte, anzupassen und aus der Sackgasse des extensiven Wirtschaftswachstums zu einem intensiven Wachstumsmodell überzugehen. Der systemimmanente Mangel an Motivation spielte hierbei eine zentrale Rolle, denn ohne ein wirksames Anreizsystem konnte dieser Übergang nicht gelingen. Die seit den 1970er Jahren bereits chronische ökonomische Gesamtkrise erwuchs daher zu einer schleichenden Erosion »des realen Sozialismus«.[3]

Mit dem zunehmenden wirtschaftlichen Rückstand hing auch die immer größere Umweltzerstörung zusammen. Um bei der gegebenen niedrigen wirtschaftlichen Effizienz die Versorgung der Bevölkerung zumindest mit den notwendigsten Gütern zu bewerkstelligen, wurde mit der Umwelt sehr rücksichtslos umgegangen.

Die Unzufriedenheit der Bevölkerung, verursacht durch die rezessive wirtschaftliche und die ökologische Lage, wurde nur noch vergrößert durch die partielle Öffnung beider Länder in den 1980er Jahren, die mit dem KSZE-Prozess zusammenhing. Mit der größeren Zahl der Westreisenden stiegen auch die Vergleichsmöglichkeiten und damit das Bewusstsein für den inzwischen unübersehbaren Abstand im Lebensstandard zwischen Ost und West. Die partielle Westöffnung trug damit ganz erheblich zum immer größer werdenden Unmut über den wirtschaftlichen Rückstand sowohl in der DDR[4] als auch in der Tschechoslowakei bei.

MOTIVATIONEN FÜR DIE FLUCHT

Die Motivation für die Flucht musste sehr stark sein, sonst hätten sich die Menschen nicht dazu entschlossen. Die Bürger der DDR konnten sich durch die verstärkte Reisetätigkeit und durch die Berichterstattung der westlichen Medien ein relativ zutreffendes Bild von der politischen und wirtschaftlichen Lage in ihrem Land machen. Der Mehrheit war bereits klar geworden, dass die DDR im Wettstreit der Systeme mit der Bundesrepublik sowohl auf politischem als auch auf wirtschaftlichem Feld komplett verloren hatte. Nur noch die Lügenpropaganda in den staatlich gelenkten Massenmedien behauptete das Gegenteil. Und die Menschen haben gespürt, wie allgegenwärtig die Staatssicherheit war, die jederzeit die intimsten Ecken ihres Lebens ausspähen konnte. Die Bürger konnten niemandem vertrauen, im schlimmsten Fall nicht einmal ihren engsten Familienmitgliedern. Auf Dauer war das permanente Misstrauen gegeneinander ein unerträglicher Zustand sowohl für die Gesellschaft als auch für den Einzelnen. Selbst vor den Kindern machte das System nicht halt: Sie mussten in der Schule Lügen lernen, wenn es um Politik und Geschichte ging.

Zur weit verbreiteten Missstimmung aufgrund mangelnder Reisefreiheit trugen auch die fehlenden politischen Freiheiten, der Ärger über manipulierte Wahlen, die Verlogenheit der Medien, die Unmöglichkeit der freien Meinungsäußerung, die ungute Versorgungslage sowie eine immer dramatischere Umweltzerstörung bei. Dies alles zusammengenommen löste bei den Menschen mehr und mehr Verdruss aus. Eine Gefühlslage, aus der sich schließlich die Kraft und die Entschlossenheit speisten, das Heft des Handelns selbst in die Hand zu nehmen.

Diejenigen, die sich zur Flucht entschlossen und die im Herbst 1989 allein oder mit ihren Familien in den Botschaften der Bundesrepublik Zuflucht suchten, waren zumeist junge Leute. Menschen, die nicht weiter in Angst vor den Spitzeln und Spähern der Stasi leben wollten, die ihren Kindern solide berufliche und gesellschaftliche Entfaltungsmöglichkeiten bieten wollten, ohne ideologische Einschränkungen und über die Landesgrenzen der DDR hinaus. Die Flucht bedeutete für sie alle einen tiefen Einschnitt in ihrem Leben. Sie, die alles – Eltern, Verwandte, Freunde, Wohnung, Heimat, Eigentum, Kontakte –, einfach alles zurücklassen mussten, kletterten nur mit dem, was sie am Leib trugen, über den Botschaftszaun in eine ungewisse Zukunft.

DIE MEILENSTEINE AUF DEM WEG ZUR FREIHEIT (ÜBERBLICK)

September: Dammbruch

Es war die erste mächtige Ausreisewelle vom 30. September 1989, die den eigentlichen Dammbruch verursachte, welcher in der Folgezeit nicht mehr repariert werden konnte und schließlich zum Mauerfall führte. Zum ersten Mal in der Geschichte der DDR sahen sich die Machthaber gezwungen, offiziell einer Ausreise von mehreren Tausend DDR-Bürgern in die Bundesrepublik zuzustimmen. Das bisherige Tabu wurde gebrochen. Nach diesem Beschluss gab es kein Zurück mehr. Fortan konnte es der SED-Parteiführung nicht mehr gelingen, den gewaltigen Ausreisedruck der DDR-Bürger in die Bundesrepublik wirklich und dauerhaft zu stoppen. Zwar versuchten die SED-Oberen noch verzweifelt, die Bruchstelle per Grenzschließung zu kitten. Doch es gelang ihnen nicht mehr, den Ausreisestrom dauerhaft zum Stillstand zu bringen, so lange nicht, bis die Mauer gefallen war.

Zu dem geschichtsträchtigen Beschluss vom 29. September 1989, die in der Parteiterminologie als »Botschaftserpresser« bezeichneten flüchtigen DDR-Bürger aus der Prager Botschaft in den Westen zu entlassen, gelangten Honecker und die SED-Parteispitze unter extremem Druck von allen Seiten. Lief man doch Gefahr, das anstehende Jubiläum zum 40. Gründungstag der DDR durch das in den Medien von Tag zu Tag immer präsentere Drama der Botschaftsflüchtlinge komplett zu verderben. Und die prekäre Lage in der Prager Botschaft der Bundesrepublik, wo sich am 29. September 1989 etwa 3 500 Kinder, Frauen und Männer[5] aufhielten, hätte schnell eskalieren können: ein Selbstmord, eine Epidemie oder ein Flammenmeer mit mehreren Toten hätten im Nu eine intensive Medienkampagne gegen die DDR zur Folge gehabt – und das weltweit!

Die Forderungen seitens der internationalen Diplomatie wurden immer eindringlicher. Überdies schlossen sich neuerdings sogar die mächtigen Sowjets den Appellen an, endlich etwas in der Angelegenheit zu tun. Aus New York berichtete DDR-Außenminister Fischer von den Verhandlungen mit dem sowjetischen Außenminister Schewardnadse, der die DDR-Führung dazu aufforderte, etwas zu unternehmen, »um einen Skandal zu verhindern«.[6] Und aus Prag meldete der DDR-Botschafter in der Tschechoslowakei, Helmut Ziebart, dass sich die sowjetische Diplomatie, entsprechend den Bitten von Bundesaußenminister Genscher, für die Prager Botschaftsflüchtlinge engagiere.[7] Schlagartig wurde SED-Generalsekretär Honecker klar, dass er sich in dieser Sache nicht auf die Unterstützung der Sowjetunion verlassen konnte, dass er auf sich allein gestellt war.

Und das war noch nicht alles. Schließlich kamen zu dem ohnehin schon immensen Druck der internationalen Diplomatie auch noch die nachdrücklichen Aufforderungen der letzten echten Verbündeten der SED – der tschechoslowakischen Genossen – hinzu. Der zuständige KPTsch-Sekretär Lenárt teilte DDR-Botschafter Ziebart am Nachmittag des 29. September mit, dass die Lage um die Botschaft definitiv unerträglich geworden sei. Die katastrophalen Zustände, insbesondere die Überbelegung, der tägliche Neuzugang von mehreren Hundert Zuflucht-suchenden und die unzumutbaren hygienischen Gegebenheiten mit akuter Epidemiegefahr zwängen »zu Überlegungen, welche weiteren Schritte unternommen werden könnten«.[8] Damit teilte Lenárt zwar noch diplomatisch, aber dennoch unmissverständlich mit, dass die Tschechoslowakei auf eigene Faust Maßnahmen ergreifen würde, falls die DDR nicht in kürzester Zeit Lösungsvorschläge unterbreite.[9]

Die tschechoslowakische Führung forderte nun ultimativ eine »drastische Verringerung der gegenwärtigen Anzahl von DDR-Bürgern [in der Botschaft] durch Ausreise per Bus über das Territorium der DDR in die BRD«.[10] Die Ausreise könne mit einer allgemeinen Amnestie zum 40. Jahrestag der DDR überzeugend begründet und öffentlichkeitswirksam präsentiert werden. Mit dem von den DDR-Funktionären vorgeschlagenen Bau einer Mauer um die Prager Botschaft der Bundesrepublik waren die KPTsch-Genossen freilich nicht einverstanden. »Die in Berlin geäußerte Idee, eine Mauer um die Botschaft zu bauen, sei für Prag nicht akzeptabel«, berichtete der Prager DDR-Botschafter Ziebart über die tschechische Einstellung zu dieser Sache.[11]

Der tschechoslowakische Vorschlag, die Botschaftsflüchtlinge über DDR-Gebiet ausreisen zu lassen, ging zwar von einer völlig anderen Interessenlage und einer fast gegensätzlichen Rechtsauffassung zur Bundesrepublik aus, war indes praktisch identisch mit einem der Vorschläge, die Bundesaußenminister Genscher dem DDR-Außenminister Fischer in New York am 27. September 1989 unterbreitete: »Die Sonderzüge fahren von Prag aus über DDR-Gebiet in die Bundesrepublik Deutschland. Dann können Formalitäten unterwegs erledigt werden.«[12]

Für das KPTsch-Politbüro war von immenser Bedeutung, dass nicht nur der internationale Druck, sondern auch das Drängen nach einer Lösung seitens unabhängiger Kreise, insbesondere seitens der Kirche und der Oppositionsgruppen, deutlich zunahm. Die prekäre Situation der DDR-Bürger in der bundesdeutschen Botschaft und eine Reihe damit zusammenhängender Folgeerscheinungen wie eine erhöhte Medienpräsenz, die mögliche Initiierung von Demonstrationen und Ähnlichem wurden »mehr und mehr zu einem Problem der öffentlichen Ordnung in Prag«.[13] Die tschechoslowakischen Genossen fürchteten – wohl zu Recht – um die Stabilität des kommunistischen Regimes im eigenen Land; eine Besorgnis, für welche die DDR-Machthaber durchaus Verständnis hatten.

Die Stunde der Entscheidung schlug am Nachmittag des 29.

September 1989. Der DDR-Botschafter in Prag, Ziebart, informierte per Blitztelegramm um 16.35 Uhr ranghöchste SED-Politbürofunktionäre über die Krisensituation um die bundesdeutsche Botschaft und die tschechoslowakischen Lösungsvorschläge.[14] Daraufhin berief Honecker um 17.00 Uhr eine außerordentliche Krisensitzung des SED-Politbüros im Apollosaal der Ostberliner Staatsoper ein. Die epochemachende Sitzung dauerte lediglich zwanzig Minuten. Bereits gegen 17.20 Uhr stimmten dessen Mitglieder einstimmig zu, die Forderungen der tschechoslowakischen Genossen zu erfüllen und die in den Botschaften der Bundesrepublik befindlichen DDR-Bürger über das DDR-Gebiet in die Bundesrepublik zu bringen.[15] »Es bleibt uns nichts anderes übrig, wenn wir es bis zum 7.10. vom Tisch haben wollen«, begründete der SED-Chef seinen Entschluss.[16]

Honecker selbst schilderte im Nachhinein die entscheidenden Motive für seine geschichtsträchtige – und für die DDR verhängnisvolle – Kehrtwende folgendermaßen: »Seitens der Regierung der ČSSR wurden wir gebeten, das Problem der Botschaftsbesetzungen in dieser oder jener Form zu lösen, da es sonst zu Störungen von Ruhe und Ordnung in Prag kommen würde. Wir waren natürlich überhaupt nicht daran interessiert, dass die Ruhe und Ordnung in Prag gestört wurde. Wir besprachen diese Frage in einer kurz anberaumten Sitzung im Apollosaal der Staatsoper und kamen dann einmütig im Politbüro zu dem Beschluss, der Bitte der tschechoslowakischen Genossen zu entsprechen.«[17]

Oktober: Grenzschließung – Startschuss zur Revolution

Schon unmittelbar nach der ersten Ausreisewelle vom 30. September 1989 wurde die bundesdeutsche Botschaft in Prag erneut von Flüchtlingen regelrecht überrannt. Entscheidend war der 3. Oktober 1989. Schon hielten sich wieder 4 500 Ausreisewillige in der Botschaft auf, weitere 2 000 harrten davor auf Einlass. Die Situation war unerträglich: Kinder, Frauen und Männer drängten sich auf engstem Raum zusammen. Allen Beteiligten war klar, dass innerhalb der nächsten Stunden eine Lösung gefunden werden musste. Diese Erkenntnis hatte fieberhafte Verhandlungen zwischen den Vertretern der Tschechoslowakei, der DDR und der Bundesrepublik zur Folge. Das KPTsch-Politbüro verlangte schließlich von der SED-Führung, dass die »Aktion Zug« wiederholt werde. Jakeš' Drängen auf eine rasche Lösung verfehlte seine Wirkung nicht. Um 12.30 Uhr war die Forderung des KPTsch-Generalsekretärs dem Prager DDR-Botschafter Ziebart übermittelt worden. Und weniger als eine Stunde später, um 13.15 Uhr, war die Angelegenheit bereits beschlossene Sache. Auch diese »Botschaftsbesetzer« sollten in den Westen entlassen werden. Parallel dazu wurde allerdings die Grenze zur Tschechoslowakei geschlossen. Dieser einschneidende und fundamentale Beschluss wurde im engsten Führungskreis der SED getroffen; die reguläre Politbürositzung fand erst am nächsten Tag statt.

Der extrem brisante Beschluss, die Grenze zur ČSSR für DDR-Bürger hermetisch abzuriegeln, gehörte zu den schicksalhaftesten Entscheidungen Honeckers. Er veränderte binnen Stunden entscheidend die innenpolitische Lage in der DDR. Die Nachricht von der Schließung der Grenze zur Tschechoslowakei verbreitete sich wie ein Lauffeuer. Die Stimmung in der Gesellschaft verschlechterte sich abrupt und für die SED-Führung in fataler Weise.[18] Während die Botschaftsflüchtlinge, von der Parteipropaganda als »Erpresser« verunglimpft, in die Freiheit entlassen wurden, blieb der loyalere Teil der Bevölkerung im eigenen Land gefangen. Die Bürger waren entsetzt. In einem streng vertraulichen Lagebericht gab die Stasi die nackte Wahrheit zu: »Grundtenor der Äußerungen der Werktätigen [...] war: ›Nun stellt die DDR wieder ein Gefängnis dar‹.«[19] Die Wut in der Bevölkerung lag jetzt nur noch knapp unter dem Siedepunkt.[20] Auch der in der Sache der Botschaftsflüchtlinge immer wieder vermittelnde Rechtsanwalt Vogel, ein Vertrauter Honeckers, offenbarte bei einem Empfang in Bonn seine Sorge, dass die Stimmung in der DDR katastrophal, ja geradezu vorrevolutionär sei.[21] Und Gorbatschow bemerkte bei seinem Staatsbesuch in der DDR am 7. Oktober 1989, »dass das Land einem brodelnden Kessel mit dicht verschlossenem Deckel glich«.[22]

Die alarmierenden Stimmungsberichte trafen zu. Die Gefühlslage innerhalb der Bevölkerung sollte sich bald schon als mächtiger Katalysator der näher rückenden friedlichen Revolution erweisen. Das Fundament der gesellschaftlichen und politischen Ordnung, wonach sich die Bürger aus Angst der mächtigen Diktatur unterordneten, war durch den radikalen Stimmungswandel am Bröckeln. Die Wut der Bevölkerung und der Überdruss über das verhasste kommunistische Regime wurden jetzt größer als die Furcht vor ihm. Damit gab die Grenzschließung den mächtigen Massenkundgebungen im Oktober 1989 einen starken Impuls und den eigentlichen Startschuss für die friedliche Revolution. Die erste Leipziger Montagsdemonstration nach der Grenzschließung, am 9. Oktober 1989, wurde durch die immense Zahl von 70 000 Teilnehmern zum Tag der Entscheidung. Weitere Demonstrationen in anderen Städten folgten.

November: Mauerfall und »Samtene Revolution«

Das neu aufgestellte SED-Politbüro unter der Führung von Egon Krenz gab dem Druck der Demonstrationen schließlich nach. Seit dem 1. November 1989 durften DDR-Bürger wieder in die Tschechoslowakei reisen. Die Vorlage eines Personalausweises genügte. Die Wiedereinführung des visafreien Reiseverkehrs zwischen der DDR und der ČSSR führte indessen direkt zu einem abrupten Wiederanstieg des Flüchtlingsstromes. In Kürze erhob sich eine neue mächtige Flüchtlingswelle, als hätten unzählige Menschen nur darauf gewartet, bei nächster Gelegenheit der DDR endgültig den Rücken kehren zu können. Der nun einsetzende Massenexodus nahm rasant Dimensionen an, die alles vorher Dagewesene in den Schatten stellten. Nach nur zwei Tagen hatten sich bereits wieder mehr als 4 000 DDR-Bürger auf dem Botschaftsgelände der Bundesrepublik eingefunden. Rund 8 000 weitere befanden sich schon auf tschechoslowakischem Gebiet, unterwegs in Richtung westdeutsche Botschaft.[23]

Die sich von Stunde zu Stunde zuspitzende Situation um die bundesdeutsche Botschaft zwang die tschechoslowakische Führung zum raschen Handeln. KPTsch-Generalsekretär Jakeš schlug nach einer Krisensitzung des Politbüros dem neuen SED-Chef Krenz als Notlösung vor, die DDR-Bürger einfach direkt aus der ČSSR in ein beliebiges Drittland ausreisen zu lassen. Viel Zeit zum Nachdenken blieb den Ostberliner Genossen nicht; Jakeš verlangte eine sofortige Entscheidung.[24]

Es oblag dem DDR-Außenminister Fischer, seinen Parteichef über die katastrophale Situation rund um die bundesdeutsche Botschaft und die verzweifelten Bittgesuche Jakeš' zu informieren.[25] Selbst unter gewaltigem Druck der internationalen Diplomatie stehend, empfahl Fischer Krenz kurzerhand die in dieser Situation – von Ostberlin aus gesehen – wohl bequemste Lösung: Die DDR-Bürger sollten gemäß Jakeš' Vorschlägen einfach aus der ČSSR direkt in die Bundesrepublik ausreisen dürfen.[26]

Nachdem Krenz die Eilmeldung von Außenminister Fischer erhalten hatte, in welcher die Situation innerhalb der Prager Botschaft als katastrophal bezeichnet wurde, sah er sich zu sofortigem Handeln gezwungen. Er fügte etwa um 17.00 Uhr einen weiteren dringenden Verhandlungspunkt in die an diesem Tag (3.11.) bereits laufende Sondersitzung des Politbüros ein: die Behebung des Flüchtlingsproblems.[27] Krenz hatte allerdings dabei vor allem die für den nächsten Tag angesagte Großdemonstration in Ostberlin vor Augen und war intensiv mit der Vorbereitung seiner Fernsehansprache beschäftigt, die für den Abend angekündigt war. Er fürchtete weitere Massendemonstrationen und war bestrebt, ein Blutbad zu vermeiden.[28] In dieser Situation stellte für ihn die kritische Situation um die Prager BRD-Botschaft eine zusätzliche Komplikation dar, die es galt, auf schnellstem Wege aus der Welt zu schaffen. Von der Gesamtsituation überfordert und offensichtlich ohne die Tragweite des Beschlusses wirklich zu erkennen, befürwortete er die Empfehlung Jakeš', welche ihm auch sein Außenminister Fischer nahegelegt hatte: Die sich in der Prager Botschaft der Bundesrepublik aufhaltenden DDR-Bürger sollten demnächst direkt aus der ČSSR nach Westdeutschland ausreisen dürfen, ohne dabei das DDR-Territorium zu berühren. Das Politbüro stimmte dem Vorschlag zu.[29]

Die neue Ausreiseregelung konstituierte allerdings eine politisch und rechtlich fundamental neue Grundordnung. Mit dieser folgenschweren SED-Politbüroentscheidung gab es für die DDR-Bürger fortan keinen Eisernen Vorhang und keine Mauer mehr.

Es gab nur noch den nicht besonders mühsamen Umweg über die Tschechoslowakei. Die gemeinsame Grenze von DDR und ČSSR stand seit dem 1. November offen und nun kam die Öffnung der bundesrepublikanisch-tschechoslowakischen Grenze am 3. November hinzu.

Die Folgen traten binnen weniger Stunden ein: Es erhob sich eine gigantische Ausreisewelle. Jeden Tag verließen mehrere Tausend Übersiedler ihre Heimat, Tendenz steigend. Wer die DDR verlassen wollte, konnte einfach mit einem Schnellzug nach Prag und von dort bequem in die Bundesrepublik reisen. Gemäß dem geflügelten Wort »Wie geht's? – Über Prag!« stiegen in der Folge täglich Tausende in die Züge und reisten in die tschechoslowakische Hauptstadt, wo sie von westdeutschen Botschaftsmitarbeitern und Helfern des Deutschen Roten Kreuzes am Prager Hauptbahnhof in Empfang genommen wurden, die ihnen sogleich Hilfestellung zur direkten Weiterreise in die Bundesrepublik leisteten. Nur mit den Zügen verließen so jeden Tag mehr als 4000 DDR-Bürger ihr Land. Am Prager Hauptbahnhof wurden sie von Helfern des DRK-Teams im Drei-Schicht-Betrieb rund um die Uhr betreut.[30] Tatkräftige Unterstützung kam dabei auch von der bundesdeutschen Botschaft. Sie wurde zeitweilig zu einem Reisebüro sui generis für ausreisewillige DDR-Bürger. Die Botschaftsmitarbeiter leisteten direkt im Bahnhof Praha hlavní nádraží konsularische Hilfe.

Auch der Trabi- und Wartburgstrom war mächtig, endlos. Am Grenzübergang Pomezí-Schirnding bildete sich ein kilometerlanger Rückstau voll beladener Pkw mit DDR-Kennzeichen; die Wartezeit bis zur Grenzabfertigung betrug rund 24 Stunden.[31] Innerhalb von nur fünf Tagen, vom 5. bis 9. November 1989, siedelten so nach Berichten des tschechoslowakischen Innenministeriums rund 62 500 DDR-Bürger via ČSSR in die Bundesrepublik über,[32] das sind 12 500, praktisch eine Kleinstadt, pro Tag. Bis zum 12. November 1989 waren es schon 81 477.[33]

Hans-Dietrich Genscher bezeichnet in seinen Erinnerungen treffend den Flüchtlingsstrom als einen politischen Urstrom, der sich in Prag, der europäischsten aller europäischen Städte, in Bewegung setzte und sich anschließend unbehindert durch die DDR schob.[34] Wohl wahr: Zunächst die exorbitante Ausreisewelle über die ČSSR nach dem 3. November 1989, danach die sich daran entzündenden Proteste der tschechoslowakischen Genossen und schließlich die vergeblichen Maßnahmen der SED-Parteiführung, dem Massenexodus doch noch irgendwie Einhalt zu gebieten und die Lage unter Kontrolle zu bringen – all dies sollte binnen weniger Tage zum Berliner Mauerfall führen.

Der 3. November mit der alles verändernden neuen Ausreiseregelung ist demnach – nach der Montagsdemonstration in Leipzig am 9. Oktober – der tatsächliche, der schlechthin entscheidende Tag, an dem der Eiserne Vorhang für die DDR-Bürger fiel. Es ist der wahre Tag des Mauerfalls. So betrachtet, war der berühmte und gefeierte Mauerfall am 9. November 1989 in Berlin in Wirklichkeit nur eine »kleinere Baumaßnahme«, denn die kommunistische Diktatur in der DDR konnte ohne den Eisernen Vorhang nicht überleben. Der Kalte Krieg war damit vorbei. Die DDR Geschichte.

Die Ereignisse rund um die Prager Botschaft der Bundesrepublik, der Massenexodus der Deutschen aus der DDR über die Tschechoslowakei in den Westen sowie die langen Reihen von abgestellten Trabis in den Prager Straßen, alles zusammen führte den Tschechen und Slowaken eindrücklich vor Augen, dass das kommunistische Regime in der DDR sich seinem Ende näherte.

Dabei stellte die massenhafte Ausreise der DDR-Deutschen über Prag nicht nur ein großes Ereignis für die Prager Bürger, sondern für die gesamte Tschechoslowakei dar. Es wirkte auf viele Tschechen und Slowaken geradezu beschämend. Die Ostdeutschen waren ihnen immer als besonders regimetreue, disziplinierte Staatsbürger erschienen. Und jetzt waren sie es, die ihrer kommunistischen Staats- und Parteiführung den Rücken kehrten. Ein tschechischer Journalist schrieb in jenen Tagen in der Untergrundzeitung ›Lidové noviny‹: »Die Trabi-Fahrer sind ins Mercedes-Land weitergezogen. Wir Tschechen blieben allein zurück. Wir dachten uns: Bei den Polen, bei den Ungarn – und nun sogar bei den disziplinierten Ostdeutschen – ging's schon los. Jetzt sind wir dran.«[35] Auch die Fernsehbilder von den Großdemonstrationen in der DDR und schließlich vom Mauerfall selbst stellten wichtige Motive für die Prager Massenkundgebungen dar; sie haben wie ein Zündfunke gewirkt.

Der Massenexodus, der sich im Prager Stadtzentrum vor den Augen aller abspielte, hatte das Potential, die sozialpsychologische Lage der tschechischen und der slowakischen Gesellschaft nachhaltig zu beeinflussen.[36] Die Reihen von verlassenen Trabis und Wartburgs in den Straßen der Hauptstadt symbolisierten unmissverständlich das Versagen des SED-Regimes. Sie waren das Zeugnis einer spontanen, mutigen Handlung der DDR-Bürger, die alles riskierten, um in die Freiheit zu gelangen. Es wurde für alle offensichtlich, dass hier etwas Bedeutsames vor sich ging. Der tschechoslowakischen Öffentlichkeit wurde praktisch aus nächster Nähe vor Augen geführt, dass das Regime in der DDR unmittelbar vor dem Zusammenbruch stand bzw. – nachdem sie die Bilder vom Mauerfall gesehen hatte – dass die kommunistische Diktatur in der DDR implodiert war.[37]

Fazit

Die mächtigen Flüchtlingswellen der DDR-Bürger über die Tschechoslowakei in die Bundesrepublik trugen essentiell zum Stimmungswandel in der tschechischen und slowakischen Gesellschaft bei.[38] Die durch den dramatischen und hoch emotionalen Exodus geprägte Stimmungslage in der Bevölkerung wurde zum wichtigen Katalysator der »Samtenen Revolution«. Tschechen und Slowaken wünschten sich innig, dass – nachdem nicht nur in Polen und Ungarn, sondern selbst in der DDR das kommunistische Regime implodiert war – jetzt auch das Einparteiensystem in ihrem Land endlich eingerissen wird.[39] Die unabhängigen Bürgerinitiativen und die interessierten Bürger, insbesondere die Studentenschaft, engagierten sich im Herbst 1989 gesellschaftlich und politisch deutlich stärker als zuvor. Und die brutale Niederschlagung der friedlichen Studentendemonstration am 17. November 1989, die Nachricht von einem getöteten Studenten, mobilisierte dann auch die bis dahin noch unentschlossenen und inaktiven Bürger.

Zunächst von Prag ausgehend, verbreitete sich die Bewegung rasch über die gesamte Tschechoslowakei und kulminierte schließlich in einem landesweiten Generalstreik am 27. November 1989. Der vom Bürgerforum organisierte Streik fand unter dem Motto »Schluss mit der Einparteienherrschaft!« statt. An der landesweiten Arbeitsniederlegung nahmen fast 75 Prozent der Bevölkerung teil. Am 29. Dezember 1989 wurde dann der Oppositionsführer Václav Havel zum Staatspräsidenten der Tschechoslowakischen Republik gewählt. Der lange und beschwerliche Weg zu einer echten parlamentarischen Demokratie und zu einer funktionierenden Marktwirtschaft stand von nun an sowohl den Bürgern der DDR als auch den Tschechen und Slowaken offen.

Die kommunistischen Regime in der DDR und der Tschechoslowakei fielen nicht nur zur (aus historischer Perspektive) gleichen Zeit in sich zusammen. Ihr Schicksal war auch durch gegenseitige Interdependenzen der Ereignisse und Einflüsse miteinander verbunden. Die gesellschaftlichen und politischen Entwicklungen in beiden Ländern waren tiefgreifend von Synergieeffekten beeinflusst. Die dringenden tschechoslowakischen Forderungen im Zusammenhang mit der prekär gewordenen Lage der Zufluchtsuchenden in der Prager Botschaft der Bundesrepublik, mit der exorbitanten Auswanderungswelle über die Tschechoslowakei und mit der daraus resultierenden Furcht der KPTsch-Führung vor einer innenpolitischen Destabilisierung, wirkten sich auf die Entwicklung in der DDR aus und trugen zum Untergang des dortigen kommunistischen Regimes erheblich bei. Und der Massenexodus von DDR-Bürgern in mehreren Wellen über die ČSSR, der den bevorstehenden Regimezusammenbruch in der DDR signalisierte, die mächtigen Protestkundgebungen in der DDR nach der Grenzschließung am 3. Oktober 1989 und schließlich der Fall der Berliner Mauer wirkten gleichermaßen als Initialzündung der »Samtenen Revolution« von Prag. Die friedliche Revolution in Prag brach nur eine Woche nach dem Mauerfall in Berlin los und brachte das verfaulte Lügengebäude der kommunistischen Diktatur – wie ein Orkan – binnen weniger Tage zum Einsturz.

Es ist wahr: Der Flüchtlingsstrom wurde zum Urstrom der Geschichte. Sowohl in der DDR als auch in der Tschechoslowakei.

DANKSAGUNG

Das vorliegende Buch ist das Produkt eines begeisterten Teams. Insgesamt wurden mehr als neuntausend deutsche und tschechische Archivdokumente von Alexander Becker für das Hannah-Arendt-Institut für Totalitarismusforschung an der TU Dresden, von David Vodička sowie von Michaela Dvořáková, Jitka Mervartová und Alena Urbanová von der Philosophischen Fakultät der Jan-Evangelista-Purkyně-Universität in Ústí nad Labem/Aussig durchgesehen und ausgewertet. Sowohl die frühere Staatssicherheit der DDR als auch der ČSSR hatten in ihrer Zeit fleißig abgehört. Es war ein spannendes Unternehmen, die ostdeutschen und tschechoslowakischen Geheimdienstdokumente mit dem diplomatischen Schriftverkehr der Bundesrepublik Deutschland, der DDR und der ČSSR zusammenzuführen und die geschichtlichen Ereignisse in trilateraler Perspektive zu rekonstruieren; eine faszinierende kollektive Entdeckungsreise. Jan Gülzau, Doktorand am Lehrstuhl für Neuere und Zeitgeschichte an der Universität Leipzig, hat sich gemeinsam mit Barbara Vodička und Thomas Bussemer ums Lektorat gekümmert. Tatkräftige Unterstützung habe ich vom Direktor des HAIT, Günther Heydemann, erfahren. Die Philosophische Fakultät der Jan-Evangelista-Purkyně-Universität, namentlich ihr Dekan, Aleš Havlíček, war ein exzellenter Projektpartner. Mein herzlicher Dank an alle Projektbeteiligten!

Und ein besonderer Dank gebührt Herrn Bundesaußenminister a. D. Hans-Dietrich Genscher, der einer der Hauptakteure der weltgeschichtlichen Ereignisse rund um die Prager Botschaft gewesen ist. Er hat seine Mitwirkung am vorliegenden Buch spontan zugesagt und gab dem Gesamtwerk durch sein Motto und seinen Prolog eine philosophische Tiefe. In gleicher Weise ist Petr Pithart zu danken, einer Schlüsselfigur der »Samtenen Revolution« von Prag, der in einem eigenen Kapitel für dieses Buch die Rolle des Flüchtlingsgeschehens und des Mauerfalls für die Massenerhebungen in der Tschechoslowakei überzeugend dargestellt hat.

In der inzwischen gründlich erforschten Historie der Friedlichen Revolution in der DDR stellte die Geschichte der Prager Botschaftsflüchtlinge bislang das letzte Desiderat dar. Deshalb wurde im Hannah-Arendt-Institut für Totalitarismusforschung an der TU Dresden das Projekt *Die Prager Botschaftsflüchtlinge 1989. Geschichte, Bilder und Dokumente für die politische Bildungsarbeit* ins Leben gerufen, das von der Bundesstiftung Aufarbeitung, Berlin, und dem Deutsch-Tschechischen Zukunftsfonds, Prag, gefördert wurde. Mein aufrichtiger Dank an genannte Institutionen! Ziel des Projekts war es, die einzelnen Phasen der entscheidenden Geschichtsereignisse auf breiter Quellenbasis zu rekonstruieren, um die Wechselwirkungen des Flüchtlingsdramas mit den Friedlichen Revolutionen in der DDR und der ČSSR aufzuzeigen. Dadurch soll – nicht zuletzt – auch ein Beitrag zur Herausbildung einer gemeinsamen deutsch-tschechischen und europäischen Erinnerungskultur geleistet werden.

Karlsruhe, 13.8.2014   Karel Vodička

ANMERKUNGEN

VORGESCHICHTE

1   Fernschreiben des Botschafters Huber an das AA vom 4.1.1989. Betr.: Vorsprachen und Zufluchtnahme von Deutschen aus der DDR, hier: 1. Statistik für Dezember 1988, 2. Jahresstatistik für 1988 (PA AA, 210, 140734 E, unpag.).

2   Ebd.

3   Das Palais Lobkowicz in Prag, welches der Bundesrepublik Deutschland als Botschaftsgebäude und Konsulat dient, befindet sich im Barockviertel Kleinseite (Malá Strana), unmittelbar unterhalb der Prager Burg Hradschin (Hradčany). Es wurde zwischen 1702 und 1710 erbaut und ist für Kenner barocker Architektur ein Begriff. Zwischen 1794 und 1796 nutzte Ludwig van Beethoven den Kuppelsaal für Konzerte; zwischen 1813 und 1816 musizierte hier Carl Maria von Weber, der in dieser Zeit Kapellmeister an der Deutschen Oper in Prag war, gemeinsam mit Fürst Ferdinand Lobkowicz. Seit 1973 hat hier die Botschaft der Bundesrepublik Deutschland ihren Sitz. In den Folgejahren avancierte das Palais dann zu einer der am intensivsten observierten diplomatischen Einrichtungen des Landes überhaupt; gleichzeitig entwickelte es sich zu einem Hort der Zuflucht in der kommunistischen Tschechoslowakei, vor allem für Bürger der DDR, die pass- und visumfrei in die ČSSR einreisen durften.

4   Vgl. Verordnung über Reisen von Bürgern der Deutschen Demokratischen Republik nach dem Ausland, vom 30.11.1988. In: Gesetzblatt der DDR, Teil I, 25 (1988), S. 271-274.

5   Fernschreiben des Botschafters Huber an das AA vom 4.1.1989. Betr.: Vorsprachen und Zufluchtnahme von Deutschen aus der DDR, hier: 1. Statistik für Dezember 1988, 2. Jahresstatistik für 1988 (PA AA, 210, 140734 E, unpag.).

6   AA, Vermerk von VLR Dr. Mulack vom 10.1.1989. Betr.: Zufluchtsfälle in der Botschaft Prag, hier: Änderung der DDR-Praxis (PA AA, 210, 140734 E, unpag.).

7   Vgl. die Aufzeichnungen der tschechoslowakischen Staatssicherheit und der DDR-Staatssicherheit im weiteren Verlauf.

8   Schreiben des Ministers für Staatssicherheit, Erich Mielke, an den Staatsratsvorsitzenden der DDR, Erich Honecker, vom 9.1.1989 (SAPMO-BArch, DY 30/IV/2/2039/349, Bl. 45-47).

9   Rundschreiben des Leiters der BV Dresden des MfS, Generalmajor Böhm, an alle Diensteinheiten vom 16.1.1989: Aktuell erforderliche Maßnah-

men gegen die Versuche der Organisierung fortgesetzter Erpresserfälle in der Ständigen Vertretung der BRD und anderen Auslandsvertretungen der BRD (BStU, ASt. Dresden, BV Dresden, Abt. XX, 9220, Bl. 356-358).

10   Ebd.

11   Konkret: Charta 77, České děti (Böhmische Kinder), Mírový klub Johna Lennona (John-Lennon-Friedensklub), Nezávislé mírové sdružení (Unabhängiger Friedensverein) und Společenství přátel USA (Gemeinschaft der USA-Freunde).

12   Schneibergová/Rühmkorf, Auge in Auge mit der Volksmiliz – Erinnerungen an die Palach-Woche (http://www.radio.cz/de/rubrik/tagesecho/auge-in-auge-mit-der-volksmiliz-erinnerungen-an-die-palach-woche; 27.2.2014).

13   Začal nenápadně. Palachův týden v lednu 1989 otřásl komunismem (http://relax.lidovky.cz/palachuv-tyden-v-lednu-1989-otrasl-komunistickym-rezimem-pj3-/zajimavosti.aspx?c=A140111_182956_ln-zajimavosti_hm; 27.2.2014); Jan Palach. Multimediales Projekt der Karlsuniversität Prag, hier Palach-Woche (http://www.janpalach.cz/de/default/jan-palach/palachuvtyden; 27.2.2014).

14   Oplatka, Der erste Riss in der Mauer, S. 105 f.

15   Ebd., S. 110.

16   Wunderlich, Paneuropäisches Picknick, Sopron 1989 (http://www.dieterwunderlich.de/paneuropaeisches_picknick_sopron_1989.htm; 12.12.2013); http://de.wikipedia.org/wiki/Paneurop%C3%A4isches_Picknick; 12.12.2013.

SEPTEMBER 1989: DAMMBRUCH

1   Oplatka, Der erste Riss in der Mauer, S. 105 f.

2   Ebd., S. 228 f.

3   Ebd., S. 229.

4   Vgl. ebd.

5   Vgl. ebd.; Die Bundesregierung gewährte den Ungarn allerdings im Nachhinein einen Zusatzkredit in Höhe von 500 Mio. DM. Vgl. Hertle, Chronik des Mauerfalls, S. 69.

6   http://www.2plus4.de/chronik.php3?date_value=11.09.89-13.&sort=000-003; 12.12.2013.

7   Oplatka, Der erste Riss in der Mauer, S. 230.

8   http://www.2plus4.de/chronik.php3?date_value=11.09.89-13.&sort=000-003; 12.12.2013.

9   Oplatka, Der erste Riss in der Mauer, S. 229.

10   Oplatka, Als die Grenze im September 1989 aufging (http://www.mfa.gov.hu/kulkepviselet/DE/de/de_20_eves_jubileum/oplatka.htm; 7.12.2013).

11   Neues Deutschland vom 12.9.1989.

12   Hertle, Chronik des Mauerfalls, S. 61-71.

13 Oplatka, Der erste Riss in der Mauer, S. 231; ders., Als die Grenze im September 1989 aufging (http://www.mfa.gov.hu/kulkepviselet/DE/de/de_20_eves_jubileum/oplatka.htm; 7.12.2013); Hertle, Chronik des Mauerfalls, S. 69.

14 Neues Deutschland vom 12.9.1989.

15 Kiessler/Elbe, Ein runder Tisch mit scharfen Ecken, S. 30.

16 Hermann Huber, DDR-Flüchtlinge in der Botschaft 1989 (http://www.prag.diplo.de/contentblob/1796820/Daten/141437/erinnerungen_botschafterhuber_1989_d.pdf; 2.12.2009).

17 Ebd.

18 Brautlecht, Die Prager Botschaftsflüchtlinge (http://www.bpb.de/geschichte/deutsche-einheit/deutsche-teilung-deutsche-einheit/43767/die-prager-botschaft; 16.5.2013).

19 Fernschreiben der DDR-Botschaft in Prag an Oskar Fischer und Sieber, ZK-IV, vom 15.9.1989 (BStU, ZA, ZAIG 13019, Bl. 1).

20 Horst Schäfer, Der Medienrummel und die Realitäten. In: Neues Deutschland vom 13.9.1989.

21 Drahtbericht des Botschafters Huber an das AA zur aktuellen Situation in der Botschaft vom 14.9.1989 (PA AA, 513, B 85 Nr. 2346 E, unpag.).

22 Ebd.

23 Telegramm des tschechoslowakischen Außenministeriums an die Botschaften vom 15.9.1989 (AMZV Praha, Telegramy odeslané, 1989, sv. 8, pořadové číslo 3168). Zit. nach Prečan, Ke svobodě přes Prahu, S. 50.

24 Polizeibericht vom 15.9.1989 (ABS Praha, Objektový svazek reg. č. 845 [»Obora«], část 9, Bl. 153-155).

25 Telegramm des tschechoslowakischen Außenministeriums an die Botschaften vom 15.9.1989. Zit. nach Prečan, Ke svobodě přes Prahu, S. 50.

26 Ebd.

27 MfS, ZAIG-Information vom 14.9.1989 (BStU, ZA, ZAIG 22443, Bl. 1 f.).

28 Telegramm des tschechoslowakischen Außenministeriums an die Botschaften vom 15.9.1989. Zit. nach Prečan, Ke svobodě přes Prahu, S. 50.

29 Drahtbericht des Botschafters Huber an das AA vom 16.9.1989. Betr.: Zufluchtsuchende Deutsche aus der DDR, hier: Lagebericht 16.9.1989 (PA AA, 513, B 85 Nr. 2346 E, unpag.) und Personalverstärkung für die Botschaft Prag (PA AA, 214, 139918 E unpag.).

30 Drahtbericht des Militärattachés Adolf Brüggemann und des Botschafters Huber an das AA über die Sicherstellung der Versorgung für die Zufluchtsuchenden vom 16.9.1989 (PA AA, 513, B 85 Nr. 2346 E, unpag.).

31 Jan Kovařík, Podporujeme našeho přítele (Wir unterstützen unseren Freund). In: Rudé právo vom 16.9.1989. Der Artikel kann als Beginn des kurzen »Medienkriegs« zwischen der Bundesrepublik auf der einen sowie der DDR und der ČSSR auf der anderen Seite angesehen werden.

32 Fernschreiben des Botschafters Huber an das AA vom 17.9.1989. Betr.: Zufluchtsuchende Deutsche aus der DDR, hier: Lagebericht 17.9.1989 (PA AA, 214, 139918 E, unpag.).

33 Krenz, Einschätzungen über die politische Situation in der DDR vom 17.9.1989 (http://startext.net-build.de:8080/barch/MidosaSEARCH/dy30bkr/xml/inhalt/1c6793d9-070e-4384-b5d1-c3013ac6bb30.htm; 27.2.2014).

34 Kiessler/Elbe, Ein runder Tisch mit scharfen Ecken, S. 28.

35 Krenz, Einschätzungen über die politische Situation in der DDR vom 17.9.1989 (http://startext.net-build.de:8080/barch/MidosaSEARCH/dy30bkr/xml/inhalt/1c6793d9-070e-4384-b5d1-c3013ac6bb30.htm; 27.2.2014).

36 Fernschreiben des Botschafters Huber an das AA vom 20.9.1989. Betr.: Zufluchtsuchende Deutsche aus der DDR, hier: Schreiben an Herrn BM (PA AA, 214, 139918 E, unpag.).

37 Fernschreiben des Botschafters Huber an das AA vom 18.9.1989. Betr.: Zufluchtsuchende Deutsche aus der DDR, hier: Lagebericht 18.9.1989 (PA AA, 513, B 85 Nr. 2346 E, unpag.).

38 Fernschreiben des Botschafters Huber an das AA vom 19.9.1989. Betr.: Delegationsreise der deutsch-tschechoslowakischen Parlamentariergruppe in die ČSSR vom 18.–21.9.1989 (PA AA, 214, 139918 E, unpag.).

39 Ebd.

40 Kreisdienststelle Sebnitz des MfS, gez. Major Israel, vom 31.8.1989: Information über Stimmung und Reaktion der Bevölkerung (BStU, ASt. Dresden, KD Sebnitz 4258, Bl. 33-36).

41 Vgl. Bundeszentrale für politische Bildung, Chronik – September 1989 (http://www.chronik-der-mauer.de/index.php/de/Chronical/Detail/month/September/year/1989; 16.5.2013).

42 § 213 des StGB der DDR, Ungesetzlicher Grenzübertritt; Fernschreiben der BV Dresden des MfS, gez. Oberst Anders, an die Leiter aller Kreisdienststellen vom 18.9.1989 (BStU, ASt. Dresden, KD Großenhain 10139, Bl. 23).

43 Vgl. Bundeszentrale für politische Bildung, Chronik – September 1989 (http://www.chronik-der-mauer.de/index.php/de/Chronical/Detail/month/September/year/1989; 16.5.2013).

44 »Menschenhandel. Tatsachen enthüllen den rücksichtslosen Umgang der BRD mit Menschenschicksalen und mit dem Völkerrecht.« In: Neues Deutschland vom 19 9 1989.

45 Fernschreiben des Botschafters in Budapest, Arnot, an das AA vom 20.9.1989. Betr.: Einreise von Übersiedlungswilligen Deutschen aus der DDR über die ČSSR (PA AA, 210, 140733 E, unpag.).

46 Drahterlass des AA, gez. Kastrup, an Botschafter Huber vom 19.9.1989. Betr.: Deutsche aus der DDR (PA AA, 214, 139918 E, unpag.).

47 Vermerk des Abteilungsleiters »Benachbarte Länder« im Außenministerium der DDR, Hermann Schwiesau, über ein Gespräch von Außenminister Oskar Fischer mit dem Hauptabteilungsleiter im Außenministerium der ČSSR, Milan Kadnár, vom 21.9.1989 (SAPMO-BArch, DY 30/11621, Bl. 161 f.).

48 Ebd.

49 Drahtbericht des Botschafters Huber an das AA über eine Botschaft von Bundesaußenminister Hans-Dietrich Genscher an den Ministerpräsidenten der ČSSR, Ladislav Adamec, und den Generalsekretär der KPČ, Miloš Jakeš, vom 20.9.1989 (PA AA, 214, 139918 E, unpag.); ferner Vermerk des Abteilungsleiters »Benachbarte Länder« im Außenministerium der DDR, Hermann Schwiesau, über ein Gespräch von Außenminister Oskar Fischer mit dem Hauptabteilungsleiter im Außenministerium der ČSSR, Milan Kadnár, vom 21.9.1989 (SAPMO-BArch, DY 30/11621, Bl. 161 f.).

50 Gründungsaufruf des Neuen Forums vom 10.9.1989 (http://www.chronik-der-mauer.de/index.php/de-/Media/GalleryPopup/id/319023/item/0/month/September/oldAction/Detail/oldModule/Chronical/year/1989; 27.2.2014).

51 Ebd.; Bundeszentrale für politische Bildung, Chronik – September 1989 (http://www.chronik-der-mauer.de/index.php/de/Chronical/Detail/month/September/year/1989; 16.5.2013).

52 Ebd.

53 Fernschreiben des Botschafters Huber an das AA vom 20.9.1989. Betr.: Zufluchtsuchende Deutsche aus der DDR, hier: Lagebericht 20.9.1989 (PA AA, 214, 139918 E, unpag.).

54 DPA-Meldung vom 20.9.1989, 14.15 Uhr: Ab- und Zugänge in der deutschen Botschaft in Prag (PA AA, Bo. Prag, 20682 E, unpag.).

55 Bundeszentrale für politische Bildung, Chronik – September 1989 (http://www.chronik-der-mauer.de/index.php/de/Chronical/Detail/month/September/year/1989; 16.5.2013).

56 AA, gez. Schrömbgens, an Referat 011 vom 19.9.1989. Betr.: Kabinettssitzung am 20.9.1989, hier: Bericht über die Lage der Deutschen aus der DDR in Ungarn sowie in den Botschaften Prag und Warschau (PA AA, 214, 139918 E, unpag.).

57 AA, Referat 210, Gesprächsvorlage für ein Gespräch Genschers mit Außenminister Schewardnadse vom 20.9.1989. Betr.: Lage in der DDR, Fluchtwelle, innerdeutsche Beziehungen (PA AA, 210, 140733 E unpag.).

58 Hartmut Ferworn, »Ich habe erlebt, wie BRD-Bürger ›gemacht‹ werden«. In: Neues Deutschland vom 21.9.1989.

59 Kowalczuk, Endspiel, S. 353.

60 Ebd.; Hartmut Ferworn, »Ich habe erlebt, wie BRD-Bürger ›gemacht‹ werden«. In: Neues Deutschland vom 21.9.1989.

61 Aufzeichnung der tschechoslowakischen Staatssicherheit des Telefongesprächs zwischen Beyens und Huber vom 21.9.1989 (ABS Praha, Objektový svazek reg. č. 845 [»Obora«], část 9, Bl. 37 f.).

62 Ebd.; ferner Fernschreiben des Botschafters Huber an das AA vom 21.9.1989. Betr.: Zufluchtsuchende Deutsche aus der DDR, hier: Lagebericht 21.9.1989 (PA AA, 214, 139918 E, unpag.).

63 Ebd.

64 Fernschreiben des Botschafters Huber an das AA vom 22.9.1989. Betr.: Zufluchtsuchende Deutsche aus der DDR (PA AA, 214, 139918 E, unpag.).

65 »Přijetí u M. Jakeše« (Empfang bei M. Jakeš). In: Rudé právo vom 22.9.1989.

66 MfS, ZAIG, Zuarbeit für Gen. Schabowski, Arbeitsbesuch in ČSSR vom 21.9.1989 (BStU, ZA, ZAIG 22443, Bl. 13-15); Fernschreiben des Botschafters Prag, gez. Huber an das AA vom 25.9.1989. Betr.: Beziehungen ČSSR-DDR, hier: Zufluchtsuchende Deutsche aus der DDR (PA AA, 210, 140715 E, unpag.).

67 AA, Referat 214, Gespräch BM mit tschechoslowakischem AM Johanes am Rande der 44. VN-GV in New York, Gesprächsführungsvorschlag, undatiert (wohl September 1989), mit Bezug zum 21.9.1989 (PA AA, 214, 139918 E, unpag.).

68 Konferenz über Sicherheit und Zusammenarbeit in Europa. Schlussakte Helsinki 1975 (http://www.osce.org/de/mc/39503?download=true; 23.5.2013).

69 AA, Referat 214, Gespräch BM mit tschechoslowakischem AM Johanes am Rande der 44. VN-GV in New York, Gesprächsführungsvorschlag, undatiert (wohl September 1989), mit Bezug zum 21.9.1989 (PA AA, 214, 139918 E, unpag.). – Die KSZE-Schlussakte verpflichtete alle Unterzeichner zur Achtung der Menschenrechte und Grundfreiheiten (einschließlich der Gedanken-, Gewissens-, Religions- oder Überzeugungsfreiheit) und zur grundsätzlichen Zusammenarbeit in humanitären Bereichen. Laut der Genfer Flüchtlingskonvention dürfen Menschen aufgrund politischer und wirtschaftlicher Diskrepanzen in einem anderen Land Zuflucht suchen.

70 Vermerk des Abteilungsleiters »Benachbarte Länder« im Außenministerium der DDR, Hermann Schwiesau, über ein Gespräch von Außenminister Oskar Fischer mit dem Hauptabteilungsleiter im Außenministerium der ČSSR, Milan Kadnár, vom 21.9.1989 (SAPMO-BArch, DY 30/11621, Bl. 161 f.).

71 Damals wurde die Situation dadurch gelöst, dass den DDR-Bürgern die Ausreise in die Bundesrepublik erlaubt wurde. Vgl. Prečan, Ke svobodě přes Prahu, S. 30.

72 Vermerk des Abteilungsleiters »Benachbarte Länder« im Außenministerium der DDR, Hermann Schwiesau, über ein Gespräch von Außenminister Oskar Fischer mit dem Hauptabteilungsleiter im Außenministerium der ČSSR, Milan Kadnár, vom 21.9.1989 (SAPMO-BArch, DY 30/11621, Bl. 161 f.).

73 Tschechoslowakisches Außenministerium, Information für den Außenminister nach New York vom 21.9.1989 (AMZV Praha, Telegramy odeslané, 1989, sv. 9, pořadové číslo 3251).

74 DPA-Meldung vom 22.9.1989, 12.00 Uhr: Zahl der Flüchtlinge in Prag steigt (PA AA, Bo. Prag, 20682 E, unpag.).

75 Fernschreiben des Botschafters Huber an das AA vom 22.9.1989. Betr.:

Zufluchtsuchende Deutsche aus der DDR, hier: Lagebericht 22.9.1989
(PA AA, 513, B 85 Nr. 2346 E, unpag.).

76 Hilda Röder, Windeln und Wodka für die Deutsche Botschaft in Prag
(http://www.leselupe.de/lw/titel-Windeln-und-Wodka-fuer-die-Deut-
sche-Botschaft-in-Prag-92349.htm; 20.5.2010).

77 Fernschreiben des Botschafters Huber an das AA vom 25.9.1989. Betr.:
Beziehungen ČSSR-DDR, hier: Zufluchtsuchende Deutsche aus der DDR
(PA AA, 210, 140715 E, unpag.).

78 Notiz über ein Gespräch von Gerhard Schürer mit Miklós Németh vom
22.9.1989 in Budapest (PA AA, 214, 139918 E, unpag.).

79 Ebd. Beim Vorwurf des Vertragsbruchs spricht Schürer maßgeblich
die Klauseln des »Warschauer-Pakt-Vertrags« und des »Vertrags über
Freundschaft, Zusammenarbeit und gegenseitigen Beistand zwischen der
Deutschen Demokratischen Republik und der Ungarischen Volksrepublik« an.

80 Ebd.

81 Ebd.

82 Mayer, Flucht und Ausreise, S. 414.

83 AA, Vermerk von VLR Dr. Mulack vom 16.1.1989. Betr.: Zufluchtsfälle in
Botschaften, hier: neueste Entwicklung (PA AA, 210, 140733 E, unpag.).

84 Fernschreiben des AA, gez. Höynck, an Botschaft in Prag und Info New
York UNO vom 25.9.1989. Betr.: Deutsche aus der DDR (PA AA, 214,
139918 E, unpag.).

85 Bundeszentrale für politische Bildung, Chronik – September 1989 (http://
www.chronik-der-mauer.de/index.php/de/Chronical/Detail/month/
September/year/1989, 16.5.2013).

86 AA, handschriftlicher Vermerk vom 23.9.1989. Betr.: Entsendung von
BGS nach Prag, StS Sudhoff teilt mit (PA AA, 214, 139918 E, unpag.);
»Der Schaffner der Freiheit. Wie der Staatssekretär a.D. Jürgen Sudhoff
(73) an der Ausreise von DDR-Flüchtlingen mitwirkte.« In: Berliner Kurier vom 4.8.2009.

87 Fernschreiben des Botschafters Huber an das AA vom 23.9.1989. Betr.:
Zufluchtsuchende Deutsche aus der DDR, hier: Lagebericht 23.9.1989
(PA AA, 513, B 85 Nr. 2346 E, unpag.).

88 Ebd.

89 Brüggemann, Als Militärattaché aktiver Zeitzeuge in Prag 1989, S. 829 f.
Brüggemann kümmerte sich als Militärattaché um die Zulieferung weiterer Versorgungsgüter, insbesondere von Toiletten und beheizbaren Zelten.

90 AA, handschriftlicher Vermerk vom 23.9.1989. Betr.: Entsendung von
BGS nach Prag, StS Sudhoff teilt mit (PA AA, 214, 139918 E, unpag.).

91 Fernschreiben des Leiters der BV Dresden des MfS, Generalmajor Böhm,
an die Leiter aller Kreisdienststellen vom 25.9.1989 (BStU, ASt. Dresden,
KD Riesa 13456, Bl. 19).

92 Telegramm des Direktors der 4. Territorialabteilung im tschechoslowaki-

schen Außenministerium, Milan Kadnár, an Außenminister Jaromír Johanes nach New York vom 24.9.1989 (AMZV Praha, Telegramy odeslané, 1989, sv. 9, pořadové číslo 3262).

93 Brüggemann, Als Militärattaché aktiver Zeitzeuge in Prag 1989, S. 831.

94 Ebd.; Huber, DDR-Flüchtlinge in der Botschaft 1989 (http://www. prag.diplo.de/contentblob/1796820/Daten/141437/erinnerungen_ botschafterhuber_1989_d.pdf; 2.12.2009); Fernschreiben des Botschafters Huber an das AA vom 24.9.1989. Betr.: Zufluchtsuchende Deutsche aus der DDR, hier: Lagebericht 24.9.1989 (PA AA, 513, B 85 Nr. 2346 E, unpag.).

95 Ebd.

96 Ebd.

97 Kurier vom 24.9.1989 (Kopie in PA AA, Bo. Prag, 20682 E, unpag.).

98 Pulec, Organizace a činnost ozbrojených pohraničních složek, S. 302.

99 Mitglieder der Delegation sind Rechtsanwalt Wolfgang Vogel, der Abteilungsleiter des Bundesaußenministeriums Dieter Kastrup, der Staatssekretär im Ministerium für innerdeutsche Beziehungen Walter Priesnitz und der Leiter der ständigen Vertretung der Bundesrepublik in der DDR Franz Bertele.

100 Telegramm des tschechoslowakischen Außenministeriums vom 25.9.1989. Zit. nach Prečan, Ke svobodě přes Prahu, S. 59; Drahterlass des Leiters der Unterabteilung 21 des AA, Wilhelm Höynck, an die Botschaft in Prag über die Gesprächsführung gegenüber dem stellvertretenden Außenminister der ČSSR, Pavel Sadovský, vom 25.9.1989 (PA AA, 214, 139918 E, unpag.).

101 Wiener Übereinkommen vom 18.4.1961 über diplomatische Beziehungen, Art. 41: »(1) Alle Personen, die Vorrechte und Immunitäten genießen, sind unbeschadet derselben verpflichtet, die Gesetze und andere Rechtsvorschriften des Empfangsstaats zu beachten. Sie sind ferner verpflichtet, sich nicht in dessen innere Angelegenheiten einzumischen. (2) Alle Amtsgeschäfte mit dem Empfangsstaat, mit deren Wahrnehmung der Entsendestaat die Mission beauftragt, sind mit dem Ministerium für Auswärtige Angelegenheiten oder dem anderen in gegenseitigem Einvernehmen bestimmten Ministerium des Empfangsstaats zu führen oder über diese zu leiten. (3) Die Räumlichkeiten der Mission dürfen nicht in einer Weise benutzt werden, die unvereinbar ist mit den Aufgaben der Mission, wie sie in diesem Übereinkommen, in anderen Regeln des allgemeinen Völkerrechts oder in besonderen, zwischen dem Entsendestaat und dem Empfangsstaat in Kraft befindlichen Übereinkünften niedergelegt sind.« Zit. nach http://www.justiz.nrw.de/Bibliothek/ir_online_db/ir_htm/ frame_wued_18-04-1961.htm; 27.2.2014.

102 Telegramm des tschechoslowakischen Außenministeriums vom 25.9.1989. Zit. nach Prečan, Ke svobodě přes Prahu, S. 59.

103 Ebd.; Fernschreiben des Botschafters Huber an das AA vom 25.9.1989. Betr.: Zufluchtsuchende Deutsche aus der DDR, hier: Demarche bei

Vize-AM Sadovský am 25.9.89 (PA AA, 214, 139918 E, unpag.); Drahterlass des Leiters der Unterabteilung 21 des AA, Wilhelm Höynck, an
die Botschaft in Prag über die Gesprächsführung gegenüber dem stellvertretenden Außenminister der ČSSR, Pavel Sadovský, vom 25.9.1989
(ebd.).

104 Telegramm des tschechoslowakischen Außenministeriums vom 25.9.1989.
Zit. nach Prečan, Ke svobodě přes Prahu, S. 59.

105 Telegramm des Außenministers Johanes an das tschechoslowakische Außenministerium vom 25.9.1989 (AMZV Praha, Telegramy přijaté, 1989,
sv. 34, čj.: 053327).

106 Ebd.

107 Monika Tantzscher, Die verlängerte Mauer, Berlin 1998, S. 69.

108 Zit. nach Tantzscher, Die verlängerte Mauer, S. 70.

109 Bundeskanzleramt, Vermerk Dr. Westdickenberg an Dr. Hartmann (zur
Weiterleitung an Büro ChBK): Heutige Meldung in der Bild-Zeitung zu
angeblicher Misshandlung von Deutschen aus der DDR durch tschechoslowakische Behörden vom 25.9.1989 (BArch, B 136/33965, unpag.).

110 Fernschreiben des Botschafters Huber an das AA vom 25.9.1989. Betr.:
Zufluchtsuchende Deutsche aus der DDR, hier: Lagebericht 25.9.1989
(PA AA, 513, B 85 Nr. 2346 E, unpag.).

111 Brüggemann, Als Militärattaché aktiver Zeitzeuge in Prag 1989, S. 830.

112 Bundeszentrale für politische Bildung, Chronik – September 1989 (http://
www.chronik-der-mauer.de/index.php/de/Chronical/Detail/month/
September/year/1989; 16.5.2013).

113 Huber, DDR-Flüchtlinge in der Botschaft 1989 (http://www.prag.
diplo.de/contentblob/1796820/Daten/141437/erinnerungen_botschaft
erhuber_1989_d.pdf; 2.12.2009).

114 Ebd.

115 Ebd.

116 Brüggemann, Als Militärattaché aktiver Zeitzeuge in Prag 1989, S. 831 f.

117 Fernschreiben des AA, gez. Höynck, an die Botschaft in Prag vom
27.9.1989. Betr.: Deutsche aus der DDR, hier: Gespräche in W. (PA AA,
Bo. Prag, 20682 E, unpag.).

118 http://www.2plus4.de/chronik.php3?date_value=19.09.89-27&sort=
000-000; 30.5.2013.

119 Kiessler/Elbe, Ein runder Tisch mit scharfen Ecken, S. 25-26.

120 Bundeszentrale für politische Bildung, Chronik – September 1989 (http://
www.chronik-der-mauer.de/index.php/de/Chronical/Detail/month/
September/year/1989; 16.5.2013).

121 Ebd.

122 AP-Meldung vom 27.9.1989: Erste Rückreisewillige kehrten wieder nach
Prag zurück (PA AA, 214, 139918 E, unpag.).

123 Ebd.

124 Fernkopie des AA, Pressereferat, an Botschaft in Prag vom 27.9.1989.
Anlage: Unkorrigiertes Manuskript, nur zur dienstlichen Verwendung,

Pressekonferenz Nr. 105/89 am 27.9.1989 (PA AA, Bo. Prag, 20682 E, unpag.).

125 Fernschreiben der BM-Delegation, gez. Kastrup, an Referat 214 vom 27.9.1989. Betr.: Zufluchtsuchende Deutsche aus der DDR in Botschaft (PA AA 214, 139918 E, unpag.).

126 AP-Meldung vom 27.9.1989: Erste Rückreisewillige kehrten wieder nach Prag zurück (PA AA, 214, 139918 E, unpag.).

127 Fernschreiben des Botschafters Huber an das AA vom 27.9.1989. Betr.: Zufluchtsuchende Deutsche aus der DDR, hier: Lagebericht 27.9.1989 (PA AA, 513, B 85 Nr. 2346 E, unpag.).

128 Aus dem Tschechischen: »2. Odbor správy SNB«. Vgl. Polizeibericht, Analyse für das Auswärtige Amt der ČSSR vom 27.9.1989 (ABS Praha, Objektový svazek reg. č. 845 [»Obora«], část 9, Bl. 169-172).

129 Ebd.

130 Fernschreiben des Botschafters Huber an das AA vom 28.9.1989. Betr.: Zufluchtsuchende Deutsche aus der DDR, hier: Gespräch zwischen STS Dr. Sudhoff und dem 1. Tsl. VAM Sadovský vom 27.9.1989 (PA AA, 513, B 85 Nr. 2346 E, unpag.); Fernschreiben der Botschaft Prag, gez. i.A. Steiner, an das AA vom 28.9.1989. Betr.: Tsl. Presse zu DDR-Flüchtlingen, hier: Gespräch StS Dr. Sudhoff-VAM Sadovský vom 27.9.1989 (PA AA, 214, 139918 E, unpag.).

131 Ebd.

132 Aufzeichnung der Verhandlungen zwischen dem Staatssekretär des AA, Jürgen Sudhoff, und dem tschechoslowakischen Vizeaußenminister Sadovský vom 27.9.1989 (ABS Praha, Objektový svazek reg. č. 845 [»Obora«], část 9, Bl. 169-172).

133 Fernschreiben des Botschafters Huber an das AA vom 28.9.1989. Betr.: Zufluchtsuchende Deutsche aus der DDR, hier: Gespräch zwischen STS Dr. Sudhoff und dem 1. Tsl. VAM Sadovský vom 27.9.1989 (PA AA, 513, B 85 Nr. 2346 E, unpag.); Fernschreiben der Botschaft Prag, gez. i.A. Steiner, an das AA vom 28.9.1989. Betr.: Tsl. Presse zu DDR-Flüchtlingen, hier: Gespräch StS Dr. Sudhoff-VAM Sadovský vom 27.9.1989 (PA AA, 214, 139918 E, unpag.).

134 Ebd.

135 Aufzeichnung der Verhandlungen zwischen dem Staatssekretär des Auswärtigen Amtes der BRD, Jürgen Sudhoff, und dem tschechoslowakischen Vizeaußenminister Sadovský vom 27.9.1989 (ABS Praha, Objektový svazek reg. č. 845 [»Obora«], část 9, Bl. 169-172).

136 Ebd., Bl. 173-176.

137 Ebd., Bl. 169-172; Fernschreiben des Botschafters Huber an das AA vom 28.9.1989. Betr.: Zufluchtsuchende Deutsche aus der DDR, hier: Gespräch zwischen STS Dr. Sudhoff und dem 1. Tsl. VAM Sadovský vom 27.9.1989 (PA AA, 513, B 85 Nr. 2346 E, unpag.); Fernschreiben der Botschaft Prag, gez. i.A. Steiner, an das AA vom 28.9.1989. Betr.: Tsl. Presse zu DDR-Flüchtlingen, hier: Gespräch StS

Dr. Sudhoff-VAM Sadovský vom 27.9.1989 (PA AA, 214, 139918 E, unpag.).

138 Aufzeichnung der Verhandlungen zwischen dem Staatssekretär des Auswärtigen Amtes der BRD, Jürgen Sudhoff, und dem tschechoslowakischen Vizeaußenminister Sadovský vom 27.9.1989 (ABS Praha, Objektový svazek reg. č. 845 [»Obora«], část 9, Bl. 169-172).

139 Telegramm des tschechoslowakischen Außenministeriums an Außenminister Johanes nach New York vom 27.9.1989 (AMZV Praha, Telegramy odeslané, 1989, sv. 9, pořadové číslo 3296).

140 Hans-Dietrich Genscher, Rede vor der 44. UN-Vollversammlung. In: ders., Erinnerungen, S. 15.

141 Ebd., S. 16 f.

142 Ebd., S. 18 f.

143 Ebd.

144 Fernschreiben des Botschafters Huber an das AA vom 28.9.1989. Betr.: Zufluchtsuchende Deutsche aus der DDR, hier: Lagebericht 28.9.1989 (PA AA, 214, 139918 E, unpag.); Jochen Bölsche u. a., 100 Tage im Herbst – »Wir wollen raus.« Spiegel-Serie über Wende und Ende des SED-Staates. Die Woche vom 25.9. bis 1.10.1989. In: Der Spiegel, 39/1999 (http://www.spiegel.de/spiegel/print/d-14838457.html; 15.11.2013).

145 Fernschreiben des Botschafters Huber an das AA vom 28.9.1989. Betr.: Zufluchtsuchende Deutsche aus der DDR, hier: Suche nach alternativen Unterbringungsmöglichkeiten (PA AA, 513, B 85 Nr. 2346 E, unpag.).

146 Genscher, Erinnerungen, S. 18 f.

147 Ebd., S. 19 f.; Kiessler/Elbe, Ein runder Tisch mit scharfen Ecken, S. 36; Telegramm des Leiters der tschechoslowakischen UNO-Vertretung, Západocký, an das tschechoslowakische Außenministerium vom 28.9.1989 (AMZV Praha, Telegramy odeslané, 1989, sv. 9, pořadové číslo 3296).

148 AA, Vermerk Leiter Ministerbüro, gez. Elbe, vom 10.10.1989. Betr.: Gespräche BM mit AM Schewardnadse, AM Johanes, AM Fischer, AM Dumas und AM Baker über die Situation der Deutschen aus der DDR in der Botschaft Prag am 28.9.1989 in New York (PA AA, 214, 139918 E, unpag.).

149 Genscher, Erinnerungen, S. 19 f.; Kiessler/Elbe, Ein runder Tisch mit scharfen Ecken, S. 36.

150 Genscher, Erinnerungen, S. 19 f.

151 AA, Vermerk Leiter Ministerbüro, gez. Elbe, vom 10.10.1989. Betr.: Gespräche BM mit AM Schewardnadse, AM Johanes, AM Fischer, AM Dumas und AM Baker über die Situation der Deutschen aus der DDR in der Botschaft Prag am 28.9.89 in New York (PA AA, 214, 139918 E, unpag.); Kiessler/Elbe, Ein runder Tisch mit scharfen Ecken, S. 38.

152 Telegramm des Botschafters Spáčil an das tschechoslowakische Außenministerium vom 28.9.1989 (AMZV Praha, Telegramy přijaté, 1989, sv. 34, čj.: 053420).

153 Ebd.

154 Die Kampfgruppen der Arbeiterklasse, auch Betriebskampfgruppen genannt, waren eine paramilitärische Organisation von Beschäftigten in
Betrieben der DDR. Durch die Kampfgruppen wurde die Herrschaft des
Proletariats in der DDR auch militärisch manifestiert und sie waren eine
wichtige Stütze des SED-Herrschaftsmonopols.

155 Telegramm des tschechoslowakischen Botschafters in der DDR, František
Langer, an das tschechoslowakische Außenministerium vom 29.9.1989
(AMZV Praha, Telegramy přijaté, 1989, sv. 34).

156 Ebd.

157 Pressemitteilung des AA Nr. 1146/89: Interview der Staatsministerin im
Auswärtigen Amt, Dr. Irmgard Adam-Schwaetzer, mit dem Deutschland-
funk am 29.9.1989 zur Lage der DDR-Flüchtlinge in der Botschaft Prag
(PA AA, 513, B 85 Nr. 2346 E, unpag.).

158 AP-Meldung vom 27.9.1989: Erste Rückreisewillige kehrten wieder nach
Prag zurück (PA AA, 214, 139918 E, unpag.).

159 AA, Vermerk, gez. Derix. Betr.: Zufluchtsuchende Deutsche aus der DDR
in der Botschaft Prag, hier: Gespräch StS Dr. Sudhoff mit dem tschechoslowakischen Botschafter Dr. Spáčil vom 29.9.1989 (PA AA, 513, B 85 Nr.
2346 E, unpag.).

160 Telegramm des tschechoslowakischen Außenministeriums an die tschechoslowakische UN-Vertretung in New York und an Außenminister
Johanes vom 29.9.1989 (AMZV Praha, Telegramy odeslané, 1989, sv. 9,
pořadové číslo 3338).

161 Drahterlass des Staatssekretärs im Auswärtigen Amt, Jürgen Sudhoff, an
die Delegation von Bundesaußenminister Hans-Dietrich Genscher bei
der Vollversammlung der Vereinten Nationen in New York über die Lage
in der Botschaft in Prag. Anlage: Schreiben von Helmut Kohl an Miloš
Jakeš vom 29.9.1989 (PA AA 513, B 85 Nr. 2346 E, unpag.).

162 Ebd.

163 Marcus Heumann, »Mauersplitter« im Deutschlandfunk – Dokumente einer Revolution, Manuskript, S. 19 (http://dlf.deutschlandradio.de/
mauersplitter-transkripte.download.d9e2bcdca07718975c39dcaf85ed
4132.pdf; 13.8.2013).

164 Fernschreiben des Botschafters Huber an das AA vom 29.9.1989. Betr.:
Zufluchtsuchende Deutsche aus der DDR, hier: Vorgehen der tsl. Sicherheitskräfte (PA AA, 513, B 85 Nr. 2346 E, unpag.).

165 Fernschreiben des Botschafters Huber an das AA vom 29.9.1989. Betr.: Zufluchtsuchende Deutsche aus der DDR, hier: Lagebericht 29.9.1989 (ebd.).

166 Drahterlass des AA an BM-Delegation New York UNO, gez. Sudhoff/
Lautenschläger, vom 29.9.1989. Betr.: Lage in unserer Botschaft Prag. Anlage: Schreiben von Helmut Kohl an Miloš Jakeš (ebd.).

167 Ebd.

168 Fernschreiben des Botschafters Huber an das AA vom 29.9.1989. Betr.:
Zufluchtsuchende Deutsche aus der DDR, hier: Lagebericht 29.9.1989
(PA AA, 513, B 85 Nr. 2346 E, unpag.).

169 Drahterlass des AA an BM-Delegation New York UNO, gez. Sudhoff/
Lautenschläger, vom 29.9.1989. Betr.: Lage in unserer Botschaft Prag. Anlage: Schreiben von Helmut Kohl an Miloš Jakeš (ebd.).

170 Fernschreiben des Botschafters Huber an das AA vom 29.9.1989. Betr.:
Zufluchtsuchende Deutsche aus der DDR, hier: Lagebericht 29.9.1989
(ebd.).

171 Fernschreiben des Botschafters Huber an das AA vom 29.9.1989. Betr.:
Zufluchtsuchende Deutsche aus der DDR, hier: Gespräche Präsident
DRK mit tsl. Rotem Kreuz (ebd.).

172 Ebd.

173 Vgl. Andert/Herzberg, Honecker im Kreuzverhör, S. 90 f.

174 Aus dem Tschechischen: »Předsednictvo vlády«, PV ČSSR.

175 An der Sitzung im Regierungspräsidium nahmen Abteilungsleiter Soukup, der Leiter der Presseabteilung des Regierungspräsidiums Pavel und
der Abteilungsleiter der 4. Territorialabteilung des Föderalen Außenministeriums Kadnár teil. Zuvor wurde die Lage mit Lenárt, Fojtík und
Štefaňák besprochen. Vgl. Niederschrift der Lagebesprechung im Regierungspräsidium zur Lage in der Botschaft der BRD am 29.9.1989 (ABS
Praha, Objektový svazek reg. č. 845 [»Obora«], část 9, Bl. 177 f.).

176 Vgl. ebd.

177 Vgl. ebd.

178 Telegramm des Föderalen Außenministeriums der ČSSR an die tschechoslowakische Vertretung bei der UN in New York vom 29.9.1989: Informationen der 4. Abteilung des tschechoslowakischen Außenministeriums für
Außenminister Johanes zu den neuesten tschechoslowakischen Vorschlägen und zu den weiteren Schritten in der Lösung der Situation der Prager
Botschaft (AMZV Praha, Telegramy odeslané, 1989, sv. 9, pořadové číslo
3335).

179 Ebd.

180 Ebd.

181 Günter Sieber, Mitglied des ZK der SED, seit 1980 Leiter der Abteilung
Internationale Verbindungen.

182 Telegramm des Föderalen Außenministeriums der ČSSR an die tschechoslowakische Vertretung bei der UN in New York vom 29.9.1989, Ebd.

183 Telegramm des DDR-Außenministers Oskar Fischer an den SED-Generalsekretär Erich Honecker vom 29.9.1989 (http://www.chronik-der-
mauer.de/index.php/de/Media/TextPopup/id/1261505/month/Septem-
ber/oldAction/Detail/oldModule/Chronical/year/1989; 31.5.2013).

184 Schabowski, Der Absturz, S. 234.

185 Ebd.

186 Am 30.3.1978 wurde zwischen den Regierungen der DDR und der ČSSR
ein Abkommen über den visafreien Reiseverkehr geschlossen, dessen
geheimes Zusatzprotokoll die Verpflichtung enthielt, Staatsbürger des
anderen Staates nicht nach dritten Staaten oder Westberlin ausreisen
zu lassen und die Personalien von Personen, deren Aufenthalt auf dem

Hoheitsgebiet des Abkommenspartners unerwünscht ist, gegenseitig aus-
zutauschen. Vgl. Zusatzprotokoll zum Abkommen vom 30.3.1978 zwischen den Regierungen der DDR und der ČSSR über den visafreien Reiseverkehr. Zit. nach Tantzscher, Die verlängerte Mauer, S. 43.

187 Telegramm des tschechoslowakischen Außenministeriums an die tschechoslowakische Vertretung bei der UN in New York und an Außenminister Johanes, vom 29.9.1989 (AMZV Praha, Telegramy odeslané, 1989, sv.
9, pořadové číslo 3338).

188 Ebd.

189 Telegramm des DDR-Botschafters Ziebart an die Mitglieder des SED-
Politbüros Günter Mittag und Hermann Axen vom 29.9.1989 (BStU, ZA,
HA II, 32922, Bl. 5-7).

190 Ebd.

191 Ebd.

192 Ebd.

193 Ebd.

194 Ebd.

195 Ebd.

196 Schabowski, Der Absturz, S. 234.

197 Telegramm des DDR-Botschafters Ziebart an die Mitglieder des SED-
Politbüros Günter Mittag und Hermann Axen vom 29.9.1989 (BStU, ZA,
HA II, 32922, Bl. 5-7).

198 Ebd.

199 Ebd.; Schabowski, Das Politbüro, S. 68 f.; ders., Der Absturz, S. 234 f.;
Andert/Herzberg, Honecker im Kreuzverhör, S. 90 f.

200 Schabowski, Das Politbüro, S. 68 f.; ders., Der Absturz, S. 235.

201 Ebd.; Andert/Herzberg, Honecker im Kreuzverhör, S. 90 f.

202 Protokoll Nr. 39 der Sitzung des Politbüros des ZK der SED vom
29.9.1989 (SAPMO-BArch, DY 30/J/IV/2/2/2348, unpag.).

203 Vgl. ebd.

204 Vgl. ebd.

205 Ebd.; ferner Schabowski, Das Politbüro, S. 69; ders., Der Absturz, S. 234
f.

206 Vgl. Andert/Herzberg, Honecker im Kreuzverhör, S. 90 f.

207 Protokoll Nr. 39 der Sitzung des Politbüros des ZK der SED vom
29.9.1989 (SAPMO-BArch, DY 30/J/IV/2/2/2348, unpag.).

208 Telegramm des tschechoslowakischen Außenministeriums an die tschechoslowakische Vertretung bei der UN in New York vom 29.9.1989,
23:30 Uhr (AMZV Praha, Telegramy odeslané, 1989, sv. 9, pořadové číslo
3340).

209 Über die Vorschläge der DDR wurde neben Parteichef Jakeš auch das ZK-
Mitglied Jozef Lenárt informiert. Vgl. ebd.

210 Genscher, Erinnerungen, S. 19 f.

211 Ebd.; Hans-Dietrich Genscher, »Wir sind zu Ihnen gekommen ...«. In:
Der Tagesspiegel vom 30.9.2009.

212 Ders., Erinnerungen, S. 20 f.

213 Huber, DDR-Flüchtlinge in der Botschaft 1989 (http://www.prag. diplo.de/contentblob/1796820/Daten/141437/erinnerungen_botschaft erhuber_1989_d.pdf; 2.12.2009).

214 Langguth, 20 Jahre Mauerfall – Der zweite Mann (http://www.spiegel.de/ einestages/20-jahre-mauerfall-a-948476.html; 3.9.2013); Genscher, Erinnerungen, S. 20 f.

215 Fernschreiben der Ständigen Vertretung der DDR in Bonn, gez. Neubauer, an MfAA, Krolikowski, vom 30.9.1989 (BStU, ZA, ZAIG 14395, Bl. 3-5).

216 Ebd.

217 Langguth, 20 Jahre Mauerfall – Der zweite Mann (http://einestages.spiegel.de/static/topicalbumbackground-xxl/4842/der_zweite_mann.html; 3.9.2013); ferner Genscher, Erinnerungen, S. 20 f.; Fernschreiben der Ständigen Vertretung der DDR in Bonn, gez. Neubauer, an MfAA, Krolikowski, vom 30.9.1989 (BStU, ZA, ZAIG 14395, Bl. 3-5).

218 Huber, DDR-Flüchtlinge in der Botschaft 1989 (http://www.prag. diplo.de/contentblob/1796820/Daten/141437/erinnerungen_ botschafterhuber_1989_d.pdf; 2.12.2009).

219 Langguth, 20 Jahre Mauerfall – Der zweite Mann (http://www.spiegel.de/ einestages/20-jahre-mauerfall-a-948476.html; 3.9.2013); Genscher, Erinnerungen, S. 20 f.

220 Genscher, Erinnerungen, S. 20 f.; Huber, DDR-Flüchtlinge in der Botschaft 1989 (http://www.prag.diplo.de/contentblob/1796820/Daten/141437/erinnerungen_botschafterhuber_1989_d.pdf; 2.12.2009).

221 Kiessler/Elbe, Ein runder Tisch mit scharfen Ecken, S. 40.

222 Huber, DDR-Flüchtlinge in der Botschaft 1989 (http://www.prag. diplo.de/contentblob/1796820/Daten/141437/erinnerungen_botschaft erhuber_1989_d.pdf; 2.12.2009).

223 Fernschreiben des Botschafters Huber an das AA vom 2.10.1989. Betr.: Zufluchtsuchende Deutsche aus der DDR, hier: Lagebericht 2.10.1989 (PA AA, Bo. Prag, 20682 E, unpag.); Huber, DDR-Flüchtlinge in der Botschaft 1989 (http://www.prag.diplo.de/contentblob/1796820/Daten/141437/erinnerungenbotschafterhuber1989d. pdf; 2.12.2013).

224 Der gebürtige Hallenser (Saale) Genscher war 25 Jahre alt, als er im August 1952 über die damals noch offene Sektorengrenze Berlins in den Westen flüchtete.

225 Genscher, Erinnerungen, S. 22 f.

226 Fernschreiben des Botschafters Huber an das AA vom 2.10.1989. Betr.: Zufluchtsuchende Deutsche aus der DDR, hier: Lagebericht 2.10.1989 (PA AA, Bo. Prag, 20682 E, unpag.); Huber, DDR-Flüchtlinge in der Botschaft 1989 (http://www.prag.diplo.de/contentblob/1796820/Daten/141437/erinnerungen_botschafterhuber_1989_d. pdf; 2.12.2009).

227 Ebd.

228 Fernschreiben des Botschafters Huber an das AA vom 2.10.1989. Betr.:

Zufluchtsuchende Deutsche aus der DDR, hier: Lagebericht 2.10.1989 (PA AA, Bo. Prag, 20682 E, unpag.); Kiessler/Elbe, Ein runder Tisch mit scharfen Ecken, S. 42-44; dies., Der Zug der Freiheit. In: Berliner Zeitung vom 1.10.1999.

229 Ebd.

230 Kiessler/Elbe, Ein runder Tisch mit scharfen Ecken, S. 42-44.

231 Ebd.; Kiessler/Elbe, Der Zug der Freiheit. In: Berliner Zeitung vom 1.10.1999.

232 Ebd.

233 Ebd.

234 Ebd.

235 Telegramm des stellvertretenden Außenministers Sadovský an Außenminister Johanes vom 30.9.1989 (AMZV Praha, Telegramy odeslané, 1989, sv. 9, pořadové číslo 3341).

236 Ebd.

OKTOBER 1989: GRENZSCHLIESSUNG – STARTSCHUSS ZUR REVOLUTION

1 MfS, ZAIG vom 1.10.1989: Information über die Durchsetzung einer zentralen Entscheidung zur Ausreise der Botschaftsbesetzer von Prag und Warschau (BStU, ZA, ZAIG 26516, Bl. 1 f.).

2 Fernschreiben des Botschafters Huber an das AA vom 2.10.1989. Betr.: Zufluchtsuchende Deutsche aus der DDR, hier: Lagebericht vom 2.10.1989 (PA AA, Bo. Prag, 20682 E, unpag.).

3 MfS, ZAIG vom 1.10.1989: Information über die Durchsetzung einer zentralen Entscheidung zur Ausreise der Botschaftsbesetzer von Prag und Warschau (BStU, ZA, ZAIG 26516, Bl. 1 f.).

4 Vorlage Duisbergs für Bundesminister Klein vom 2.10.1989. In: Dokumentation Deutsche Einheit, Dokument Nr. 54.

5 Ebd.

6 MfS, ZAIG vom 1.10.1989: Information über die Durchsetzung einer zentralen Entscheidung zur Ausreise der Botschaftsbesetzer von Prag und Warschau (BStU, ZA, ZAIG 26516, Bl. 1 f.).

7 Transportpolizei Amt Dresden, Absicherungsbericht vom 1.10.1989 (BStU, ASt. Dresden, BV Dresden, Abt. XIX 20229, Bl. 1 f.).

8 Information des MdI vom 2.10.1989. Betr.: Gewährleistung der öffentlichen Ordnung und Sicherheit im Zusammenhang mit Sonderzugdurchfahrten am 1.10.1989 (BStU, ZA, HA VII 6201, Bl. 14 f.).

9 MfS, ZAIG vom 1.10.1989: Information über die Durchsetzung einer zentralen Entscheidung zur Ausreise der Botschaftsbesetzer von Prag und Warschau (BStU, ZA, ZAIG 26516, Bl. 1 f.).

10 Vermerk des Leiters der Unterabteilung 21 des AA, Wilhelm Höynck, über ein Gespräch mit dem Botschafter der ČSSR in Bonn, Dušan Spáčil,

über die Sicherung des freien Zugangs zur Botschaft in Prag am 1.10.1989 (PA AA, 214, 139918 E, unpag.).

11 MfS, ZAIG vom 1.10.1989: Information über die Durchsetzung einer zentralen Entscheidung zur Ausreise der Botschaftsbesetzer von Prag und Warschau (BStU, ZA, ZAIG 26516, Bl. 1 f.).

12 Vermerk des Leiters der Unterabteilung 21 des AA, Wilhelm Höynck, über ein Gespräch mit dem Botschafter der ČSSR in Bonn, Dušan Spáčil, über die Sicherung des freien Zugangs zur Botschaft in Prag am 1.10.1989 (PA AA, 214, 139918 E, unpag.).

13 Vgl. Tantzscher, Die verlängerte Mauer, S. 51. Das Zusatzprotokoll verpflichtete beide Staaten zur Verhinderung nicht genehmigter Westreisen über das Territorium des jeweils Anderen.

14 Vermerk des Leiters der Unterabteilung 21 des AA, Wilhelm Höynck, über ein Gespräch mit dem Botschafter der ČSSR in Bonn, Dušan Spáčil, über die Sicherung des freien Zugangs zur Botschaft in Prag am 1.10.1989 vom 2.10.1989 (PA AA, 214, 139918 E, unpag.).

15 Huber, DDR-Flüchtlinge in der Botschaft 1989 (http://www.prag. diplo.de/contentblob/1796820/Daten/141437/erinnerungen_ botschafterhuber_1989_d.pdf; 2.12.2009).

16 Vgl. Fax der Botschaft Prag an den Präsidenten des DRK sowie das AA, Ref. 513, vom 8.10.1989: Bericht der DRK-Einsatzleitung Prag vom 7.10.1989, gez. Schröder (PA AA, 214, 139918 E, unpag.).

17 Aufzeichnung der tschechoslowakischen Staatssicherheit vom 2.10.1989 über abgehörte Telefongespräche zwischen Botschafter Huber und Außenminister Genscher (ABS Praha, Objektový svazek reg. c. 845 [»Obora«], část 9, Bl. 94 f.); Fernschreiben des Botschafters Huber an das AA vom 2.10.1989. Betr.: Zufluchtsuchende Deutsche aus der DDR, hier: Lagebericht vom 2.10.1989 (PA AA, Bo. Prag, 20682 E).

18 Fernschreiben des Botschafters Huber an das AA vom 2.10.1989 (ebd.).

19 Ebd.

20 Aufzeichnung der tschechoslowakischen Staatssicherheit vom 2.10.1989 über abgehörte Telefongespräche zwischen Botschafter Huber und Außenminister Genscher (ABS Praha, Objektový svazek reg. c. 845 [»Obora«], část 9, Bl. 94 f.).

21 Ebd.

22 Gespräch des Leiters des Arbeitsstabes 20 im Bundeskanzleramt, Claus-Jürgen Duisberg, mit dem Leiter der Ständigen Vertretung der DDR in Bonn, Horst Neubauer, am 1.10.1989 (BArch, B 136/21860, 22283105 Fa 3 NA 2).

23 Blitztelegramm des DDR-Außenministers Oskar Fischer an den Staatsratsvorsitzenden Erich Honecker vom 1.10.1989 (SAPMO-BArch, DY 30/IV/2/2039/342, Bl. 49-51).

24 Ebd.

25 Thesen für Ausführungen des Leiters der Zentralen Koordinierungsgruppe des MfS, Gerhard Niebling, vor Leitern der Bezirkskoordinierungs-

gruppen zu den Botschaftsbesetzungen vom 1.10.1989 (BStU, ZA, ZAIG 26516, Bl. 3-10).

26 Ebd.

27 Rundschreiben des Leiters der BV Dresden des MfS, Generalmajor Böhm, an Diensteinheiten vom 2.10.1989 (BStU, ASt. Dresden, BV Dresden, Abt. XX, 0185, unpag.).

28 »Sich selbst aus unserer Gesellschaft ausgegrenzt« In: Neues Deutschland vom 2.10.1989.

29 Drahtbericht des Botschafters Huber an das AA wegen des Zugangs zur Botschaft vom 2.10.1989 (PA AA, 513, B 85 Nr. 2346 E, unpag.).

30 Der Abteilungsleiter der II. SNB-Verwaltungsabteilung Vykypěl an den stellvertretenden Innenminister Lorenc vom 2.10.1989, mit Vorschlägen zur Absperrung des BRD-Botschaftsgeländes (ABS Praha, Objektový svazek reg. č. 845 [»Obora«], část 9, Bl. 187-204).

31 Ebd.

32 Ebd.

33 Fernschreiben des Botschafters Huber an das AA vom 2.10.1989. Betr.: Zufluchtsuchende Deutsche aus der DDR, hier: Zugang zur Botschaft (PA AA, 214, 139918 E, unpag.).

34 DPA-Meldung vom 2.10.1989, 18.36 Uhr (PA AA, Bo. Prag, 20683 E, unpag.).

35 Bericht der Staatssicherheit für den tschechoslowakischen Innenminister vom 2.10.1989 (ABS Praha, Objektový svazek reg. č. 845 (»Obora«), část 9, Bl. 94 f.).

36 Vermerk des Leiters der Unterabteilung 21 des AA, Wilhelm Höynck, über ein Gespräch mit dem Botschafter der ČSSR in Bonn, Dušan Spáčil, über die Sicherung des freien Zugangs zur Botschaft in Prag vom 2.10.1989 (PA AA, 214, 139918 E, unpag.).

37 Ebd.

38 Vgl. Gespräch des Chefs des Bundeskanzleramtes, Bundesminister Rudolf Seiters, mit dem Leiter der Ständigen Vertretung der DDR in Bonn, Horst Neubauer, vom 2.10.1989 (BArch, B 136/21860, 22283105 Fa 3 NA 2).

39 Bundeszentrale für politische Bildung, Chronik – Oktober 1989 (http://www.chronik-der-mauer.de/index.php/de/Chronical/Detail/month/Oktober/year/1989; 15.5.2013).

40 Ebd.

41 Fernschreiben des Leiters der BV Dresden des MfS, Generalmajor Böhm, über die »Aktion Zug« und den Umgang mit Antragstellern auf ständige Ausreise vom 2.10.1989 (BStU, ASt. Dresden, BV Dresden, Abt. XX, 9185, Bl. 1-3).

42 Befehl Nr. 2/88 des Stellvertreters des Ministers der HVA vom 20.6.1988 zur politisch-operativen Vorbereitung der Hauptverwaltung A [Aufklärung] auf besondere Lagebedingungen im Operationsgebiet BRD und Westberlin (BStU, ZA, XV 9). Vgl. Knabe, West-Arbeit des MfS, S. 507.

43 Fernschreiben des Leiters der BV Dresden des MfS, Generalmajor Böhm, über die »Aktion Zug« und den Umgang mit Antragstellern auf ständige Ausreise vom 2.10.1989 (BStU, ASt. Dresden, BV Dresden, Abt. XX, 9185, Bl. 1-3).

44 Huber, DDR-Flüchtlinge in der Botschaft 1989 (http://www.prag.diplo.de/contentblob/1796820/Daten/141437/erinnerungen_botschafterhuber_1989_d.pdf; 2.12.2009).

45 Fernschreiben des Botschafters Huber an das AA vom 3.10.1989. Betr.: Zufluchtsuchende Deutsche aus der DDR, hier: Lagebericht vom 3.10.1989 (PA AA, 513, B 85 Nr. 2347 E, unpag.).

46 Drahtbericht des Botschafters Huber an das AA mit Bericht zur Lage vom 3.10.1989 (PA AA, 513, B 85 Nr. 2346 E, unpag.).

47 Fernschreiben des Botschafters Huber an das AA vom 3.10.1989. Betr.: Zufluchtsuchende Deutsche aus der DDR, hier: Lagebericht vom 3.10.1989 (PA AA, 513, B 85 Nr. 2347 E, unpag.).

48 Telefonaufzeichnung des ČSSR-Botschafters Langer in der DDR vom 3.10.1989 (SAPMO-BArch, DY 30/IV/2/2035/35, Bl. 235 f.).

49 Ebd.

50 Bericht der tschechoslowakischen Staatssicherheit vom 4.–5.10.1989 (ABS Praha, Objektový svazek reg. c. 845 »Obora«, Bl. 209-212).

51 DPA-Meldung vom 3.10.1989: Hoffnungen auf eine »Anschlussregelung« (BStU, MfS, ZAIG 22609, Bl. 17).

52 Information des Presserefrats des AA 220/89 vom 3.10.1989 (PA AA, 214, 139918 E, unpag.).

53 Vgl. Vermerk des Vortragenden Legationsrats im AA Christoph Derix über die Einbestellung des Botschafters der ČSSR, Dušan Spáčil, durch den Leiter der Politischen Abteilung des Auswärtigen Amts, Dieter Kastrup, vom 3.10.1989 (ebd.).

54 Vgl. Vermerk des Leiters der Politischen Abteilung des Auswärtigen Amts, Dieter Kastrup, über ein Gespräch mit dem Leiter der Ständigen Vertretung der DDR in Bonn, Horst Neubauer, vom 3.10.1989 (ebd.).

55 Vgl. Fernkopie der Botschaft in Prag eines Schreibens des tschechoslowakischen Außenministeriums vom 3.10.1989 (PA AA, 214, 140735 E, unpag.).

56 Vorschläge des Mitglieds des Politbüros des Zentralkomitees der SED, Egon Krenz, an den Generalsekretär der SED, Erich Honecker, zur Lösung des Problems der illegalen Ausreisen vom 3.10.1989 (BStU, Z-Archiv, RS 191, Bl. 1-6).

57 Schreiben des Außenministers der DDR, Oskar Fischer, an den Staatsratsvorsitzenden der DDR, Erich Honecker, mit einer Information des Botschafters der DDR in der ČSSR, Helmut Ziebart, über die Forderungen der Parteiführung der KPČ vom 3.10.1989 (SAPMO-BArch, DY 30/IV/2/2039/342, Bl. 52 f.).

58 Ebd.

59 Blitztelegramm des tschechoslowakischen Botschafters in der DDR an

das tschechoslowakische Außenministerium vom 3.10.1989 um 13.25 Uhr (AMZV Praha, Telegramy přijaté, 1989, sv. 35).

60 Ebd.

61 Vgl. Ergebnisse einer Beratung des 1. Stellvertreters des Leiters der BV Dresden des MfS, Hardi Anders, über Maßnahmen zur Schließung der Grenzen der DDR vom 3.10.1989 (BStU, ASt. Dresden, I. Stellv. d. Ltr. 1, Bl. 178 f.); Schreiben des Ministers des Innern und Chefs der Deutschen Volkspolizei, Friedrich Dickel, an die Chefs der Bezirksbehörden der Deutschen Volkspolizei zur Lage an der Grenze vom 3.10.1989 (ABL, Dresden 891003-4, unpag.).

62 Blitztelegramm des tschechoslowakischen Botschafters in der DDR an das tschechoslowakische Außenministerium vom 3.10.1989 um 13.25 Uhr (AMZV Praha, Telegramy přijaté, 1989, sv. 35).

63 Ebd.

64 Damit hatte sich die Zahl derer, die vor dem Botschaftsgelände auf Ausreise hofften, binnen weniger Stunden verdoppelt.

65 Blitzfernschreiben des DDR-Botschafters Ziebart an Herbert Krolikowski und Günter Sieber vom 3.10.1989 (BStU, MfS, HA II, 38061, Bl. 110 f.).

66 Gespräche und Kontakte des Chefs des Bundeskanzleramtes Seiters und des Ministerialdirigenten Duisberg vom 3.–5.10.1989 (BArch, B 136/21329, 22135016 Ve 40 NA 1).

67 Telefongespräch Helmut Kohls mit Adamec vom 3.10.1989 (BArch, B 136/21860, 22283105 Fa 3 NA 2).

68 Ergebnisse der Beratung des 1. Stellvertreters des Leiters der BV Dresden des MfS, Hardi Anders, über Maßnahmen zur Schließung der Grenzen der DDR vom 3.10.1989 (BStU, ASt. Dresden, 1. Stellv. d. Ltr. 1, Bl. 178 f.).

69 Ebd.

70 Schreiben des Außenministers der DDR, Oskar Fischer, an den Staatsratsvorsitzenden der DDR, Erich Honecker, mit dem Entwurf einer ADN-Meldung vom 3.10.1989 (SAPMO-BArch, DY 30/IV/2/2039/352, Bl. 1 f.).

71 Ebd.

72 Archiv der Presseagentur ČTK vom 3.1.1989. Zit. nach Prečan, Ke svobodě přes Prahu, S. 98.

73 Vgl. MfS, ZAIG-Information 438/89 vom 4.10.1989. In: Mitter/Wolle (Hg.), »Ich liebe euch doch alle!«, S. 194.

74 Vgl. Przybylski, Tatort Politbüro, S. 112 f.

75 BV Dresden des MfS vom 3.10.1989: Maßnahmen im Kontroll- und Filtrierungsprozess in den grenzüberschreitenden Zügen (BStU, ASt. Dresden, 1. Stellv. d. Ltr. 1, Bl. 178 f.).

76 Güst DBS 117 an BV Dresden des MfS vom 3.10.1989: Maßnahmen über den Ausreiseverkehr in die ČSSR (ebd., Bl. 194 f.).

77 Vgl. BDVP Dresden vom 15.10.1989: Zusammengefaßte Darstellung der Entwicklung in Dresden vom 3.–9.10.1989 (ABL, Dresden, unpag.).

78 Vgl. BDVP Dresden, Sicherungsmaßnahmen im Bahnhof Bad Schandau und GÜST Schmilka vom 3.10.1989 (ABL, EA 891003, unpag.).

79 Vgl. BDVP Dresden vom 3.10.1989 (ABL, Dresden, unpag.); Berichte einzelner Bezirke über Vorkommnisse und polizeiliche Einsätze über die Oktoberereignisse 1989 (BArch B, DO 1, 54024, EA 400, unpag.).

80 Vgl. Schreiben der BDVP Dresden, gez. Nyffenegger, an Innenminister Dickel vom 5.10.1989 (ABL, Dresden, unpag.).

81 Vgl. KD Oelsnitz des MfS vom 8.11.1989: Lage (BStU, ASt. Chemnitz, AKG 2147, 2, Bl. 37039).

82 Kowalczuk, Endspiel, S. 383.

83 Ebd.

84 Schreiben des Außenministers der DDR, Oskar Fischer, an den Staats-ratsvorsitzenden der DDR, Erich Honecker vom 4.10.1989 (SAPMO-BArch, DY 30/IV/2/2039/352, Bl. 5 f.).

85 Ebd.

86 Fernschreiben aus »Brüssel Euro« an AA, gez. Ungerer, vom 3.10.1989. Betr.: 1349. Tagung des Rates (Allgemeine Angelegenheiten) vom 3.10.1989 in Luxemburg (PA AA, 210, 140735 E, unpag.).

87 Neues Deutschland vom 4.10.1989.

88 Fernschreiben des AA, Pressereferat, an Botschaft Prag vom 4.10.1989. Anlage: Pressemitteilung des AA Nr. 1153/89 vom 4.10.1989: Interview des Außenministers Genscher mit dem Deutschlandfunk am 4.10.1989 in der Sendung »Informationen am Morgen« (Interviewpartner: Wolfgang Labuhn) (PA AA, Bo. Prag, 20683 E, unpag.).

89 Vgl. z. B. BStU, ASt. Dresden, KD Löbau des MfS 18008, KD Meißen 38515, KD Freital 15178.

90 DPA-Meldung vom 4.10.1989: Auch Mittwochmorgen noch immer kein Zug für die Ausreise der DDR-Flüchtlinge aus Prag (BStU, MfS, ZAIG 22609, Bl. 18 f.).

91 Fernschreiben des Botschafters Huber an das AA vom 4.10.1989. Betr.: Zufluchtsuchende Deutsche aus der DDR, hier: Aktueller Situationsbe-richt der Einsatzleitung des DRK vom 4.10.1989 (PA AA, 214, 139918 E, unpag.; DRK, 989, unpag.).

92 Drahtbericht des Botschafters Huber an das AA über den aktuellen Si-tuationsbericht der Einsatzleitung des Deutschen Roten Kreuzes vom 4.10.1989 (PA AA, 513, B 85 Nr. 2346 E, unpag.).

93 Vgl. Neue Zürcher Zeitung vom 6.10.1989; Die Welt vom 6.10.1989.

94 Drahtbericht Nr. 2315 der BRD-Botschaft in Prag an das AA mit Infor-mationen über tschechoslowakische Medien vom 4.10.1989 (PA AA, ZA, 140715 E, unpag.).

95 Zeitangabe nach dem Telegramm des DDR-Botschafters Ziebart an das DDR-Außenministerium und an die Mitglieder des Politbüros Axen, Mielke und Krolikowski vom 4.10.1989. Zit. nach Prečan, Ke svobodě přes Prahu, S. 108.

96 Schreiben des Außenministers der DDR, Oskar Fischer, an den Staats-

ratsvorsitzenden der DDR, Erich Honecker, über eine Anfrage des Generalsekretärs des ZK der KPČ, Miloš Jakeš, vom 4.10.1989 (SAPMO-BArch, DY 30/IV/2/2039/352, Bl. 3 f.).

97 Telefongespräch des DDR-Botschafters Ziebart vom 4.10.1989 (SAPMO-BArch, DY 30/5195, Bl. 18). Zit. nach Prečan, Ke svobodě přes Prahu, S. 108.

98 Ebd.

99 Telegramm des DDR-Botschafters Ziebart an das DDR-Außenministerium und an die Mitglieder des Politbüros Axen, Mielke und Krolikowski vom 4.10.1989. Zit. nach Prečan, Ke svobodě přes Prahu, S. 108.

100 Ebd.

101 Schreiben Krolikowskis i.A. des DDR-Außenministers Fischer an Honecker vom 4.10.1989 (BStU, MfS, Sekr. des Ministers, 63, Bl. 23 f.).

102 Mitteilung Günther Kleibers an Honecker über die Intervention des ČSSR-Botschafters Langer (SAPMO-BArch, DY 30/5195, Bl. 21). Zit. nach Prečan, Ke svobodě přes Prahu, S. 109.

103 Protokoll der Sitzung des Politbüros des ZK der SED zur Zugdurchfahrt und zur Behandlung des Vermögens der ausreisenden Botschaftsflüchtlinge vom 4.10.1989 (SAPMO-BArch, DY 30/J/IV/2/2/2350, Bl. 1-6).

104 Ebd.

105 Ebd.

106 Ebd.

107 Drahtbericht Nr. 2315 der BRD-Botschaft in Prag mit Informationen über tschechoslowakische Medien vom 4.10.1989   (PA AA, ZA, 140715 E, unpag.).

108 Brüggemann, Als Militärattaché aktiver Zeitzeuge in Prag 1989, S. 833.

109 Leiter der BV Karl-Marx-Stadt des MfS, i.V. Schaufuß, an Stellvertreter des Ministers Neiber, Leiter ZAIG Irmler, Leiter ZKG Niebling, Leiter ZOS Sommer vom 5.10.1989: Lageeinschätzung über die Situation im Bezirk Karl-Marx-Stadt im Zusammenhang mit der Durchführung zentral festgelegter Maßnahmen zur Ausweisung von Bürgern der DDR, die sich rechtswidrig in der diplomatischen Vertretung der BRD in der ČSSR aufhalten (BStU, ASt. Chemnitz, AKG 469, 1, Bl. 345-350).

110 Vgl. Fernschreiben des Generalsekretärs der SED, Erich Honecker, an die 1. Sekretäre der Bezirksleitungen der SED Dresden und Karl-Marx-Stadt, Hans Modrow und Siegfried Lorenz, vom 4.10.1989 (BStU, Zentral-Archiv, Sekretariat des Ministers 664, Bl. 59 f.)

111 Vgl. Hans Modrow, Bilanz nach 150 Tagen. Rückblick auf meine Regierungszeit. In: Die Zeit vom 13.4.1990.

112 MdI an Chef der BDVP Dresden zu den Transporten von Prag vom 4.10.1989 (ABL, Dresden, unpag.).

113 Telegramm des ČSSR-Botschafters in der DDR an das Föderale Ministerium für Auswärtiges der ČSSR vom 4.10.1989 (AMZV Praha, Telegramy přijaté, 1989, sv. 35).

114 Ebd.

115 Ebd.

116 Täglicher Situationsbericht des tschechoslowakischen Innenministeriums vom 4.10.1989 (ABS Praha, č.j. OV-039/A-89).

117 Leiter der BV Karl-Marx-Stadt des MfS, i.v. Schaufuß, an Stellvertreter des Ministers Neiber, Leiter ZAIG Irmler, Leiter ZKG Niebling, Leiter ZOS Sommer, vom 5.10.1989: Lageeinschätzung über die Situation im Bezirk Karl-Marx-Stadt im Zusammenhang mit der Durchführung zentral festgelegter Maßnahmen zur Ausweisung von Bürgern der DDR, die sich rechtswidrig in der diplomatischen Vertretung der BRD in der ČSSR aufhalten (BStU, ASt. Chemnitz, AKG 469, 1, Bl. 345-350). In der statistischen Aufbereitung der Aktion »Schiene« vom 4.–5.10.1989 wird lediglich die Zahl von 6 242 DDR-Bürgern genannt (BStU, ASt. Chemnitz, AKG 435, Bl. 130-132).

118 BV Dresden des MfS: Lageeinschätzung für den 3.–8.10.1989 (ABL, Dresden, unpag.). Zu den Vorgängen am Dresdner Hauptbahnhof vgl. auch Richter, Die Friedliche Revolution, S. 258-286.

119 Vgl. MdI: Bericht von Karl-Marx-Stadt vom 5.10.1989 (BArch B, DO 1, 54024); MdI-Lagefilm Oktober 1989, Nr. 114-132 (BArch B, DO 1, 52461).

120 Einschätzung des Leiters der Bezirksverwaltung für Staatssicherheit Karl-Marx-Stadt, Siegfried Gehlert, zur Lage im Bezirk Karl-Marx-Stadt vom 5.10.1989 (BStU, ASt. Chemnitz, AKG 6 469 Bd 1, Bl. 345-350).

121 Hertle, Chronik des Mauerfalls, S. 78 f.

122 Telegramm des Leiters der BV Dresden des MfS, Generalmajor Böhm, an den Minister für Staatssicherheit Erich Mielke vom 4.10.1989 (BStU, ASt. Dresden, BV Dresden, Abt. XX, 9185, Bl. 10-12).

123 Ebd.

124 Ebd.

125 Hertle, Chronik des Mauerfalls, S. 78 f.

126 http://www.freiheit-und-einheit.de/Webs/Einheit/DE/Startseite/startseite_node.html; 13.1.2014

127 Telegramm des Leiters der BV Dresden des MfS, Generalmajor Böhm, an den Minister für Staatssicherheit Erich Mielke vom 4.10.1989 (BStU, ASt. Dresden, BV Dresden, Abt. XX, 9185, Bl. 10-12).

128 Argumentation der Bezirksbehörde der Deutschen Volkspolizei zur Notwendigkeit der Aussetzung des pass- und visafreien Reiseverkehrs zwischen der DDR und der ČSSR vom 4.10.1989 (ThStAM, BdVP 630, unpag.).

129 Ebd.

130 Zit. nach Vodička, Wir sind moralisch krank geworden ..., S. 250.

131 Vgl. Schreiben des Verkehrsministers Otto Arndt an Egon Krenz vom 5.10.1989. Anlage: Information über die Durchführung der Sonderzüge von Prag nach Hof (SAPMO-BArch, DY 30/IV/2/2039/352, Bl. 9-14).

132 Haßler, 44 Jahre gefangen im kommunistischen Käfig, S. 105.

133 Ebd., S. 108 f.

134 Vgl. ebd., S. 111.

135 Ebd., S. 111.

136 Vgl. ebd., S. 111.

137 Vgl. Drahtbericht des Botschafters Huber an das AA (PA AA, 513, B 85 Nr. 2347 E, unpag.).

138 Schreiben der Botschaft Prag an tschechoslowakisches Außenministerium vom 5.10.1989: Notiz über Pkw von zufluchtsuchenden DDR-Deutschen in Prag (PA AA, Bo. Prag, 20682 E, unpag.).

139 Karel Čermák (Pseudonym), Jací jsme? In: Lidové noviny 10/1989, S. 4. Die Herausgabe und das Verfassen von Artikeln für unabhängige Untergrundzeitungen wurde im kommunistischen Regime als Straftat geahndet.

140 Ebd.

141 Ebd.

142 Erklärung der USA. In: Rheinische Post vom 6.10.1989 (PA AA, Bo. Prag, 20682 E, unpag.).

143 AA, Vorlage von VLR Dr. Heide-Bloech über Staatssekretär an Genscher vom 6.10.1989: Betr.: Echo ausländischer Medien zur Ausreise der DDR-Flüchtlinge aus unseren Botschaften in Warschau und Prag (PA AA, 210, 140733 E, unpag.).

144 Schreiben der BV Dresden des MfS an den 1. Sekretär der SED-Bezirksleitung Dresden, Hans Modrow, vom 6.10.1989: Information zur Aussetzung des pass- und visafreien Reiseverkehrs zwischen der DDR und ČSSR (BStU, ASt. Dresden, BVfS Dresden, Abt. XX, 9185, Bl. 13-16).

145 Ebd.

146 Ebd.

147 Ebd. Insbesondere in den Orten in der Nähe der Grenzübergangsstellen zur ČSSR wird über den Wegfall der Einkaufsmöglichkeiten in der ČSSR diskutiert und hervorgehoben, dass sich die Lebensbedingungen in den Grenzgebieten enorm verschlechtern würden.

148 Ebd.

149 Ebd.

150 Ebd.

151 Kiessler/Elbe, Ein runder Tisch mit scharfen Ecken, S. 45.

152 Vgl. Drahtbericht des Botschafters Huber an das AA vom 6.10.1989 (PA AA, 214, 139918 E, unpag.).

153 Karel Doudera, Podle starého vzoru? In: Rudé právo vom 6.10.1989, S. 2.

154 AP-Meldung vom 6.10.1989: Auswärtiges Amt protestierte gegen Absperrungen in Prag (BStU, MfS, ZAIG 22609, Bl. 21).

155 Vgl. AA, Vermerk, gez. Holik. Betr.: Rüstungspolitische Konsultationen in Prag vom 6.10.1989, hier: Frage der Zufluchtsuchenden (PA AA, 513, B 85 Nr. 2347 E, unpag.).

156 Vgl. Drahtbericht des Botschafters Huber an das AA über die Absperrung der Botschaft durch Polizisten der ČSSR vom 6.10.1989 (PA AA, 214, 139918 E, unpag.).

157 Vgl. Drahtbericht des Botschafters Huber an das AA zur Lage am 6.10.1989 (PA AA, 513, B 85 Nr. 2347 E, unpag.).

158 Vgl. Mitteilung des AA, gez. Kunzmann, an die Botschaft Prag vom 6.10.1989. Betr.: Zufluchtsuchende Deutsche aus der DDR, hier: Form der Berichterstattung (ebd.).

159 Vgl. AA, Vermerk, gez. Holik. Betr.: Rüstungspolitische Konsultationen in Prag vom 6.10.1989, hier: Frage der Zufluchtsuchenden (ebd.).

160 Drahterlass des AA, gez. Derix, an die Botschaft Prag vom 6.10.1989. Betr.: Zugang zur Botschaft Prag (ebd.).

161 Botschaft Prag: Vermerk vom 6.10.1989. Betr.: Zufluchtsuchende Deutsche aus der DDR, hier: Sprachregelung (PA AA, Bo. Prag, 20682 E, unpag.).

162 Fernschreiben des Leiters der Ständigen Vertretung in Ostberlin, Franz Bertele, an den Chef des Bundeskanzleramtes, Rudolf Seiters, vom 6.10.1989 (BArch, B 136/20224, 22134900 De 1).

163 Tagesbericht des tschechoslowakischen Innenministeriums vom 6.10.1989 (ABS Praha, č.j. OV-039/A-89).

164 Ebd.

165 Vgl. Mählert, Geschichte der DDR 1949–1990, S. 86.

166 Chronik der Wende, Wendepunkte – Samstag, der 7. Oktober 1989 (http://www.chronikderwende.de/wendepunkte/wendepunkte_jsp/key=wp7.10.1989.html; 22.4.2013).

167 Hertle, Chronik des Mauerfalls, S. 78 f.

168 Bundeszentrale für politische Bildung, Chronik – Oktober 1989 (http://www.chronik-der-mauer.de/index.php/de/Chronical/Detail/month/Oktober/year/1989; 15.5.2013).

169 Chronik der Wende, Wendepunkte – Samstag, der 7. Oktober 1989 (http://www.chronikderwende.de/wendepunkte/wendepunkte_jsp/key=wp7.10.1989.html; 22.4.2013).

170 Ebd.

171 http://www.freiheit-und-einheit.de/Webs/Einheit/DE/Startseite/startseite_node.html; 14.1.2014

172 Chronik der Wende, Wendepunkte – Samstag, der 7. Oktober 1989

173 Ebd.

174 Hertle, Chronik des Mauerfalls, S. 81.

175 Mählert, Geschichte der DDR 1949–1990, S. 86.

176 Chronik des Mauerfalls, S. 81.

177 Chronik der Wende, Wendepunkte – Samstag, der 7. Oktober 1989 (http://www.chronikderwende.de/wendepunkte/wendepunkte_jsp/key=wp7.10.1989.html; 22.4.2013).

178 Stiftung Haus der Geschichte der Bundesrepublik Deutschland, Wandel im Osten – der 40. Jahrestag (http://www.hdg.de/lemo/html/DieDeutscheEinheit/WandelImOsten/der40Jahrestag.html; 26.2.2014).

179 Schreiben der Leiterin der DRK-Einsatzleitung Prag, Waltraud Schröder, an den Präsidenten des DRK, Botho Prinz zu Sayn-Wittgenstein, mit Bericht über die Lage in der Botschaft vom 7.10.1989 (PA AA, 214, 139918 E, unpag.).

180 Telegramm des tschechoslowakischen Außenministeriums an die Botschaft der ČSSR in Berlin vom 9.10.1989 (AMZV Praha, Telegramy odeslané, 1989, sv. 9, pořadové číslo 3429).

181 Schreiben der BV Dresden des MfS an den 1. Sekretär der SED-Bezirksleitung Dresden, Hans Modrow: Information über die Aussetzung des pass- und visafreien Reiseverkehrs zwischen der DDR und ČSSR vom 6.10.1989 (BStU, ASt. Dresden, BV Dresden, Abt. XX, 9185, Bl. 13-16).

182 Hertle, Chronik des Mauerfalls, S. 77.

183 Mählert, Geschichte der DDR 1949–1990, S. 86. Zu den Vorgängen in Leipzig am 9. Oktober vgl. insbes. Richter, Die Friedliche Revolution, S. 357-398.

184 Hertle, Chronik des Mauerfalls, S. 81 f.

185 Ders., Zur Leipziger Montagsdemonstration vom 9. Oktober 1989 (http://www.chronik-der-mauer.de/index.php/de/Media/TextPopup/id/593075/month/Oktober/oldAction/Detail/oldModule/Chronical/year/1989; 11.12.2013); Bundeszentrale für politische Bildung, Chronik – Oktober 1989 (http://www.chronik-der-mauer.de/index.php/de/Chronical/Detail/month/Oktober/year/1989; 15.5.2013).

186 Hertle, Chronik des Mauerfalls, S. 81 f.; ders., Zur Leipziger Montagsdemonstration vom 9. Oktober 1989 (http://www.chronik-der-mauer.de/index.php/de/Media/TextPopup/id/593075/month/Oktober/oldAction/Detail/oldModule/Chronical/year/1989; 11.12.2013); Bundeszentrale für politische Bildung, Chronik – Oktober 1989 (http://www.chronik-der-mauer.de/index.php/de/Chronical/Detail/month/Oktober/year/1989; 15.5.2013).

187 Hertle, Chronik des Mauerfalls, S. 81 f.

188 Ders., Zur Leipziger Montagsdemonstration vom 9. Oktober 1989 (http://www.chronik-der-mauer.de/index.php/de/Media/TextPopup/id/593075/month/Oktober/oldAction/Detail/oldModule/Chronical/year/1989; 11.12.2013); Bundeszentrale für politische Bildung, Chronik – Oktober 1989 (http://www.chronik-der-mauer.de/index.php/de/Chronical/Detail/month/Oktober/year/1989; 15.5.2013).

189 Ebd.; Hertle, Chronik des Mauerfalls, S. 81 f.; Richter, Die Friedliche Revolution, S. 357 f.; Pollack, Die friedliche Revolution, S. 128 f.

190 Mählert, Geschichte der DDR 1949–1990, S. 89.

191 Hertle, Chronik des Mauerfalls, S. 81 f.; ders., Zur Leipziger Montagsdemonstration vom 9. Oktober 1989 (http://www.chronik-der-mauer.de/index.php/de/Media/TextPopup/id/593075/month/Oktober/oldAction/Detail/oldModule/Chronical/year/1989; 11.12.2013); Bundeszentrale für politische Bildung, Chronik – Oktober 1989 (http://www.chronik-der-mauer.de/index.php/de/Chronical/Detail/month/Oktober/year/1989; 15.5.2013).

192 Mählert, Geschichte der DDR 1949–1990, S. 89.

193 Hertle, Chronik des Mauerfalls, S. 81 f.; ders., Zur Leipziger Montagsdemonstration vom 9. Oktober 1989 (http://www.chronik-der-mauer.

de/index.php/de/Media/TextPopup/id/593075/month/Oktober/old
Action/Detail/oldModule/Chronical/year/1989; 11.12.2013); Bundeszentrale für politische Bildung, Chronik – Oktober 1989 (http://www.
chronik-der-mauer.de/index.php/de/Chronical/Detail/month/Oktober/
year/1989; 15.5.2013).

194 Mählert, Geschichte der DDR 1949–1990, S. 89.
195 Information der tschechoslowakischen Staatssicherheit vom 13.10.1989
(ABS Praha, Objektový svazek reg. č. 845 [»Obora«], část 9, Bl. 125-127).
196 Drahtbericht des Leiters der Ständigen Vertretung, Franz Bertele, an das
AA über ein Gespräch mit Rechtsanwalt Wolfgang Vogel vom 10.10.1989
(PA AA, 214, 139918 E, unpag.).
197 Fernschreiben 1117 der BV Dresden des MfS, gez. Generalmajor Böhm,
an die Leiter aller Kreisdienststellen vom 9.10.1989 (BStU, ASt. Dresden,
KD Riesa 13256, Bl. 8 f.).
198 ZK der SED, Abteilung Internationale Verbindungen: Information für
das Politbüro des ZK. Betr.: 15. Tagung des ZK der KPTsch vom 11.–
12.10.1989 (SAPMO-BArch, DY 30/11621, Bl. 169-175).
199 Fernschreiben des Botschafters Huber an das AA vom 12.10.1989. Betr.:
15. ZK-Plenum der KPTsch vom 11.–12.10.1989 (PA AA, 214, 139918 E,
unpag.).
200 ZK der SED, Abteilung Internationale Verbindungen: Information für
das Politbüro des ZK. Betr.: 15. Tagung des ZK der KPTsch vom 11.–
12.10.1989 (SAPMO-BArch, DY 30/11621, Bl. 169-175).
201 Ebd.
202 Drahtbericht des Botschafters Huber an das AA vom 11.10.1989. Betr.:
Tschechoslowakische Medien zu den Ereignissen in der DDR um den 40.
Jahrestag (BArch, B 136/33965, unpag.).
203 Vgl. Drahtbericht des Botschafters Huber an das AA wegen des Zugangs
zur Botschaft und zur Beantwortung der Note der ČSSR (3.10.1989) vom
12.10.1989 (PA AA, 513, B 85 Nr. 2347 E, unpag.).
204 Vgl. Drahtbericht des Botschafters Huber an das AA mit Bericht zur Lage
vom 12.10.1989 (PA AA, 210, 140735 E, unpag.).
205 Vgl. Schreiben von Außenminister Hans-Dietrich Genscher an den Botschafter in Prag, Hermann Huber, vom 12.10.1989 (PA AA, 010, 257751
E, unpag.).
206 Drahtbericht des Botschafters Huber an das AA wegen des Zugangs zur
Botschaft und zur Beantwortung der Note der ČSSR (3.10.1989) vom
12.10.1989 (PA AA, 513, B 85 Nr. 2347 E, unpag.).
207 ZK der SED, Hausmitteilung von Egon Krenz an Erich Honecker vom
12.10.1989. Anlage zu Regelungen des Reiseverkehrs in die ČSSR (SAP-
MO-BArch, DY 30/IV/2/2039/342, Bl. 77-79). Vgl. Schreiben von Dickel an Krenz vom 11.10.1989 (SAPMO-BArch, DY 30/IV/2/2039/342,
Bl. 80 f.).
208 Fernschreiben des Botschafters Huber an das AA vom 13.10.1989. Betr.:
Tschechoslowakische Medien zu den Ereignissen in der DDR sowie An-

griffe gegen uns im Zusammenhang mit den DDR-Flüchtlingen (PA AA, 214, 139918 E, unpag.).

209 Fernschreiben der Botschaft Prag, gez. Hiller, an das AA vom 13.10.1989. Betr.: Zufluchtsuchende Deutsche aus der DDR, hier: Illegal in die ČSSR eingereiste DDR-Deutsche (PA AA, 513, B 85 Nr. 2347 E, unpag.).

210 Botschaft Prag, gez. Krie., Vermerk über ein telefonisches Gespräch mit der DDR-Botschaft vom 12.10.1989 (PA AA, Bo. Prag, 20682 E, unpag.).

211 Schreiben des tschechoslowakischen Botschafters in Bonn, Dušan Spáčil, an das tschechoslowakische Außenministerium vom 16.10.1989 (AMZV Praha, Telegramy přijaté, 1989, sv. 37, čj.: 054159).

212 Bundeszentrale für politische Bildung, Chronik – Oktober 1989 (http://www.chronik-der-mauer.de/index.php/de/Chronical/Detail/month/Oktober/year/1989; 15.5.2013).

213 Mählert, Geschichte der DDR 1949–1990, S. 86.

214 Bundeszentrale für politische Bildung, Chronik – Oktober 1989 (http://www.chronik-der-mauer.de/index.php/de/Chronical/Detail/month/Oktober/year/1989; 15.5.2013).

215 Protokoll der Beratungen zwischen den Delegationen des MfS der DDR und dem Ministerium des Innern der ČSSR vom 3.7.1971; Vertrag zwischen der DDR und der ČSSR über die Zusammenarbeit an der gemeinsamen Staatsgrenze und die gegenseitige Hilfe in Grenzangelegenheiten vom 8.6.1976 (liegt nicht vor); Vereinbarung zwischen dem MfNV der DDR und dem Föderativen Ministerium des Innern der ČSSR zur Durchführung des Vertrags zwischen der DDR und der ČSSR über die Zusammenarbeit an der gemeinsamen Staatsgrenze und die gegenseitige Hilfe in Grenzangelegenheiten vom 29.4.1977; Vereinbarung über die Zusammenarbeit zwischen dem Minister für Staatssicherheit der DDR und dem Minister des Innern der ČSSR über das beiderseitige Zusammenwirken und die Zusammenarbeit der Untersuchungsorgane der Staatssicherheit (o. D.); Protokoll über das Zusammenwirken zwischen den Untersuchungsorganen des MfS der DDR und des Föderativen Ministeriums des Innern der ČSSR vom 24.11.1977; Protokollvermerk zum »Protokoll über die Organisierung der Übergabe/Übernahme straffällig gewordener Bürger der DDR und der ČSSR in Zuständigkeit der Organe der Staatssicherheit« vom 24.11.1977 und vom 2.12.1982; Protokoll über die Zusammenarbeit zwischen der XIV. Verwaltung des Korps für Nationale Sicherheit der ČSSR und der Zentralen Koordinierungsgruppe der HA VI und der Abteilung XXII des MfS der DDR für die Jahre 1984 bis 1988. – Vgl. Tantzscher, Die verlängerte Mauer, S. 47 f.

216 Bericht des tschechoslowakischen Innenministeriums vom 16.10.1989 (ABS Praha, Objektový svazek reg. c. 845 [»Obora«], část 9, Bl. 66 f.).

217 Ebd.

218 Rundschreiben des tschechoslowakischen Außenministeriums an die Botschaften vom 19.10.1989 (AMZV Praha, Telegramy odeslané, 1989, sv. 9, pořadové číslo 3550).

219 Ebd.

220 Ebd.

221 Bericht des Botschafters in Ostberlin, František Langer, an das tschechoslowakische Außenministerium vom 19.10.1989 (AMZV Praha, Telegramy přijaté, 1989, sv. 28, čj.: 054530).

222 Bericht des tschechoslowakischen Botschafters in Bonn, Dušan Spáčil, an das tschechoslowakische Außenministerium vom 23.10.1989 (AMZV Praha, Telegramy přijaté, 1989, sv. 38, čj.: 054510).

223 Ebd.

224 Drahtbericht des Botschafters Huber an das AA mit Bericht zur Lage vom 19.10.1989 (PA AA, 210, 140735 E, unpag.).

225 Schreiben des DDR-Botschafters in Prag, Helmut Ziebart, an Außenminister Oskar Fischer über die Einwilligung der ČSSR-Führung zur Ausreise von Botschaftsflüchtlingen vom 19.10.1989 (BStU, ZA, ZAIG 13019, Bl. 2); Drahtbericht des Botschafters Huber an das AA vom 19.10.1989 (PA AA, 513, B 85 Nr. 2347 E, unpag.).

226 Schreiben des DDR-Botschafters in Prag, Helmut Ziebart, an Egon Krenz vom 23.10.1989 (SAPMO-BArch, DY 30/11621, Bl. 163-168).

227 Protokoll Nr. 45 der Sitzung des Politbüros des ZK der SED vom 18.10.1989 (SAPMO-BArch, DY 30/J/IV/2/2/2354, unpag.).

228 Beschluss des SED-Politbüros über Öffnung der Grenze zur ČSSR vom 24.10.1989 (SAPMO-BArch, DY 30/5195, Bl. 251-253).

229 Telegramm des Botschafters der ČSSR in Ostberlin, Langer, an das tschechoslowakische Außenministerium vom 25.10.1989 (AMZV Praha, Telegramy přijaté, 1989, sv. 38).

230 Fernschreiben der Botschaft in Wien, gez. Brühl, an das AA vom 30.10.1989. Betr.: Besuch des tschechoslowakischen MP Adamec in Wien vom 24.–25.10.1989 (BArch, B 136/33800, unpag.).

231 http://www.chroniknet.de/daly_de.0.html?datum=26.8.1989&year=198 9&month=8&day=26; 11.12.2013.

232 Telefongespräch des Bundeskanzlers Kohl mit dem Staatsratsvorsitzenden Krenz vom 26. Oktober 1989, in: Deutsche Einheit. Sonderedition aus den Akten des Bundeskanzleramtes 1989/90, München 1998, Nr. 68, S. 468.

233 Drahtbericht des Botschafters Huber an das AA über ein Gespräch mit DDR-Botschafter Helmut Ziebart zu den Modalitäten der unmittelbaren Ausreise der Botschaftsflüchtlinge in die Bundesrepublik vom 26.10.1989 (PA AA, Bo. Prag, 20682 E, unpag.).

234 Ebd.

235 Fernschreiben des Botschafters Huber an das AA vom 26.10.1989. Betr.: Zufluchtsuchende Deutsche aus der DDR, hier: Geplante unmittelbare Ausreise in die Bundesrepublik Deutschland am 27.10.1989 (PA AA, 513, B 85 Nr. 2347 E, unpag.).

236 Vermerk des Botschafters Huber vom 25.10.1989. Betr.: Ausreisen von Deutschen aus der DDR (PA AA, Bo. Prag, 20682 E, unpag.).

237 Drahtbericht des Legationsrates in der Botschaft Prag, Detlev Rünger, an das AA über die unmittelbare Ausreise der Botschaftsflüchtlinge in die Bundesrepublik vom 27.10.1989 (PA AA, 513, B 85 Nr. 2347 E, unpag.).

238 Fernschreiben des AA an die Botschaft Prag vom 2.11.1989 (PA AA, Bo. Prag, 20682 E, unpag.).

239 Drahtbericht des Legationsrates in der Botschaft Prag, Detlev Rünger, an das AA über die unmittelbare Ausreise der Botschaftsflüchtlinge in die Bundesrepublik vom 27.10.1989 (PA AA, 513, B 85 Nr. 2347 E, unpag.).

240 Ebd.

241 Vgl. Brüggemann, Als Militärattaché aktiver Zeitzeuge in Prag 1989, S. 834.

NOVEMBER 1989: MAUERFALL UND »SAMTENE REVOLUTION«

1   Stellv. Botschafter Hiller an AA zur Lage in der Botschaft vom 3.11.1989 (PA AA, 513, B 85 Nr. 2347 E, unpag.).

2   Huber, DDR-Flüchtlinge in der Botschaft 1989 (http://www.prag. diplo.de/contentblob/1796820/Daten/141437/erinnerungen_ botschafterhuber_1989_d.pdf; 2.12.2009).

3   Brüggemann, Als Militärattaché aktiver Zeitzeuge, S. 834 f.

4   Vgl. Stellv. Botschafter Hiller an AA zur Lage in der Botschaft vom 1.11.1989 (PA AA, 214, 139918 E, unpag.).

5   Vgl. Stephan/Küchenmeister (Hg.), »Vorwärts immer, rückwärts nimmer!«, S. 202-206.

6   Vgl. Galkin/Tschernjajew (Hg.), Michail Gorbatschow und die deutsche Frage, S. 217-220.

7   Vgl. Hertle, Fall der Mauer, S. 149-154.

8   Vgl. RIAS-Bericht über die Pressekonferenz von Egon Krenz in Moskau vom 1.11.1989 (http://www.chronik-der-mauer.de/index.php/de/Media/ VideoPopup/field/audio_video/id/14763/month/November/oldAction/ Detail/oldModule/Chronical/year/1989; 23.2.2014).

9   »Touristen wieder in die ČSSR«, In: Neues Deutschland vom 2.11.1989.

10 Stellv. Botschafter Hiller an AA zur Lage in der Botschaft vom 2.11.1989 (PA AA, 513, B 85 Nr. 2347 E, unpag.).

11 Ebd.

12 Stellv. Botschafter Hiller an AA vom 2.11.1989. Betr.: Zufluchtsuchende Deutsche aus der DDR, hier: Personalverstärkung (ebd.).

13 Erklärung des Präsidenten des Deutschen Roten Kreuzes, Prinz zu Sayn-Wittgenstein, zur Situation in Prag vom 3.11.1989 (DRK, 3166, unpag.).

14 Stellv. Botschafter Hiller an AA zur Lage in der Botschaft vom 3.11.1989 (PA AA, 513, B 85 Nr. 2347 E, unpag.).

15 Information des Leiters des Referats 513 des AA, Karl-Heinz Kunzmann, für Bundesaußenminister Hans-Dietrich Genscher zur Situation in der Botschaft in Prag vom 3.11.1989 (PA AA, 513, B 85 Nr. 2347 E, unpag.).

16 Botschafter Spáčil an tschechoslowakisches Außenministerium vom 3.11.1989 (AMZV Praha, Telegramy přijaté, 1989, sv. 39., čj.: 055146).

17 Information des Leiters des Referats 513 des AA, Karl-Heinz Kunzmann, für Außenminister Genscher zur Situation in der Botschaft in Prag vom 3.11.1989 (PA AA, 513, B 85 Nr. 2347 E, unpag.).

18 Ebd.; Botschafter Spáčil an tschechoslowakisches Außenministerium vom 3.11.1989 (AMZV Praha, Telegramy přijaté, 1989, sv. 39., čj.: 055146).

19 Der Empfang dauerte etwa von 14.30 Uhr bis 17.00 Uhr. Vgl. Prečan, Ke svobodě přes Prahu, S. 155; Krenz, Herbst '89, S. 209; Hertle, Chronik des Mauerfalls, S. 103-110.

20 Vgl. Ständiger Vertreter Bertele an Chef des Bundeskanzleramtes Seiters vom 3.11.1989. In: Dokumentation Deutsche Einheit, Dokument Nr. 71.

21 Telegramm vom DDR-Botschafter Langer an tschechoslowakisches Außenministerium vom 3.11.1989 (AMZV Praha, Telegramy přijaté, 1989, sv. 39., čj.: 055186).

22 Ebd.

23 Ebd.

24 WTsch, russ: Высокая Частота - Hochfrequenz. Interne Fernsprechanlage für geheime Regierungsverbindungen im Ostblock.

25 Tschechoslowakisches Außenministerium an die Botschaften in Berlin und Bonn vom 3.11.1989 (AMZV Praha, Telegramy odeslané, 1989, sv. 10., pořadové číslo 3739).

26 Außenminister Fischer an SED-Generalsekretär Krenz vom 3.11.1989. Mit Anlage: Information zur Situation der BRD-Botschaft in Prag (SAPMO-BArch, DY 30/IV/2/2039/342, Bl. 155-157).

27 Ebd.

28 Ebd.

29 Ebd.

30 Ebd.

31 Die ZK-SED-Politbürositzung dauerte von 12.00 Uhr bis 18.55 Uhr, mit Unterbrechung – für den Empfang des Diplomatischen Korps – von 14.30 Uhr bis 17.00 Uhr. Punkt 4 des Programms, die Botschaftsflüchtlinge, kam erst im Anschluss, etwa gegen 17.00 Uhr, ins Programm. Vgl. Prečan, Ke svobodě přes Prahu, S. 155; Krenz, Herbst '89, S. 209; Hertle, Chronik des Mauerfalls, S. 103-110.

32 Krenz, Herbst '89, S. 208.

33 Beschluss des Politbüros des Zentralkomitees der SED zur direkten Ausreise der Prager Botschaftsflüchtlinge in die Bundesrepublik vom 3.11.1989 (SAPMO-BArch, DY 30/5196, Bl. 16).

34 http://www.prag.diplo.de/Vertretung/prag/de/02/Botschaftsfluechtlinge/__Botschaftsfluechtlinge.html; 2.12.2009.

35 Huber, DDR-Flüchtlinge in der Botschaft 1989 (http://www.prag.diplo.de/contentblob/1796820/Daten/141437/erinnerungen_botschafterhuber_1989_d.pdf; 2.12.2009).

36 Genscher, Erinnerungen, S. 24.

37 Beschluss des Politbüros des Zentralkomitees der SED zur direkten Ausreise der Prager Botschaftsflüchtlinge in die Bundesrepublik vom 3.11.1989 (SAPMO-BArch, DY 30/5196, Bl. 16).

38 Brüggemann, Als Militärattaché aktiver Zeitzeuge, S. 834 f.

39 Niederschrift über die gemeinsame Sitzung von Präsidium und Präsidialrat des DRK in Bonn vom 3.11.1989 (DRK, 3166, unpag.).

40 Bericht über den DRK-Einsatz in der Botschaft der Bundesrepublik Deutschland in Prag/ČSSR in der Zeit vom 2.–16.11.1989 vom 19.1.1990, gez. Schröder, Einsatzleiterin (DRK, 02563, unpag.).

41 Heidi Blumenauer, Prag, deutsche Botschaft 2.11.1989 bis 11.11.1989 (DRK, 04563, unpag.).

42 Hertle, Fall der Mauer, S. 158; ders., Chronik des Mauerfalls, S. 104 f.; Krenz, Herbst '89, S. 210 f.

43 Ebd.; RIAS-Reportage über die Ansprache von Egon Krenz im DDR-Fernsehen vom 3.11.1989 (http://www.chronik-der-mauer.de/index.php/de/Media/VideoPopup/day/3/field/audio_video/id/14765/month/November/oldAction/Detail/oldModule/Chronical/year/1989; 23.2.2014).

44 Stellv. Botschafter Hiller an AA vom 4.11.1989. Betr.: Zufluchtsuchende aus der DDR, hier: Unmittelbare Ausreise am 3. und 4.11.1989 (BA AA, B 85 Nr. 2347 E, unpag.).

45 Ebd.

46 Ebd.

47 Ebd.

48 Ebd.

49 Fernschreiben des Leiters der BV Dresden des MfS, Generalmajor Böhm, an die Leiter der Struktureinheiten über die direkte Ausreise der Botschaftsflüchtlinge vom 4.11.1989 (BStU, ASt. Dresden, BV Dresden, Stellv. Operativ 64, Bl. 26).

50 Vgl. Stellv. Botschafter Hiller an AA über ein Gespräch in der DDR-Botschaft und den Beginn der Ausreiseaktion vom 4.11.1989 (PA AA, 513, B 85 Nr. 2347 E, unpag.).

51 Vermerk des Leiters des Referats 513 des Auswärtigen Amts, Karl-Heinz Kunzmann, vom 5.11.1989. Betr.: Ausreiseaktion für DDR-Bürger aus der Botschaft Prag mit Zügen am 4. und 5.11.1989 (PA AA, 513, B 85 Nr. 2347 E, unpag.).

52 Bericht über den DRK-Einsatz in der Botschaft der Bundesrepublik Deutschland in Prag/ČSSR in der Zeit vom 2.–16.11.1989 vom 19.1.1990, gez. Schröder, Einsatzleiterin (DRK, 02563, unpag.).

53 Heidi Blumenauer, Prag, deutsche Botschaft 2.11.1989 bis 11.11.1989 (DRK, 04563, unpag.).

54 Vgl. Stellv. Botschafter Hiller an AA zur Lage in der Botschaft vom 6.11.1989 (PA AA, 214, 139918 E, unpag.).

55 Stellv. Botschafter Hiller an AA vom 5.11.1989. Betr.: Zufluchtsuchende aus der DDR, hier: Lagebericht 4.–5.11.1989 (ebd.).

56 Vermerk des Leiters des Referats 513 des Auswärtigen Amts, Karl-Heinz Kunzmann, vom 5.11.1989. Betr.: Ausreiseaktion für DDR-Bürger aus der Botschaft Prag mit Zügen am 4. und 5.11.1989 (PA AA, 513, B 85 Nr. 2347 E, unpag.).

57 Vgl. Stellv. Botschafter Hiller an AA zur direkten Ausreise der Botschaftsflüchtlinge vom 4.11.1989 (PA AA, 513, B 85 Nr. 2347 E, unpag.).

58 Ebd.

59 Mählert, Kleine Geschichte der DDR, S. 166; Hertle, Chronik des Mauerfalls, S. 103-108; Kowalczuk (Endspiel, S. 451 f.) gibt eine niedrigere Zahl der Demonstranten an.

60 Hertle, Chronik des Mauerfalls, S.103 f.

61 Ebd., S.103-108; RIAS-TV, Reaktionen der Kundgebungsteilnehmer am Berliner Alexanderplatz während der Rede von Günter Schabowski vom 4.11.1989 (http://www.chronik-der-mauer.de/index.php/de/Media/VideoPopup/day/4/field/audio_video/id/71000/month/November/oldAction/Detail/oldModule/Chronical/year/1989; 23.2.2014).

62 DPA-Meldung vom 5.11.1989, 21.55 Uhr: Der Strom der DDR-Flüchtlinge, die die Möglichkeit nutzen, über die ČSSR mit ihrem Personalausweis in die Bundesrepublik zu gelangen, nimmt nicht ab (PA AA, Bo. Prag, 20683 E, unpag.).

63 Ebd.

64 Mitteilung des tschechoslowakischen Innenministeriums an Presseagentur ČTK vom 10.11.1989 (Sdělení FMV k cestování občanů NDR z ČSSR, Praha 10. Listopadu, ČTK).

65 MfS, Lagefilm vom 1.11.–13.11.1989 (BStU, ZA, HA VII 2684, Bl. 3).

66 Vermerk des Leiters des Referats 513 des Auswärtigen Amts, Karl-Heinz Kunzmann, vom 5.11.1989. Betr.: Ausreiseaktion für DDR-Bürger aus der Botschaft Prag mit Zügen am 4. und 5.11.1989 (PA AA, 513, B 85 Nr. 2347 E, unpag.).

67 Ebd.

68 Ebd.

69 Vgl. Drahtbericht des Stellv. Botschafters Hiller an AA zur Lage in der Botschaft vom 6.11.1989 (PA AA, 214, 139918 E, unpag.).

70 Vgl. Schreiben des Generalkonsulats New York, gez. Fischer-Dieskau, an AA vom 6.11.1989. Betr.: Interesse der Greater Ridgewood Restoration Corporation an Übernahme von Übersiedlern aus der DDR (PA AA, 513, B 85 Nr. 1993 E, unpag.).

71 Vgl. Entwurf des Gesetzes über Reisen von DDR-Bürgern ins Ausland vom 6.11.1989 (http://www.chronik-der-mauer.de/index.php/de/Media/TextPopup/day/6/id/1259537/month/November/oldAction/Detail /oldModule/Chronical/year/1989htp; 23.2.2014).

72 6. November 1989. DDR – Krenz Tagesbericht (http://www.2plus4.de/chronik.php?date_value=06.11.89&sort=008-001; 23.2.2014).

73 Vgl. Hertle, Chronik des Mauerfalls, S. 108 f.

74 6. November 1989. DDR – Krenz Tagesbericht (http://www.2plus4.de/chronik.php3?date_value=06.11.89&sort=008-001; 23.2.2014).

75 Ebd.

76 Vgl. Hertle, Fall der Mauer, S. 159.

77 Vgl. Bericht von Christine Lettang vom DRK-Generalsekretariat Bonn über die Lage in der Botschaft vom 7.11.1989 (DRK, 04041, unpag.).

78 Bericht über den DRK-Einsatz in der Botschaft der Bundesrepublik Deutschland in Prag/ČSSR in der Zeit vom 2.–16.11.1989 vom 19.1.1990, gez. Schröder, Einsatzleiterin (DRK, 02563, unpag.).

79 Stellv. Botschafter Hiller an AA zur Lage in der Botschaft vom 8.11.1989 (PA AA, 513, B 85 Nr. 2347 E, unpag.).

80 Ebd.

81 Ebd.

82 Ebd.

83 Vgl. Pressereferent Steiner an AA über tschechoslowakische Reaktionen auf die Entwicklung in der DDR vom 8.11.1989 (PA AA, 513, B 85 Nr. 2347 E, unpag.).

84 Ebd.

85 »Innenministerium bestätigte Anmeldung des Neuen Forums«. In: Neues Deutschland vom 9.11.1989.

86 Vgl. Hertle, Chronik des Mauerfalls, S. 114 f.

87 Vgl. Bundeszentrale für politische Bildung, Chronik – 8. November 1989 (Mittwoch) (http://www.chronik-der-mauer.de/index.php/de/Chronical/Detail/day/8/month/November/year/1989; 23.2.2014).

88 Hertle, Chronik des Mauerfalls, S. 117.

89 Vgl. Pressereferent Steiner an AA über tschechoslowakische Reaktionen auf die Entwicklung in der DDR vom 8.11.1989 (PA AA, 513, B 85 Nr. 2347 E, unpag.).

90 Botschafter Ziebart an Außenminister Fischer vom 8.11.1989 (BStU, ZA, Arbeitsbereich Neiber, 553, Bl. 2); Hertle, Chronik des Mauerfalls, S. 113 f.

91 Ebd.

92 Stellv. Botschafter Hiller an AA zur Lage in der Botschaft vom 8.11.1989 (PA AA, 513, B 85 Nr. 2347 E, unpag.).

93 Ebd.

94 Ebd.

95 Ebd.

96 Ebd.

97 Küchenmeister/Nakath/Stephan (Hg.), »… sofort, unverzüglich.«, S. 9.

98 Ebd., S. 10.

99 Spiegel Online, Zeitsprung – 9. November 1989. Sofort bedeutet sofort (http://www.spiegel.de/panorama/zeitgeschichte/zeitsprung-9-november-1989-sofort-bedeutet-sofort-a-326124.html; 10.11.2013).

100 Hertle, Chronik des Mauerfalls, S. 141 f.

101 Ebd., S. 144.

102 Ebd., S. 142 f.
103 Vgl. ebd., S. 142 f.; Günter Schabowski, Der Absturz, Berlin 1991, S. 307 f.
104 Mählert, Kleine Geschichte der DDR, S. 168.
105 Vgl. Hertle, Chronik des Mauerfalls, S. 156 f.
106 Vgl. ebd.
107 Mählert, Kleine Geschichte der DDR, S. 168.
108 Küchenmeister/Nakath/Stephan (Hg.), »… sofort, unverzüglich.«, S. 89-96.
109 Vgl. Hertle, Chronik des Mauerfalls, S. 243 f.
110 Vgl. Notiz für US-Außenminister James Baker, Die DDR öffnet ihre Grenzen, vom 9.11.1989 (http://www.chronik-der-mauer.de/index.php/de/Media/TextPopup/day/9/id/12595459/month/November/oldAction/Detail/oldModule/Chronical/year/1989; 23.2.2014).
111 Vgl. Hertle, Chronik des Mauerfalls, S. 242 f.
112 Cineimpuls Film & Video KG, Sir Charles Powell, politischer Berater der britischen Premierministerin, über die Reaktion von Lady Margaret Thatcher (http://www.chronik-der-mauer.de/index.php/de/Media/VideoPopup/day/9/field/audio_video/id/53442/month/November/oldAction/Detail/oldModule/Chronical/year/1989; 23.2.2014).
113 Vgl. ebd.
114 Vgl. Cineimpuls Film & Video KG, Hubert Védrine, Berater des französischen Staatspräsidenten, über die Reaktion von François Mitterrand (http://www.chronik-der-mauer.de/index.php/de/Media/VideoPopup/day/9/field/audio_video/id/53444/month/November/oldAction/Detail/oldModule/Chronical/year/1989; 23.2.2014).
115 Vgl. Hertle, Fall der Mauer, S. 242 f.
116 Hertle, Chronik des Mauerfalls, S. 206.
117 Hertle, Fall der Mauer, S. 243.
118 Vgl. Cineimpuls Film & Video KG, Egon Krenz, SED-Generalsekretär, über den Anruf von Botschafter Kotschemassow, 10.11.1989 (http://www.chronik-der-mauer.de/index.php/de/Media/VideoPopup/day/10/field/audio_video/id/53465/month/November/oldAction/Detail/oldModule/Chronical/year/1989; 23.2.2014).
119 Als Krenz in der vorherigen Nacht von der Grenzöffnung erfuhr, entschied er kurzerhand, den »Dingen einfach freien Lauf zu lassen« und keinerlei Gegenmaßnahmen einzuleiten.
120 Hertle, Chronik des Mauerfalls, S. 208.
121 Vgl. SED-Generalsekretär Krenz an KPdSU-Generalsekretär Gorbatschow vom 10.11.1989 (SAPMO-BArch, DY 30/IV/2/1/704, Bl. 83-84).
122 Vgl. RIAS-TV, Filmreportage über die Auszahlung des Begrüßungsgeldes an DDR-Bürger in West-Berlin vom 10.11.1989 (http://www.chronik-der-mauer.de/index.php/de/Media/VideoPopup/day/10/ field/ audio_video/id/70994/month/November/oldAction/Detail/oldModule/ Chronical/year/1989; 23.2.2014).

123 Cineimpuls Film & Video KG, Michail Gorbatschow, sowjetischer Partei-
und Staatschef, über seine Reaktion auf den Mauerfall am 10. November
1989 (http://www.chronik-der-mauer.de/index.php/de/Media/VideoPop
up/day/10/field/audio_video/id/53579/month/November/oldAction/
Detail/oldModule/Chronical/year/1989; 23.2.2014).

124 Vgl. Bundeszentrale für politische Bildung, Chronik – 10. November
1989 (Freitag) (http://www.chronik-der-mauer.de/index.php/de/Chroni-
cal/Detail/day/10/month/November/year/1989; 23.2.2014).

125 Vgl. Mündliche Botschaft von KPdSU-Generalsekretär Gorbatschow
an Bundeskanzler Kohl vom 10.11.1989 (SAPMO-BArch, DY 30/
IV/2/2039/319, Bl. 15-16).

126 Vgl. Mündliche Botschaft von KPdSU-Generalsekretär Gorbatschow
an Präsident Mitterrand, Premierministerin Thatcher und Präsident Bush vom 10.11.1989 (SAPMO-BArch, DY 30/IV/2/2039/319,
Bl. 20-21).

127 Galkin/Tschernjajew (Hg.), Michail Gorbatschow und die deutsche Frage, S. 228.

128 Hertle, Chronik des Mauerfalls, S. 246.

129 Ebd., S. 247-249.

130 Holubec, Kronika sametové revoluce, S. 2.

131 Ebd., S. 3.

132 Ebd.

133 Vgl. ebd.

134 Ebd., S. 5; nach mehreren Tagen wird sich herausstellen, dass die Nachricht vom getöteten Studenten eine Desinformation war.

135 Ebd., S. 5-7.

136 Ebd.

137 Ebd.

138 Ebd.

139 Ebd.

140 Ebd., S. 8.

141 Ebd.

142 Provolání pražských vysokoškoláků, vgl. Holubec, Kronika sametové revoluce, S. 8.

143 Ebd.

144 ÚV Svazu československo-sovětského přátelství. Ebd., S. 8.

145 Ebd.

146 Ebd.

147 Ebd., S. 12; Suk, Labyrintem revoluce, S. 42. – »Pravda a láska zvítězí
nad lží a nenávistí«. Zit. in http://www.city-of-prague.eu/cs/history-of-
melantrich; 2.2.2014.

148 Tomáš Vlček, Sametová revoluce, Praha 1989, úterý 21. listopadu 1989
(http://www.totalita.cz/1989/1989_1121.php; 2.1.2014).

149 Ebd.

150 Holubec, Kronika sametové revoluce, S. 12; Vlček, Sametová revoluce

1989, středa 22. listopadu 1989 (http://www.totalita.cz/1989/1989_1122. php; 2.1.2014).

151 Holubec, Kronika sametové revoluce, S. 12; Suk, Labyrintem revoluce, S. 42.

152 Vlček, Sametová revoluce 1989, středa 22. listopadu 1989 (http://www. totalita.cz/1989/1989_1122.php; 2.1.2014).

153 Suk, Labyrintem revoluce, S. 42; Holubec, Kronika sametové revoluce, S. 13.

154 Ebd.

155 Ebd.

156 Ebd., S. 13; Suk, Labyrintem revoluce, S. 42.

157 Holubec, Kronika sametové revoluce, S. 13.

158 Ebd., S. 15.

159 Ebd., S. 15; Suk, Labyrintem revoluce, S. 42.

160 Holubec, Kronika sametové revoluce, S. 16 f.

161 Ebd.; Suk, Labyrintem revoluce, S. 42.

162 Holubec, Kronika sametové revoluce, S. 16 f.; Suk, Labyrintem revoluce, S. 42.

163 Holubec, Kronika sametové revoluce, S. 18 f.; Suk, Labyrintem revoluce, S. 42; Radim Kapavík, Sametová revoluce '89 (http://www.revoluce89. wz.cz/hlavni.htm; 24.1.2014).

164 http://simonak.eu/images/obrazky_ostatni_strany/h_k/11_17_5.jpg.

165 Radim Kapavík, Sametová revoluce '89.

166 Holubec, Kronika sametové revoluce, S. 29; Kapavík, Sametová revoluce '89 (http://www.revoluce89.wz.cz/ hlavni.htm; 24.1.2014).

DEZEMBER 1989: DIE ENTKOMMUNISIERUNG SCHREITET VORAN

1 http://img.welt.de/img/ausland/crop101664597/1378728185-ci3x2l-w620/jw-dienstbier-DW-Politik-Waidhaus.jpg.

2 Petr Duchoslav, Vláda národního porozumění přivedla republiku ke svobodným volbám (http://www.vasevec.cz/vip-blogy/vlada-narodniho-porozumeni-privedla-republiku-ke-svobodnym-volbam; 24.2.2014).

3 Holubec, Kronika sametové revoluce, S. 21 f.

4 Vodička, Wir sind moralisch krank geworden, S. 248 ff.; Holubec, Kronika sametové revoluce, S. 24 f.; Kapavík, Sametová revoluce '89 (http:// www.revoluce89.wz.cz/hlavni.htm; 24.1.2014); Krystyna Wanatowiczová, Musíte zvolit Havla! tlačil na komunisty Čalfa (http://zpravy. idnes.cz/musite-zvolit-havla-tlacil-na-komunisty-calfa-f4c-/domaci. aspx?c=A071115_103110_domaci_itu; 24.2.2014).

5 Ebd.

6 Kapavík, Sametová revoluce '89 (http://www.revoluce89.wz.cz/hlavni, 24.1.2014).

EXKURS: IMPONDERABILIEN MIT GEWICHT. REFLEXIONEN EINES PRAGER OPPOSITIONELLEN

1   Es handelt sich hierbei um (ironische) Bezeichnungen der Ostdeutschen (ähnlich wie »Ossis«), welche durch wortspielerische Buchstabierungen der Abkürzungen NDR (tschechische Übersetzung von DDR), »eNDeRáci«, und DDR, »DeDeRóni«, entstanden sind. Außerdem war dederón ein Kunststoff, in der DDR hergestellt, aus dem Hemden produziert wurden, welche von den Dederonen oft getragen wurden.
2   »Několik vět«.

KONKLUSION: DER FLÜCHTLINGSSTROM ALS URSTROM DER GESCHICHTE

1   Vgl. als Überblick Dalos, Der Vorhang geht auf; Vollnhals (Hg), Jahre des Umbruchs.
2   Pollack, Die Friedliche Revolution. In: Vollnhals (Hg), Jahre des Umbruchs, S. 129 f.; Jesse, Systemwechsel in Deutschland, S. 114 f.
3   Vodička/Heydemann, Postkommunistischer EU-Raum: Konsolidierungsstand und Perspektiven. In: dies. (Hg.), Vom Ostblock zur EU, S. 344 f.
4   Pollack, Die Friedliche Revolution. In: Vollnhals (Hg.), Jahre des Umbruchs, S. 124.
5   Botschafter Huber an AA vom 29.9.1989. Betr.: Zufluchtsuchende Deutsche aus der DDR, hier: Lagebericht 29.9.1989 (PA AA, 513, B 85 Nr. 2346 E, unpag.).
6   Außenminister Fischer an SED-Generalsekretär Honecker vom 29.9.1989 (http://www.chronik-der-mauer.de/index.php/de/Media/TextPopup/id/1261505/month/September/)oldAction/Detail/oldModule/Chronical/year/1989; 31.5.2013).
7   Botschafter Ziebart an SED-Politbüro vom 29.9.1989 (BStU, MfS, HA II, 32922, Bl. 5-7).
8   Ebd.
9   Ebd.
10   Ebd.
11   Ebd.
12   Genscher, Erinnerungen, S. 18-19.
13   Botschafter Ziebart an SED-Politbüro vom 29.9.1989 (BStU, MfS, HA II, 32922, Bl. 5-7).
14   Ebd.
15   Vgl. Protokoll Nr. 39 der Sitzung des Politbüros des ZK der SED vom 29.9.1989 (SAPMO-BArch, DY 30/J/IV/2/2/2348, unpag.).
16   Schabowski, Politbüro, S. 68 f.; ders., Absturz, S. 235.
17   Vgl. Andert/Herzberg, Honecker im Kreuzverhör, S. 90 f.
18   BV Dresden an 1. Sekretär der SED-Bezirksleitung Dresden Modrow

vom 6.10.1989: Information über die Aussetzung des pass- und visafreien Reiseverkehrs zwischen der DDR und ČSSR vom 6.10.1989 (BStU, ASt. Dresden, BV Dresden, Abt. XX, 9185, Bl. 13-16).

19 Ebd.

20 Ebd.

21 Kiessler/Elbe, Ein runder Tisch mit scharfen Ecken, S. 45.

22 Gorbatschow, Erinnerungen, S. 711.

23 Ständiger Vertreter des Botschafters Hiller an AA vom 3.11.1989. Betr.: Zufluchtsuchende Deutsche aus der DDR, hier: Lagebericht (PA AA, 513, B 85 Nr. 2347 E, unpag.).

24 Tschechoslowakisches Außenministerium an die Botschaften in Berlin und Bonn vom 3.11.1989 (AMZV Praha, Telegramy odeslané, 1989, sv. 10., pořadové číslo 3739.); Außenministers Fischer an Generalsekretär Krenz vom 3.11.1989 (SAPMO-BArch, DY 30/IV/2/2039/342, Bl. 155-157).

25 Außenministers Fischer an Generalsekretär Krenz vom 3.11.1989 (SAPMO-BArch, DY 30/IV/2/2039/342, Bl. 155-157).

26 Ebd.

27 Die Sitzung des SED-Politbüros dauerte von 12.00 bis 18.55 Uhr, mit Unterbrechung – für den Empfang des Diplomatischen Korps – von 14.30 Uhr bis 17.00 Uhr. Punkt 4 des Programms, die Botschaftsflüchtlinge, kam erst im Anschluss, etwa gegen 17.00 Uhr, ins Programm. Vgl. Prečan, Ke svobodě přes Prahu, S. 155; Krenz, Herbst '89, S. 209; Hertle, Chronik des Mauerfalls, S. 103-110.

28 Krenz, Herbst '89, S. 208 f.

29 Beschluss des SED-Politbüros zur direkten Ausreise der Prager Botschaftsflüchtlinge in die Bundesrepublik vom 3.11.1989 (SAPMO-BArch, DY 30/5196, Bl. 16).

30 Ständiger Vertreter des Botschafters Hiller an AA vom 9.11.1989. Betr.: Ausreisewelle von Deutschen aus der DDR, hier: Organisation und Betreuung durch Botschaft (PA AA, 513, B 85 Nr. 2347 E, unpag.).

31 DPA-Meldung vom 5.11.1989, 21.55 Uhr: Der Strom der DDR-Flüchtlinge, die die Möglichkeit nutzen, über die ČSSR mit ihrem Personalausweis in die Bundesrepublik zu gelangen, nimmt nicht ab (PA AA, Bo. Prag. 20683 E, unpag.).

32 Mitteilung des Innenministeriums an Presseagentur ČTK vom 10.11.1989 (Sdělení FMV k cestování občanů NDR z ČSSR, Praha 10. Listopadu, ČTK). Zit. nach Prečan, Ke svobodě přes Prahu, S. 181 f.

33 MfS: Lagefilm vom 1.11.–13.11.1989 (BStU, ZA, HA VII 2684, Bl. 3).

34 Genscher, Erinnerungen, S. 24.

35 Lidové noviny, 4/1989, S. 3.

36 Holzer, Die Transformation in der Tschechoslowakei. In: Vollnhals (Hg.), Jahre des Umbruchs, S. 99; Balík, Eliten und Massen im Transitionsprozess in der ČSSR. In: ebd., S. 189.

37 Vgl. Tůma, 9:00, Praha-Libeň, horní nádraží. In: Soudobé dějiny, 3 (1996) 2-3, S. 163 f.

38 Holzer, Die Transformation in der Tschechoslowakei. In: Vollnhals (Hg.), Jahre des Umbruchs, S. 99.

39 Balík, Eliten und Massen im Transitionsprozess in der ČSSR. In: ebd., S. 189; Tůma, 9:00, Praha-Libeň, horní nádraží. In: Soudobé dějiny, 3 (1996) 2-3, S. 162 f.

LITERATURVERZEICHNIS

Andert, Reinhold/Herzberg, Wolfgang: Der Sturz – Honecker im Kreuzverhör, Berlin 1991.

Appelius, Stefan: Bulgarien. Europas ferner Osten, Bonn 2006.

Balík, Stanislav: Eliten und Massen im Transitionsprozess in der ČSSR. In: Clemens Vollnhals (Hg.): Jahre des Umbruchs. Friedliche Revolution in der DDR und Transition in Ostmitteleuropa, Göttingen 2011, S. 189-202.

Bartošek, Karel: Mittel- und Südeuropa. In: Stéphane Courtois u. a. (Hg.): Das Schwarzbuch des Kommunismus: Unterdrückung, Verbrechen und Terror, München 1999, S. 430-504.

Brautlecht, Nicholas: Die Prager Botschaftsflüchtlinge (http://www.bpb.de/geschichte/deutsche-einheit/deutsche-teilung-deutsche-einheit/43767/die-prager-botschaft; 16.5.2013).

Brüggemann, Adolf: Als Militärattaché aktiver Zeitzeuge in Prag 1989. In: Deutschland Archiv, 41 (2008), S. 826-835.

Cuhra, Jaroslav: Die Rehabilitierung der Opfer und Gegner des Kommunismus in der Tschechoslowakei. In: Horch und Guck, 11 (2002) 3, S. 30-34.

Dalos, György: Der Vorhang geht auf. Das Ende der Diktaturen in Osteuropa, München 2009.

Ehrke, Michael: Das neue Europa: Ökonomie, Politik und Gesellschaft des postkommunistischen Kapitalismus, Bonn 2004.

Eisenfeld, Bernd: Die Zentrale Koordinierungsgruppe. Bekämpfung von Flucht und Übersiedlung. (MfS-Handbuch), Berlin 1996.

Emmert, František: Sametová revoluce 1989. Kronika pádu komunismu, Praha 2009.

Galkin, Aleksandr/Tschernjajew, Anatolij (Hg.): Michail Gorbatschow und die deutsche Frage. Sowjetische Dokumente 1986–1991, München 2011.

Genscher, Hans-Dietrich: Erinnerungen, Berlin 1995.

Gorbatschow, Michail: Erinnerungen, Berlin 1996.

Gülzau, Jan: Grenzopfer an der sächsisch-bayerischen und sächsisch-tschechischen Grenze in den Jahren 1947–1989, Dresden 2012 (http://www.hait.tu-dresden.de/dok/grenzopfer.pdf; 1.9.2013).

Haßler, Frank: 44 Jahre gefangen im kommunistischen Käfig. »Grenz-Erfahrungen«, Heilbronn 2009.

Henke, Klaus-Dietrich (Hg.): Revolution und Vereinigung 1989/90. Als in Deutschland die Realität die Phantasie überholte, München 2009.

Herbstritt, Georg: Über Rumänien in die Freiheit? Fluchtversuche von DDR-

Bürgern über Rumänien in den Westen. In: Halbjahresschrift für südost-
europäische Geschichte, Literatur und Politik, 21 (2009) 2, S. 5-14.

Hertle, Hans-Hermann: Der Fall der Mauer. Die unbeabsichtigte Selbstauflösung des SED-Staates, Opladen 1999.

Ders.: Chronik des Mauerfalls. Die dramatischen Ereignisse um den 9. November 1989, 11. erweiterte Auflage Berlin 2009.

Ders.: Die Todesopfer an Mauer und Grenze. Probleme einer Bilanz des
DDR-Grenzregimes. In: Deutschland Archiv, 39 (2006), S. 667-676.

Ders./Nooke, Maria: Die Todesopfer an der Berliner Mauer 1961–1989. Ein
biographisches Handbuch, Berlin 2009.

Ders./Stephan, Hans-Rüdiger (Hg.): Das Ende der SED. Die letzten Tage des
Zentralkomitees. Mit einem Vorwort von Peter Steinbach, Berlin 1997.

Heydemann, Günther: Die Innenpolitik der DDR, München 2003.

Hildebrandt, Alexandra: 1613 Todesoper – keine Endbilanz. Neue Zahl der
ermittelten Todesopfer des Grenzregimes der Sowjetischen Besatzungs-
zone/DDR/der Sozialistischen Einheitspartei Deutschlands. 162. Pressekonferenz des Mauermuseums – Museum am Checkpoint Charlie,
9.8.2011, Berlin 2011.

Holubec, Petr: Kronika sametové revoluce, Prag 1989.

Holzer, Jan: Die Transformation in der Tschechoslowakei. Anmerkungen zum
Typus des nicht-demokratischen Regimes. In: Clemens Vollnhals (Hg.):
Jahre des Umbruchs. Friedliche Revolution in der DDR und Transition in
Ostmitteleuropa, Göttingen 2011, S. 93-102.

Huber, Hermann: DDR-Flüchtlinge in der Botschaft 1989 (http://www.prag.
diplo.de/contentblob/1796820/Daten/141437/erinnerungen_botschaft
erhuber_1989_d.pdf; 2.12.2009).

Jesse, Eckhard: Systemwechsel in Deutschland, Köln 2010.

Kiessler, Richard/Elbe, Frank: Ein runder Tisch mit scharfen Ecken. Der diplomatische Weg zur deutschen Einheit, Baden-Baden 1993.

Kirelli, Sermin: Vom Plan zum Markt. Der wirtschaftliche Transformations-
prozess in Ostmitteleuropa. In: Der Bürger im Staat, 3/1997, S. 164-168.

Knabe, Hubertus: West-Arbeit des MfS. Das Zusammenspiel von »Aufklä-
rung« und »Abwehr«, 2. Auflage Berlin 1999.

Komlosy, Andrea: Die Grenzen Österreichs zu den Nachbarn im RGW. In:
Helga Schultz (Hg.): Grenzen im Ostblock und ihre Überwindung, Bonn
2001, S. 37-78.

Kowalczuk, Ilko-Sascha: Endspiel. Die Revolution von 1989 in der DDR,
München 2009.

Krenz, Egon: Herbst '89, Berlin 1999.

Ders.: Wenn Mauern fallen. Die friedliche Revolution. Vorgeschichte – Ablauf – Auswirkungen. Unter Mitarbeit von Hartmut König und Gunter
Rettner, Wien 1990.

Küchenmeister, Daniel/Nakath, Detlef/Stephan, Gerd-Rüdiger (Hg.): »... sofort,
unverzüglich.« Der Fall der Mauer am 9. November 1989, Potsdam 2000.

Küsters, Hanns Jürgen/Hofmann, Daniel (Bearb.): Deutsche Einheit – Dokumente zur Deutschlandpolitik. Sonderedition aus den Akten des Bundeskanzleramtes 1989/90. Hg. vom Bundesministerium des Innern, München 1998.

Lapp, Peter Joachim: Gefechtsdienst im Frieden. Das Grenzregime der DDR 1945–1990, Bonn 1999.

Lehký, Miroslav: Klasifikace zločinů spáchaných v letech 1948–1989 a jejich stíhání po roce 1990 (http://www.ustrcr.cz/data/pdf/publikace/sborniky/crime/miroslav-lehky.pdf; 15.5.2013).

Mählert, Ulrich: Kleine Geschichte der DDR, München 2004.

Ders.: Geschichte der DDR 1949–1990, Erfurt 2014.

Marxen, Klaus/Werle, Gerhard (Hg.): Gewalttaten an der deutsch-deutschen Grenze, Band 2/2, Berlin 2002.

Mauritz, Markus: Tschechien, Regensburg 2002.

Mayer, Wolfgang: Flucht und Ausreise, Berlin 2002.

Mitter, Armin/Wolle, Stefan (Hg.): »Ich liebe Euch doch alle!« Befehle und Lageberichte des MfS Januar–November 1989, Berlin 1990.

Neubert, Erhart: Politische Verbrechen in der DDR. In: Stéphane Courtois u.a. (Hg.): Das Schwarzbuch des Kommunismus: Unterdrückung, Verbrechen und Terror, München 1999, S. 842-884.

Oplatka, Andreas: Der erste Riss in der Mauer. September 1989 – Ungarn öffnet die Grenze, Wien 2009.

Ders.: Als die Grenze im September 1989 aufging (http://www.mfa.gov.hu/kulkepviselet/DE/de/de_20_eves_jubileum/oplatka.htm; 7.12.2013).

Pollack, Detlef: Die friedliche Revolution: Strukturelle und ereignisgeschichtliche Bedingungen des Umbruchs 1989 in der DDR. In: Clemens Vollnhals (Hg.): Jahre des Umbruchs. Friedliche Revolution in der DDR und Transition in Ostmitteleuropa, Göttingen 2011, S. 119-140.

Prečan, Vilém: Ke svobodě přes Prahu. Exodus občanů NDR na podzim 1989. Sborník dokumentů, Prag 2009.

Przybylski, Peter: Tatort Politbüro. Die Akte Honecker, Berlin 1991.

Pulec, Martin: Organizace a činnost ozbrojených pohraničních složek. Seznamy osob usmrcených na státních hranicích, Prag 2006.

Ders.: Die Bewachung der tschechoslowakischen Westgrenze zwischen 1945 und 1989. In: Die Tschechoslowakei 1945/48 bis 1989. Studien zu kommunistischer Herrschaft und Repression. Hg. von Pavel Žáček, Bernd Faulenbach und Ulrich Mählert, Leipzig 2008, S. 131-152.

Richter, Michael: Die Friedliche Revolution. Aufbruch zur Demokratie in Sachsen 1989/90, 2 Bände, Göttingen 2009.

Schabowski, Günter: Das Politbüro. Ende eines Mythos. Eine Befragung, Berlin 1990.

Ders.: Der Absturz, Berlin 1991.

Schmidt-Schweizer, Andreas: Motive im Vorfeld der Demontage des »Eisernen Vorhangs« 1987–1989. In: Peter Haslinger (Hg.): Grenze im Kopf. Beiträge zur Geschichte der Grenze in Ostmitteleuropa, Frankfurt a. M. 1999, S. 127-139.